Nordrhein-Westfälische Akademie
der Wissenschaften und der Künste

Helga Giersiepen, Andrea Stieldorf (Hg.)

ÜBER GRENZEN HINWEG – INSCHRIFTEN ALS ZEUGNISSE KULTURELLEN AUSTAUSCHS

Beiträge zur 14. Internationalen Fachtagung für mittelalterliche und frühneuzeitliche Epigraphik Düsseldorf 2016

Bibliografische Information der Deutschen Nationalbibliothek

Die Deutsche Nationalbibliothek verzeichnet diese Publikation in der Deutschen Nationalbibliografie; detaillierte bibliografische Daten sind im Internet über http://dnb.d-nb.de abrufbar.

Internet: www.schoeningh.de

Herstellung: Brill Deutschland GmbH, Paderborn

ISBN 978-3-506-70313-2 (paperback)
ISBN 978-3-657-70313-5 (e-book)

INHALT

VORWORT

Transfer und Aneignung kultureller Techniken und Errungenschaften stehen in den historischen Fächern seit vielen Jahren im Fokus des Forschungsinteresses. Auch die Epigraphik ist im Rahmen der Erforschung mittelalterlicher und frühneuzeitlicher Inschriften mit den Voraussetzungen, Abläufen und Ergebnissen von Kulturaustausch konfrontiert. Inschriften an Gebäuden, auf Grabdenkmälern, Glocken, Kirchenfenstern, Objekten der Schatzkunst und kirchlichen Ausstattungsstücken, aber auch auf schlichten Alltagsgegenständen gewähren schlagartig Einblicke in den Umgang unserer Vorfahren mit Traditionen und Neuerungen, mit historischen Vorbildern, neuen religiösen Strömungen oder wechselnden kulturellen Einflüssen.

Die 14. Internationale Fachtagung für mittelalterliche und frühneuzeitliche Epigraphik, die vom 12.–14. Oktober 2016 in den Räumen der Nordrhein-Westfälischen Akademie der Wissenschaften und der Künste in Düsseldorf stattfand, warf einen Blick „Über Grenzen hinweg“ auf Inschriften als Zeugnisse kulturellen Austauschs.

Wissenschaftlerinnen und Wissenschaftler verschiedener geisteswissenschaftlicher Disziplinen aus sieben europäischen Ländern stellten Forschungsergebnisse vor, die durch die Auswertung historischer Inschriften gewonnen worden waren. Auf dem Fundament zweier Beiträge über grundsätzliche Überlegungen zum Begriff der Grenze und zum Umgang mit fremden Kulturen im mittelalterlichen Europa wurde der thematische Bogen von inschriftlichen Spuren des Zusammenlebens verschiedener Kulturen über Beispiele für die bewusste Übernahme „fremder“ oder „exotischer“ Text- und Schriftelemente bis hin zum gezielten Einsatz von Inschriften im öffentlichen Raum in verschiedenen Herrschafts- und Konfessionsgebieten gespannt.

Die Vielfalt der auf der Tagung behandelten Themen und vorgestellten Forschungsprojekte spiegelt sich im vorliegenden Aufsatzband wider. Den Referentinnen und Referenten sei herzlich für die Bereitschaft gedankt, die Tagung mit ihrem Vortrag zu bereichern und die anschließende Mühe der Erstellung eines druckfertigen Manuskripts auf sich zu nehmen. Zu danken ist ebenfalls den Kolleginnen und Kollegen der Forschungsstellen Deutsche Inschriften, die freundlicherweise eine Moderation übernommen haben, sowie allen Tagungsteilnehmern, die durch ihr Interesse und ihre Diskussionsbeiträge zu einem fruchtbaren Austausch beigetragen haben.

Die organisatorische Durchführung der Tagung lag in den Händen der Nordrhein-Westfälischen Akademie der Wissenschaften und der Künste. Allen Mitarbeiterinnen und Mitarbeitern der Geschäftsstelle danken wir sehr herzlich für ihre engagierte, freundliche und stets hilfsbereite Unterstützung! Sie haben eine entspannte und herzliche Atmosphäre geschaffen, in der sich alle Tagungsteilnehmer(innen) willkommen gefühlt haben und die einem regen Meinungsaustausch sehr zugute kam. Der Nordrhein-Westfälischen Akademie der Wissenschaften und der Künste danken wir auch für die großzügige Finanzierung der Tagung und die Aufnahme des Tagungsbandes in ihre Reihe der „Symposien“.

Die Entscheidung für das Thema sowie die Planung der Tagung erfolgten noch unter der Ägide des langjährigen Leiters der Bonner Inschriftenarbeitsstelle, Prof. Dr. Theo Kölzer. Auch – aber nicht nur – dafür gilt ihm unser herzlicher Dank!

Bonn, im Mai 2019

Andrea Stieldorf — Helga Giersiepen

ABKÜRZUNGSVERZEICHNIS

ADB	Allgemeine Deutsche Biographie
BHVB	Berichte des Historischen Vereins Bamberg
CIFM	Corpus des inscriptions de la France médiévale
DI	Die Deutschen Inschriften
GNM	Germanisches Nationalmuseum
HRG	Handwörterbuch zur deutschen Rechtsgeschichte
LexMA	Lexikon des Mittelalters
LThK	Lexikon für Theologie und Kirche
MGH	Monumenta Germaniae Historica

Auct. ant.	Auctores antiquissimi
Capit.	Capitularia regum Francorum
Capit. N. S.	Capitularia regum Francorum, Nova series
Const.	Constitutiones et acta publica imperatorum et regum
DD	Diplomata
Epp.	Epistolae
LL	Leges
Poetae	Poetae Latini medii aevi
SS	Scriptores
SS rer. Germ.	Scriptores rerum Germanicarum in usum scholarum separatim editi
SS rer. Merov.	Scriptores rerum Merovingicarum

NDB	Neue Deutsche Biographie
RAC	Reallexikon für Antike und Christentum
RGA	Reallexikon der Germanischen Altertumskunde

VD 16 Verzeichnis der im deutschen Sprachbereich erschienenen Drucke des XVI. Jahrhunderts, hg. von der Bayerischen Staatsbibliothek München in Verbindung mit der Herzog August Bibliothek in Wolfenbüttel, 25 Bde., Stuttgart 1983-2000; online zugänglich unter https://www.bsb-muenchen.de/sammlungen/historische-drucke/recherche/vd-16/

GRENZENLOSES MITTELALTER?

Beobachtungen und Überlegungen zur Geschichte, Gestalt und Funktion von Grenzen

Enno Bünz

1. Annäherung an die Grenze

Die heute beginnende epigraphische Fachtagung wird sich mit „Transfer und Aneignung kultureller Techniken und Errungenschaften" beschäftigen, und zwar „über Grenzen hinweg". Welche Arten von Grenzen es im Mittelalter gab, welche Bedeutung und Wirkung diese Grenzen hatten, die Antwort auf diese Fragen ist dem Historiker aufgegeben. Dem Versuch einer Antwort – im Untertitel meines Beitrags vorsichtig als „Beobachtungen und Überlegungen" abgefedert – muss aber die Frage vorausgehen, ob denn nicht bloß Beziehungen „über Grenzen" hinweg, sondern auch Grenzen selbst ein Thema der epigraphischen Forschung sein könnten.

Indem ich zunächst anhand ausgewählter Beispiele eine Antwort auf diese Frage gebe, kann ich zugleich zeigen, dass mein Thema vielgestaltig und schwierig ist.[1]

* Eröffnungsvortrag auf der Tagung „Über Grenzen hinweg. Inschriften als Zeugnisse kulturellen Austauschs", 14. Internationale Fachtagung für mittelalterliche und frühneuzeitliche Epigraphik, Düsseldorf, 12.-14. Oktober 2015. Die Redefassung wurde beibehalten und um Nachweise ergänzt. Ziel des Beitrags ist es, Grundprobleme des Themas aufzuzeigen und exemplarisch zu verdeutlichen. Ansonsten würde sich das Thema nur monographisch darstellen lassen.

1 Zum Einstieg sei auf die einschlägigen Artikel in den gängigen Nachschlagewerken verwiesen: Wolfgang Metz, Art. Grenze, in: Lexikon des Mittelalters, Bd. 4, München/Zürich 1989, Sp. 1700; Reinhard Stauber, Art. Grenze, in: Enzyklopädie der Neuzeit, Bd. 4, Stuttgart u.a. 2006, Sp. 1105-1114; Ilse Reiter, Art. Grenze, in: HRG, Bd. 2, 2. Aufl., Berlin 2012, Sp. 541-546; Walter Leimgruber, Art. Grenzen, in: Historisches Lexikon der Schweiz, Bd. 5, Basel 2005, S. 676-678; Peter Fleischmann, Art. Grenze, Grenzziehung (bis 1800), publiziert am 12.02.2013, in: Historisches Lexikon Bayerns, URL: https://www.historisches-lexikon-bayerns.de/Lexikon/Grenze_Grenzziehung_(bis_1800) (17.12.2019). Vor allem die beiden zuletzt genannten Artikel sind vorzüglich. Das Bedeutungsspektrum des Wortes „Grenze" verdeutlicht der ausführliche Artikel in: Jacob und Wilhelm Grimm, Deutsches Wörterbuch, Bd. 4, I. Abt., 6. Teil, bearb. v. Arthur Hübner u.a., Leipzig 1935, Sp. 124-148. Das weit verbreitete Buch von Paul Kirn, Politische Geschichte der deutschen Grenzen, Leipzig 1944, 4., verb. Aufl., Mannheim 1958, geht nur einleitend auf die Frage ein, was eine Grenze sei, bietet ansonsten eine Geschichte des deutschen Staatsgebietes in sei-

Zudem sind zumindest für den Mittelalter- und Landeshistoriker Grenzen lange Zeit kein intensiv bestelltes Arbeitsfeld gewesen, wenn man einmal von etlichen Spezial- und Detailstudien zum Verlauf bestimmter Grenzen territorialer, kirchlicher oder rechtlicher Art absieht.[2] Erst in den letzten 20 Jahren hat das Interesse deutlich zugenommen, und die Grenze ist auch zum Gegenstand großer Fachkongresse geworden, wie die folgende Auswahl verdeutlicht. Noch einigermaßen konventionell war der Zugriff einer Berliner Vortragsreihe 1987/88 über Deutschlands Grenzen in der Geschichte, ein Thema, das bei Erscheinen des entsprechenden Bandes 1990 – nach dem Aufreißen des Eisernen Vorhangs, aber noch vor der deutschen Wiedervereinigung – von unerwarteter Aktualität geworden war.[3] Der seit jeher historisch orientierte Arbeitskreis für genetische Siedlungsforschung in Mitteleuropa widmete seine 17. Jahrestagung 1990 dem Thema „Grenze und Siedlung".[4] Mittelalterarchäologen erörterten 2003 im slowakischen Hrabušice das Thema „Die Grenze im Leben des mittelalterlichen Menschen".[5] Der Mediävistenverband tagte 2007 in sinnbildlicher Grenzlage in Frankfurt an der Oder zum Thema „Grenze und Grenzüberschreitung"[6], und die Frühneuzeitforschung widmete sich 2009 in der Grenzstadt Aachen dem – nunmehr potenzierten – Thema „Grenz*en* und Grenzüberschreitung*en*".[7] Europa und seine Grenzen im Mittelalter war das Thema eines 2004 durchgeführten Kongresses über Grenzen und Grenzräume im Osten und Süden im Vergleich.[8] Kirchliche Grenzen sind am Beispiel der

---

nen Randzonen. Ähnlich angelegt ist der Sammelband von Demandt (siehe folgende Anm. 3). Übergreifend und vergleichend angelegte Studien sind rar. Zu erwähnen sind hier vor allem Hans-Werner Nicklis, Von der „Grenitze" zur Grenze. Die Grenzidee des lateinischen Mittelalters (6.-15. Jahrhundert), in: Blätter für deutsche Landesgeschichte 128 (1992), S. 1-29 (pompöser Ton); Winfried Schich, Die „Grenze" im östlichen Mitteleuropa im hohen Mittelalter, in: Siedlungsforschung 9 (1991), S. 135-146; Karl Heinemeyer, Über geistliche und weltliche Grenzen im frühen und hohen Mittelalter. Ein Beitrag zur Entstehung der Landesherrschaft, in: Blätter für deutsche Landesgeschichte 148 (2012), S. 61-96. Das Buch von Andreas Rutz, Die Beschreibung des Raums. Territoriale Grenzziehungen im Heiligen Römischen Reich (Norm und Struktur. Studien zum sozialen Wandel in Mittelalter und Früher Neuzeit 47), Köln/Weimar/Wien 2018 (= Habil.-Schrift Bonn 2014), wurde mir erst während der Drucklegung des vorliegenden Beitrags zugänglich. Siehe auch ders., Grenzen im Raum – Grenzen in der Geschichte. Probleme und Perspektiven, in: Zeitschrift für deutsche Philologie 129 (2010), Sonderheft „Grenzen im Raum – Grenzen in der Literatur", S. 7-32.

2 Überraschend ist, dass sich die großen landesgeschichtlichen Handbücher, die mittlerweile für etliche Bundesländer vorliegen, für unser Thema als weitgehend unergiebig erwiesen haben.

3 Deutschlands Grenzen in der Geschichte, hg. v. Alexander Demandt, München 1990.

4 Die Beiträge erschienen in: Siedlungsforschung 9 (1991).

5 Hranice v životě středověkého člověka, als 35. internationale Tagung der Mittelalterarchäologie, die Beiträge mit deutschen Zusammenfassungen abgedruckt in: *archaeologia historica* 29 (2004), S. 7-246. – Kleinräumig ausgerichtet war eine einschlägige archäologische Tagung in Niedersachsen: Grenzen in der Archäologie und Geschichte. Beiträge zur Jahrestagung der Archäologischen Kommission für Niedersachsen e.V. in Rotenburg (Wümme), 14.-16. Juni 2007, hg. v. Stefan Hesse (Archäologische Berichte des Landkreises Rotenburg [Wümme] 15), Oldenburg 2009.

6 Grenze und Grenzüberschreitung im Mittelalter. 11. Symposium des Mediävistenverbandes vom 14.-17. März 2005 in Frankfurt an der Oder, hg. v. Ulrich Knefelkamp/Kristian Bosselmann-Cyran, Berlin 2007.

7 Grenzen und Grenzüberschreitungen. Bilanz und Perspektiven der Frühneuzeitforschung, hg. v. Christine Roll (Frühneuzeit-Impulse 1), Köln u.a. 2010.

8 Grenzräume und Grenzüberschreitungen im Vergleich. Der Osten und der Westen des mittelalterlichen Lateineuropa, hg. v. Klaus Herbers/Nikolas Jaspert (Europa im Mittelalter 7), Berlin 2007.

Bistumsgrenzen vor zehn Jahren auf einer Tagung der Görres-Gesellschaft erörtert worden.[9] Selbstverständlich wurde das Thema verschiedentlich auch auf landesgeschichtlicher Ebene verhandelt, und nicht zufällig gerade von Institutionen an der Grenze. Beispielsweise hat die Kommission für Saarländische Landesgeschichte und Volksforschung schon Anfang der 1990er Jahre über Grenzen und Grenzregionen getagt[10], und nördlich der Elbe hat der Arbeitskreis für Wirtschafts- und Sozialgeschichte Schleswig-Holsteins vor zehn Jahren eine Tagung über Grenzen in Schleswig-Holstein und Dänemark veranstaltet.[11] In der Schweiz widmete man 2001 ein interdisziplinäres Kolloquium der bedeutungsschweren Grenze „zwischen Rhein und Rhone", nämlich dem sogenannten „Röstigraben"[12], der allerdings eher Metapher als reale Grenzlinie ist.[13] Selbst für historische Ausstellungen ist das Thema mittlerweile entdeckt worden. So hat 2004 die erste bayerisch-oberösterreichische Landesausstellung die heutige bayerisch-österreichische Grenze unter dem Titel „grenzenlos" einfach übersprungen und allenthalben nur Gemeinsamkeiten und Verbindendes herausgestellt[14], und das ließe sich auch für andere historische Ausstellungen feststellen.[15]

Aber auch wenn immer wieder darauf verwiesen wird, Landesgeschichte betriebe Geschichtsforschung in begrenzten Räumen (was ich nicht vorbehaltlos unterschreiben möchte), ja sie arbeite „in Grenzen unbegrenzt", kann man doch nicht behaupten, dass Grenzen vor allem ein Thema der Landesgeschichte seien. Im Rahmen einer Sektion des Historikertags zum Thema „Räume und Grenzen", die ich 2004 in Kiel mitveran-

[9] Bistümer und Bistumsgrenzen vom frühen Mittelalter bis zur Gegenwart, hg. v. Edeltraud Klueting/Harm Klueting/Hans-Joachim Schmidt (Römische Quartalschrift. Supplementband 58), Rom u.a. 2006.

[10] Grenzen und Grenzregionen. Frontières et régions frontalières, hg. v. Wolfgang Haubrichs/Reinhard Schneider (Veröffentlichungen der Kommission für Saarländische Landesgeschichte und Volksforschung 22), Saarbrücken 1994.

[11] Grenzen in der Geschichte Schleswig-Holsteins und Dänemarks, hg. v. Martin Rheinheimer (Studien zur Wirtschafts- und Sozialgeschichte Schleswig-Holsteins 42), Neumünster 2006.

[12] Zwischen Rhein und Rhone – verbunden und doch getrennt? Entre Rhin et Rhône – liens et ruptures, Redaktion Paolo Barblan u.a. (Forum Helveticum: Collection 10), Lenzburg 2002. – Die ausführlichen Fassungen der Tagungsbeiträge sind dann erschienen in: Zeitschrift für Schweizerische Archäologie und Kunstgeschichte 60 (2003). – Auch einer landesgeschichtlichen Tagung in Westfalen ging es eher um die Frage von Raumkonzepten und Wahrnehmungsformen als um die Erörterung konkreter Grenzformen: Räume – Grenzen – Identitäten. Westfalen als Gegenstand landes- und regionalgeschichtlicher Forschung, hg. v. Wilfried Reininghaus/Bernd Walter (Forschungen zur Regionalgeschichte 71), Paderborn 2013.

[13] Siehe Georg Kreis, Art. Röstigraben, in: Historisches Lexikon der Schweiz, Bd. 10, Basel 2010, S. 464f.

[14] grenzenlos. Geschichte der Menschen am Inn. Katalog zur ersten Bayerisch-Oberösterreichischen Landesausstellung 2004. Asbach – Passau – Reichersberg – Schärding, hg. v. Egon Boshof/Max Brunner/Elisabeth Vavra, Regensburg 2004.

[15] Z.B. Schwaben – Tirol. Historische Beziehungen zwischen Schwaben und Tirol von der Römerzeit bis zur Gegenwart. Ausstellung der Stadt Augsburg und des Bezirks Schwaben. Beiträge, hg. v. Wolfram Baer/Pankraz Fried, Rosenheim 1989; Schwaben – Tirol. Historische Beziehungen zwischen Schwaben und Tirol von der Römerzeit bis zur Gegenwart. Ausstellung der Stadt Augsburg und des Bezirks Schwaben. Katalog, hg. v. Wolfram Baer/Pankraz Fried, Rosenheim 1989; beide Bände ohne einen Beitrag über die Grenze selbst. via regia. 800 Jahre Bewegung und Begegnung. Katalog zur 3. Sächsischen Landesausstellung, hg. v. Roland Enke/Bettina Probst, Dresden 2011; Menschen unterwegs. Die via regia und ihre Akteure. Essayband zur 3. Sächsischen Landesausstellung, hg. v. Winfried Müller/Swen Steinberg, Dresden 2011.

staltet habe, war jedenfalls deutlich mehr von Räumen als von Grenzen die Rede.[16] Ein letztes Beispiel sei aus dem Festschrifteneinerlei unserer Zeit hervorgehoben. Hier gibt es gelegentlich auch originelle Lösungen, in unserem Fall die Festschrift „Grenzen erkennen – Begrenzungen überwinden" zum 65. Geburtstag des Saarbrücker Mediävisten Reinhard Schneider[17], ein Titel übrigens, der als ermutigende Devise auch gut für Proseminare einsetzbar ist: Grenzen des Wissens erkennen – Begrenzungen der Leistungsbereitschaft überwinden!

Mit dieser Bemerkung habe ich schon etwas getan, was für das Schlagwort „Grenze" seit langem geradezu notorisch geworden ist, es nämlich metaphorisch gebraucht, lässt sich mit dem Grenz-Begriff doch auf alle erdenklichen Formen der Begrenzung, Entgrenzung, Grenzüberschreitung anspielen. Um niemandem im Raum zu nahe zu treten, verweise ich auf ein Kongressdokument, das in der Reihe meines Dresdner Instituts für Landesgeschichte und Volkskunde erschienen ist: „Grenzen & Differenzen. Zur Macht sozialer und kultureller Grenzziehungen". Es sind die Vorträge des 35. Kongresses der Deutschen Gesellschaft für Volkskunde, den wir 2005 in Dresden mit ausgerichtet und deshalb publiziert haben.[18] 895 Druckseiten, und auf keiner einzigen ist von realen Grenzen im Raum, von Grenzmarkierungen, Grenzkontrollen oder was auch immer die Rede, wie sie im Folgenenden betrachtet werden sollen. Jürgen Osterhammel hat schon 1995 beklagt, „Grenze" gehöre zu den „schillerndsten Metaphern-Konzepten der heutigen Kultur- und Sozialwissenschaften".[19] Von Frühneuzeit-Seite ist jüngst bemerkt worden, dieser metaphorische Gebrauch des Grenzbegriffs sei schon im 18. Jahrhundert greifbar.[20] Aber ich denke, man kann dafür sogar Martin Luther in Anspruch nehmen. Nach den Aufzeichnungen seiner Tischreden äußerte der Wittenberger Reformator 1532: „Die Wittenberger leben an der Grenze der zivilisierten Welt (‚in termino civilitatis'), wären sie nur wenig weiter gezogen, wären sie mitten in der Barbarei angekommen (‚in mediam barbariam')".[21] Wittenberg an der Grenze

---

[16] Räume und Grenzen. Traditionen und Konzepte der Landesgeschichte. Epochenübergreifende Sektion auf dem 45. Deutschen Historikertag („Kommunikation und Raum"), Kiel, 14.-17. September 2004. Beiträge der Sektion, hg. v. Enno Bünz/Werner Freitag, in: Blätter für deutsche Landesgeschichte 139/140 (2003/4, erschienen 2006), S. 145-266.

[17] Grenzen erkennen – Begrenzungen überwinden. Festschrift für Reinhard Schneider zur Vollendung seines 65. Lebensjahres, hg. v. Wolfgang Haubrichs/Kurt-Ulrich Jäschke/Michael Oberweis, Sigmaringen 1999.

[18] Grenzen & Differenzen. Zur Macht sozialer und kultureller Grenzziehungen. 35. Kongress der Deutschen Gesellschaft für Volkskunde, Dresden 2005, hg. v. Thomas Hengartner/Johannes Moser (Schriften zur sächsischen Geschichte und Volkskunde 17), Leipzig 2006.

[19] Jürgen Osterhammel, Kulturelle Grenzen in der Expansion Europas, in: Saeculum 46 (1995), S. 101-138, hier S. 108.

[20] Stauber, Art. Grenze (wie Anm. 1), Sp. 1105.

[21] Die Äußerung beginnt mit dem deutschen Satz: „Nach dem Zeugnis Mellerstadts sitzen wir hier in Wittenberg nur auf einem Schindanger", um dann mit dem obigen Zitat fortzufahren, allerdings in lateinischer Sprache: Martin Luthers Werke (Weimarer Ausgabe), Tischreden 2, Weimar 1913, S. 669, 11-13 (2800 b) vom 23. November 1532. Gemeint ist Valentin Mellerstadt, der Bruder des Gründungsrektors der Universität Wittenberg, Martin Pollich von Mellerstadt. Zur Einordnung Enno Bünz, „am Rande der Zivilisation ..."? Residenz und Hof des Kurfürsten von Sachsen in Wittenberg zur Zeit Lucas Cranachs d. Ä., in: Die Reformation und die Künste (Wittenberger Sonntagsvorlesungen 2003), Wittenberg 2003, S. 9-36.

von Zivilisation und Barbarei, das erinnert schon fast an den Frontier-Mythos, den Frederick Jackson Turner 1921 für den amerikanischen Wilden Westen beschworen hat.[22]

2. Drei Grenzerfahrungen

Werden wir nun endlich konkret: Fakten statt Metaphern! Drei „Grenzsteine" seien im Folgenden vorgestellt, genauer gesagt, drei beschriftete Steindenkmäler, die in unterschiedlicher Weise auf Grenzen Bezug nehmen, wie ich darlegen werde:

Mein erstes Beispiel steht natürlich in Leipzig. Wer aus westlicher Richtung kommend auf der Bornaischen Straße stadteinwärts fährt, stößt bei der Einmündung in die Karl-Liebknecht-Straße im Stadtteil Connewitz auf das Connewitzer Kreuz (Abb. 1-2): Auf einem achteckigen Schaft aus Rochlitzer Porphyrtuff von gut zwei Metern Höhe ist eine viereckige Sandsteinbildtafel angebracht; sie zeigt auf der Vorderseite (stadteinwärts) unter der Jahreszahl „MDXXXVI" in römischen Ziffern eine Kreuzigungsdarstellung, an deren Fuß links das Leipziger Stadtwappen und rechts ein Totenkopf angebracht ist. Die Rückseite der Tafel (stadtauswärts) zeigt ein Andreaskreuz und darüber die Jahreszahl „1536" in arabischen Ziffern.

Aus epigraphischer Perspektive hat dieses Steinkreuz mit seinen beiden Jahreszahlen nicht eben viel zu bieten, aber es handelt sich um ein Denkmal, das unmittelbar mit unserem Thema „Grenzen" zu tun hat.[23] Es ist nämlich das einzige erhalten gebliebene Leipziger Weichbildzeichen. Das Original befindet sich seit 1994 im Stadtgeschichtlichen Museum und wurde an Ort und Stelle durch eine Kopie ersetzt. Mit „Weichbild" wird der Geltungsbereich des Stadtrechts bezeichnet, und im Mittelhochdeutschen kann der Begriff auch das Stadtrecht selbst meinen.[24] Der deutschsprachige Begriff *wicbilede* kommt erstmals überhaupt im Leipziger Stadtbrief von 1156/70 vor.[25] Wie in dieser Stadtrechtsaufzeichnung erwähnt wird, ließ Markgraf Otto der Reiche

[22] Frederick Jackson Turner, The Frontier in American History, New York 1921; deutsche Übersetzung unter dem Titel: Die Grenze. Ihre Bedeutung in der amerikanischen Geschichte, Bremen 1947. Siehe dazu Helmuth G. Walther, Die „Frontier" als Paradigma der mittelalterlichen Geschichte. Bemerkungen zu einem wenig beachteten Rezeptionsfeld von Turners Deutungsschema, in: Nationale und internationale Perspektiven amerikanischer Geschichte, hg. v. Jörg Nagler (Jenaer Beiträge zur Geschichte 5), Frankfurt a.M. 2002, S. 91-105.

[23] Enno Bünz, Das Connewitzer Kreuz, in: Geschichte der Stadt Leipzig. Band 1: Von den Anfängen bis zur Reformation. Unter Mitwirkung von Uwe John hg. v. Enno Bünz, Leipzig 2015, S. 432-434 und S. 876f.

[24] Siehe allgemein Karl Kroeschell, Weichbild, -recht, in: Lexikon des Mittelalters, Bd. 8, München 1997, Sp. 2093-2095, hier Sp. 2094. Claudieter Schott, „Bürger und Bauer scheidet nichts als ein Zaun und eine Mauer" – Studie zu einem Rechtssprichwort, in: Signa Iuris 13 (2014), S. 273-292.

[25] Der Urkundentext ist bequem greifbar in: Elenchus Fontium Historiae Urbanae, vol. 1: Germany, Low Countries, Scandinavia. Singulas partes ediderunt B. Diestelkamp/M. Martens/C. van de Kieft/B. Fritz, Leiden 1967, S. 120f. Nr. 66, und in: Urkunden und erzählende Quellen zur deutschen Ostsiedlung im Mittelalter. Gesammelt und hg. v. Herbert Helbig/Lorenz Weinrich, Teil 1: Mittel- und Norddeutschland, Ostseeküste (Ausgewählte Quellen zur deutschen Geschichte des Mittelalters. Freiherr vom Stein-Gedächtnisausgabe 26a), Darmstadt 1968, S. 216-219 Nr. 51. Zum Inhalt Enno Bünz, Entstehung und Entwicklung der Stadt im 12. und 13. Jahrhundert, in: Geschichte der Stadt Leipzig, Bd. 1 (wie Anm. 23), S. 123-143 und S. 805-811, hier S. 127-134.

schon damals auf Bitten der Bürger an den vier Hauptausfallstraßen nach Erfurt, Halle, Wurzen/Eilenburg und Zeitz Grenzzeichen (*signa*) aufstellen, um den Leipziger Stadtrechtsbereich zu markieren. Die Beschreibung ist so genau, dass sich diese *signa* lokalisieren lassen (Abb. 3).[26]

Gegenüber der Weichbildumschreibung von 1156/70 war das Weichbild Anfang des 16. Jahrhunderts ausgedehnter, wie die unter Herzog Georg 1504 aufgezeichnete Weichbildbeschreibung zeigt. Wie den städtischen Quellen zu entnehmen ist, wurde der Weichbildbezirk 1504 durch weitere Grenzsteine markiert und an den Weichbildsäulen wurden Ketten angebracht, wohl damit man die Zufahrtsstraßen sperren konnte. Das bis heute erhaltene Connewitzer Kreuz von 1536 hat jenes Wegkreuz abgelöst, welches 1504 in der Leipziger Weichbildbeschreibung Herzog Georgs erwähnt wird („das Kreuz, das da an dem Weg stehet, so man nach Connewitz ziehet"[27]).

Mein zweites Beispiel führt geographisch weit in den Norden Deutschlands und chronologisch ins Hochmittelalter. In der einstigen Bischofsstadt Ratzeburg in Schleswig-Holstein hat sich ein monumentales Zeugnis der Christianisierungsgeschichte Nordelbiens erhalten. An der Ecke Domhof/Kleine Kreuzstraße steht ein gewaltiger Findling, der mit einem großen Kreuz versehen ist (Abb. 4). Die Kreuzbalken sind von einer lateinischen Inschrift in primitiver Kapitalis umgeben mit folgendem Wortlaut: „Temporibus Conradi regis et Heinrici ducis Saxonie venit Heinricus comes Raceburch et ibi christianitatem primus fundavit. Anima eius requiescat in pace. Amen."[28] Ich übersetze unter Hinzufügung weniger Erläuterungen: ‚Zur Zeit König Konrads (III.) und Herzog Heinrichs von Sachsen (gemeint ist der Löwe) kam Graf Heinrich (von Badwide) nach Ratzeburg und gab dort zuerst dem Christentum eine feste Grundlage. Seine Seele ruhe in Frieden! Amen!' Der hier gewürdigte Graf Heinrich von Badwide amtierte seit 1142/43 als erster Graf von Ratzeburg.[29] In seiner Amtszeit wurden Bistum und Domkapitel Ratzeburg durch Heinrich den Löwen wiederbegründet.[30]

Angesichts der zitierten Inschrift werden Sie sich fragen, was der „Heinrichstein", wie das Monument in der Regel genannt wird, mit unserem Grenz-Thema zu tun hat. In diesem Fall ist es nicht die Inschrift, die auf eine Grenze verweist, sondern die Position des Steines (Abb. 5); der Findling steht nämlich genau an der Grenze zwischen Dombezirk und Bürgerstadt. Diese Position des Heinrichsteines wurde offenbar ganz bewusst gewählt, als das Domkapitel 1439 seinen Immunitätsbezirk um den bis dahin landesherrlichen Palmberg erweitern konnte. Damit verlief nun die Grenze zwischen

[26] Die Stadt und ihre Umgebung um 1300. Erläuterungen zum Stadtplan, in: Geschichte der Stadt Leipzig, Bd. 1 (wie Anm. 23), S. 150-155 und S. 812f.

[27] Zitiert von Gustav Wustmann, Geschichte der Stadt Leipzig. Bilder und Studien 1, Leipzig 1905, S. 99.

[28] Inschrift und Übersetzung nach Friedrich Lammert, Die älteste Geschichte des Landes Lauenburg. Von den Anfängen bis zum Siege bei Bornhöved, Ratzeburg 1933, S. 113f.

[29] Walther Lammers, Das Hochmittelalter bis zur Schlacht von Bornhöved (Geschichte Schleswig-Holsteins 4/1), Neumünster 1981, S. 347f.; Rolf Hammel, Art. Heinrich von Badwide, in: Lexikon des Mittelalters, Bd. 4, München/Zürich 1989, Sp. 2075f.

[30] Enno Bünz/Katja Hillebrand, Ratzeburg, Domstift S. Maria, S. Johannes Evangelist (Ordo Praemonstratensis/Prämonstratenser; Säkularkanoniker), in: Mecklenburgisches Klosterbuch. Handbuch der Klöster, Stifte, Kommenden und Prioreien (10./11.-16. Jahrhundert), Bd. I, hg. v. Wolfgang Huschner/Ernst Münch/Cornelia Neustadt/Wolfgang Eric Wagner, Rostock 2016, S. 650-714, hier S. 653f.

dem domkapitelschen und dem bürgerlichen Ratzeburg exakt auf der Linie, die durch den Heinrichstein markiert wird, und ich möchte behaupten, dass man seitens des Domkapitels erst damals das Monument an seine heutige Stelle gerückt hat. Diese Grenzziehung hatte übrigens langfristige Wirkungen[31]: Im Westfälischen Frieden 1648 fiel mit dem gesamten Ratzeburger Stiftsland auch der Domhof an die Herzöge von Mecklenburg. Die Stadt Ratzeburg blieb hingegen Teil des Herzogtums Sachsen-Lauenburg. Dabei blieb es bis 1937, als im Zuge des sog. Groß-Hamburg-Gesetzes u.a. der Ratzeburger Dombezirk von Mecklenburg abgetrennt und der Provinz Schleswig-Holstein zugeschlagen wurde. Wäre dies nicht geschehen, hätte der Eiserne Vorhang 1945 bis 1989 quer durch Ratzeburg geführt.

Nach diesem Ausflug in die Zeitgeschichte – und deren mittelalterliche Wurzeln – soll mein drittes Beispiel ins Frühmittelalter führen. Im Gegensatz zu den Inschriften in Leipzig und in Ratzeburg kann ich mich mit dem nun zu betrachtenden Zeugnis auf das sichere Fundament eines Inschriftenbandes stützen. Der von Sebastian Scholz bearbeitete Band 38 der Reihe mit den Inschriften des Landkreises Bergstraße enthält als Nummer 13 eine Grenzbeschreibung. Die lateinische Inschrift ist in der Pfarrkirche St. Peter zu Heppenheim angebracht und beginnt (Abb. 7)[32]: *HEC E(ST) T(ER)MINATIO ISTIVS ECCL(ESI)E [...]* worauf dann eine lange Reihe von Toponymen folgt (mit denen wir uns hier nicht aufhalten müssen), um dann mit einer Datierung zu schließen: *HEC T(ER)MINATIO FACTA E(ST) / ANNO DOMINICE I(N)CARNATIONIS D · CCC · V · A MAGNO KAROLO ROMANOR(VM) I(M)P(ER)ATORE*. Inhaltlich geht es um die Abgrenzung des Pfarrsprengels. Dass dem ganzen Vorgang eine Urkunde Karls des Großen zugrunde liegt, ist wenig wahrscheinlich, es sei denn, man geht von einem gefälschten Diplom als Vorlage aus. Die Form der genannten Ortsnamen weist jedenfalls nicht sicher in die Karolingerzeit, und die erhaltene Inschrift selbst dürfte erst im 3. Viertel des 12. Jahrhunderts angefertigt worden sein. Die Pfarrkirche St. Peter in Heppenheim gehörte dem Benediktinerkloster Lorsch, so dass anzunehmen ist, dass die Feststellung der Pfarrgrenzen von dort veranlasst und womöglich durch eine Urkundenfälschung auf den Namen Karls des Großen flankiert wurde.[33]

Wir können schon nach dieser kurzen Umschau festhalten, dass wir bereits im Mittelalter mit recht verschiedenen Arten von Grenzen zu rechnen haben: Grenzen zwischen Stadt und Land (das Beispiel Leipzig), Grenzen zwischen Stadt und Kirche (das Beispiel Ratzeburg), Grenzen von Seelsorgesprengeln (das Beispiel Heppenheim), allgemeiner gewendet: Grenzen von Rechtsverhältnissen und Lebensordnungen, wie sie eben von der Bürgerstadt, dem Domkapitel, der Pfarrei verkörpert werden. Wie das Beispiel Ratzeburg weiter zeigt, können auch kleinräumige Grenzen Teil politischer Grenzen werden. In allen drei Fällen handelt es sich im Übrigen um klare, lineare Grenzen, nicht um diffuse Grenzräume. Wie wir noch sehen werden, ist freilich bei der Beschäftigung mit mittelalterlichen Grenzen mit beidem zu rechnen. Damit komme ich zur Frage:

[31] Bünz/Hillebrand, Ratzeburg, Domstift (wie Anm. 30), S. 657f.

[32] Die Inschriften des Landkreises Bergstraße, gesammelt und bearbeitet von Sebastian Scholz (DI 38), Wiesbaden 1994, S. 15-17 Nr. 13.

[33] Dies alles nach den Angaben von Sebastian Scholz (wie Anm. 32).

3. Was ist eine Grenze? – Definitionen und Begriffe

Zunächst einmal: es gibt nicht die Grenze, sondern ganz verschiedene Arten von Grenzen, hinsichtlich ihrer Gestalt wie ihrer Funktion. Das lehrt uns schon der Altmeister der deutschen Philologie und Rechtsgeschichte, Jacob Grimm. Ich zitiere aus seinem Berliner Akademie-Vortrag von 1843 über „Deutsche grenzalterthümer": „Die grenze ist also eine äußere und innere, eine große und kleine, jenachdem sie ganze reiche und völker, genossenschaften oder einzelne eigner von einander trennt. Sie muß nicht bloß als trennendes, sondern zugleich als einigendes princip behandelt werden, aus welchem neben der nothwendigen scheide ein band der nachbarschaft und gemeinschaft sich entfaltete, dessen heiligung und weihe unserm alterthum aufs höchste angelegen war."[34] „Scheide" und „Band der Nachbarschaft", schon Grimm betont das Trennende *und* Verbindende von Grenzen, ganz im Sinne unseres Tagungsthemas „über Grenzen hinweg".

Jacob Grimm hat auch in seinen rechtshistorischen Forschungen gerne lange Entwicklungslinien gezogen, möglichst von der germanischen Vorzeit bis in die Neuzeit, und damit ein Bild langfristiger historischer Prozesse, eben genetischen Wachstums gezeichnet.[35] Eine neuere Definition der Grenze aus historischer Sicht durch Walter Leimgruber liest sich wesentlich nüchterner und abstrakter, aber eben auch präziser: „Grenzen trennen zwei Objekte materieller oder geistiger Natur bzw. zwei unterschiedlich strukturierte Räume voneinander. Sie sind von Menschen nach bestimmten Kriterien und für bestimmte Zwecke geschaffene Konstrukte. Sie spiegeln die Raumvorstellungen verschiedener Epochen [...], aber auch Auffassung von Eigentum und Nutzungsrechten, Identitäten (Bindung an bestimmte Räume, Heimatgefühl) und Machtansprüche politischer Kreise".[36]

Der Konstruktionscharakter der Grenze tritt uns hier als neuer Gedanke entgegen. Der Schweizer Geograph greift damit Konzepte der Raumsoziologie auf, die dem „spatial turn" verpflichtet sind. Bei der Raumkonstruktion wirken zwei Prozesse zusammen, die von der Soziologin Martina Löw als „spacing" und „Syntheseleistung" bezeichnet werden.[37] Mit dem großmächtigen Begriff des „spacing" werden letztlich alle Handlungen im Raum bezeichnet, sei es der Bau einer Burg, die Vergabe von Weiderechten oder die Markierung einer Grenze. Dieses „spacing" setzt, so Martina Löw, eine „Syntheseleistung" voraus, denn wer Herrschaft sichert, Nutzungsrechte vergibt und deren Reichweite markiert, muss eine Vorstellung vom beherrschten Raum haben. Der Auf- und Ausbau einer Territorialherrschaft, Peter Moraws „gestaltete Verdichtung", war freilich ein Vorgang des späten Mittelalters und der frühen Neuzeit, den unzählige Fürsten und Herren noch ohne die begriffliche Hilfestellung moderner Raumsoziologie vollbracht haben.[38]

---

[34] Jacob Grimm, Deutsche grenzalterthümer, in: Philologische und historische Abhandlungen der Königlichen Akademie der Wissenschaften zu Berlin. Aus dem Jahre 1843, Berlin 1845, S. 109-142, hier S. 110.

[35] Dieter Werkmüller, Art. Jacob Grimm (1785-1863), in: HRG, Bd. 2, 2. Aufl., München 1983, Sp. 554-556.

[36] Leimgruber, Art. Grenzen (wie Anm. 1), S. 676. Vgl. schon dessen Dissertation: Walter Leimgruber, Il confine e la gente. Interrelazioni spaziali, sociali e politiche fra la Lombardia e il canton Ticino (Collana dell'Istituto di Scienze Geografiche dell'Università di Parma 7), Varese 1987.

[37] Martina Löw, Raumsoziologie, Frankfurt a.M. 2001, S. 158-161.

[38] An diese Konzepte knüpft an Rutz, Beschreibung des Raums (wie Anm. 1).

4. Weltliche Grenzen

Hinsichtlich der Entwicklung von Grenzen herrscht in der Literatur die Vorstellung vor, dass sich erst allmählich lineare Grenzen herausgebildet haben, und diese Vorstellung wird noch durch die begriffsgeschichtliche Beobachtung verstärkt, das ursprüngliche deutsche Wort für ‚Grenze' sei *marca* gewesen[39], und erst im Laufe des Mittelalters sei als polnisches Lehnwort ‚Grenze' rezipiert worden. Andrea Stieldorf hat in ihrer grundlegenden Habilitationsschrift über Marken und Markgrafen festgestellt: „*Marca* wurde in hofnahen Quellen, und nahezu ausschließlich in diesen, des beginnenden 9. Jahrhunderts als politische Raumbezeichnung verwendet, um den Anspruch des karolingischen Gesamtherrschers auf die zu sichernden Randzonen seines Reiches zum Ausdruck zu bringen, und belegt so ein durchaus vorhandenes Bewußtsein für den Zusammenhang von Herrschaft und Raum".[40] Zumindest im Ostfrankenreich wird vom Marken-Begriff dann im Hochmittelalter die Bezeichnung von Amtsträgern als *marchio* abgeleitet, um „einzelne hochrangige Adlige der Peripherie" zu bezeichnen.[41] Erst seit dem 11. Jahrhundert werden die Begriffe präziser, und man kann von Markgrafschaften und Markgrafen sprechen.[42] „Ausgerechnet in dieser Zeit zurückgehenden Grenzschutzes aber erfuhren *marchio* und *marchia* [...] eine Verfestigung und Definition", stellt Stieldorf fest.[43] Eine Sondersituation herrschte aber im Reichsgebiet nördlich der Elbe, wo es auch im 12. Jahrhundert noch zu militärischen Konflikten zwischen Sachsen bzw. Holsten und Stormarnern auf der einen Seite, den benachbarten Slaven auf der anderen Seite kam. Helmold spricht in seiner Slavenchronik zu Anfang der 1170er Jahre noch vom Grenzgebiet zu den Slaven als den *marcae*. Ihre Bewohner hebt Helmold als – man höre und staune – *marcomanni* = ‚Grenzmannen' von den Holsten und Stormarnern ab.[44] Die Schauenburger Grafen trafen im 12. Jahrhundert in Holstein auf ein altertümliches Amt, die sog. Overboden, die u.a. die Landesverteidigung zu organisieren hatten[45], und es wird in diesem Zusammenhang kein Zufall sein, dass zwei Angehörige dieser Familie, die 1127 bis 1181/82 als Overboden amtierten, den Namen *Marcwardus* trugen.[46]

[39] Das Wort bezeichnet im Althochdeutschen die Grenze, das Gebiet und das Zeichen/die Markierung, siehe den Artikel marka in: Althochdeutsches Wörterbuch, Bd. 6, Berlin/Boston 2015, Sp. 290-292.

[40] Andrea Stieldorf, Marken und Markgrafen. Studien zur Grenzsicherung durch die fränkisch-deutschen Herrscher (MGH Schriften 64), Hannover 2012, S. 589.

[41] Ebd., S. 590. Dazu Stefan Tebruck, Art. Markgraf, in: HRG, Bd. 3, 2. Aufl., Berlin 2016, Sp. 1302-1304.

[42] Stieldorf, Marken (wie Anm. 40), S. 595.

[43] Ebd., S. 595.

[44] Helmolds Slavenchronik. Anhang: Die Verse über das Leben Vicelins und der Brief Sidos (Helmoldi presbyteri Bozoviensis cronica Slavorum. Accedunt versus de vita Vicelini et Sidonis epistola). Dritte Auflage bearb. v. Bernhard Schmeidler (MGH SS rer. Germ. [32]), Hannover 1937, cap. 67, S. 128. Zu dieser Stelle Detlev Kraack, Die Wahrnehmung und die Überschreitung von Grenzen im hochmittelalterlichen Nordelbien, in: Grenzen in der Geschichte Schleswig-Holsteins (wie Anm. 11), S. 65-104, hier S. 69.

[45] Das verdeutlicht u.a. ihre Bezeichnung als „vexillifer patrie" in den Versus de vita Vicelini, in: Helmolds Slavenchronik (wie Anm. 44), S. 232 Z. 30.

[46] Lammers, Hochmittelalter (wie Anm. 29), S. 9; ebd., S. 11 die Charakterisierung des holsteinischen Overboden im 11. und 12. Jahrhundert als „Gaugrenzkommandanten".

Dieser hier sehr gerafft vorgetragene Befund zur Bedeutung von *marca* = ‚Grenzmark' berechtigt aber nicht zur Annahme, dass lineare Grenzen dem Frühmittelalter fremd gewesen wären. Es waren wohl weniger die grundsätzlichen Vorstellungen, sondern die tatsächlichen Siedelverhältnisse, die darüber bestimmten, wie eine Grenze aussah. Bereits Einhard schreibt in der „Vita Karoli magni" von der Grenze zwischen dem Frankenreich und den Sachsen: „die Grenze zwischen uns und den Sachsen (‚termini videlicet nostri et illorum') verlief fast überall in der Ebene, mit Ausnahme weniger Stellen, wo größere Waldungen oder Bergrücken das beiderseitige Gebiet klar trennen".[47] Nur dort gab es also – um die lateinische Formulierung aufzugreifen – einen *certus limes*, ansonsten aber, heißt es weiter, hätten Totschlag, Raub und Brandstiftung kein Ende genommen. Man muss es sich mit Einhard also wohl so vorstellen, dass in den Landstrichen, wo keine natürlichen Grenzsäume durch Wälder oder Berge bestanden, sondern die fränkischen und sächsischen Siedlungen aneinander grenzten, dass dort also die Grenzen durch die Feldmarken der Dörfer bestimmt waren und es deshalb leichter zu gewaltsamen Auseinandersetzungen kam.

Eindeutig waren Grenzlinien, wenn sie sich an natürlichen Gegebenheiten orientieren konnten, beispielsweise an Flüssen.[48] Immer wieder zitiert wird in diesem Zusammenhang das Herrschertreffen zwischen Heinrich I. und Karl dem Einfältigen 921 auf einem Schiff, das in der Mitte des Rheins bei Bonn verankert war.[49] Vor dem Übergang Lothringens an die Ottonen trennte der Mittelrhein ost- und westfränkisches Reich. Die Beispiele solcher Herrschertreffen ließen sich leicht vermehren. Reinhard Schneider hat in einer Studie gezeigt, dass im gesamten Mittelalter Grenzgewässer bzw. die über sie führenden Brücken als Orte für bilaterale Vertragsabschlüsse genutzt wurden.[50] Nach meinem Eindruck hat man sich in weniger dicht besiedelten Gebieten, die es in Mitteleuropa ja auch noch im späten Mittelalter gab, bevorzugt an solchen eindeutigen Grenzmarken wie Flüssen und Bächen orientiert. In der ersten aufgezeichneten Beschreibung der Grenze zwischen Bayern und Böhmen von 1462 wird die Grenze stets als *march* bezeichnet und orientiert sich vornehmlich an Bächen.[51] Ansonsten waren in dem nur schütter besiedelten Waldgebiet kaum topographische Fixpunkte auszumachen.

---

47 Einhardi Vita Karoli magni. Post G. H. Pertz recensuit G. Waitz, hg. v. Oswald Holder-Egger (MGH SS rer. Germ. [25]), 6. Aufl., Hannover 1911 (Neudruck 1965), cap. 7, S. 9.

48 Demgegenüber bemerkt Ernst Schubert, Geschichte Niedersachsens vom 9. bis zum ausgehenden 15. Jahrhundert, in: Geschichte Niedersachsens. Bd. 2, Teil 1: Politik, Verfassung, Wirtschaft vom 9. bis zum ausgehenden 15. Jahrhundert (Veröffentlichungen der Historischen Kommission für Niedersachsen und Bremen 36,2,1), Hannover 1997, S. 1-904, hier S. 7: „Natürliche Grenzen sind für das Mittelalter unnatürlich", und verweist auf Elbe und Nordsee.

49 MGH Const. 1, S. 1f. Nr. 1; – Regesta Imperii II,1 n. 2c, S. 7. Ingrid Voss, Herrschertreffen im frühen und hohen Mittelalter. Untersuchungen zu den Begegnungen der ostfränkischen und westfränkischen Herrscher im 9. und 10. Jahrhundert sowie der deutschen und französischen Könige vom 11.-13. Jahrhundert (Beihefte zum Archiv für Kulturgeschichte 26), Köln u.a. 1987, S. 46-50.

50 Reinhard Schneider, Mittelalterliche Verträge auf Brücken und Flüssen (und zur Problematik von Grenzgewässern), in: Archiv für Diplomatik 23 (1977) S. 1-24.

51 Werner Perlinger, Die erste Begehung der bayerisch-böhmischen Landesgrenze. Ein Protokoll aus dem Jahre 1462 gibt Einblick in die damaligen Verhältnisse, in: Beiträge zur Geschichte im Landkreis Cham 15 (1998), S. 13-23.

Neben *marca* ist *limes* ein bereits aus der Antike übernommener Begriff zur Bezeichnung von Grenzen oder Grenzräumen.[52] Das klingt schon in Einhards „Vita Karoli magni" an. Zumindest für die Ostgrenze des Karolingerreiches ist belegt, dass sie in besonderer Weise organisiert und kontrolliert war. Einhard erwähnt beispielsweise, dass die Saale Thüringer und Sorben voneinander trennte,[53] und in diesem Bereich ist dann eine Grenzmark eingerichtet worden, die erstmals 849 mit „Tachulf [...] dux Sorabici limitis" greifbar ist.[54] Ansonsten ist über diese Reichsgrenze wenig mehr als die Namen weiterer Grenzkommandanten bekannt.

Eine solche besonders gesicherte Grenze bestand auch nördlich der Elbe zwischen dem Frankenreich und den slawischen Abodriten. Bereits 819 werden mehrere „praefecti Saxonici limitis" in den Reichsannalen genannt, und es ist vermutet worden, dass der Grenzverlauf schon „im J. 810 während der frk.-abodritischen Verhandlungen im Beisein Karls des Großen in Verden an der Aller festgelegt und schriftlich fixiert" wurde.[55] Hintergrund dieses Vorgangs war der 804 erfolgreich abgeschlossene Sachsenkrieg, durch den das nordelbische Gebiet nun unter fränkischer Herrschaft stand. Dass wir über den Limes Saxoniae entschieden mehr wissen als über sein mitteldeutsches Gegenstück, den Limes Sorabicus, ist dem Chronisten Adam von Bremen zu danken. Dieser überliefert in seiner um 1075 verfassten Hamburgischen Kirchengeschichte eine Grenzbeschreibung, die mit den Worten anhebt: „Invenimus quoque limitem Saxoniae, quae trans Albiam est, prescriptum a Karolo et imperatoribus ceteris, ita se continentem, hoc est [...]".[56] Der Grenzverlauf wird durch die Angabe teils sächsischer, teils slavischer Toponyme angegeben und verlief von der Unterelbe bei Lauenburg in nördlicher Richtung zur Kieler Förde (Abb. 6).[57] Die Angaben sind präzise genug, um den Verlauf nachzuzeichnen, im Einzelnen aber doch diskussionswürdig, woraus Generationen von Heimatforschern ihren Stoff geschöpft haben.[58] Die Grenze wurde, wie 822 belegt ist, mit Burgen befestigt und war offenbar noch im 11. Jahrhundert intakt.[59] Dem karolingischen Konzept des Limes Saxoniae lag, wie die Beschreibung bei Adam von Bremen nahelegt, eine lineare Grenze zugrunde, die sich dann aber zu einer Wald- und Ödlandzone wandelte.[60]

52 Zum römischen Limes siehe E. Schallmayer/M. Becker, Art. Limes, in: RGA 18, 2. Aufl., Berlin/New York 2001, S. 402-442; Karl-Heinz Ziegler, Art. Grenze, in: RAC, Bd. 12, Stuttgart 1983, Sp. 1095-1107; Egon Schallmeyer, Der Limes. Geschichte einer Grenze, München 2003.

53 Einhardi Vita Karoli (wie Anm. 47), cap. 15, S. 18.

54 Matthias Hardt, Art. Limes Sorabicus, in: RGA 18 (wie Anm. 52), S. 446-448.

55 Matthias Hardt, Art. Limes Saxoniae, in: RGA 18 (wie Anm. 52), S. 442-446, Zitat S. 443.

56 Adam von Bremen, Hamburgische Kirchengeschichte, hg. v. Bernhard Schmeidler (MGH SS rer. Germ. [2]), Hannover 1993 (unveränderter Nachdruck der Ausgabe Hannover/Leipzig 1917), lib. II, cap 18, S. 73f.

57 Vgl. die Karte bei Herbert Jankuhn, Die Frühgeschichte. Vom Ausgang der Völkerwanderung bis zum Ende der Wikingerzeit (Geschichte Schleswig-Holsteins 3), Neumünster 1957, S. 139, dort auch S. 137-146 ausführlich über den Limes Saxoniae; Matthias Hardt, Limes Saxoiae as Part of the Eastern Borderlands. The Frankish and Ottonian-Salian Empire, in: Borders, Barriers, and Ethnogenesis. Frontiers in Late Antiquity and the Middle Ages, hg. v. Florin Curta (Studies in the early middle ages 12), Turnhout 2005, S. 35-50.

58 Typisch z.B. Hinrich Ewald Hoff, Das Sventinefeld und der Limes Saxoniae, in: Zeitschrift der Gesellschaft für Schleswig-Holsteinische Geschichte 63 (1935), S. 357-368.

59 Hardt, Art. Limes Saxoniae (wie Anm. 55), S. 442-446, hier Sp. 444.

60 Ebd., S. 445. Der Versuch von Günther Bock, Der „Limes Saxoniae" – keine karolingische Grenze!, in:

Die Grenze zwischen Dänemark und dem Karolingerreich wurde auf weiten Strecken durch den Verlauf der Schlei, der Treene und der Rheider Au bestimmt, doch wurde der dazwischen liegende Bereich westlich der Handelsstadt Haithabu von den dänischen Königen durch eine umfangreiche Befestigungsanlage abgeriegelt, das Danewerk. Durch diese Wallbefestigung verlief der gesamte Landverkehr auf dem sogenannten Heer- oder Ochsenweg.[61] Durch dendrochronologische Datierung ist gesichert, dass die Befestigung schon im frühen 8. Jahrhundert bestand, womöglich als Grenzsicherung gegen die nach Holstein eingewanderten Slawen. Die Fränkischen Reichsannalen berichten, König Göttrik habe die Grenze seines Reiches, die Sachsen berührte, durch einen Wall befestigen lassen („limitem regni sui, qui Saxoniam respicit, vallo munire constituit"), der nur an einer Stelle durch ein Tor („una tantum porta dimissa") für Reiter und Wagen unterbrochen wurde.[62] Bis zum Ende des 12. Jahrhunderts entstand zwischen Schlei und Treene ein komplexes Grenzbefestigungssystem, dessen Krönung die von König Waldemar dem Großen (1157-1182) entlang des Hauptwalls errichtete Ziegelmauer war, die er „zur Wehr des ganzen Reiches" errichten ließ, wie seine Grabschrift verkündet.[63] Die veränderte verfassungsrechtliche Stellung des Herzogtums Schleswig im 13. Jahrhundert führte dazu, dass diese befestigte Außengrenze aufgegeben wurde.[64]

Wohl selten hat sich die Formulierung eines Historikers so in den Köpfen festgesetzt, wie die Beschreibung der Verfassungsentwicklung Deutschlands im Mittelalter „vom Personenverbandsstaat zum territorialen Flächenstaat" durch Theodor Mayer[65],

Jahrbuch für den Kreis Stormarn 31 (2013), S. 13-30, die Grenzbeschreibung als eine Erfindung Adams von Bremen abzutun, die dem Zweck gedient habe, das Diözesangebiet von Hamburg-Bremen gegenüber den neu- bzw. wiederbegründeten Bistümern Ratzeburg und Oldenburg-Lübeck auszudehnen, überzeugt mich nicht. Bereits die Vorstellung einer so präzise festgelegten Diözesangrenze in dieser Zeit (siehe dazu unten bei Anm. 135) in einem noch weithin unbesiedelten Grenzraum ist nicht plausibel. Auf einer von Oliver Auge (Kiel) organisierten Tagung „Der Limes Saxoniae – Fiktion oder Realität?" in Oldenburg/Holstein am 21. Okt. 2017 wurde diese These diskutiert, doch stützten die Tagungsbeiträge die Ansicht von Bock nicht, siehe den Tagungsbericht von Henning Andresen und Stefan Brenner https://www.hsozkult.deconferencereprot/id/tagungsberichte-7699 (17.12.2019). Übrigens hat bereits Metz, Art. Grenze (wie Anm. 1), Sp. 1701, behauptet, die Beschreibung des Limes sei eine Fälschung des 12. Jahrhunderts, was Bock nicht erwähnt.

61 Herbert Jankuhn, Haithabu. Ein Handelsplatz der Wikingerzeit, Neumünster 8. neubearb. und stark erw. Aufl. 1986, S. 56-65; H. Hellmuth Andersen, Zur Wehr des ganzen Reiches. Das Danewerk (Geschichte und Kultur Schleswig-Holsteins 2), Neumünster 1996; ders., Danevirke, in: Medieval archaeology. An encyclopedia, ed. by Pam J. Crabtree (Routledge encyclopedias of the Middle Ages 4), New York 2001, S. 71-74; Frauke Witte / Astrid Tummuscheit, Der einzige Weg durchs Danewerk. Zu den Ausgrabungen am Danewerk im Jahr 2013, in: Archäologie in Schleswig 15 (2014), S. 153-162.

62 Annales regni Francorum inde ab a. 741 usque ad a. 829. Qui dicuntur Annales Laurissenses maiores et Einhardi, hg. von Georg Heinrich Pertz und Friedrich Kurze (MGH SS rer. Germ. [6]), Hannover 1895 (unveränderter Neudruck 1950), S. 127.

63 Jankuhn, Haithabu (wie Anm. 61), S. 63.

64 Im 19. Jahrhundert wurde das Danewerk aber von Dänemark nochmals als Militärgrenze instandgesetzt, siehe Dagmar Unverhau, Das Danewerk 1842. Beschreibung und Aufmaß, Neumünster 1988; Das Danewerk in der Kartographiegeschichte Nordeuropas, hg. von Dagmar Unverhau und Kurt Schietzel, Neumunster 1993.

65 Theodor Mayer, Die Ausbildung der Grundlagen des modernen deutschen Staates im hohen Mittelalter, in: Herrschaft und Staat im Mittelalter, hg. v. Hellmut Kämpf (Wege der Forschung 2), Darmstadt 1956, S. 284-331.

aber Herrschaft war – das wurde auch schon frühzeitig Mayer entgegengehalten – immer Herrschaft über „Land und Leute", nicht erst im späten Mittelalter. Peter Moraw hat dann eine Generation später die Entwicklung „von offener Verfassung zu gestalteter Verdichtung" umschrieben.[66] Das Bild von der Bedeutung und Gestalt von Grenzen ist davon nicht unbeeinflusst geblieben. Aber man kann schon mit Blick auf die Verhältnisse im Früh- und Hochmittelalter festhalten, dass es nicht nur die zonale Vorstellung eines Grenzraumes, sondern auch die lineare einer Grenze gab.[67] Beide Vorstellungen haben nebeneinander existiert, doch hat sich das lineare Modell dann in der Frühen Neuzeit endgültig durchgesetzt.[68]

Und man muss präzisieren: Es ist auch erst in der Neuzeit ausgeformt worden. Denn von der Forschung wird zumeist nicht beachtet, dass die Idee linearer Grenzen zwar alt ist, dass diese Linearität aber erst wahrnehmbar wird, wenn dieser Grenzverlauf auch präzise und sichtbar markiert ist. So hat es beispielsweise im Verlauf der bayerisch-böhmischen Landesgrenze zwischen Furth i. W. und dem Arber, also auf einer rund 30 km langen Strecke, noch 1514 nur zwei Grenzmarkierungen gegeben: „Das bayerische Wappen war einmal in eine Eiche und ein andermal in eine Tanne eingeschnitten".[69] Man kann deshalb sagen: „Die vermehrte Festlegung und rechtliche Sicherung von Grenzen in der Frühen Neuzeit sind Kennzeichen einer sich verdichtenden Staatlichkeit".[70] Markierung, Kartierung und Beschreibung der Grenze sind rechtsrelevante Akte.[71] Die systematische Markierung und Versteinung von Grenzverläufen ist erst ein Ergebnis des 16., vor allem aber 17. und 18. Jahrhunderts.[72] Seit

66 Peter Moraw, Von offener Verfassung zu gestalteter Verdichtung. Das Reich im späten Mittelalter 1250 bis 1490 (Propyläen Geschichte Deutschlands 3), Berlin 1985.

67 Das betont auch Schich, „Grenze" (wie Anm. 1), S. 136.

68 Dazu auch Leimberger, Grenze (wie Anm. 1), S. 676, für die Schweiz. Dazu nun eingehend Rutz, Die Beschreibung des Raums (wie Anm. 1).

69 Fleischmann, Art. Grenze (wie Anm. 1); Walter Ziegler, Die bayerisch-böhmische Grenze in der Frühen Neuzeit. Ein Beitrag zur Grenzproblematik in Mitteleuropa, in: Menschen und Grenzen in der frühen Neuzeit, hg. v. Wolfgang Schmale/Reinhard Stauber, Berlin 1998, S. 116-130. Auch die Grenzbeschreibung von 1462 nennt u.a. eine mit einem Kreuz markierte Linde: Perlinger, Die erste Begehung (wie Anm. 51), S. 18.

70 Fleischmann, Grenze (wie Anm. 1). Leider geht Walter Schlesinger, Geschichte der böhmisch-sächsischen Grenze, in: Neues Archiv für Sächsische Geschichte 59 (1938), S. 6-38, nicht auf die konkrete Gestalt der Grenze ein. Wiederholt ist nur vom „Grenzwald" die Rede. Dies gilt auch für manche anderen auf den ersten Blick einschlägigen Veröffentlichungen, z.B. Hatto Kallfelz, Die Landesgrenze zwischen Bayern und Thüringen im Abschnitt Unterfranken. Rückblick auf die Geschichte einer Grenze, in: Schatzkammer zwischen Rennsteig und Rhön, Zella-Mehlis 1993, S. 55-82; Pankraz Fried, Die Landeshoheits- und Grenzverhältnisse zwischen dem alten Bayern und den schwäbischen Territorien. Landeshoheitsrechte in Gemengelage, in: Landeshoheit. Beiträge zur Entstehung, Ausformung und Typologie eines Verfassungselements des römisch-deutschen Reiches, hg. v. Erwin Riedenauer (Studien zur bayerischen Verfassungs- und Sozialgeschichte 16), München 1994, S. 61-68, und Reinhard Stauber, Grenzen und Landeshoheit der Grafschaft Werdenfels in der frühen Neuzeit, in: ebd., S. 176-192.

71 Siehe dazu auch Reinhard Heydenreuter, Zur Rechtsgeschichte der Grenze: Grenzbeschreibungen, Grenzkarten und Grenzsteine als historische Quellen, in: Methoden, Techniken und Hilfsmittel der Heimatforschung, hg. v. Wolfgang Pledl (Forum Heimatforschung. Ziele – Wege – Ergebnisse 9), München 2004, S. 102-124.

72 Zur Setzung und Bedeutung von Grenzsteinen im dörflichen Bereich Karl Siegfried Bader, Rechtsformen und Schichten der Liegenschaftsnutzung im mittelalterlichen Dorf. Mit Ergänzungen und Nachträgen zu

dem 16. Jahrhundert sind in wachsender Zahl auch Augenscheinkarten überliefert, die Grenzverläufe mit den zugehörigen Grenz- oder Marksteinen dokumentieren[73], wobei letztere aus Darstellungsgründen oft überproportional groß dargestellt werden.[74] Die Suche nach Grenzsteinen in der Datenbank des deutschen Inschriften-Projekts ergab 76 Treffer, darunter als älteste Belege den Bensheimer Grenzstein von 1479 (Abb. 8)[75] und einen Grenzstein von 1484 in Bad König im Odenwald[76], doch setzt die Masse der Belege erst im Laufe des 16. Jahrhunderts ein. Ich will in diesem Zusammenhang nicht unerwähnt lassen, dass es auf diesem Feld eine nach wie vor rege heimatkundliche Forschung gibt, die seit 1980 im Arbeitskreis Internationale Steinkreuzforschung organisiert ist und jährlich einen Sammelband mit Beiträgen über Grenzsteine und andere Flurdenkmäler herausbringt[77], was mancherorts mit einer verdienstvollen Sammeltätigkeit einhergeht.[78]

Unser Wort ‚Grenze' kommt aus dem Slavischen. Das ist mittlerweile Allgemeingut der Forschung. Allerdings bezeichnet das Wort nicht, wie noch Alexander Demandt in dem Sammelband „Deutschlands Grenzen" behauptet hat, „eine Art von Schutzstreifen gegenüber dem drohenden Nachbarn", vielmehr handelt es sich um „die lineare Abgrenzung eines bestimmten Herrschaftsgebietes oder besonderen Besitzkomplexes".[79] Die Bezeichnung ist, wie Winfried Schich auf der Grundlage älterer Forschungen herausgearbeitet hat, im slavischen Siedelgebiet entstanden und bezeichnete nicht „den Grenzwald selbst, sondern die innerhalb des Waldes markierte Grenzlinie".[80] Und weiter: „Die Festlegung der linearen Grenze im Wald gehört in den Zusammenhang der Aneignung von unbesiedeltem Wald- und Ödlandstreifen zur intensiveren Nut-

---

den Teilen I und II der Studien zur Rechtsgeschichte des mittelalterlichen Dorfes (Studien zur Rechtsgeschichte des mittelalterlichen Dorfes 3), Wien u.a. 1973, S. 236-238.

73 Das Wort *marcstein* ist schon seit dem 11. Jahrhundert belegt, siehe den entsprechenden Artikel in: Althochdeutsches Wörterbuch 6 (wie Anm. 39), Sp. 298f.

74 Thomas Horst, Die älteren Manuskriptkarten Altbayerns. Eine kartographiehistorische Studie zum Augenscheinplan unter besonderer Berücksichtigung der Kultur- und Klimageschichte. 2 Bde. (Schriftenreihe zur bayerischen Landesgeschichte 161), München 2008; Von der gemalten Landschaft zum vermessenen Land. Eine Ausstellung des Bayerischen Hauptstaatsarchivs zur Geschichte der handgezeichneten Karte in Bayern. München, 6. Oktober bis 22. Dezember 2006. Ausstellung und Katalog: Gerhard Leidel unter Mitarbeit von Monika Ruth Franz (Ausstellungskataloge der staatlichen Archive Bayerns 48), München 2006, S. 54-109. Fritz Bönisch/Hans Brichzin/Klaus Schillinger/Werner Stams, Kursächsische Kartographie bis zum Dreißigjährigen Krieg, I. Die Anfänge des Kartenwesens (Veröffentlichungen des Staatlichen Mathematisch-Physikalischen Salons – Forschungsstelle – Dresden-Zwinger 8), Berlin 1990, S. 202, nennen nur zusammenfassend die Vielfalt von Grenzmalen.

75 Die Inschriften des Landkreises Bergstraße (wie Anm. 32), S. 51 Nr. 65.

76 Die Inschriften des Odenwaldkreises, gesammelt u. bearb. v. Sebastian Scholz (DI 63), Wiesbaden 2005, S. 47 Nr. 57.

77 Bis 2008 sind 11 Monographien, 33 Sammelbände und 23 Mitteilungshefte und Sondernummern erschienen. Die Mitteilungsblätter wurden 1993 eingestellt, die Monographienreihe 2001. Zurzeit erscheint jährlich ein Band „Steinkreuzforschung – Studien zur deutschen und internationalen Flurdenkmalforschung". Siehe nun auch die neue Buchreihe „Signa ivris" zur Rechtsarchäologie. Vorzüglich ist das Buch von Karl Röttel, Das Hochstift Eichstätt. Grenzsteine, Karten, Geschichte, Ingolstadt 1987.

78 Siehe die Homepage von Roland Schmitt (Saarbrücken) über alte Grenzsteine: www.alte-grenzsteine.de (17.12.2019).

79 Schich, „Grenze" (wie Anm. 1), S. 136.

80 Ebd., S. 140.

zung, mit anderen Worten: zum hochmittelalterlichen Landesausbau".[81] Deshalb kann es nicht überraschen, dass die ursprüngliche Bedeutung des westslavischen Wortes *granica* bzw. *granicia* ‚Grenzzeichen' ist. Im Rodungsgebiet der Ostkolonisation erfolgte die Kennzeichnung des Grenzverlaufs eben durch Setzen von Grenzzeichen, und das heißt: durch das Markieren von Bäumen. Das Wort begegnet erstmals in einer Urkunde Herzog Kasimirs von Pommern für das Zisterzienserkloster Dargun, die in die Zeit um 1174 gehört und spätestens Anfang des 13. Jahrhunderts aufgezeichnet wurde. Der Herzog überließ dem Kloster „ein Gebiet, das offensichtlich bei einer Grenzbegehung mittels bestimmter Grenzpunkte festgesetzt wurde", doch kamen eigens markierte Grenzpunkte hinzu, vor allem Eichen, darunter eine Eiche, „die mit einem Kreuz bezeichnet war, ‚quod signum dicitur slavice knezegranica'", das heißt übersetzt: „Fürstengrenze".[82] Es gibt schon aus dem 13. Jahrhundert eine ganze Reihe von Belegen, die zeigen, dass solche Besitzgrenzen vom Fürsten persönlich durch Umgang und Einschlagen der Grenzzeichen in Bäume gezogen wurden.[83] Dieser Vorgang hat im ostmitteleuropäischen Kolonisationsgebiet des 13. Jahrhunderts unzählige Male stattgefunden, wie Urkundenbelege aus dem Preußenland, Pommern und Schlesien zeigen, und damit ging die deutsche Besiedlung dieser Landschaften einher, die das Wort ‚Grenze' dann in ihren Wortschatz übernahmen. Der Lehnwortcharakter wird verschiedentlich angesprochen, beispielsweise in einer Urkunde Herzog Heinrichs V. von Schlesien-Breslau, welcher 1291 die Grenzen der Stadt Ohlau bestätigt: „ab ipsa civitate Olavia metae, quae *polonice graenizen dicuntur*".[84]

Für die Entstehung von Grenzen ist die Sicherung von Eigentumsverhältnissen wohl von Anfang an eine wichtige Triebkraft gewesen, zumal diese mit grundlegenden Fragen der Agrarverfassung korrespondieren.[85] Dazu meinte schon Jacob Grimm: „Es leuchtet ein wie wesentlich der begrif der grenze mit dem des eigenthums sich verknüpfe. Wenn das unser eigen ist, worüber wir schalten und walten, so setzt solches schalten und walten absonderung der gegenstände voraus. [...]; der aneinander hängende liegende grund und boden fordert eine scheide, und diese landscheide ist es welche wir grenze heißen: ohne grenze sind eigenthum und besitz am land unmöglich."[86]

Dem Bedürfnis der Besitzsicherung dienen die ältesten Markungsbeschreibungen, die auch als Sprachzeugnisse von Interesse sind. Anlässlich der Schenkung des Fiskus Hammelburg, im heutigen nördlichen Unterfranken gelegen, an die Reichsabtei Fulda 777 ließ Karl der Große die Grenzen des Königsgutbezirkes aufzeichnen: „et descrip-

[81] Ebd., S. 140.

[82] Ebd., S. 141f. Meklenburgisches Urkundenbuch, Bd. 1, Schwerin 1853, S. 112 Nr. 114.

[83] Siehe auch unten im Text bei Anm. 99 das von Schich, „Grenze" (wie Anm. 1), S. 144, erwähnte Beispiel der Kennzeichnung von Bäumen im Bereich des altbayerischen Klosters Scheyern.

[84] Gustav Adolf Tzschoppe/Gustav Adolf Stenzel, Urkundensammlung zur Geschichte des Ursprungs der Städte und der Einführung und Verbreitung deutscher Kolonisten und Rechte in Schlesien und der Ober-Lausitz, Hamburg 1832, S. 414 Nr. 85.

[85] Vgl. etwa Thomas Kohl, Lokale Gesellschaften. Formen der Gemeinschaft in Bayern vom 8. bis zum 10. Jahrhundert (Mittelalter-Forschungen 29), Ostfildern 2010; Philippe Dollinger, Der bayerische Bauernstand vom 9. bis zum 13. Jahrhundert, hg. v. Franz Irsigler, München 1982.

[86] Grimm, Deutsche grenzalterthümer (wie Anm. 34), S. 109.

tus est atque consignatus idem locus undique his terminis".[87] Die meisten Orts- und Flurnamen lassen sich noch lokalisieren, so dass man eine Vorstellung von den gewaltigen Ausmaßen der Hammelburger Gemarkung im Frühmittelalter gewinnt. Für die Gemarkung von Würzburg liegen sogar zwei Beschreibungen vor, von denen die eine 779 durch einen königlichen *missus* für das Gebiet links des Mains durchgeführt wurde: „in occidentali parte fluuii nomine Moin, marcham Vuirziburganensium iuste discernendo [...] circumduxit".[88] Die zweite Markbeschreibung ist undatiert, gehört aber wohl auch in diese Zeit. Durch die Abschrift um 1000 ist wohl der einleitende Teil verloren gegangen, so dass die Beschreibung nun sogleich mit den Worten „marchia ad Wirziburg" beginnt und dann in althochdeutscher Sprache den Grenzverlauf beschreibt.[89] Die zweite Markbeschreibung hingegen „lässt einen Teil des linksmainischen Gebietes aus, vermutlich, weil dieses Waldland mittlerweile an den Bischof geschenkt wurde und deshalb die Gemarkung neu abgegrenzt werden musste", wie Reinhard Bauer meint.[90] Der Würzburger Chronist Lorenz Fries hat den Akt des Flurumgangs in seiner Bischofschronik Mitte des 16. Jahrhunderts bildlich darstellen lassen, nun allerdings anachronistisch als gemischte Kommission von Laien und Klerikern (Abb. 9).[91]

Während solche Grenzbeschreibungen aus der Karolingerzeit nur vereinzelt überliefert sind, wächst ihre Zahl im Hochmittelalter schnell an. Allein für Bayern lassen sich aus dem 10. Jahrhundert sechs Grenzbeschreibungen nachweisen, aus dem 11. Jahrhundert 40 und aus dem 12. rund 30.[92] Sie umschreiben verschiedenste Raumeinheiten, neben Feldmarken vor allem Waldgebiete und generell Klostergrundherrschaften oder andere Rechtsbezirke wie Wildbannbezirke, aber auch Besitzkomplexe einzelner Personen.[93] Eine Dissertation über die ältesten Grenzbeschreibungen in Bayern ediert und untersucht allein 20 solcher Aufzeichnungen aus dem Zeitraum von 755 bis 914.[94] Dabei wird deutlich, dass die Grenzbestimmung immer ein herrschaftlicher und öffentlicher Akt war, der durch Umgang oder Umritt erfolgte.[95] Mancherorts wird

---

87 Urkundenbuch des Klosters Fulda. Band 1 (Die Zeit der Äbte Sturmi und Baugulf), bearb. v. Edmund E. Stengel (Veröffentlichungen der Historischen Kommission für Hessen und Waldeck 10,1), Marburg 1958, S. 151-154 Nr. 83, Zitat S. 153; Reinhard Bauer, Die ältesten Grenzbeschreibungen in Bayern und ihre Aussagen für Namenkunde und Geschichte (Die Flurnamen Bayerns 8), München 1988, S. 3, zur Auswertung ebd., S. 4-27.

88 Ebd., S. 28, zur Auswertung S. 30-66.

89 Ebd., S. 30.

90 So Bauer, Die ältesten Grenzbeschreibungen (wie Anm. 87), S. 43.

91 Womöglich hatte er dabei den aus Dom- und Stiftsherren sowie Bürgern zusammengesetzten Würzburger Oberrat vor Augen, doch ist nicht bekannt, ob dieser an den Flurumgängen beteiligt war, siehe Dietmar Willoweit, Stadtverfassung und Gerichtswesen im mittelalterlichen Würzburg, in: Geschichte der Stadt Würzburg. Band 1: Von den Anfängen bis zum Ausbruch des Bauernkriegs, hg. v. Ulrich Wagner, Stuttgart 2001, S. 233-249, hier S. 239f. und S. 249.

92 Bauer, Die ältesten Grenzbeschreibungen (wie Anm. 87), S. 255.

93 Die älteste Grenzbeschreibung Bayerns umschreibt den Besitz eines gewissen Starcholf in Affalterbach, den dieser 755 an das Bistum Freising geschenkt hat, siehe Bauer, Die ältesten Grenzbeschreibungen (wie Anm. 87), S. 159-165, und in: Von der gemalten Landschaft (wie Anm. 74), S.26-28 Nr. 1.1.

94 Bauer, Die ältesten Grenzbeschreibungen (wie Anm. 87), passim.

95 Karl-Sigismund Kramer/Bernd Schildt, Art. Grenzumgang, in: HRG, Bd. 2, 2. Aufl., Berlin 2012, Sp. 550-552. Vom Umgang ist der sog. „Untergang" zur Beilegung von Grenzstreitigkeiten zu unterscheiden,

dies – heute allerdings als gelebtes Brauchtum – wieder praktiziert.[96] Wie in einer weithin illiteraten, oralen Gesellschaft üblich, erfolgte die Grenzfeststellung oder -festsetzung unter Zeugen (in der Würzburger Markbeschreibung 82 Personen!) mit z.T. sinnfälligen und geradezu „handgreiflichen" Akten, etwa Stauchen, Ohrfeigen oder dem kräftigen Ziehen an den Ohren. Die „testes per aures tracti" sind schon aus frühmittelalterlichen Quellen Altbayerns bekannt.[97] Die Feststellung des Grenzverlaufes orientierte sich zumeist an natürlichen Punkten wie Gewässern, Erhebungen, Felsen und anderen Merkmalen, konnte aber auch schon im Hochmittelalter mit dem Setzen künstlicher Grenzzeichen einhergehen.[98] Die Chronik des Klosters Scheyern in Bayern aus dem frühen 13. Jahrhundert berichtet, dass Grundherren durch Einschneiden von Bäumen – „arborum incisione" – ein Waldgebiet markierten, das zur Rodung bestimmt war.[99] Noch im ausgehenden Mittelalter wurden beispielsweise die bayerisch-böhmische Grenze und die bayerisch-tirolische Grenze z.T. durch das Einhauen von Kreuzen in große Bäume gekennzeichnet.[100]

Man sollte generell die Bedeutung der Gemeindegrenzen nicht unterschätzen, die – wie erwähnt – gelegentlich schon in Markenbeschreibungen der Karolingerzeit schriftlich fixiert wurden. Letztlich waren die Dorf- und seit dem Hochmittelalter auch die Stadtgemarkungen die Grundelemente der herrschaftlichen Durchdringung von Räumen. Aufgrund der Bedeutung der Flur- oder Gemarkungsgrenzen für alle erdenklichen historischen Raumeinheiten (Territorien, Grundherrschaften, Pfarreien/Kirchspiele)[101] wurden übrigens für die deutschen Länder seit dem Ende des 19. Jahrhunderts historisch-statistische Grundkarten im Maßstab 1:100.000 oder 1:200.000 erarbeitet.[102]

---

siehe Karl Siegfried Bader, Der Schwäbische Untergang. Studien zum Grenzrecht und Grenzprozess im Mittelalter (Freiburger rechtsgeschichtliche Abhandlungen 4), Freiburg i.Br. 1933, und ders., Rechtsformen (wie Anm. 72), S. 237f.

96 Die Stadt Würzburg führt seit 1969 jährlich einen Grenzgang der Feldgeschworenen an einem bestimmten Abschnitt der Stadtgemarkung durch, siehe https://wuerzburgwiki.de/wiki/Grenzgang (17.12. 2019).

97 Bauer, Die ältesten Grenzbeschreibungen (wie Anm. 87), S. 261ff., aber wenig konkret; Reinhard Selinger, Das Ohrläppchenziehen als Rechtsgeste. *Licet antestari?* im römischen Recht und *testes per aures tracti* in den germanischen Rechten, in: Forschungen zur Rechtsarchäologie und Rechtlichen Volkskunde 18 (2009), S. 201-221; Christina Marie Kimmel-Schröder, Art. Ohrfeige, Ohrenzupfen, in: HRG, Bd. 4, 2. Aufl., 25. Lieferung, Berlin 2017, Sp. 134f.

98 Dieter Werkmüller, Art. Grenzstein, Grenzzeichen, in: HRG, Bd. 2, 2. Aufl., Berlin 2012, Sp. 546-550, mit weiterführenden Hinweisen.

99 Chounradi chronicon Schirense, in: MGH SS 17, hg. v. Georg Heinrich Pertz, Hannover 1861, S. 615-623, Zitat S. 616 Z. 1; wieder abgedruckt in: Die Chronik des Abtes Konrad von Scheyern (1206-1225) über die Gründung des Klosters Scheyern und die Anfänge des Hauses Wittelsbach. In deutscher Übersetzung mit einem Facsimile-Abdruck und der von Ph. Jaffé besorgten Edition hg. von Pankraz Fried, Weissenhorn 1980, mit Übersetzung S. 20. Hinweis bei Schich, „Grenze" (wie Anm. 1), S. 144.

100 Zur böhmischen Grenze siehe oben Anm. 69. Eine Augenscheinkarte der bayerisch-tirolischen Grenze südlich des Sylvenstein-Stausees von 1556 zeigt drei mit eingehauenen Kreuzen markierte Bäume, siehe die Beschreibung und Abbildungen in: Von der gemalten Landschaft (wie Anm. 74), S. 78-81 Nr. 3.5.

101 Vgl. Rudolf Kötzschke, Ortsflur, politischer Gemeindebezirk und Kirchspiel. Ein Beitrag zur Gemarkungsgrenzfrage, in: Deutsche Geschichtsblätter 3 (1902), S. 273-295.

102 Friedrich von Thudichum, Historisch-statistische Grundkarten. Denkschrift, Tübingen 1892. Die Forderung des Tübinger Juristen und Historikers Thudichum (1831-1913), solche historisch-statistischen

Selbstverständlich weisen nicht alle Gemarkungsgrenzen eine über lange Zeiträume unveränderte Kontinuität auf, da beispielsweise Wüstungsvorgänge, Zurodungen oder herrschaftliche Eingriffe zu Veränderungen führen konnten, doch lassen sich gleichwohl in vielen Fällen auf der Basis historisch-statistischer Grundkarten thematische Karten erstellen.[103] Der Aufbau landesherrlicher Ämter als Grundelement des spätmittelalterlichen Territorialisierungsprozesses beruhte auf der „administrativen Bündelung von Herrschaftsrechten"[104], und das heißt im Idealfall der Zusammenfassung mehrerer Dörfer und/oder Städte zu landesherrlichen Verwaltungsbezirken. Die Grenzen solcher Ämter resultieren gewissermaßen aus der Summe der in ihnen zusammengefassten Ortsgemarkungen bzw. Gemeindegrenzen.[105] Ämtergrenzen sind deshalb auch älter als Territorialgrenzen.[106] Die präzise Abgrenzung des ländlichen Eigentums, die Festlegung von Hof- und Flurgrenzen, dürfte zu den ältesten Formen der Grenzziehung überhaupt gehören.[107] Die Abgrenzung von Dorfsiedlung und Gemarkung durch den Etter – soweit siedlungstopographisch sinnvoll – konnte hinzukommen.[108] Nutzungsstreitigkeiten gehörten zum dörflichen Alltag und waren vielfach Streitigkeiten um Gemarkungs- und

---

Grundkarten zu bearbeiten, ist dann von zahlreichen landesgeschichtlichen Kommissionen und Vereinen aufgegriffen worden, siehe beispielsweise für Sachsen: Rudolf Kötzschke, Die Grundkarten, in: Die historisch-geographischen Arbeiten im Königreich Sachsen. Im Auftrag der Königlich Sächsischen Kommission für Geschichte, Leipzig 1907, S. 33-39.

103 Dazu bereits kritisch Gerhard Seeliger, Probleme der historischen Kartographie und Topographie, in: Historische Vierteljahrschrift 6 (1903), S. 285-298, mit Beispielen aus Sachsen. Für einen Teil Schleswig-Holsteins kann hier verwiesen werden auf die aufschlussreichen Beobachtungen von Günther Bock, Grenzen als Strukturelemente im mittelalterlichen Stormarn, in: Grenzen in der Geschichte Schleswig-Holsteins (wie Anm. 11), S. 105-145, hier S. 123-134.

104 Dietmar Willoweit, Deutsche Verfassungsgeschichte. Vom Frankenreich bis zur Wiedervereinigung Deutschlands. Ein Studienbuch, 7., überarb. Aufl., München 2013, S. 94.

105 Exemplarisch Jens Kunze, Das Amt Leisnig im 15. Jahrhundert. Verfassung, Wirtschaft, Alltag (Schriften zur sächsischen Geschichte und Volkskunde 21), Leipzig 2007, mit einer Reihe von Karten.

106 Darauf verweist Schubert, Geschichte Niedersachsens (wie Anm. 48), S. 603f.

107 Dazu eingehend Harald Siems, Flurgrenzen und Grenzmarkierungen in den Stammesrechten, in: Untersuchungen zur eisenzeitlichen und frühmittelalterlichen Flur in Mitteleuropa und ihrer Nutzung. Bericht über die Kolloquien der Kommission für die Altertumskunde Mittel- und Nordeuropas in den Jahren 1975 und 1976, Bd. 1, hg. v. Heinrich Beck (Abhandlungen der Akademie der Wissenschaften zu Göttingen, Philologisch-Historische Klasse 115), Göttingen 1979, S. 267-309; Karl Siegfried Bader, Die Gemarkungsgrenze, in: Grenzrecht und Grenzzeichen, Freiburg 1940, S. 56-67. Zur Abgrenzung von Grundstücken in den mittelalterlichen Städten siehe Winfried Schich, Zur Größe der „area" in den Gründungsstädten im östlichen Mitteleuropa nach den Aussagen der schriftlichen Quellen, in: Vera Lex Historiae. Studien zu mittelalterlichen Quellen. Festschrift für Dietrich Kurze zu seinem 65. Geburtstag am 1. Januar 1993, hg. v. Stuart Jenks u.a., Köln u.a. 1993, S. 81-115; wieder abgedruckt in: ders., Wirtschaft und Kulturlandschaft. Gesammelte Beiträge 1977 bis 1999 zur Geschichte der Zisterzienser und der „Germanica Slavica", bearb. u. hg. v. Ralf Gebuhr/Peter Neumeister (Bibliothek der Brandenburgischen und Preussischen Geschichte 12), Berlin 2007, S. 379-406.

108 Zur Dorfgrenze, in Süddeutschland Etter genannt, vielfach ein Flechtzaun, der Dorf und Flur voneinander abgrenzte, eingehend Karl Siegfried Bader, Das mittelalterliche Dorf als Friedens- und Rechtsbereich (Studien zur Rechtsgeschichte des mittelalterlichen Dorfes 1), 3. Aufl., Köln u.a. 1981, S. 74-117. Der Etter markiert auch eine Rechtsgrenze, sofern das Niedergericht in Dorf und Flur unterschieden ist. Auf die Vielgestaltigkeit der Flurformen kann hier nicht eingegangen werden. Es dürfte einleuchten, dass die Verhältnisse in Dörfern mit Gewannflur andere sind als in Waldhufendörfern oder in Gebieten mit Einzelhofsiedlung.

Nutzungsgrenzen. Zahlreiche Augenscheinkarten der Frühen Neuzeit verdanken diesem Umstand ihre Entstehung.[109] Karl Siegfried Bader bemerkt dazu: „Räumliche, zeitliche und sachliche Grenzen durchziehen in verwirrender Fülle den dörflichen Nutzungsraum. Sie machen verständlich, daß Grenzrechte und Grenzzeichen im Rechtsleben eine so überragende, oft kaum mehr rational zu begründende und mit rationalen Mitteln zu bewältigende Rolle spielen".[110]

5. Kirchliche Grenzen

Bereits auf Konzilien der Spätantike – Nicaea (325), Sardica (343), Konstantinopel (381), Chalkedon (451) – ist die Abgrenzung kirchlicher Jurisdiktionsbezirke und ihre Orientierung an weltlichen Verwaltungseinheiten festgeschrieben worden.[111] Aber schon bei der Ausdehnung der Kirche nach Gallien wurde die Anlehnung der Diözesanorganisation an zivile Einheiten nicht mehr durchgehalten.[112] „Die Territorialverfassung der Kirche des Mittelalters war damit von Anfang an belastet durch den Widerspruch zwischen dem Beharren auf den kanonisch legitimierten Traditionen, die sich auf die spätantike Geographie stützten, und den aktuellen Erfordernissen zeitgenössischer Raumstrukturen"[113]; dies gilt für die Wahl der Bischofssitze, die sich in *civitates* zu befinden hatten, und die Umschreibung (*Circumscription*) der Diözesansprengel, die sich am Gebiet der *civitas* orientieren sollten. Beides waren Gegebenheiten im Kernbereich des einstigen Römischen Reiches, nicht aber im später christianisierten Mitteleuropa. Im östlichen Teil des Frankenreichs folgte zudem die Einrichtung von Kirchenprovinzen erst der Bistumsorganisation.[114]

Die Kirche hat im Mittelalter viel früher einen institutionell ausgeformten Charakter angenommen als weltliche Instanzen. Daraus ist aber nicht zu schließen, dass kirchliche Grenzen generell älter sind als herrschaftliche Grenzen. So wird die in der Karolingerzeit geschaffene Grafschaftsorganisation mit ihrem flächendeckenden Anspruch (über dessen Gültigkeit in der Forschung freilich heftig diskutiert wurde)[115] viel früher Grenzen nötig gemacht haben, als es bei der kirchlichen Organisation der Fall war. Dies gilt selbst für die Diözesanorganisation, die nur linksrheinisch römische Wurzeln hatte, östlich des Rheins hingegen erst in mehreren Schüben vom 8. bis 12. Jahrhundert auf-

[109] Laut Bönisch/Brichzin/Schillinger/Stams, Kursächsische Kartographie (wie Anm. 72), S. 202, sind in Sachsen 67% der überlieferten Augenscheine Streitkarten.

[110] Bader, Rechtsformen (wie Anm. 72), S. 235.

[111] Anstelle detaillierter Nachweise siehe Hans-Joachim Schmidt, Kirche, Staat, Nation. Raumgliederung der Kirche im mittelalterlichen Europa (Forschungen zur mittelalterlichen Geschichte 37), Weimar 1999, S. 40f.

[112] Ebd., S. 43.

[113] Ebd., S. 45.

[114] Siehe dazu jüngst Daniel Carlo Pangerl, Die Metropolitanverfassung des karolingischen Frankenreiches (MGH Schriften 63), Hannover 2011.

[115] Hans K. Schulze, Die Grafschaftsverfassung der Karolingerzeit in den Gebieten östlich des Rheins (Schriften zur Verfassungsgeschichte 19), Berlin 1973; Michael Borgolte, Geschichte der Grafschaften Alemanniens in fränkischer Zeit (Vorträge und Forschungen, Sonderband 31), Sigmaringen 1984; Werner Hechberger, Art. Graf, Grafschaft, in: HRG, Bd. 2, 2. Aufl., Berlin 2012, Sp. 509-522, hier Sp. 513.

und ausgebaut wurde[116], zunächst im 8. Jahrhundert in Franken, Altbayern und Alemannien, im 9. Jahrhundert im neu eroberten (Nieder-)Sachsen und Westfalen, im 10. Jahrhundert in Mitteldeutschland, im 11. und 12. Jahrhundert nördlich der Elbe. Doch nicht allein der Gründungszeitpunkt ist entscheidend, da der Ausbau der Bistümer als raumgreifende kirchliche Organisationseinheiten mit klar ausgebildeten Grenzen ein langsamer Prozess war.

Als Bezeichnung des Bistums war im Früh- und Hochmittelalter nicht nur die der antiken Verwaltungsterminologie entnommene Bezeichnung *diocesis* (griechisch διοίκησις dioikesis) üblich.[117] Vielmehr konnte auch der Begriff *parochia* bis ins Hochmittelalter den Zuständigkeitsbereich des Diözesanbischofs bezeichnen.[118] Beispielsweise verwendet Adam von Bremen in seiner Hamburgischen Kirchengeschichte, die um 1070 geschrieben wurde, für den Sprengel des Erzbischofs von Hamburg-Bremen häufiger den Begriff *parochia* als *diocesis*, meistens schreibt er von der „parrochia Hammaburgensis".[119] Über Erzbischof Hermann (1032-1035) klagt Adam, er habe seinen Sprengel („parrochia") nur selten bereist.[120] An anderer Stelle heißt es: „An der Peenemündung liegt die sehr große Burg Demmin. Dort liegt die Grenze („terminus") des Hamburger Erzbistums („parrochia").[121] Über Erzbischof Adalbert hebt er rühmend hervor, wie seine Vorgänger habe er Hamburg als „Vorort seines Sprengels" („caput suae parrochiae") geliebt.[122] Noch die Kanzlei Friedrich Barbarossas verwendet diesen Begriff, als sich Bischof Hermann von Konstanz 1155 die Grenzen seines Sprengels („terminos parrochię inter Constantiensem episcopatum cęterosque adiacentes") vom König bestätigen ließ.[123]

Mit regionalen Entwicklungsunterschieden bildete sich seit dem 11./12. Jahrhundert in den meisten Diözesen eine hierarchische Organisation der Kirche aus, die aus den größeren Einheiten der Archidiakonate und den kleineren Untereinheiten der Sedeskirchen oder Landdekanate bestand, denen jeweils mehrere Pfarreien zugeordnet waren.[124] Vor allem die Pfarreien wurden seit dem Hochmittelalter als nunmehr abge-

[116] Atlas zur Kirche in Geschichte und Gegenwart. Heiliges Römisches Reich – Deutschsprachige Länder, hg. v. Erwin Gatz in Zusammenarbeit mit Rainald Becker/Clemens Brodkorb/Helmut Flachenecker, Regensburg 2009; Die Bistümer des Heiligen Römischen Reiches von ihren Anfängen bis zur Säkularisation, hg. v. Erwin Gatz u.a., Freiburg i. Br. 2003.

[117] Winfried Aymans, Art. Diözese, in: Lexikon für Theologie und Kirche, Bd. 3, 3. Aufl., Freiburg i.Br. u.a. 1995, Sp. 255f.

[118] J. F. Niermeyer/C. van de Kieft, Mediae Latinitatis lexicon minus. Lexique latin médiéval – Medieval Latin Dictionary – Mittellateinisches Wörterbuch. Édition remaniée par – revised by – überarb. von J. W. J. Burgers, Band 1: A – L, Band 2: M – Z, 2., überarb. Aufl., Leiden/Darmstadt 2002, S. 996 s. v. „parochia".

[119] Adam von Bremen, Hamburgische Kirchengeschichte (wie Anm. 56), siehe im Wortregister S. 332 und S. 344.

[120] Adam von Bremen, Hamburgische Kirchengeschichte (wie Anm. 56), lib. II, cap. 68, S. 128.

[121] Ebd., lib. III, cap. 20, Scholion 70, S. 162.

[122] Ebd., lib. III, cap. 27, S. 170.

[123] MGH DD F I, bearb. v. Heinrich Appelt, Hannover 1975, Nr. 128, S. 213.

[124] Siehe beispielsweise Enno Bünz, Die Pfarrei in der Stauferzeit. Romanische Stadt und Dorfkirchen aus historischer Sicht. Festvortrag anlässlich der Verleihung des Romanikforschungspreises 2013 (Vorträge im Europäischen Romanik Zentrum 3), Halle an der Saale 2014, S. 49-53, und zur kartographischen Veranschaulichung die Bistumskarten in: Karlheinz Blaschke/Walther Haupt/Heinz Wiessner, Die Kirchenorganisation in den Bistümern Meissen, Merseburg und Naumburg um 1500, Weimar 1969.

grenzte Seelsorgebezirke gewissermaßen zu den Bausteinen der Diözesen, mit deren Gründung nach und nach der Diözesansprengel ausgefüllt und damit letztlich auch erst begrenzt wurde. Im Mainzer Subsidienregister von 1506 notiert der Kollektor, als er die Pfarrei Pöllnitz ganz im Osten der Diözese erreicht hat: „Polnitz bey Triptis prope finem diocesis Mog(untinensis)".[125] An anderen Stellen der Diözesangrenze fällt eine solche Bemerkung nicht, aber womöglich hatte der Subsidienkollektor dort, im östlichsten Teil des Erzbistums Mainz, das subjektive Gefühl, nun wirklich am Ende angekommen zu sein; heute führt dort übrigens eine Autobahn vorbei. Herrschaftliche Durchdringung des Raumes, Siedlungsentwicklung und Ausbau des Niederkirchenwesens gingen bei dem Aufbau der Kirchenorganisation Hand in Hand. Man muss sich einmal konkret vergegenwärtigen, dass in dem riesigen Sprengel des Bistums Meißen um 1100 höchstens 50 Pfarrkirchen existierten. Am Ende des Mittelalters, um 1500, waren es über 900 Pfarreien.[126] Ganz ähnlich sieht die Entwicklung in den mitteldeutschen Diözesen Merseburg und Naumburg aus. Als letztes Beispiel kann das 1007 gegründete Bistum Bamberg angeführt werden, zumal sich diese Bistumsgründung im einigermaßen hellen Licht der Quellen abspielt. Auch der Bamberger Bischof verfügte zunächst nur über einen diözesanen Kernraum, der im Laufe des Hochmittelalters erweitert wurde. Zu Anfang des 11. Jahrhunderts gab es in der Diözese sicher 22, wahrscheinlich aber sogar 39 Pfarrkirchen, von denen ein erheblicher Teil bereits in dem 1007 von Würzburg an Bamberg abgetretenen Gebiet bestand. Vom 12. bis 16. Jahrhundert sind weitere 164 Pfarreien gegründet worden.[127] Erst damit lagen die Bistumsgrenzen weitgehend fest, doch war die Bistumsgrenze beispielsweise in der Waldeinsamkeit des sächsischen Vogtlandes noch um 1500 zwischen Bamberg und Naumburg strittig.[128] Nebenbei bemerkt, solche „Lücken" sind von jeher ein beliebtes Tummelfeld lokaler Geschichtsforschung: So präsentierte 1963 ein Autor neue Erkenntnisse über die kirchlichen Grenzen des Mittelalters im „Ostzipfel" des Kreises Osterode[129], und 1968 bemühte sich ein anderer Autor erfolgreich um die Klärung der mittelalterlichen Grenze der Bistümer Mainz und Würzburg im „Raum Vacha" zwischen den Flüssen Fulda und Werra.[130] Für manche ermüdende Präzision, für andere willkommene Bausteine in einem riesigen Puzzle!

125 Das Mainzer Subsidienregister für Thüringen von 1506, bearb. v. Enno Bünz (Veröffentlichungen der Historischen Kommission für Thüringen. Große Reihe 8), Köln u.a. 2005, S. 144 Nr. 1294.

126 Walter Schlesinger, Kirchengeschichte Sachsens im Mittelalter, 2 Bde. (Mitteldeutsche Forschungen 27/1-2), Köln u.a. 1962, 2. Aufl. 1983, hier Bd. 2, S. 351. Siehe dazu die Karten in: Blaschke/Haupt/Wiessner, Kirchenorganisation (wie Anm. 124).

127 Erich Freiherr von Guttenberg/Alfred Wendehorst, Das Bistum Bamberg. Teil 2: Die Pfarreiorganisation (Germania Sacra. Zweite Abteilung: Die Bistümer der Kirchenprovinz Mainz. Erster Band: Das Bistum Bamberg), Berlin 1966, S. 17f. und S. 32.

128 Das Bistum Bamberg um 1007. Festgabe zum Millennium, hg. v. Josef Urban (Studien zur Bamberger Bistumsgeschichte 3), Bamberg 2006; Martina Bundszus, Neue Dokumente zum alten Burgstein. Eine Wallfahrtskirchenanlage im Spannungsfeld territorialer Interessen, in: Das Vogtland (2006), S. 9-57.

129 Wolfgang Gresky, Neue Erkenntnisse über die kirchlichen Grenzen des Mittelalters im Ostzipfel des Kreises Osterode, in: Heimatblätter für den süd-westlichen Harzrand 13 (1963), S. 1-9.

130 Waldemar Küther, Die mittelalterliche Grenze der Bistümer Mainz und Würzburg im Raum Vacha zwischen den Flüssen Fulda und Werra, in: Mainfränkisches Jahrbuch für Geschichte und Kunst 20 (1968), S. 191-212.

Für die Bistumsgründungen im deutschsprachigen Raum während des Früh- und Hochmittelalters haben wir keine päpstlichen Zirkumskriptionsbullen, welche die Diözesansprengel genau abgrenzen würden. Das ist nicht nur ein Überlieferungsproblem, sondern sachlich begründet. Präzise geographische Angaben durch die Beschreibung eines Grenzverlaufes waren vielfach gar nicht möglich. Aufgrund der Siedlungsverhältnisse mussten die bischöflichen Zuständigkeitsbereiche nur ungefähr umschrieben werden. Die Dimensionen des 741/42 gegründeten Bistums Würzburg können wir nur aus der Lage der 15 Königskirchen erschließen, die Karlmann als Gründungsausstattung schenkte.[131] Nicht nur die Diözese selbst, auch diese Altpfarreien werden zu dieser Zeit noch keine abgegrenzten Sprengel gehabt haben. Aus einem Diplom Ottos des Großen für den Bischof von Meißen kann man entnehmen, dass dessen Diözese die slavischen Gaue Dalaminze, Nisane, Diedesa und Milzsane umfasste. Durch Verfälschung der Urkunde kam im 12. Jahrhundert noch Lusici hinzu.[132] Diese vier bzw. fünf slavischen Siedlungsgebiete lagen wie Inseln in einem weithin von Wald beherrschten, unkultivierten Raum.[133] Die Benennung von genauen Grenzen wäre nicht nur unmöglich, sondern sinnlos gewesen.

Das Problem lässt sich auch anhand der norddeutschen Bistümer zeigen, die in Folge der Eroberung Sachsens durch Karl den Großen im 9. Jahrhundert entstanden sind, wobei ich hier nur am Rande anmerken möchte, dass die Chronologie durch Theo Kölzers Edition der Diplome Ludwigs des Frommen nun ziemlich ins Rutschen gekommen ist.[134] Caspar Ehlers hat in seiner Habilitationsschrift über die Integration Sachsens in das fränkische Reich eine interessante Methode entwickelt, um die Raumkonzepte der frühen Bistümer darzustellen. Da sich präzise Bistumsgrenzen für die Karolinger- und Ottonenzeit zumeist nicht erschließen lassen, markieren aus seiner Sicht die frühen, vor 1024 nachweisbaren Klöster und Stifte einen Kernraum, der wohl durch Ödlandzonen oder Flüsse begrenzt wurde. Exemplarisch sei die Kartierung des Bistums Paderborn (Abb. 10) gezeigt.[135] Die rote Linie, die die Klostersignaturen verbindet, markiert den Kernraum bis 1024, die rote Fläche die maximale Ausdehnung des Diözesansprengels um 1500. Diese Methode ist natürlich etwas schematisch[136], da die

[131] Klaus Lindner, Untersuchungen zur Frühgeschichte des Bistums Würzburg und des Würzburger Raumes (Veröffentlichungen des Max-Planck-Instituts für Geschichte 35), Göttingen 1972, S. 145ff.

[132] MGH DD O I, hg. v. d. Gesellschaft für ältere deutsche Geschichtskunde, Hannover 1879-1884, Nr. 406, S. 552f. Die Verfälschung behandelt Thomas Ludwig, DO I. 406 und die Zugehörigkeit der Niederlausitz zum Bistum Meißen, in: Deutsches Archiv für Erforschung des Mittelalters 56 (2000), S. 171-177.

[133] Zur Veranschaulichung siehe die Karte „Pfarrkirchen in den Diözesen Meißen, Merseburg, Naumburg um 1100", Beilage zu Schlesinger, Kirchengeschichte (wie Anm. 126), Bd. 1, und die Karte „Burgwardsystem im markmeissnischen Raum", in: Im Zentrum der Macht. Meißner Burgberg und Wettiner im Mittelalter, Dresden 2011, S. 13. Der Gau „Diedesa" erstreckte sich östlich der Neiße und wurde im Laufe des Hochmittelalters Teil des Bistums Breslau.

[134] Die Urkunden Ludwigs des Frommen. Unter Mitwirkung von Jens Peter Clausen, Daniel Eichler, Britta Mischke, Sarah Patt, Susanne Zwierlein u.a. bearb. v. Theo Kölzer, 3 Bde. (MGH. Die Urkunden der Karolinger 2), Wiesbaden 2016; Theo Kölzer, Die Anfänge der sächsischen Diözesen in der Karolingerzeit, in: Archiv für Diplomatik 61 (2015), S. 11-38.

[135] Caspar Ehlers, Die Integration Sachsens in das fränkische Reich (751-1024) (Veröffentlichungen des Max-Planck-Instituts für Geschichte 231), Göttingen 2007, S. 59-61.

[136] Siehe dazu meine Besprechung in: Niedersächsisches Jahrbuch für Landesgeschichte 82 (2010), S. 451-453.

geistlichen Institutionen nicht immer in den Randzonen der Bistümer liegen müssen, aber sie bewahrt doch vor dem Trugschluss, spätmittelalterliche Grenzlinien in frühere Jahrhunderte zurück zu projizieren.[137]

Dass es aber bereits um 1000 auch in den sächsischen Diözesen streckenweise feste Diözesangrenzen gab, zeigt der Streit um die Bistumszugehörigkeit des Frauenstiftes Gandersheim zwischen Bernward von Hildesheim und Erzbischof Willigis von Mainz im frühen 11. Jahrhundert (Abb. 11-12).[138] Von Mainzer Seite ging man wohl davon aus, dass die Diözesangrenze entlang der Leine und dann entlang der Eterna-Gande verlief, und dieser Grenzverlauf war auch tatsächlich im Westen bis Orxhausen und im Osten wieder ab Harriehausen unstrittig. Darüber hinaus beanspruchte Bischof Bernward aber für Hildesheim ein größeres Gebiet südlich der Eterna-Gande (Abb. 12, in der Karte rot) und ließ den Grenzverlauf durch Zeugen feststellen und aufzeichnen, so dass wir eine räumliche Vorstellung gewinnen können. Hintergrund des Streites war gewiss die Verlegung des Stiftes Gandersheim von Brunshausen in das Gebiet südlich des Flusses und die Rodungstätigkeit von Gandersheim in diesem Gebiet, die durch ein Zehntverzeichnis von 1007 belegt ist.[139] Flüsse scheinen häufiger als Diözesangrenzen genutzt worden zu sein, wie z.B. auch für das 1004 wiederbegründete Bistum Merseburg festzustellen ist, das im Osten an der Mulde endete, was Thietmar durch einen rechtsförmlichen Akt mit seinem Meißener Amtsbruder bestätigen musste.[140]

Die Pfarrei ist bis heute – im katholischen wie im evangelischen Kirchenrecht – Territorialpfarrei.[141] Der Sprengel der Pfarrkirche und ihrer Gemeinde muss räumlich abgegrenzt sein. Die Auffassung äußerte bereits Heinrich von Segusio (Hostiensis) in seiner „Summa aurea": „Die Pfarrei ist der Ort, an dem das an (irgend)eine Kirche zugewiesene Volk lebt, und der durch feststehende Grenzen bestimmt ist (‚certis finibus

137 In Analogie zu Klöstern und Stiften sind im Hochmittelalter Burgen zu nennen, die herrschaftliche Einflusssphären markierten, bevor Territorialgrenzen gezogen wurden, siehe etwa Schubert, Geschichte Niedersachsens (wie Anm. 48), S. 607f., und Gerhard Billig, Zum Problem des Verhältnisses Burg – Grenze in Sachsen während des Mittelalters, in: ders., Aus Bronzezeit und Mittelalter Sachsens, Bd. 2 (Beiträge zur Ur- und Frühgeschichte Mitteleuropas 16,2), Weissbach 2012, S. 211-221.

138 Enno Bünz, Das Bistum Hildesheim zur Zeit Bischof Bernwards (Karte mit Kommentar), in: Bernward von Hildesheim und das Zeitalter der Ottonen. Katalog der Ausstellung Hildesheim 1993, 2 Bde., hg. v. Michael Brandt u.a., Hildesheim/Mainz 1993, hier Bd. 1, S. 469-474 mit Karte.

139 Hans Goetting, Das Bistum Hildesheim 1: Das reichsunmittelbare Kanonissenstift Gandersheim (Germania Sacra, Neue Folge 7 = Die Bistümer der Kirchenprovinz Mainz: Das Bistum Hildesheim 1), Berlin/New York 1973, S. 76f. (keine Verlegung, sondern nur provisorische Unterbringung der Kanonissen in Brunshausen, bis nach einigen Jahrzehnten das Stift Gandersheim errichtet war), und S. 89-93 zum Gandersheimer Streit; ders., Das Bistum Hildesheim 2: Das Benediktiner(innen)kloster Brunshausen. Das Benediktinerinnenkloster St. Marien vor Gandersheim. Das Benediktinerkloster Clus. Das Franziskanerkloster Gandersheim (Germania Sacra, Neue Folge 8 = Die Bistümer der Kirchenprovinz Mainz: Das Bistum Hildesheim 2), Berlin/New York 1974, S. 22f.

140 Heinemeyer, Über geistliche und weltliche Grenzen (wie Anm. 1), S. 78. Die Grenze zwischen den Bistümern Merseburg und Meißen wurde zunächst durch die Burgwardorganisation bestimmt, deren Bezirke über die Mulde ausgriffen, doch wurde unter Bischof Thietmar dann die Mulde als Grenze festgelegt, siehe dazu Enno Bünz, Thietmar von Merseburg und das Eigenkirchenwesen, in: Thietmars Welt. Ein Merseburger Bischof schreibt Geschichte. Katalog Sonderausstellung im Dom zu Merseburg 15. Juli – 4. Nov. 2018, hg. von Markus Cottin und Lisa Merkel, Petersberg 2018, S. 231-243, hier S. 234.

141 Enno Bünz, Art. Pfarrsprengel, in: HRG, Bd. 4, 27. Lieferung, 2. Aufl., Berlin 2018, Sp. 562-565.

limitatus')". „Man versteht" diesen Ort, so heißt es weiter, „als Pfarrei, soweit sich das geistliche Recht der Kirche über ihn erstreckt". Da der Zuständigkeitsbereich einer Pfarrkirche räumlich zugeschnitten ist, kann es laut Hostiensis in einem Pfarrbezirk auch „nicht mehrere Pfarrkirchen geben", sondern gegebenenfalls müsse eine neue Pfarrei abgeteilt werden.[142] Hostiensis hat damit einen Anspruch formuliert, der damals schon seit vier Jahrhunderten galt, denn bereits im 9. Jahrhundert finden sich in Kapitularien und kirchlichen Rechtssatzungen Bestimmungen, dass die Pfarrei räumlich abgegrenzt sein müsse. Als entscheidend dafür betrachtet die Forschung seit Ulrich Stutz die Zehnttermination Karls des Großen von 810/813: „ut terminum habeat unaquaeque aecclesia, de quibus villis decimas recipiat".[143] Josef Semmler hat in einem grundlegenden Aufsatz über Zehntgebot und Pfarrtermination zwar die Konsequenz überschätzt, mit dem seit der zitierten Bestimmung Pfarrsprengel räumlich abgegrenzt worden seien, doch ist – wenn man die längerfristige Entwicklung des Niederkirchenwesens im Hochmittelalter bedenkt – an der Tatsache selbst nicht zu zweifeln.[144] Neben der Zehntpflicht war es die Pflicht zum Besuch des pfarrlichen Sendgerichts, die dafür gesorgt haben wird, dass jedem Gläubigen klar war, zu welcher Pfarrei er gehörte.[145]

Die Vorstellung aber, dass bereits in der Karolingerzeit eine flächendeckende und das heißt räumlich abgegrenzte Pfarrorganisation bestanden hätte, geht natürlich an den Realitäten vorbei und unterstellt zudem, dass von einem Pfarreinetz auszugehen sei, das in den Diözesen sozusagen zentral geschaffen wurde.[146] Tatsächlich wuchs sich das Niederkirchenwesen erst durch den Landesausbau des Hochmittelalters zu einem flächendeckenden System aus. Gleichwohl hat man aus dem Umstand, dass Pfarr- bzw. Zehntterminationen erst seit dem 10. Jahrhundert überliefert sind, schließen wollen, vorher habe es gar keine räumlich abgegrenzten Pfarrsprengel gegeben.[147] So

---

[142] Hostiensis, Summa, lib. III, 1 (De parochiis), Lyon 1537 (ND Aalen 1962), fol. 169 v: „Quid sit parochia: Locus in quo degit populus alicui ecclesie deputatus, certis finibus limitatus, et accipitur hic parochia quatenus spirituale ius ecclesiae se extendit, et in una determinatione plures baptismales esse non possunt, XVI q. 1. Plures baptismales imo diuidi debent, et limitatio a Dionysio initium habuit". Vgl. bereits Gratian, Dictum post C. 16 q. 1 c. 53 (Corpus iuris canonici, ed. Aemilius Friedberg, Teil 1: Decretum magistri Gratiani, Leipzig 1879, Sp. 778): „Plures autem baptismales ecclesias in una terminatione facere non potest". Vgl. hierzu Wolfgang Petke, Die Pfarrei in Mitteleuropa im Wandel vom Früh- zum Hochmittelalter, in: Die Pfarrei im späten Mittelalter, hg. v. Enno Bünz/Gerhard Fouquet (Vorträge und Forschungen 77), Ostfildern 2013, S. 21-60, hier S. 23.

[143] Capitula ecclesiastica c. 10, in: MGH Capit. 1, hg. v. Alfred Boretius, Hannover 1883, S. 178, = Collectio capitularium Ansegisi I,149, in: MGH Capit. N. S. 1, hg. v. Gerhard Schmitz, Hannover 1996, S. 512.

[144] Josef Semmler, Zehntgebot und Pfarrtermination in karolingischer Zeit, in: Aus Kirche und Reich. Festschrift für Friedrich Kempf, hg. v. Hubert Mordek, Sigmaringen 1983, S. 33-44. Sehr differenziert nun Petke, Pfarrei in Mitteleuropa (wie Anm. 142), S. 46-56.

[145] Petke, Die Pfarrei in Mitteleuropa (wie Anm. 142), S. 51.

[146] Dagegen jetzt Wolfgang Petke, Urpfarrei und Pfarreinetz. Über zwei Begriffe der Pfarreiforschung, in: Pro cura animarum. Mittelalterliche Pfarreien und Pfarrkirchen an Rhein und Ruhr, hg. v. Stefan Pätzold/Reimund Haas (Studien zur Kölner Kirchengeschichte 43), Siegburg 2016, S. 27-43.

[147] Roman Deutinger, Die ältesten mittelrheinischen Zehntterminationen, in: Archiv für mittelrheinische Kirchengeschichte 54 (2002), S. 11-36, hier 32-36, zur Humbach-Montabaurer Limitation von 959 und der Trierer von 960 für Mersch.

meinte Roman Deutinger, erst durch Rodung und Kolonisation im Hochmittelalter sei es nötig geworden, Pfarrsprengel räumlich abzugrenzen.[148] In diesem Zusammenhang sollte beachtet werden, dass *terminus* nicht nur den Pfarrsprengel, sondern auch die Dorfgemarkung bezeichnen kann.[149] Das bedeutet nun aber, dass mit dem Nachweis abgegrenzter Dorfgemarkungen auch von der Existenz abgegrenzter Pfarrsprengel auszugehen ist, denn ein Pfarrbezirk entspricht stets der Ausdehnung der Feldmarken aller Dörfer, die zu dem Kirchspiel gehören.[150] Diese Regel gilt allerdings dann nicht, wenn in einem Ort mehrere Pfarrkirchen existieren, wie im hochmittelalterlichen Thüringen[151], oder wenn eine Pfarrei in einem bislang weitgehend unbesiedelten Gebiet gegründet wurde, wie es im Falle der tatsächlich als Urpfarrei zu bezeichnenden Parochie St. Johannes in Plauen (Vogtland) gegeben war. Ihre Grenzen verliefen bei der 1122 vom Naumburger Bischof beurkundeten Pfarreigründung noch weitgehend in der Wildnis.[152]

Seit dem 11. Jahrhundert lassen sich im deutschsprachigen Raum Dismembrationen neugegründeter Pfarreien nachweisen.[153] Vor allem die Entfernung zum Pfarrort und die Gefahren des Weges bei Wind und Wetter werden immer wieder zur Begründung angeführt, warum die Separation nötig sei. Auch hierbei zeigt sich – gewissermaßen im Umkehrschluss – das Territorialprinzip der Pfarrei, das an der Dorfgemarkung orientiert ist. Denn in den Dismembrationsurkunden wird nie der Pfarrsprengel durch Grenzbeschreibung festgelegt, sondern es reicht aus, wenn der Ort der neuen Pfarrkirche genannt wird. So erhebt Erzbischof Adalbert I. von Mainz die Kirche in Seebach in Nordthüringen zur Pfarrkirche, indem er sie mit Tauf- und Begräbnisrecht ausstattet und die Zustimmung des Pfarrers der Mutterkirche („parrochiam et matrem predicte ecclesie") erwähnt.[154] Der Sprengel der neuen Pfarrei Seebach entsprach der Gemarkung dieses Dorfes. Dass man bereits in der Karolingerzeit in der Lage war, Dorfgemarkungen eindeutig abzugrenzen, zeigen uns die frühen Markbeschreibungen aus Franken, die bereits erwähnt wurden.[155] Selbst aus dem späten Mittelalter liegen nur selten Pfarrterminationen im Sinne einer präzisen Grenzbeschreibung des Sprengels vor, sondern in der Regel nur Auflistungen der Ortschaften, die zu einer Pfarrei gehörten, und dies war auch völlig ausreichend, da die Kirchspielsgrenzen sich aus den Gemar-

148 Ebd., S. 36.

149 Hinweis bei Petke, Pfarrei in Mitteleuropa (wie Anm. 142), S. 50, in den Fuldaer Traditionen.

150 Kötzschke, Ortsflur (wie Anm. 101).

151 Mehrere Beispiele genannt von Enno Bünz, Kirchengeschichte, in: Der Hainich. Eine landeskundliche Bestandsaufnahme im Raum Mühlhausen, Bad Langensalza, Schlotheim, Mihla und Behringen, hg. v. Manfred Großmann/Uwe John/Haik Thomas Porada (Landschaften in Deutschland. Werte der deutschen Heimat 77), Köln u.a. 2018, S. 95-99 mit Karte.

152 Urkundenbuch des Hochstifts Naumburg 1 (967-1207), bearb. v. Felix Rosenfeld (Geschichtsquellen der Provinz Sachsen, N.R. 1), Magdeburg 1925, S. 107-110 Nr. 124. Vgl. dazu die Karte in: Der Vogtlandatlas. Regionalatlas zur Natur, Geschichte, Bevölkerung, Wirtschaft, Kultur des Sächsischen Vogtlandes, hg. v. Brigitte Unger/Uwe Ulrich Jäschke u.a., Chemnitz 2003, S. 32f. (Gerhard Billig).

153 Petke, Pfarrei in Mitteleuropa (wie Anm. 142), S. 53.

154 Mainzer Urkundenbuch, Band 1: Die Urkunden bis zum Tode Erzbischof Adalberts I. (1137), bearb. v. Manfred Stimming, Darmstadt 1972 (unveränderter Nachdruck der Ausgabe von 1932), S. 415 Nr. 512.

155 Siehe oben bei Anm. 87.

kungsgrenzen der eingepfarrten Orte ergaben. Auch bei den Kirchenvisitationen der Reformationszeit, die zuerst in Kursachsen seit 1528/29 systematisch betrieben wurden, verfuhr man nicht anders. So lernen wir beispielsweise erst durch die Kirchenvisitation von 1529 die gewaltigen Dimensionen der Großpfarrei Neunhofen im Orlagau im östlichen Thüringen kennen, die damals noch 29 Ortschaften umfasste.[156]

Die präzise Abgrenzung der Pfarrsprengel war in den Städten dann von Bedeutung, wenn es mehrere Pfarrkirchen gab, was übrigens selbst in größeren Städten nicht selbstverständlich war. So verfügte die Reichsstadt Frankfurt am Main bis in die zweite Hälfte des 15. Jahrhunderts lediglich über die Pfarrkirche St. Bartholomäus, aber das ist ein extremer Ausnahmefall.[157] Gleichwohl konnten städtische Pfarrverhältnisse recht kompliziert sein, wie schon die Schrift des Konrad von Megenberg „De limitibus parochiarum civitatis Ratisbonensis" aus dem 14. Jahrhundert lehrt.[158] Besonders zahlreich waren die Pfarreien im spätmittelalterlichen Erfurt, wo mehr als zwei Dutzend Kirchspiele bestanden, von denen die meisten schon im 12. oder 13. Jahrhundert erwähnt werden.[159] Trotz des kirchenrechtlich gültigen Prinzips der Pfarrsprengeleinteilung scheint dies nicht überall durchgesetzt worden zu sein, ist allerdings auch aufgrund der Quellenlage zumindest für das Mittelalter nur schwer zu belegen. Wie es scheint, hat es in der mittelalterlichen Bischofsstadt Speyer bis ins 16. Jahrhundert gar keine Pfarreigrenzen gegeben, sondern zumindest die Pfarrkirchen innerhalb der Mauern waren als Personalpfarreien organisiert.[160]

[156] Enno Bünz, Die mittelalterliche Kirchenorganisation im Orlagau, in: Der Orlagau im frühen und hohen Mittelalter, hg. v. Peter Sachenbacher/Hans-Jürgen Beier (Beiträge zur Frühgeschichte und zum Mittelalter Ostthüringens 3), Langenweissbach 2007, S. 65-82, erweitert wieder abgedruckt in: ders., Die mittelalterliche Pfarrei. Ausgewählte Studien zum 13. bis 16. Jahrhundert (Spätmittelalter – Humanismus – Reformation Reformation/Studies in the Late Middle Ages, Humanism and the Reformation 96), Tübingen 2017, S. 455-488. Siehe auch die Karte des Großkirchspiels in: Das Orlatal und das Plothener Teichgebiet. Eine landeskundliche Bestandsaufnahme im Raum Orlamünde, Ranis, Pößneck, Neustadt an der Orla, Triptis, Auma und Zeulenroda, hg. v. Martin Heinze/Haik Thomas Porada (Landschaften in Deutschland. Werte der deutschen Heimat 76), Köln u.a. 2017, S. 74 f.

[157] Felicitas Schmieder, Die Pfarrei in der deutschen städtischen Kirchenlandschaft. Kirchliche, herrschaftliche und bürgerliche Gestaltung, in: Die Pfarrei im späten Mittelalter (wie Anm. 142), S. 131-156, hier S. 131f.

[158] Konrads von Megenberg Traktat „De limitibus parochiarum civitatis Ratisbonensis". Ein Beitrag zur Geschichte des Pfarrinstituts aus dem 14. Jahrhundert, hg. v. Philipp Schneider, Regensburg u.a. 1906; Ilona Riedel-Spangenberger, Konrad von Megenberg und die Parochialstruktur, in: Konrad von Megenberg (1309-1374) und sein Werk. Das Wissen der Zeit, hg. v. Claudia Märtl/Gisela Drossbach/Martin Kintzinger (Zeitschrift für Bayerische Landesgeschichte, Beihefte Reihe B 31), München 2006, S. 129-143.

[159] Rudolf Benl, Erfurt um 1500, in: Atlas zur Kirche (wie Anm. 116), S. 161-163, mit Karte, aber ohne Eintragung der Sprengelgrenzen. Vgl. auch Alfred Overmann, Die Entstehung der Erfurter Pfarreien, in: Sachsen und Anhalt 3 (1927), S. 135-148.

[160] Palatia Sacra. Kirchen- und Pfründebeschreibung der Pfalz in vorreformatorischer Zeit. Auf Grund der Vorarbeiten von Franz Xaver Glasschröder hg. v. L. Anton Doll, Teil I: Das Bistum Speyer. Der Archidiakonat des Dompropstes von Speyer, Band 1: Die Stadt Speyer, Teil 2: Pfarrkirchen, Klöster, Ritterorden, Kapellen, Klausen, Beginenhäuser, bearb. v. Renate Engels (Quellen und Abhandlungen zur mittelrheinischen Kirchengeschichte 61.1.2), Mainz 2005, S. 9-11. Auf dem flachen Land dürften hingegen Pfarreigrenzen die Regel gewesen sein. Eine Ausnahme behandelt Anne Lunven, Naissance de la paroisse „territoriale". L'apport de trois actes du XIe siècle relatif à la Bretagne, in: Annales de Bretagne et des Pays de l'Ouest 121 (2014), Nr. 2, S. 31-46.

Ohnehin erweist es sich im Einzelfall zumeist als schwierig, die Sprengel der Stadtpfarreien genau abzugrenzen, zumindest im Mittelalter. Dass dabei methodisch die Inschriftenforschung hilfreich sein kann, mag das folgende Beispiel zeigen. Die mittelalterliche Stadt Leipzig hatte innerhalb des Mauerrings zwei Pfarreien, St. Thomas und St. Nikolai, aber leider gibt es weder aus dem Mittelalter noch aus der Frühen Neuzeit Aufzeichnungen über den Verlauf der Pfarreigrenze.[161] Dass sich dieser gleichwohl feststellen lässt, hat vor wenigen Jahren Marek Wejwoda gezeigt. In den Leipziger Pfarrkirchen gibt es zwar kaum erhaltene mittelalterliche Grabmäler, aber im 17. Jahrhundert hat der Magister Salomon Stepner sämtliche Inschriften aufgezeichnet, derer er habhaft werden konnte. Die 1686 gedruckten „Inscriptiones Lipsienses" verzeichnen nun für beide Pfarrkirchen 76 Bürgerinnen und Bürger, die dort beigesetzt wurden. Von ihnen lassen sich 66 in den städtischen Steuerregistern des 15. Jahrhunderts nachweisen und so mit ihrer genauen Wohnadresse lokalisieren (Abb. 13).[162] Die Kartierung dieses Befundes ergibt ein eindeutiges und schlüssiges Bild und zeigt, dass die Stadt in zwei ungefähr gleich große Pfarrsprengel eingeteilt war, deren Grenze über die Petersstraße und den Markt bis zum Brühl verlief. Ohne die Aufzeichnung der in den Leipziger Kirchen erhaltenen Inschriften durch Salomon Stepner hätte sich dieses Ergebnis niemals gewinnen lassen.

„Da die verfaßte Kirche sich niemals als einzige Form der Herrschaft und der Vergesellschaftung durchsetzte, kontrastierten ihre Raumeinheiten mit anderen Mustern der räumlichen Ordnung: mit denen von Staaten, von Sprachgemeinschaften oder von Nationen".[163] In nahezu allen Randbereichen der Germania Sacra überschnitten sich die Diözesangrenzen nicht nur mit Herrschaftsgrenzen, sondern auch mit Sprachgrenzen.[164] Dass sich kirchliche und territoriale Grenzen nicht deckten, wurde in Folge der herrschaftlichen Verdichtung des späten Mittelalters verstärkt kritisch wahrgenommen und als Problem aufgefasst.[165] Ein bedeutender Landesherr wie der Kurfürst von Sachsen sah sich in seinem Territorium mit einer Vielzahl von Bischöfen und ihren diöze-

[161] Enno Bünz, Pfarreien und Kapellen, in: Geschichte der Stadt Leipzig, Bd. 1 (wie Anm. 23), S. 454-481 und S. 880-887.

[162] Marek Wejwoda, Pfarrzwang, Grabstätten und Steuerlisten. Zur Rekonstruktion der Sprengel der Leipziger Pfarreien St. Thomas und St. Nikolai im Mittelalter, in: Leipziger Stadtgeschichte. Jahrbuch 2012 (erschienen 2013), S. 15-31.

[163] Schmidt, Kirche, Staat, Nation (wie Anm. 111), S. 11; Bistümer und Bistumsgrenzen vom frühen Mittelalter bis zur Gegenwart, hg. v. Edeltraud Klueting/Harm Klueting/Hans-Joachim Schmidt (Römische Quartalschrift. Supplementband 58), Rom u.a. 2006.

[164] Siehe z.B. Kathrin Utz Tremp, Annäherungen an die Sprachgrenze. Kirchliche Grenzen in der spätmittelalterlichen Schweiz, in: Zeitschrift für Schweizerische Archäologie und Kunstgeschichte 60 (2003), S. 125-133. Mit einem anderen Ansatz nun Enno Bünz, Das Sprachenproblem in der mittelalterlichen Pfarrseelsorge. Beobachtungen in den Lausitzen und anderen Landschaften der Germania Sacra, in: Sprachwandel des Deutschen. Festschrift für Hans Ulrich Schmid, hg. v. Luise Czajkowski u.a. (Lingua Historica Germanica 19), Berlin/Boston 2017, S. 469-479.

[165] Ernst Klebel, Kirchliche und weltliche Grenzen in Bayern, in: Zeitschrift der Savigny-Stiftung für Rechtsgeschichte. Kanonistische Abteilung 28 (1939), S. 153-270, wiederabgedruckt in: ders., Probleme der bayerischen Verfassungsgeschichte. Gesammelte Aufsätze (Schriftenreihe zur bayerischen Landesgeschichte 57), München 1957, S. 184-256.

sanen Verwaltungsbehörden und Gerichten konfrontiert: die Erzbischöfe von Mainz und Magdeburg, die Bischöfe von Halberstadt, Naumburg, Merseburg und Würzburg![166] Durch die Einführung der Reformation wurde dieser gordische Knoten durchschlagen, und anstelle der vielen Bistümer traten das landesherrliche Kirchenregiment und der Aufbau einer Landeskirche, die auf die territorialen Grenzen ausgerichtet war.[167] Allerdings gelang nicht überall ein glatter Schnitt. Dafür nur ein Beispiel: Die vogtländischen „Streitpfarreien" im heute bayerisch-sächsischen Grenzgebiet. Es handelt sich um sieben Pfarrdörfer, die auf ehemals kursächsischem Territorium liegen, deren Patronatsrecht aber dem Pfarrer von Hof im Markgraftum Brandenburg-Ansbach oblag. Mit dem Patronatsrecht verbunden war der Anspruch auf den sog. Pfaffenscheffel. Die Auseinandersetzungen um diese Kirchen von kursächsischer wie markgräflicher Seite haben sich jahrhundertelang hingezogen, so dass sich für sie schließlich die Bezeichnung „Streitpfarreien" eingebürgert hat. Erst 1844 wurde zwischen dem Königreich Bayern und dem Königreich Sachsen eine Vereinbarung getroffen über die „Erledigung der Irrungen über die sogenannten Streit-Pfarreyen und Abtretung des der Krone Bayerns zustehenden Pfaffenscheffelgefälles auf Koeniglich Saechsischem Gebiet an die Krone Sachsen". Mehrere Faktoren haben hier zusammengewirkt, die die „Streitpfarreien" zu einem jahrhundertelang schier unlösbaren Problem werden ließen, vor allem das Vordringen des landesherrlichen Kirchenregiments seit dem späten Mittelalter und die Übernahme episkopaler Funktionen durch die Territorialfürsten im 16. Jahrhundert. Mit den „Streitpfarreien" wurde ein Problem, das in den kirchlichen Rechtsverhältnissen des Mittelalters wurzelte, erst im 19. Jahrhundert aus dem Weg geräumt.[168]

Als Ergebnis können wir festhalten, dass es im Mittelalter die unterschiedlichsten Arten von Grenzen gegeben hat, und zwar nicht nur als Grenzsäume, sondern auch als Grenzlinien, nämlich Grenzen von Grund- und Flurstücken, von Dörfern und Städten mit ihren Gemarkungen, Grenzen von Kirchspielen, Grenzen von geistlichen Immunitätsbezirken, Grenzen von Bistümern und Kirchenprovinzen, und schließlich auch Grenzen von Herrschaften, Territorien, Reichen. Es waren Grenzen mit sehr vielfältiger Funktion und Reichweite und mit unterschiedlicher Wirkung auf die alltäglichen Lebenswelten, die in der Vormoderne bekanntlich eher kleinräumig angelegt waren. Ent-

---

166 Vgl. die Diözesankarten in: Atlas zur Kirche (wie Anm. 116), die stets die Überschneidungen mit den Territorialverhältnissen darstellen.

167 Als Überblick Enno Bünz, Kirchenregiment und frühmoderne Staatsbildung – Entwicklungslinien deutscher Landesherrschaft (1450-1550), in: Die Reformation. Fürsten – Höfe – Räume. Internationale wissenschaftliche Tagung, hg. v. Armin Kohnle u.a. (Quellen und Forschungen zur sächsischen Geschichte 42), Leipzig 2017, S. 94-114.

168 Günther Wartenberg, Die „Streitpfarreien" im Vogtland. Territorialkirchenpolitische Auseinandersetzungen zwischen Brandenburg-Kulmbach und Sachsen als Erbe der Reformationszeit, in: Zeitschrift für bayerische Kirchengeschichte 57 (1988), S. 9-25. Zur Verdeutlichung der Situation siehe auch die Karten bei von Guttenberg/Wendehorst, Das Bistum Bamberg. Teil 2 (wie Anm. 127). Johannes Wischmeyer, „Streitpfarreien" – Das innerkonfessionelle Konfliktpotential kirchlicher Hoheitsrechte im politischen Grenzraum, in: Grenzen und Grenzüberschreitungen. Bilanz und Perspektiven der Frühneuzeitforschung, hg. v. Christine Roll (Frühneuzeit-Impulse 1), Köln u.a. 2010, S. 185-197, weist auf von Wartenberg nicht benutzte Bestände im Landeskirchlichen Archiv Nürnberg hin, bleibt aber an der Oberfläche.

sprechend scheint die Entwicklung präziser Grenzen von unten nach oben zu verlaufen, sind doch Grundstücks- und Gemarkungsgrenzen gewissermaßen die Bausteine für größere Einheiten. Man wird deshalb die Frage nach Grenzen im Mittelalter nicht lösen können von der Frage nach der Raumwahrnehmung, die etwa auf Franken, Schwaben oder Westfalen bezogen war und ohne präzise definierte Grenzen auskam.[169]

6. Grenzen im Mittelalter – nicht sichtbar, aber spürbar

Indem ich nochmals das Tagungsthema „Über Grenzen hinweg" aufgreife, möchte ich abschließend fragen: über welche Grenzen denn eigentlich? Das Thema setzt ja voraus, dass Grenzen in irgendeiner Weise sichtbar, wahrnehmbar waren.[170] War das tatsächlich so? Die Bedeutung dieser Frage ist mir erst bewusst geworden, als ich mich näher mit dem Reisebericht des niederbayerischen Adligen Hans Herzheimer beschäftigt habe, der 1518 von seinem Stammsitz Heretsham bei Trostberg im Herzogtum Bayern aufgebrochen ist, um seine studierenden Söhne in Wittenberg aufzusuchen. Dies bot Hans Herzheimer die Gelegenheit, Kursachsen näher kennenzulernen, wo sein berühmter Vetter Degenhard Pfeffinger als enger Vertrauter im Dienste Kurfürst Friedrichs des Weisen stand.[171]

[169] Siehe zu diesen Fragen etwa die Beiträge in: Raumerfassung und Raumbewußtsein im späteren Mittelalter, hg. v. Peter Moraw (Vorträge und Forschungen, hg. vom Konstanzer Arbeitskreis für mittelalterliche Geschichte 49), Stuttgart 2002, und in: Spätmittelalterliches Landesbewußtsein in Deutschland, hg. v. Matthias Werner (Vorträge und Forschungen, hg. vom Konstanzer Arbeitskreis für mittelalterliche Geschichte 61), Ostfildern 2005. Vgl. auch Jürgen Petersohn, Franken im Mittelalter. Identität und Profil im Spiegel von Bewußtsein und Vorstellung (Vorträge und Forschungen, Sonderband 51), Ostfildern 2008.

[170] Zur Wahrnehmung von Grenzen, allerdings nicht nur geographischen, beispielsweise Kraack, Wahrnehmung (wie Anm. 43), vor allem anhand der Slawenchronik Helmolds vonn Bosau, und Michal Slivka, Hranice v mentálnom chápání stredověkého človeka [Grenze in der Mentalwahrnehmung des mittelalterlichen Menschen], in: Archaeologia historica 29 (2004), S. 9-36, der u.a. über den Grenzcharakter von Türschwellen, Kirchenportalen, Waldrändern usw. handelt, was für unser Thema nicht weiterführend ist. Ebd., S. 15 und S. 36, wird übrigens mit dem Abbildungsnachweis „E. Bünz" eine Miniatur aus der Chronik des Diebold Schilling abgebildet, der betreffende Aufsatz aber nicht zitiert: Enno Bünz, „Die Kirche im Dorf lassen ...". Formen der Kommunikation im spätmittelalterlichen Niederkirchenwesen, in: Kommunikation in der ländlichen Gesellschaft vom Mittelalter bis zur Moderne, hg. v. Werner Rösener (Veröffentlichungen des Max-Planck-Instituts für Geschichte 156), Göttingen 2000, S. 77-167, hier S. 80 mit Nachweis der Vorlage.

[171] Die Edition der Handschrift wird von mir in Zusammenarbeit mit dem Museum für angewandte Kunst (MAK) in Wien, dem Eigentümer der Handschrift, vorbereitet und soll 2020 erscheinen. Als Vorstudien liegen vor: Enno Bünz, Wittenberg 1519: Was ein Reisender von der Stadt wahrgenommen hat, und was nicht. Mit einer Teiledition der Aufzeichnungen Hans Herzheimers, in: Das ernestinische Wittenberg: Stadt und Bewohner, hg. v. Heiner Lück/Enno Bünz/Leonhard Helten/Armin Kohnle/Dorothée Sack/Hans-Georg Stephan, Textband und Bildband (Wittenberg-Forschungen 2,1-2), Petersberg 2013, Textband S. 9-24, Bildband S. 15-18; ders., Torgau 1519. Der bayerische Adlige Hans Herzheimer beschreibt die sächsische Residenz, in: Neues Archiv für sächsische Geschichte 87 (2016), S. 121-149; ders., Die Wettiner auf den Reichstagen. Kurfürst Friedrich der Weise auf dem Wahltag 1519 in Frankfurt, gesehen mit den Augen eines Zeitzeugen, in: König, Reich und Fürsten im Mittelalter. Abschlussta-

Herzheimer hat vom ersten Tag an Tagebuch über den Verlauf seiner Reise geführt. Der Reiseweg verlief vom Herzogtum Bayern über das Hochstift Eichstätt, die Markgrafschaft Ansbach, die Reichsstadt Nürnberg und das Hochstift Bamberg nach Kursachsen, aber Herzheimer erwähnt kein einziges Mal eine Grenze. Dabei war ihm der Begriff durchaus bewusst, denn als er über das Erzgebirge und das dortige Annaberg schreibt, erwähnt er die „grenytzen" im Erzgebirge bzw. Böhmerwald.[172] Herzheimer, geborener Niederbayer, verwendet diesen Begriff 1518/19; lassen wir also einmal die gängige Behauptung dahingestellt, erst mit Martin Luther habe sich der Begriff in der deutschen Sprache etabliert.[173] Aber, wie schon gesagt, Herzheimer erwähnt keinen einzigen Grenzübertritt. Wenn überhaupt notiert er, dass er in einem anderen Territorium angelangt sei. Beispielsweise am 16. Dezember 1518: „[...] in der nacht sein wir zw Perching aus der stat in der 11ten stund bey dem monschein aus gelassen worden vnd fur ain statt, genandt Freystatt, ist margraff Casymires etc."[174], gehörte also zur Markgrafschaft Brandenburg-Ansbach. Noch ein weiteres Beispiel von späteren Reisestationen im Juni 1519: Am 4. Juni aus Königsberg (im heutigen Unterfranken) aufgebrochen, das damals zum Kurfürstentum Sachsen gehörte, und dann weiter „nach der statt gefaren genandt Hasfardt, am Maynn [Hassfurt], dise stat ligt auch im landt zw Francken vnd ist des bischolffs von Wurtzburgk". Von dort ging es dann weiter den Main abwärts: „ligt ein schones schlos vnd stattl genandt Zeyl [Zeil am Main], ist des bischolf von Bambergk".[175] Der Wechsel der territorialen Herrschaftsverhältnisse wurde also durchaus wahrgenommen, nicht aber die damit verbundene Grenze.

Ein Zeitgenosse Hans Herzheimers soll hier noch befragt werden. Antonio de Beatis begleitete Kardinal Luigi d'Aragona 1517/18 durch Deutschland, die Niederlande und Frankreich und schrieb darüber einen Reisebericht, der zu den interessantesten überhaupt dieser Zeit gehört.[176] Nachdem sich die Reisegruppe durch die Veroneser Klause gequält hat, die eindrucksvoll beschrieben wird, erreichen sie das Dorf Borghetto (der Ort liegt direkt an der Etsch, und zwar an der Südgrenze der Provinz Trient), und dazu schreibt de Beatis: „Et dal dicto Borghetto incomincia la jurisdictione de la M^{ta} Cesarea etiam che siano Italiani"[177], also: dort beginne das Herrschaftsgebiet des Kaisers, obwohl dort nur Italiener wohnen. Nach Trient erreichen die Reisenden Salurn,

gung des Greifswalder „Principes-Projekts". Festschrift für Karl-Heinz Spieß, hg. v. Oliver Auge (Beiträge zur Geschichte der Universität Greifswald 12), Stuttgart 2017, S. 441-460.

172 Herzheimer-Handschrift (Wien, MAK, Inv. B.I. 21.517, Standort S20), fol. 285r.

173 „[...] erst im laufe des 16. jhs. hat sich grenze allgemeine litterarische geltung errungen, nicht zuletzt durch den einflusz Luthers, der geradezu eine vorliebe für das wort hat [...]": Grimm, Deutsches Wörterbuch, Bd. 4, I. Abt., 6. Teil (wie Anm. 1), Sp. 125. Die Belege in: Deutsches Rechtswörterbuch, Bd. 4, Weimar 1951, Sp. 1096f., zeigen aber, dass das Wort schon seit der zweiten Hälfte des 15. Jahrhunderts auch in Süddeutschland gebräuchlich war.

174 Herzheimer-Handschrift (wie Anm. 172), fol. 255r.

175 Ebd., fol. 294v.

176 Die Reise des Kardinals Luigi d'Aragona durch Deutschland, die Niederlande, Frankreich und Oberitalien 1517-1518, beschrieben von Antonio de Beatis. Als Beitrag zur Kulturgeschichte des ausgehenden Mittelalters veröffentlicht und erläutert von Ludwig Pastor (Erläuterungen und Ergänzungen zu Janssens Geschichte des deutschen Volkes 4,4), Freiburg i.Br. 1905.

177 Ebd., S. 92.

wo bekanntlich heute die deutsch-italienische Sprachgrenze verläuft. Dass de Beatis sie wahrgenommen hat, ist wohl daran abzulesen, dass er von jetzt an in deutschen Meilen rechnet, nicht mehr in italienischen.[178] Die Sprachgrenze verlief damals genau genommen am Fluß Avisio, der etwa auf halber Strecke zwischen Trient und Salurn in die Etsch mündet. Der Ulmer Dominikaner Felix Fabri erwähnt in seinem Pilgerbericht 1483 ausdrücklich, dass dieser Bach die Deutschen von den Italienern scheide.[179]

Als letzten Reisenden wollen wir Albrecht Dürer 1520 auf seiner Reise von Nürnberg in die Niederlande begleiten.[180] An Pfingsten brach Dürer mit seiner Frau in Nürnberg auf und begab sich zunächst zum Bischof nach Bamberg. Dort erhielt er einen Zollbrief und mehrere Empfehlungsschreiben des Bischofs.[181] Dürer reiste mit einem Schiff auf dem Main. Dabei kam nun laufend der Zollbrief zum Einsatz: „Also fuhr ich von Bamberg nach Eltman und zeiget mein zoll brieff, do liß man mich fahren zoll frey", und diese Prozedur wiederholte sich dann in Haßfurt, Theres, Mainberg, Schweinfurt, Volkach, Kitzingen, Marktbreit, Ochsenfurt und Würzburg.[182] Allein auf dieser relativ kurzen Strecke, die fünf Reisetage in Anspruch nahm, hatte Dürer auf dem Main das Hochstift Bamberg, die Grafschaft Henneberg, die Reichsstadt Schweinfurt, die Markgrafschaft Brandenburg-Ansbach, die Herrschaft des Domkapitels Würzburg und das Hochstift Würzburg passiert[183], aber kein einziges Mal wird eine Grenze erwähnt. Der ständige Wechsel der Herrschaftsverhältnisse tritt nur durch die Zollstationen in den Blick, ein Bild, das sich noch verdichten ließe, wenn wir Dürer auf seiner weiteren Reise auf dem Rhein bis Köln folgen würden.[184]

Wenn die heute beginnende Tagung unter dem Motto „Über Grenzen hinweg" steht, so wäre zunächst einmal zu fragen, über welche Grenzen. Es dürfte deutlich geworden sein, dass es im gesamten Mittelalter Grenzen gab, die Eigentumsverhältnisse sowie andere Rechtsverhältnisse, aber auch Lebens- und Herrschaftsverhältnisse voneinander trennten. Gemarkungsgrenzen, Pfarreigrenzen, Bistumsgrenzen, Territorialgrenzen und Reichsgrenzen sind uns dabei vor Augen getreten. Der bloße Blick auf die Außengrenzen des Heiligen Römischen Reiches hätte den Blick für die Vielfalt der Grenzen verstellt. Nur am Rande konnten Sprachgrenzen thematisiert werden, die von den Zeitgenossen offenbar deutlicher wahrgenommen wurden als Herrschaftsgrenzen.

178 Ebd., S. 92.

179 Nachweis bei Otto Stolz, Die Ausbreitung des Deutschtums in Südtirol im Lichte der Urkunden, 1: Einleitung und Geschichte der deutsch-italienischen Sprachen-, Völker- und Staatenscheide im Etschtale, o.O. [Bozen] 1975 (Nachdruck der Ausgabe München u.a. 1927), S. 94.

180 Ediert in: Dürer: Schriftlicher Nachlaß, hg. v. Hans Rupprich, Band 1: Autobiographische Schriften, Briefwechsel, Dichtungen, Beischriften, Notizen und Gutachten, Zeugnisse zum persönlichen Leben, Berlin 1956, S. 146-202.

181 Ebd., S. 148.

182 Ebd., S. 148.

183 Zur Veranschaulichung vgl. die Karte „Franken um 1500", in: Bayerischer Geschichtsatlas, hg. v. Max Spindler, Redaktion: Gertrud Diepolder, München 1969, S. 25, mit Erläuterung S. 86-89.

184 Friedrich Pfeiffer, Transitzölle 1000-1500 (Geschichtlicher Atlas der Rheinlande, Beiheft 7/10), Bonn 2000, mit Karte. Die Krönungsreisen der römisch-deutschen Könige auf dem Rhein behandelt Otto Volk, Von Grenzen ungestört – auf dem Weg nach Aachen. Die Krönungsfahrten der deutschen Könige im späten Mittelalter, in: Grenzen erkennen (wie Anm. 17), S. 263-297, doch ohne inhaltlichen Bezug auf Grenzen, die ja tatsächlich auch für den Herrscher irrelevant waren.

Weiter dürfte deutlich geworden sein, dass Grenzen bereits im Mittelalter vielgestaltig sein konnten und die von der Forschung gerne plakativ benannte Entwicklung von Grenzzonen oder -säumen zu präzisen Grenzlinien zu einfach wäre. Bereits im späten Mittelalter setzen Bestrebungen ein, herrschaftliche Grenzen zu kennzeichnen, mit Grenzsteinen zu markieren, womit nun – nebenbei bemerkt – die Grenze selbst zum Thema der Inschriftenforschung wird, weil seit dem 16. Jahrhundert in zunehmender Zahl Grenzsteine mit Inschriften und Wappen überliefert sind. Dieser Vorgang der Kennzeichnung von Grenzen zieht sich allerdings weit in die Neuzeit hin.

Deshalb kann es letztlich auch nicht überraschen, dass noch für Reisende im 16. Jahrhundert Grenzen nicht sichtbar sind und deshalb auch nicht direkt thematisiert werden. Grenzen manifestieren sich in dieser Zeit noch in ganz anderer Weise, da Herrschaftsverhältnisse nach außen etwa durch Wappen an Toren und Türmen verdeutlicht werden und durch Geleit- und Zollstationen, an denen es nicht mangelte, für jeden Reisenden auch spürbar waren.[185] Wer sich für den Im- und Export von Gütern interessiert, zu denen ja Kunstwerke jeder Art, auch Grabplatten oder andere Werke mit Inschriften, gehören können, sollte seinen Blick auf diese Übergangspunkte des Handels richten, wie es z.B. Arnold Esch für den römischen Zoll der Renaissance getan hat.[186] Dort entladen Hafenarbeiter am 7. April 1445 „lapidem brunci pro sepultura domini pape Martini", es ist die Grabplatte Martins V., die wohl in der Werkstatt Donatellos in Florenz gegossen wurde und die bis heute sein Grab in der Basilika San Giovanni in Laterano bedeckt. Sobald Zollregister oder -rechnungen erhalten sind, die

185 Geleit bezeichnet den Schutz für Personen und die von ihnen mitgeführten Waren. Das Geleit war ein wichtiges landesherrliches Recht, doch mussten Geleit- und Territorialgrenzen nicht identisch sein, siehe Meinrad Schaab, Art. Geleit, in: Lexikon des Mittelalters, Bd. 4, München/Zürich 1989, Sp. 1204f., dem grundlegende Forschungen zum Geleitwesen in Südwestdeutschland zu verdanken sind. Sehr gut dokumentiert sind die Geleitverhältnisse im Herrschaftsbereich der Wettiner, siehe dazu nun eingehend Manfred Straube, Geleitwesen und Warenverkehr im thüringisch-sächsischen Raum zu Beginn der Frühen Neuzeit (Veröffentlichungen der Historischen Kommission für Thüringen. Kleine Reihe 42), Köln 2015.

186 Arnold Esch/Doris Esch, Die Grabplatte Martins V. und andere Importstücke in den römischen Zollregistern der Frührenaissance, in: Römisches Jahrbuch für Kunstgeschichte 17 (1978), S. 211-217; Arnold Esch, Importe in das Rom der Frührenaissance. Ihr Volumen nach den römischen Zollregistern der Jahre 1452-62, in: Studi in memoria di Federigo Melis, Bd. 3, Neapel 1978, S. 381-452; ders., Le importazioni nella Roma del primo rinascimento (il loro volume secondi i registri doganali romani degli anni 1452-1462), in: Aspetti della vita economica e culturale a Roma nel Quattrocento, Rom 1981, S. 9-79; ders., Armi per Roma. Importazioni di armi nei registri doganali romani del Rinascimento, in: Strenna dei Romanisti 55 (1994), S. 171-178; ders., Im Heiligen Jahr am römischen Zoll. Importe nach Rom um 1475, in: Studien zum 15. Jahrhundert. Festschrift für Erich Meuthen, hg. v. Johannes Helmrath/Heribert Müller, München 1994, Bd. 2, S. 869-901; ders., Importe in das Rom der Renaissance. Die Zollregister der Jahre 1470-1480, in: Quellen und Forschungen aus italienischen Archiven und Bibliotheken 74 (1994), S. 360-453; ders., Roma come centro di importazioni nella seconda met del Quattrocento ed il peso economico del papato, in: Roma Capitale (1447-1527), hg. v. Sergio Gensini (Pubblicazioni degli Archivi di Stato, Saggi 29), Pisa 1994, S. 107-143; ders., Nürnberg und Rom. Nürnbergische und andere deutsche Waren in den römischen Zollregistern der Frührenaissance, in: Anzeiger des Germanischen Nationalmuseums (2002), S. 128-139; ders., Economia, cultura materiale e arte nella Roma del Rinascimento. Studi sui registri doganali romani 1445-1485 (Roma nel Rinascimento inedita 36), Rom 2007; ders./Doris Esch, Aus der Frühgeschichte der Spielkarte. Der Import von *carte da giocare* und *trionfi* nach Rom 1445-65, in: Gutenberg-Jahrbuch 88 (2013), S. 41-53.

freilich nur selten spektakuläres Handelsgut wie das eben vorgestellte verzeichnen, wird es nicht nur für den Historiker interessant, denn dann kann man den Warenströmen folgen und tatsächlich – wie es das Thema dieser Tagung fordert – „über Grenzen hinweg" blicken.

Bildnachweis:

Abb. 1: Martin Geisler (2008),
https://de.wikipedia.org/wiki/Datei:Connewitzer_Kreuz.jpg (17.12.2019).

Abb. 2: Stadtgeschichtliches Museum Leipzig

Abb. 3, 13: Reproduktionen aus: Geschichte der Stadt Leipzig, Band 1: Von den Anfängen bis zur Reformation. Unter Mitwirkung von Uwe John hg. v. Enno Bünz, Leipzig 2015, S. 152 und S. 461 (Enno Bünz, Autor, Olaf Bendfeldt, Kartographie).

Abb. 4: Enno Bünz, Leipzig.

Abb. 5: Reproduktion aus: Georg Krüger, Das Land Ratzeburg (Kunst- und Geschichts-Denkmäler des Freistaates Mecklenburg-Strelitz 2), Neubrandenburg 1934, S. 179, ergänzt von Enno Bünz.

Abb. 6: Reproduktion aus: Herbert Jankuhn, Die Frühgeschichte. Vom Ausgang der Völkerwanderung bis zum Ende der Wikingerzeit (Geschichte Schleswig-Holsteins 3), Neumünster 1957, S. 139.

Abb. 7, 8: Akademie der Wissenschaften und der Literatur Mainz, Foto: Thomas G. Tempel.

Abb. 9: Stadtarchiv Würzburg.

Abb. 10: Reproduktion aus: Caspar Ehlers, Die Integration Sachsens in das fränkische Reich (751-1024) (Veröffentlichungen des Max-Planck-Instituts für Geschichte 231), Göttingen 2007, S. 61 (Caspar Ehlers, Autor, Annette Hermes, Kartographie).

Abb. 11, 12: Reproduktionen aus: Bernward von Hildesheim und das Zeitalter der Ottonen. Katalog der Ausstellung Hildesheim 1993, 2 Bände, hg. v. Michael Brandt und Arne Eggebrecht. Wissenschaftliche Beratung Hans-Jakob Schuffels, Hildesheim 1993, Band 1, S. 471 Karte II, S. 473 Karte IIa (Enno Bünz, Autor, Annette Hermes, Kartographie).

Abb. 1: Grenzstein des städtischen Rechtsbereichs (Weichbild),
Leipzig, Connewitzer Kreuz (moderne Kopie)
an der Einmündung der Bornaischen Straße in die Karl-Liebknecht-Straße

Abb. 2: Grenzstein des städtischen Rechtsbereichs (Weichbild),
Leipzig, Connewitzer Kreuz (Original),
stadtauswärtige Seite der Bildtafel mit Andreaskreuz und Datierung „1536",
Stadtgeschichtliches Museum Leipzig, Inv.-Nr. K/131/2003

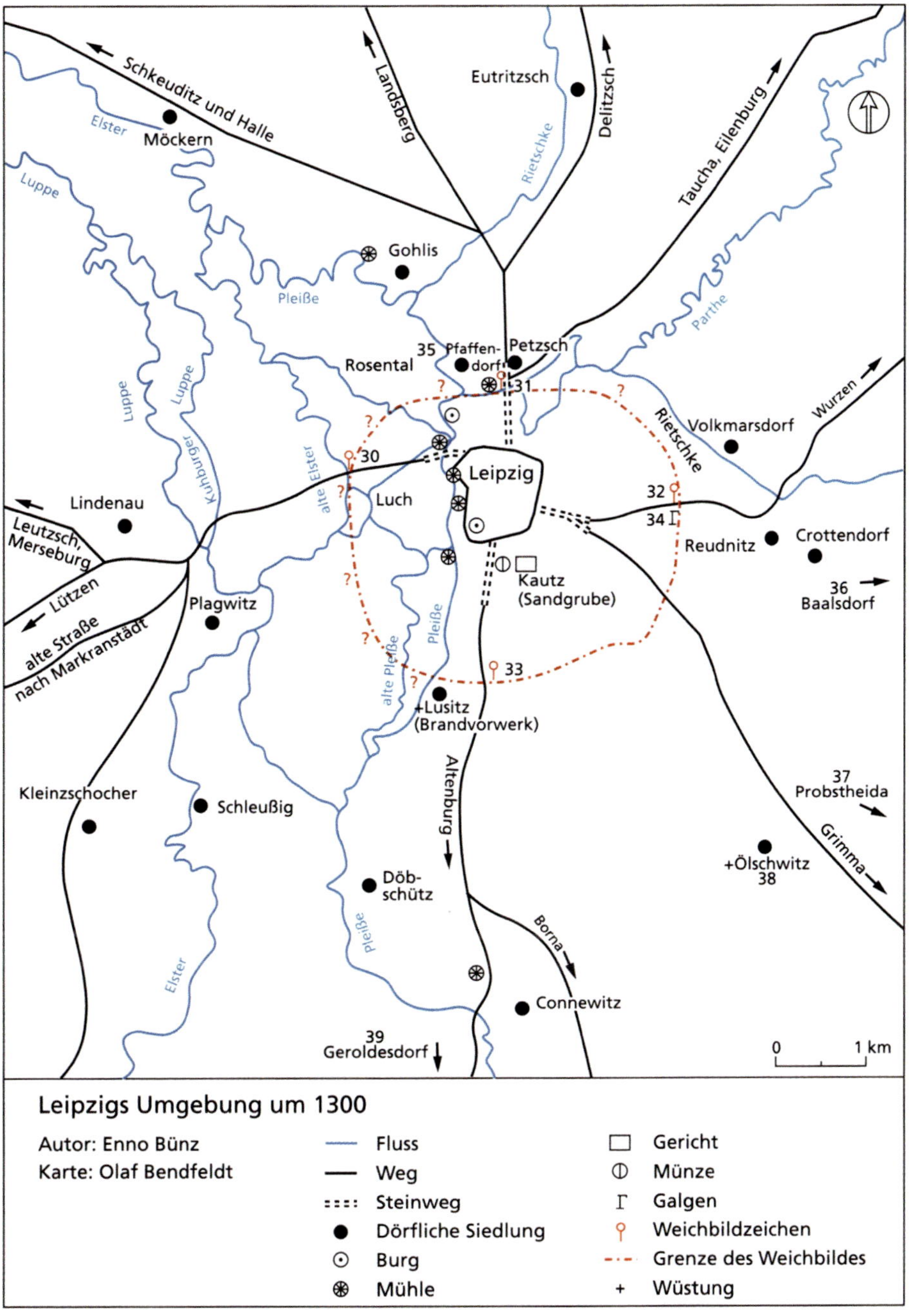

Abb. 3: Leipzig und Umgebung um 1300,
Grenze des Stadtrechtsbereichs (Weichbild),
gestrichelte Linie mit Eintragung der Grenzsteine (Nr. 30-33) an den vier Hauptzufahrtsstraßen

Abb. 4:
Denkmal für Graf Heinrich von Badwide,
sog. „Heinrichstein", Sekundärverwendung als
Grenzmarkierung der Domimmunität,
Ratzeburg (Schleswig-Holstein),
Ecke Domhof/Kleine Kreuzstraße

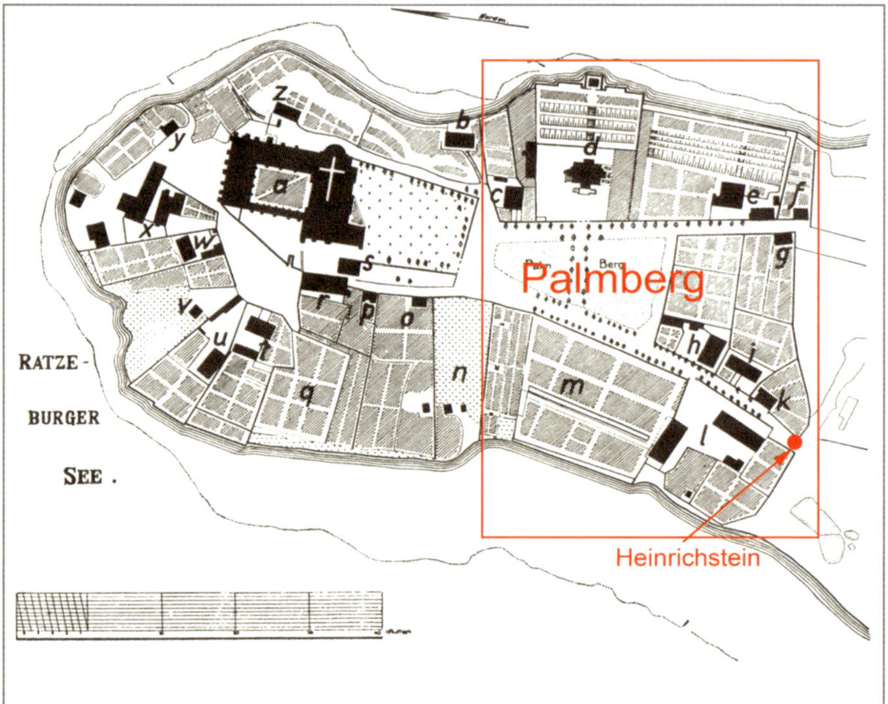

Abb. 5: Karte des Dombezirks mit der Position des
sog. „Heinrichsteins", Ratzeburg (Schleswig-Holstein)

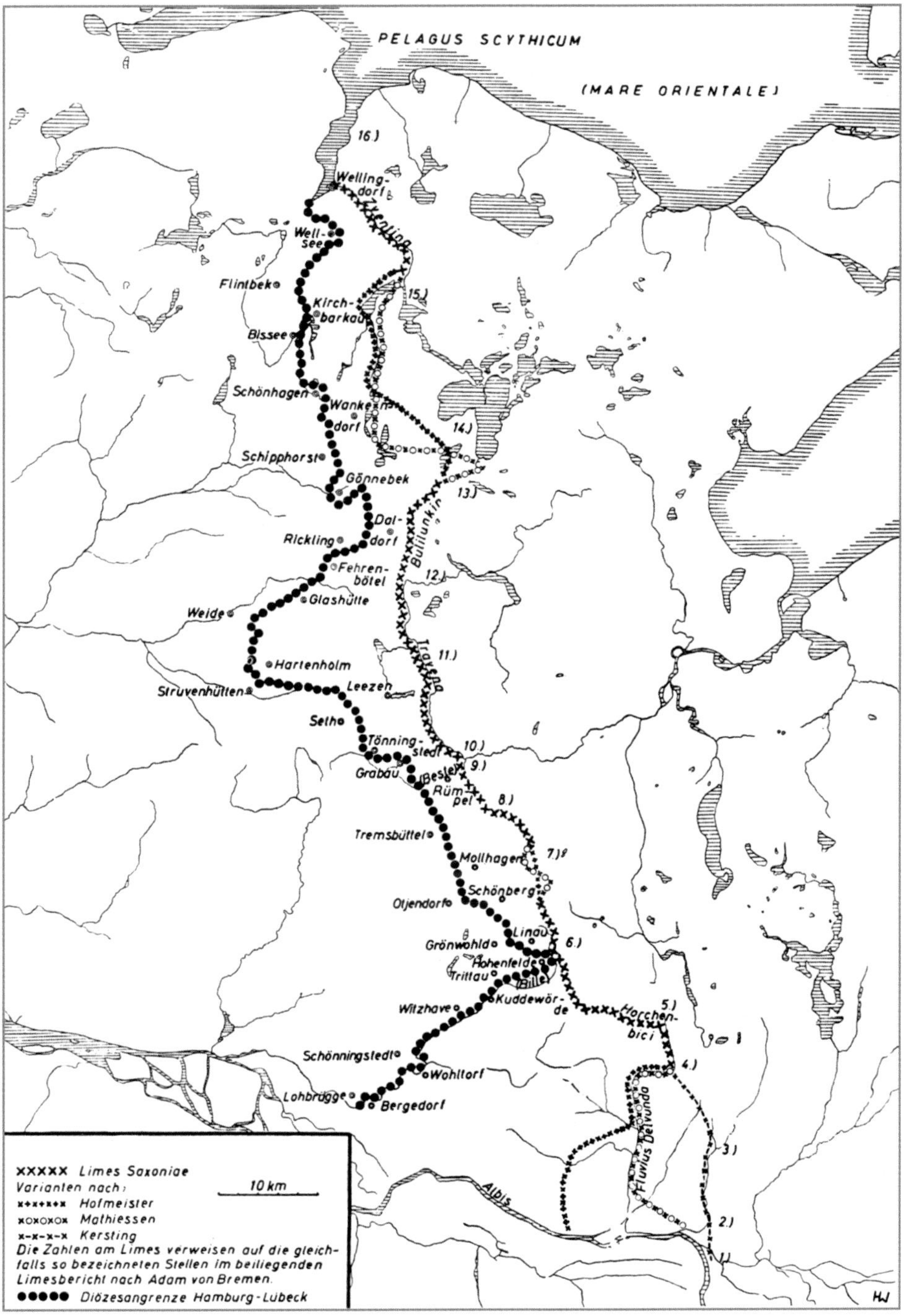

Abb. 6: Karte des „Limes Saxoniae", der Ostgrenze des Karolingerreiches in Nordelbien

Abb. 7: Sandsteintafel mit Angabe der Pfarreigrenzen, 3. Viertel 12. Jh., Heppenheim, Pfarrkirche St. Peter

Abb. 8: Bensheimer Grenzstein von 1479, Bensheim, Museum

Abb. 9: Abgrenzung der Würzburger Markung (Flurumgang) im Jahre 780,
Miniatur von Martin Seger, um 1546,
Chronik der Bischöfe von Würzburg von Lorenz Fries,
Stadtarchiv Würzburg, Ratsbuch 412, fol. 17v

Abb. 10: Karte des Bistums Paderborn um 1024 (rote Linie) und um 1500 (rote Fläche)

Abb. 11: Bistum Hildesheim um 1000

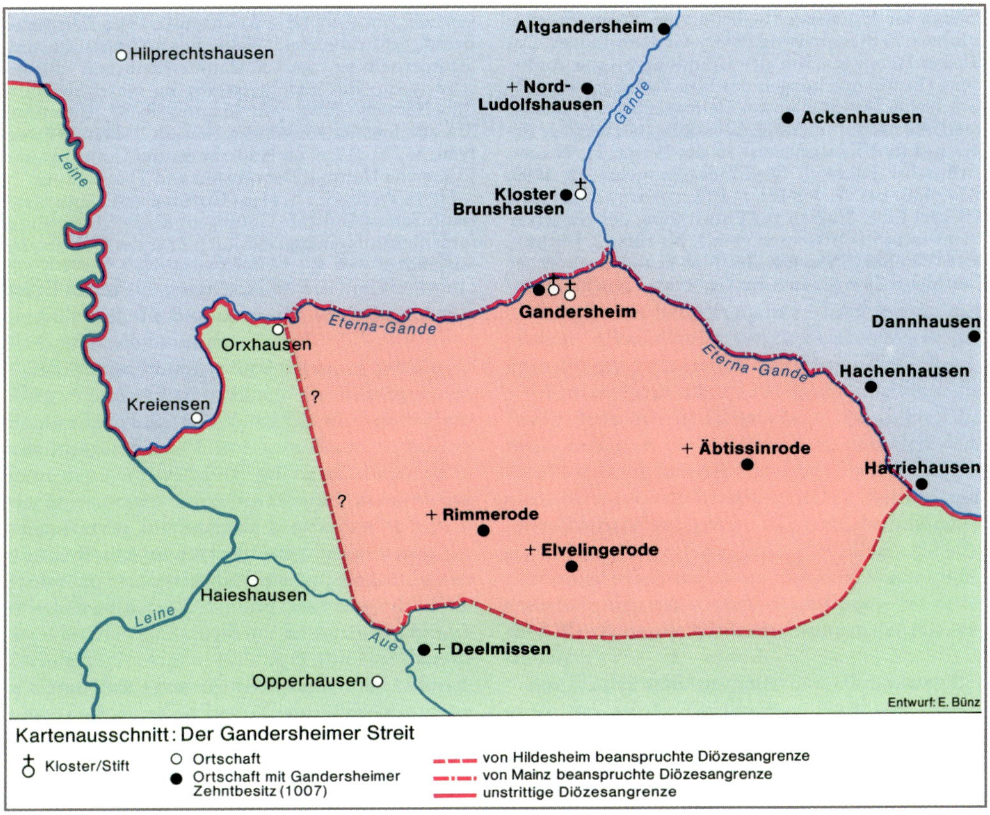

Abb. 12: Der Gandersheimer Streit: Karte der strittigen Diözesangrenze zwischen dem Bistum Hildesheim und dem Erzbistum Mainz um 1000

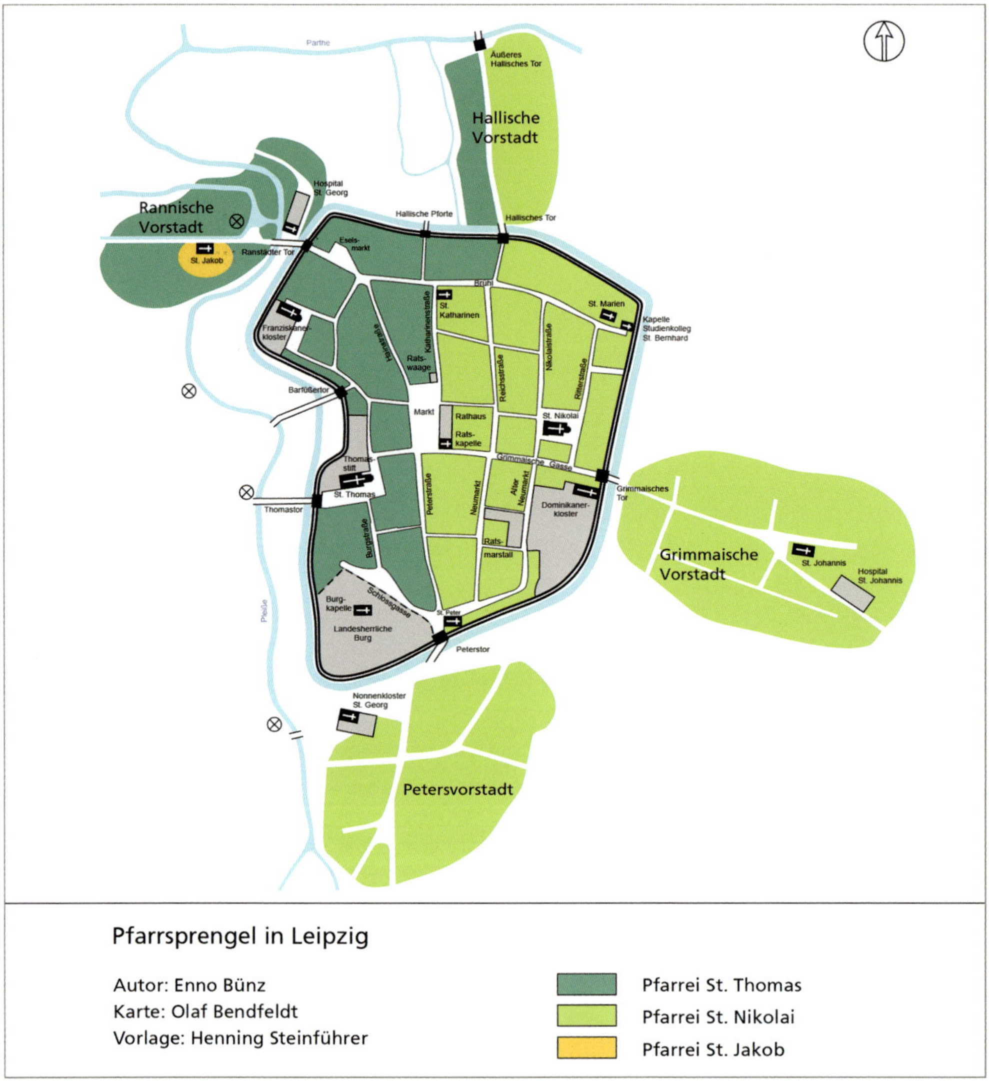

Abb. 13: Karte der Pfarrsprengel St. Nikolai, St. Thomas und St. Jakob in Leipzig

UNBEKANNTE OBJEKTE?

Das mittelalterliche Europa und sein Umgang mit fremden Kulturen

Andrea Stieldorf

Einleitung

Zum Jahre 802 berichten die fränkischen Reichsannalen: „Am 20. Juli diesen Jahres kam [der Jude] Isaak mit einem Elefanten und weiteren Geschenken des Königs der Perser", gemeint ist der abbasidische Kalif Hārūn ar-Rašīd, „und übergab sie in Aachen dem Kaiser. Der Elefant hatte den Namen Abul Abaz".[1] Klingt dieser Bericht recht nüchtern, so fällt doch auf, dass es ihn inmitten von ansonsten politisch und militärisch geprägten Nachrichten überhaupt gibt – und dass der Elefant weitere Male in den

* Hierbei handelt es sich um die geringfügig überarbeitete Fassung des Abendvortrags der Tagung vom 13. Oktober 2016; die Vortragsform wurde weitgehend beibehalten.

1 Annales regni Francorum, ed. Friedrich Kurze (MGH SS rer. Germ. [6]), Hannover 1895, S. 117 ad a. 802: „Ipsius anni mense Iulio, XIII. Kal. Aug., venit Isaac cum elefanto et ceteris muneribus, quae a rege Persarum missa sunt, et Aquisgrani omnia imperatori detulit; nomen elefanti erat Abul Abaz." Übersetzung angelehnt an Annales regni Francorum/Die Reichsannalen, in: Quellen zur karolingischen Reichsgeschichte, hg. v. Reinhard Rau, Bd. 1, Darmstadt 1968, ND 1993, S. 79. Vgl. auch die Erwähnung in Einhard, Vita Karoli Magni, ed. Oswald Holder-Egger (MGH SS rer. Germ. [25]), Hannover/Leipzig 1911, c. 16, S. 19; vgl. Michael Borgolte, Der Gesandtenaustausch der Karolinger mit den Abbasiden und mit den Patriarchen von Jerusalem (Münchner Beiträge zur Mediävistik und Renaissance-Forschung 25), München 1976, S. 53; Kurt R. Spillmann, Von einem Elefanten, einem Wal und einem Karpfen. Kalif Hārūn ar-Rašīd schenkt Karl dem Großen einen Elefanten, in: Gestalt und Gestaltungen eines Gestalters. Ein bunter Strauß zum 1200. himmlischen Geburtstag von Karl dem Großen, dargebracht von der Gelehrten Gesellschaft Zürich, Zürich 2014, S. 199-223, sowie vor allem Achim Thomas Hack, Abul Abaz. Zur Biographie eines Elefanten (Jenaer Mediävistische Vorträge 1), Badenweiler 2011, mit der älteren Literatur; vgl. zu den Hintergründen des Kontaktes Michael McCormick, Charlemagne and the Mediterranean World. Communications, Arab Coins and Commerce at the Time of the Paderborn Meeting, in: Am Vorabend der Kaiserkrönung. Das Epos „Karolus Magnus et Leo papa" und der Papstbesuch in Paderborn 799, hg. v. Peter Godman/Jörg Jarnut/Peter Johanek, Berlin 2002, S. 193-218, der u.a. herausarbeitet, dass sich am Ende des 8. Jahrhunderts die Pilgerrouten nach Jerusalem änderten, Byzanz vermieden wurde und man deshalb vermehrt über Nordafrika und Ägypten reiste, was einen engeren Kontakt zum islamischen Kulturbereich brachte, der sich u.a. an arabischen Gold- und später Silbermünzen zeigt, die nach Europa gelangten. Diese wurden meist eingeschmolzen, aber auch zu Schmuckstücken verarbeitet.

Reichsannalen erwähnt wird.[2] So war für das Jahr 801 bereits vermeldet worden, dass Abul Abaz in Italien angekommen war und wegen des starken Schneefalls in Vercelli überwintern musste, bevor er die Alpen überqueren konnte und schließlich gesund Aachen erreichte. Und auch sein Tod im Jahr 810 findet die Beachtung der Reichsannalen. Immerhin hatte das Tier, das möglicherweise in einem Tiergarten der Aachener Pfalz lebte, acht Jahre in Mitteleuropa überleben können.[3]

Die Prominenz des Elefanten wird auch daran deutlich, dass er in zahlreichen weiteren Quellen, zeitgenössischen und später, Erwähnung findet, und auch bildlich dargestellt wird.[4] Allerdings machen diese Darstellungen von Elefanten deutlich, dass Abul Abaz' Leben im Frankenreich nicht dazu geführt hatte, dass Elefanten Eingang in die europäische Kultur gefunden hätten, was natürlich auch auf klimatische Verhältnisse zurückzuführen ist. Nicht einmal eine genauere Kenntnis vom Aussehen eines Elefanten konnte sich durchsetzen (Abb. 1).[5] Man wusste zwar von Elefanten, aber man wusste selten genau, wie sie aussahen: Sie blieben also lange unbekannte Objekte – auch wenn es vielleicht politisch nicht korrekt ist, ein Tier als Objekt zu bezeichnen.

Als Einstieg wurde mit dem Elefanten Karls des Großen eines der bekanntesten Beispiele dafür gewählt, dass Objekte unterschiedlichster Art und Funktion aus anderen Kulturkreisen nach Europa kamen, zumal an diesem Beispiel die Verwunderung über das Geschenk aus der Fremde sehr deutlich wird. Allerdings ist dies nicht die einzig mögliche Reaktion auf ein fremdes Objekt. In drei Schritten sollen die verschiedenen Umgangsweisen mit Artefakten fremder Herkunft in Europa beleuchtet werden: Als erstes wird die Aneignung von Objekten als mögliches Konzept auch für die Geschichtswissenschaften vorgestellt, um zweitens kurz zu skizzieren, wann und wie es für Europäer Berührungspunkte mit Objekten aus anderen Kulturkreisen gab. Im dritten Abschnitt, auf dem das Hauptaugenmerk des Beitrages liegt, werden verschiedene Formen des Umgangs mit fremden Objekten vorgestellt.

---

2 Vgl. Hack, Abul Abaz (wie Anm. 2), S. 16.

3 Ebd. S. 116, S. 130 sowie S. 33-34, 36 nach Karl Hauck, Tiergärten im Pfalzbereich, in: Deutsche Königspfalzen. Beiträge zu ihrer historischen und archäologischen Erforschung, Bd. 1 (Veröffentlichungen des Max-Planck-Instituts für Geschichte 11,1), Göttingen 1963, S. 39-47, der zudem noch auf die Nachricht hinweist, Karl habe auch einen Löwen besessen. Offenbar wurde der Elefant aber auch auf Reisen mitgenommen, wie sein Tod wahrscheinlich im westfälischen Lippeham vermuten lässt. Allerdings ist die Nachricht der Annales regni Francorum (wie Anm. 2), S. 131 ad a. 810 nicht eindeutig, was den Tod des Elefanten angeht, denn der Wortlaut gibt zwar ein zeitliches Zusammentreffen zu erkennen mit dem Feldzug, aber kein räumliches: „ubi [in Lippeham] dum aliquot dies moraretur [Karl], elefans ille, quem ei Aaron rex Saracenorum miserat, subita morte periit."

4 Vgl. Hack, Abul Abaz (wie Anm. 2), S. 73-78, mit den entsprechenden Belegen. Um Tiere soll es im Folgenden nicht gehen, obwohl Tiere im Rahmen kulturgeschichtlicher Ansätze auch im Rahmen der Mittelalterforschung verstärkt untersucht werden; vgl. z.B. Frank Meier, Mensch und Tier im Mittelalter, Ostfildern 2008.

5 Vgl. Hack, Abul Abaz (wie Anm. 2), S. 57-62. Erst im 13. Jahrhundert in Bezug auf Illustrationen von Matthew Paris' Bericht über den Elefanten, den Heinrich III. von England erhielt, werden die Darstellungen realistischer. Meist wurde bei der Beschreibung von Elefanten auf Textvorlagen und Bildwerke zurückgegriffen, weil kaum ein Autor tatsächlich einmal einen Elefanten gesehen hatte; vgl. Danielle Buschinger, Die Elefanten bei Konrad von Megenberg und in der erzählenden Literatur des Hochmittelalters, in: Konrad von Megenberg (1309-1374). Ein spätmittelalterlicher ‚Enzyklopädist' im europäischen Kontext, hg. v. Edith Feistner unter Mitarbeit von Nina Prifling (Jahrbuch der Oskar von Wolkenstein-Gesellschaft 18), Wiesbaden 2011, S. 207-225.

1. Die Aneignung von Objekten als Konzept der Geschichtswissenschaft

Objekte haben derzeit bekanntlich Konjunktur in der Geschichtswissenschaft – der auch ins Deutsche übertragene und hierzulande gut verkaufte Band „Eine Geschichte der Welt in 100 Objekten" von Neil MacGregor, vormals Direktor des British Museum und mittlerweile Gründungsintendant des Berliner Humboldt-Forums, legt davon Zeugnis ab.[6] Unabhängig von Moden in der Geschichtswissenschaft lässt sich konstatieren, dass man auch über Gegenstände, sichtbare, greifbare, also mit verschiedenen Sinnen erfahrbare Dinge einen Zugang zur Vergangenheit bekommen kann – und das nicht nur im Museum. Ohne die umfangreichen Diskussionen zu diesem Thema an dieser Stelle aufgreifen zu können, wird Materialität hier so interpretiert, dass Objekte nicht für sich stehen, sondern erst durch ihre Nutzung in einer Gesellschaft eine Bedeutung erhalten. Sowohl die Funktionalitäten als auch die Bedeutung der Objekte sind dabei keine statischen Größen, sondern können Wandlungen unterliegen – das wird im Folgenden auch für die Aneignung fremder Objekte relevant werden.[7]

[6] Neil MacGregor, Eine Geschichte der Welt in 100 Objekten, München 2011, 4. Aufl. 2012. 2013 erschien eine sogenannte Jubiläumsausgabe, die 2015 in einer 3. Auflage veröffentlicht wurde; engl.: A History of the World in 100 Objects, London u.a. 2010. In der Einleitung zu dem Band befasst sich MacGregor recht pragmatisch mit den Möglichkeiten, aber eben auch Grenzen geschichtswissenschaftlicher Erkenntnis auf der Grundlage von Objekten.

[7] Eine exemplarische Studie seitens der Archäologie wurde vorgelegt von Ulrich Müller, Zwischen Gebrauch und Bedeutung. Studien zur Funktion von Sachkultur am Beispiel mittelalterlichen Handwaschgeschirrs (5./6. bis 15./16. Jahrhundert) (Zeitschrift für Archäologie des Mittelalters, Beiheft 20), Bonn 2006, der dabei insbesondere auf die aus der Semiotik gekommenen Anregungen rekurriert (vgl. S. 21-29 mit Hinweisen auf die wichtigste Literatur). – Seit den 1960er Jahren gibt es im Rahmen der Geschichtswissenschaft Forschungen zur Realienkunde oder Sachkulturforschung insbesondere auch des Mittelalters und der Frühen Neuzeit; vgl. z.B. die Arbeiten aus dem Institut für mittelalterliche Realienkunde Österreichs (IMAREAL) und seinem Umfeld, etwa Gerhard Jaritz, Zwischen Augenblick und Ewigkeit. Einführung in die Alltagsgeschichte des Mittelalters, Wien/Köln 1989, oder Ders., Seelenheil und Sachkultur. Gedanken zur Beziehung Mensch-Objekt im späten Mittelalter, in: Europäische Sachkultur des Mittelalters. Gedenkschrift aus Anlaß des zehnjährigen Bestehens des Instituts für mittelalterliche Realienkunde Österreichs (Österreichische Akademie der Wissenschaften, phil.-hist. Klasse, Sitzungsberichte 374 = Veröffentlichungen des Instituts für mittelalterliche Realienkunde Österreichs 4), Wien 1980, S. 57-81; Helmut Hundsbichler, Sachen und Menschen, in: Die Vielfalt der Dinge. Neue Wege zur Analyse mittelalterlicher Sachkultur. Internationaler Kongress Krems an der Donau 4. bis 7. Oktober 1994. Gedenkschrift in memoriam Harry Kühnel (Österreichische Akademie der Wissenschaften Phil. Hist. Klasse. Forschungen des Instituts für Realienkunde des Mittelalters und der frühen Neuzeit. Diskussionen und Materialien 3), Wien 1986, S. 29-62, sowie den Sammelband Menschen, Dinge und Umwelt in der Geschichte. Neue Fragen der Geschichtswissenschaft an die Vergangenheit, hg. v. Ulf Dirlmeier/Gerhard Fouquet (Sachüberlieferung und Geschichte 5), St. Katharinen 1989. Sabine Felgenhauer-Schmiedt, Die Sachkultur des Mittelalters im Lichte der archäologischen Funde (Europäische Hochschulschriften, Reihe 38: Archäologie 42), 2. Aufl., Frankfurt a.M. 1995, S. 8 mit Anm. 2, weist darauf hin, dass der Begriff Realie nicht verbindlich definiert wird, sondern sehr vielseitig ist. Objekte werden vielfach in dem Bereich der Alltagsgeschichte verortet – ein Begriff, der an sich schon nicht unproblematisch ist; vgl. Hans-Werner Goetz, Geschichte des mittelalterlichen Alltags. Theorie – Methoden – Bilanz der Forschung, in: Mensch und Objekt im Mittelalter und in der frühen Neuzeit. Leben – Alltag – Kultur. Internationaler Kongreß Krems an der Donau, 27. bis 30. September 1988 (Österreichische Akademie der Wissenschaften, phil.-hist. Klasse, Sitzungsberichte 568 = Veröffentlichungen des Instituts für Realienkunde des Mittelalters und der Neuzeit 13), Wien 1990, S. 67-101.

Die Tagung „Über Grenzen hinweg – Inschriften als Zeugnisse des kulturellen Austauschs" beschäftigte sich anhand von Inschriften mit der Aufnahme von Fremdem in anderen Kulturräumen. Als Zugang für diesen Beitrag, der das Tagungsthema in allgemeineren Zusammenhängen verorten soll, wurde der Zugang über die Materialität gewählt: Immerhin werden mit den Inschriften auch „Dinge" in den Blick genommen, denn Inschriftentexte brauchen Schriftträger als materielle Grundlage.[8]

Die in den Vorträgen behandelten Themen berücksichtigen in der Regel erfolgreiche Rezeptionsvorgänge: Schriften bzw. Objekte usw., die in einer anderen Region verwendet wurden als der, in der sie entstanden sind bzw. produziert wurden. Dabei wurden sie in ihrer Aussage oder Funktion ganz oder teilweise übernommen oder aber umgedeutet und umgeformt. „Fremde"[9] Inschriften sind folglich – wie andere fremde oder unbekannte Objekte auch – einerseits Zeugnisse für Beziehungen zu anderen Kulturräumen, andererseits zeigt ihre Nutzung Bedürfnisse und Interessen im aufnehmenden Kulturraum.

Es gilt zu fragen, wann Fremdes oder als fremd Wahrgenommenes genutzt bzw. rezipiert wurde oder wann nicht.[10] Zudem soll der Versuch unternommen werden, sich den Hintergründen für eine Aneignung oder auch das Ausbleiben eines entsprechenden Vorganges zu nähern. Wenn es im Folgenden um den Umgang mit unbekannten Objekten in Europa geht, dann geht es um gelungene, aber auch um gescheiterte oder verzögerte Vorgänge von Aneignung im Sinne eines Kulturtransfers[11], der ganz unterschiedliche Ausprägungen annehmen kann.[12]

---

[8] Natürlich kann an dieser Stelle die mittlerweile ausufernde Literatur zum Thema Materielle Kultur nicht annähernd aufgearbeitet werden, deswegen sei auf eine ethnologische Einführung, die aber auch Interessen von Historikern berücksichtigt, hingewiesen: Hans Peter Hahn, Materielle Kultur. Eine Einführung, Berlin 2005, S. 9-14, mit Verweis auf einschlägige Literatur.

[9] Vgl. zur Definition des Fremden, die nur in Abgrenzung zu dem, was als das Eigene verstanden wird, erfolgen kann und auch auf der Erfahrung einer gewissen Dauer beruht, Georg Simmel, Exkurs über den Fremden, in: Ders., Soziologie. Untersuchung über Formen der Vergesellschaftung, erstmals Leipzig 1908, S. 685-691; neu: Georg Simmel Gesamtausgabe, hg. v. Otthein Rammstedt, Bd. 11, Frankfurt a.M. 1992, S. 764-771.

[10] Jaritz, Zwischen Augenblick und Ewigkeit (wie Anm. 8), S. 170 weist kurz auf die Möglichkeit von positiver oder negativer Wertung von Neuem/Fremdem hin; vgl. auch Ders., Das „Neue" im „Alltag" des Spätmittelalters. Annahme – Zurückweisung – Förderung, in: Alltag und Fortschritt im Mittelalter. Internationales Round-Table-Gespräch, Krems an der Donau, 1. Oktober 1984 (Österreichische Akademie der Wissenschaften, phil.-hist. Klasse, Sitzungsberichte 470 = Veröffentlichungen des Instituts für Mittelalterliche Realienkunde Österreichs 8), Wien 1986, S. 83-93.

[11] Vgl. zusammenfassend Florian Hartmann/Kerstin Rahn, Kulturtransfer – Akkulturation – Kulturvergleich. Reflexionen über hybride Konzepte, in: Quellen und Forschungen aus italienischen Archiven und Bibliotheken 90 (2010), S. 470-492, hier S. 479-484.

[12] Vgl. zum Konzept der Aneignung in der Archäologie Hahn, Materielle Kultur (wie Anm. 9), S. 99-107. Einige Beispiele für Aneignungsvorgänge innerhalb der europäischen Kultur des Mittelalters bringt Claire Sponsler, In Transit. Theorizing Cultural Appropriation in Medieval Europe, in: Journal of Medieval an Early Modern Studies 32 (2002), S. 17-39. Gerd Spittler, Globale Waren – Lokale Aneignung, in: Ethnologie der Globalisierung. Perspektiven kultureller Verflechtungen, Berlin 2002, S. 15-30, hier S. 15-17 betont, dass es sich hier um ein noch junges Konzept handele, das erst seit kurzem in der Ethnologie eine Rolle spiele. Anfänge seien 1993 mit dem Begriff der Domestikation gemacht worden. Er stellt diese Entwicklung auch in einen Zusammenhang mit dem Aufschwung der Konsumforschung. Ausgangspunkt dieses Ansatzes ist natürlich die Verbreitung und dann Nutzung globaler Güter.

Obwohl sich die Geschichtswissenschaft seit einiger Zeit bereits mit Fragen des Kulturtransfers befasst, hat sie dessen materielle Seite bisher wenig aufgearbeitet, erst recht nicht systematisch und schon gar nicht mit Blick auf die Frage, wie mit fremden Objekten umgegangen wird.[13] Selbstverständlich kann dieses Problem nicht in einem Abendvortrag aufgearbeitet werden. Es geht darum, einige Anregungen für eine weitere Beschäftigung mit diesem Themenfeld zu geben, wobei dies wegen der noch fehlenden systematischen Zusammenstellungen nur über einen exemplarischen, eher holzschnittartigen Zugriff erfolgen kann.[14]

Hierfür wird auf den Begriff der Aneignung zurückgegriffen, wie er beispielsweise in der Kunstgeschichte und vor allem der Ethnologie verwendet wird. Aneignung meint dort „einen Prozess, durch den importierte Güter zu einem Teil der lokalen Kultur werden"[15]. Dies geschieht durch die immer wieder erfolgte Nutzung des entsprechenden Objektes bzw. der Objektart durch Mitglieder der aneignenden Gesellschaft.[16] Bei diesem Prozess erhält das Objekt durch die mit ihm vorgenommenen Handlungen einen Sinn, der sich von der Funktion des Objektes in der Gesellschaft, die es hervorgebracht hat, gegebenenfalls unterscheiden kann, aber nicht muss.[17]

Der Begriff der Aneignung hat den Vorteil, dass er das Geschehen als kommunika-

[13] Aspekte dieses Themas wurden behandelt in dem Projekt „Mediterrane Kunstgeschichte – 4. bis 16. Jahrhundert", welches am Kunsthistorischen Institut der Max-Planck-Gesellschaft in Florenz unter der Leitung von Gerhard Wolf durchgeführt wurde: https://www.mpg.de/420591/forschungsSchwerpunkt (17.12. 2019).

[14] Vgl. Jaritz, Seelenheil und Sachkultur (wie Anm. 8), S. 58. Dies gilt auch für das konkrete Thema der fremden Objekte, wenngleich es Hinweise bei Jaritz, Zwischen Augenblick und Ewigkeit (wie Anm. 8), S. 169-187, gibt. Dabei geht es mir nicht um Innovationen im Sinne von wissenschaftlichen, technischen oder sozialen Wissensbeständen, die eingeführt und verbreitet werden; vgl. Helmut Hundsbichler, „Innovation" und „Kontinuität" als Determinanten von Alltag und Fortschritt, in: Alltag und Fortschritt. Internationales Round-Table-Gespräch, Krems an der Donau, 1. Okt. 1984 (Österreichische Akademie der Wissenschaften, phil.-hist. Klasse, Sitzungsberichte 470 = Veröffentlichungen des Instituts für Mittelalterliche Realienkunde Österreichs 8), Wien 1986, S. 65-81, hier S. 66. Auch interessieren in diesem Zusammenhang nicht die Innovationen, die die Wirtschaft beeinflussten; vgl. z.B. Frank E.W. Zschaler, Das Fremde als Erfolgsmodell. Die kulturelle Adaption ausländischer Unternehmensinnovationen vom Mittelalter bis zur Gegenwart, in: Kontakte, Konflikte, Kooperationen. Der Umgang mit Fremden in der Geschichte, hg. v. Waltraud Schreiber (Eichstätter Kontaktstudium zum Geschichtsunterricht 2), Neuried 2001, S. 293-315.

[15] Vgl. Hahn, Materielle Kultur (wie Anm. 9), S. 101 mit weiterer Literatur; z.B. David Howes. Introduction: Commodities and Cultural Borders, in: Cross-Cultural Consumption. Global Markets – Local Realities, hg. v. dems., London 1996, S. 1-16. Zur Problematik des Begriffes Aneignung vgl. Käte Meyer-Drawe, Die Dichte der Dauer. Phänomenologische Notizen zu den Grenzen des Verstandes bei Merlau-Ponty, in: Kraft der Dinge. Phänomenologische Skizzen, hg. v. Iris Därmann unter Mitarbeit von Rebekka Ladewig (Übergänge. Texte und Studien zu Handlung, Sprache und Lebenswelt 64), Paderborn 2014, S. 163-171, bes. S. 163-165, weil der Begriff der Aneignung u.a. wegen des ihm innewohnenden Aspekts des Aufsagens, gar der Unterwerfung zumindest auf metaphorischer Ebene nicht unproblematisch ist. So ist er sehr vom nutzenden und Sinn gebenden Menschen aus gedacht und nicht so sehr vom Objekt und seinen Eigenschaften aus, weswegen sie den Begriff der Affizierung vorschlägt.

[16] Vgl. auch den Realienbegriff bei Felgenhauer-Schmiedt, Sachkultur (wie Anm. 8), S. 8 Anm. 2.

[17] Vgl. Brunner, Sachkultur im Kontext des lateinischen Mittelalters, in: Ders., Umgang mit Geschichte. Gesammelte Aufsätze zu Wissenschaftstheorie, Kultur- und Umweltgeschichte (Mitteilungen des Instituts für Österreichische Geschichtsforschung. Ergänzungsband 54), Wien u.a. 2009, S. 99-106, hier S. 99.

tiven Prozess begreift: vom Kontakt mit einem Objekt oder dem Erwerb desselben, über Schritte wie materielle Umgestaltung, Benennung sowie kulturelle Umwandlung hin zur Inkorporierung in die aufnehmende Kultur, wodurch schließlich eine Traditionalisierung in diesem Kulturbereich entstehen kann.[18]

Wenn man sich mit dem „Fremden" im Mittelalter befasst, gilt es zunächst einmal, den Raum festzulegen, in dem das „Eigene" anzusiedeln ist und von dem aus Anderes überhaupt als „fremd" definiert und wahrgenommen werden kann. Man könnte auch fragen: Wie viele Kilometer müssen zwischen dem „Eigenen" und dem „Anderen" liegen, damit etwas als nicht mehr zum eigenen Raum zugehörig erkannt und somit als fremd konnotiert wird? Waren also beispielsweise die Westfalen bzw. deren Produkte den Rheinländern schon im Mittelalter fremd? Die Franken den Bayern? Oder kamen Fremdheitsgefühle nur auf, wenn Kölner Münsteranern begegneten, nicht aber, wenn Düsseldorfer auf Duisburger trafen? Auch für die Festlegung eines Raumes als aufnehmende Region gilt also: Raum ist relativ und letztlich von den Voraussetzungen abhängig, die man bei seiner Definition anlegt.[19]

Setzt man großräumig an – es geht hier um Europa – und greift dabei auch auf Wahrnehmungen des Mittelalters selbst zurück, so findet man sich schnell bei der Dreiteilung der Welt in Europa, Asien und Afrika wieder, wie sie das gesamte Mittelalter hindurch belegt ist (Abb. 2): Einer der frühesten Belege sind die Etymologiae, das zentrale Nachschlagewerk des frühen und hohen Mittelalters, welches der westgotische Bischof Isidor von Sevilla (560-636) vermutlich in den 620er Jahren zusammenstellte[20]

[18] Vgl. Hahn, Materielle Kultur (wie Anm. 9), S. 99-106; Cornel A. Zwierlein, Komparative Kommunikationsgeschichte und Kulturtransfer im 16. Jahrhundert. Methodische Überlegungen entwickelt am Beispiel der Kommunikation über die französischen Religionskriege (1559-1598) in Deutschland und Italien, in: Kulturtransfer. Kulturelle Praxis im 16. Jahrhundert, hg. v. Wolfgang Schmale (Wiener Schriften zur Geschichte der Neuzeit 2), Innsbruck u.a. 2003, S. 85-120, bes. S. 109; Jaritz, Zwischen Augenblick und Ewigkeit (wie Anm. 8), S. 13.

[19] Vgl. auch Michael Borgolte, Migrationen als transkulturelle Verflechtungen im mittelalterlichen Europa. Ein neuer Pflug für alte Forschungsfelder, in: Historische Zeitschrift 289 (2009), S. 261-285.

[20] Isidor von Sevilla, Etymologiae XIV,2, ed. Wallace Martin Lindsay, Bd. 2, Oxford 1911, ohne Seitenangaben: „Divisus est [sc. orbis] autem trifarie: e quibus una pars Asia, altera Europa, tertia Africa nuncupatur". Ich werde im Folgenden auf Einzelnachweise der Literatur zu „Europa" weitgehend verzichten, da die einschlägigen Arbeiten umfänglich in der Habilitationsschrift von Klaus Oschema, Bilder von Europa im Mittelalter (Mittelalter-Forschungen 43), Ostfildern 2013, verzeichnet sind. Diese Dreiteilung der Welt findet sich auch bei Alexander von Roes um 1288; vgl. Alexander von Roes, Schriften, ed. Herbert Grundmann/Hermann Heimpel (MGH Staatsschriften des späten Mittelalters 1), Stuttgart 1958, hier Noticia seculi c. 4, S. 150; vgl. Felicitas Schmieder, Europa und die Fremden. Die Mongolen im Urteil des Abendlandes vom 13. bis in das 16. Jahrhundert (Beiträge zur Geschichte und Quellenkunde des Mittelalters 16), Sigmaringen 1994, S. 13; Oschema, Bilder, S. 244 und zu den Karten kurz Andreas Dix, Karten als Quellen mittelalterlicher Welterkenntnis, in: WeltkulturerbeN. Formen, Funktionen und Objekte kulturellen Erinnerns im und an das Mittelalter, hg. v. Andrea Schindler/Andrea Stieldorf (Bamberger interdisziplinäre Mittelalterstudien. Vorträge und Vorlesungen 5), Bamberg 2015, S. 53-78, bes. S. 60-61.

[21] Pii II P.M. olim Aeneae Silvio Piccolominsi Senensis orationes politicae et ecclesiasticae, Pars I, Oratio XIII, ed. Ioannes Domenicus Mansi, Lucca 1755, S. 263-285, S. 263; vgl. Klaus Herbers, Europa und seine Grenzen im Mittelalter, in: Grenzräume und Grenzüberschreitungen im Vergleich. Der Osten und der Westen des mittelalterlichen Lateineuropa, hg. v. dems./Nikolaus Jaspert (Europa im Mittelalter. Abhandlungen zur Historischen Komparatistik 7), Berlin 2007, S. 21-41, hier S. 21-22 mit weiterer Literatur. Illustriert in einer St. Galler Handschrift der zweiten Hälfte des 9. Jahrhunderts durch die abgebildete

und an dem sich auch die abgebildete St. Galler Zeichnung des 9. Jahrhunderts orientiert. Noch im 15. Jahrhundert nennt der Humanist Enea Silvio Piccolomini und nachmalige Papst Pius II. neben den fremden Erdteilen Afrika und Asien als dritten Kontinent Europa, welches er zusätzlich als Vaterland qualifiziert.[21] Dabei ging es ihm wie vielen der früheren Autoren zu diesem Thema allerdings weniger um Europa als Kontinent, erst recht nicht um Europa als politische Einheit, sondern vor allem um Europa als Raum der Christenheit.[22]

Betonen muss man darüber hinaus, dass „Europa" weder räumlich noch als Begriff im Mittelalter klar definiert war, wie man überhaupt eigentlich kein einheitliches Konzept greifen kann – was im Übrigen eine zentrale Aussage der 2013 veröffentlichten Habilitationsschrift von Klaus Oschema über die Bilder von Europa im Mittelalter ist.[23] Auch „Europa" ist letztlich eine Sache der Definition.

Aufgrund der Ausrichtung der Vorträge dieser Tagung wird Lateineuropa im Vordergrund stehen, jenes Europa, das auf romanisierten Grundlagen beruht und wesentlich durch den Gebrauch des Lateinischen als Wissenschafts- und Liturgiesprache charakterisiert ist, der es von einem griechisch geprägten Raum unterscheidet.[24] Damit wird die Begegnung z.B. mit Byzanz oder der Kiever Rus zu einer Fremdheitserfahrung, aber natürlich auch der Kontakt zum arabischen Raum, zu Asien und Afrika. Amerika wird hier keine Rolle spielen, weil die Zeit zwischen dem 6. und dem 15. Jahrhundert in den Blick genommen werden soll.

Wegen dieses langen Zeitraums können weitere Differenzierungsmöglichkeiten nicht berücksichtigt werden, wie beispielsweise die Unterscheidung zwischen europäischen Kernzonen und Randzonen, die als solche den anderen Kulturräumen näher waren, so etwa die iberische Halbinsel mit dem Kontakt zum Islam, oder Süditalien und Sizilien als Kontaktzone zu Byzanz und Nordafrika. Dennoch kann die Heterogenität Europas und seiner Regionen hier aus pragmatischen Gründen keinen Platz finden.

Ebenso wenig können Strukturen behandelt werden, die einem rein räumlichen Zugriff entgegenstehen, wie Institutionen und Personengruppen, die raumübergreifend agierten, beispielsweise die jüdischen Bevölkerungsgruppen, die von der überwiegend christlichen Bevölkerung weitgehend als „fremd" wahrgenommen wurden.[25] Andersherum gewendet stellen sich auch Institutionen wie das hoch- und spätmittelalterliche

---

Karte: St. Gallen, Stiftsbibliothek, Cod. 236, p. 89, http://www.e-codices.unifr.ch/de/csg/0236/89 (17.12.2019).

22 Vgl. Oschema, Bilder von Europa (wie Anm. 21), z.B. S. 266-288.

23 Vgl. Oschema, Bilder von Europa (wie Anm. 21), sowie Rudolf Schieffer, Europenses. Zum geographisch-politischen Weltbild der Mozarabischen Chronik, in: Zwischen Rom und Santiago. Festschrift für Klaus Herbers zu seinem 65. Geburtstag, hg. v. Claudia Alraum u.a., Bochum 2016, S. 43-47.

24 Vgl. die Diskussion kurz zusammenfassend Herbers, Europa und seine Grenzen (wie Anm. 22), S. 30-32.

25 Vgl. beispielsweise zur jüdischen Bevölkerung Friedrich Battenberg, Das europäische Zeitalter der Juden, Bd. 1: Von den Anfängen bis 1650, Darmstadt 1990; Christof Geisel, Die Juden im Frankenreich. Von den Merowingern bis zum Tode Ludwigs des Frommen (Freiburger Beiträge zur mittelalterlichen Geschichte), Frankfurt a.M. u.a. 1998; Michael Borgolte, Experten der Fremde. Gesandte in interkulturellen Beziehungen des frühen und hohen Mittelalters, in: ders., Mittelalter in der größeren Welt. Essays zur Geschichtsschreibung und Beiträge zur Forschung, hg. v. Tillmann Lohse/Benjamin Scheller (Europa im Mittelalter 24), Berlin 2014, S. 366-269.

Papsttum sowie die neuen Orden und auch die Hanse letztlich einer reinen Spatialisierung quer, allerdings wurden sie in Lateineuropa nicht als kulturell fremd wahrgenommen.

Lateineuropa interessiert in diesem Kontext überwiegend als Aufnahmeraum von Objekten, nicht aber als Herkunftsregion.[26] De facto arbeiten wir mit einem „wir" und einem „die Anderen", Vorstellungen von Identität und Alterität, einem binären System[27], das mit der ihm innewohnenden Dichotomie derzeit als eher überholt gilt und von neueren Theorieangeboten abgelöst wurde, die stärker auf komplexe Verflechtungen und gegenseitige Durchdringung rekurrieren, wie die Histoire croisée oder die diversen Hybriditätskonzepte.[28] Da es sich jedoch bei all diesen Ansätzen um Konstruktionen handelt, die ex post über historische Verhältnisse gelegt werden, scheint es durchaus legitim, je nach Fragestellung auf Alteritätskonzepte zurückzugreifen.

2. Konjunkturen des Kontaktes

Natürlich gab es das gesamte Mittelalter hindurch Kontakte zu Kulturräumen, die außerhalb Lateineuropas lagen: Byzanz, Nordafrika, Arabien, Asien oder die Rus.[29] Die wichtigsten Kontakte ergaben sich über Reisen unterschiedlichster Art, die mittlerweile ein großes Thema in der Mittelalterforschung sind.[30] Auch kriegerische Auseinander-

[26] Zu Einzelobjekten als Gegenstand des Kulturtransfers vgl. Zwierlein, Kommunikationsgeschichte (wie Anm. 19), S. 86; Heiko Steuer, „Objektwanderung" als Quelle der Kommunikation. Die Möglichkeiten der Archäologie, in: Kommunikation und Alltag in Spätmittelalter und Früher Neuzeit. Internationaler Kongress, Krems an der Donau, 9. bis 12. Oktober 1990, hg. v. Helmut Hundsbichler (Österreichische Akademie der Wissenschaften, phil.-hist. Klasse, Sitzungsberichte 15 = Veröffentlichungen des Instituts für Realienkunde des Mittelalters und der frühen Neuzeit 15), Wien 1992, S. 401-440, bes. S. 401-424. – Die von Michael Müller-Wille, Fremdgut und Import östlicher Provenienz in Schleswig-Holstein (9.-12. Jahrhundert), in: Bericht der römisch-germanischen Kommission 69 (1988), S. 740-786, hier S. 741 getroffene Unterscheidung zwischen Importgut, das durch Handel, Raub oder als Geschenk in die Fundregion kommt, und Fremdgut, das als persönlicher Besitz von Fremden in die Aufnahmeregion gelangt, ist für die vorliegende Fragestellung nicht von Belang.

[27] Vgl. zum SFB 541 Identitäten und Alteritäten. Die Funktion von Alterität für die Konstitution und Konstruktion von Identität (1997-2003), https://gepris.dfg.de/gepris/projekt/5481608 (17.12.2019).

[28] Vgl. z.B. Michael Werner/Bénédicte Zimmermann, Beyond Comparison. Histoire croisée and the Challenge of Reflexivity, in: History and Theory 45 (2006), S. 30-50.

[29] Vgl. z.B. die Betrachtungen von Peter Schreiner, Byzanz in Europa – Europa in Byzanz. Modelle der politischen und kulturellen Integration zwischen dem 6. und 15. Jahrhundert, in: ders., Orbis Byzantinus. Byzanz und seine Nachbarn. Gesammelte Aufsätze 1970-2011, hg. v. Alexandru Simon (Florilegium magistrorum historiae archaeologiaeque Antiquitatis et Medii Aevis 12), Bukarest 2013, S. 389-398.

[30] Vgl. Norbert Ohler, Reisende vernetzen das Abendland, in: Reisen und Wallfahren im Hohen Mittelalter (Schriften zur staufischen Geschichte und Kunst 18), Göppingen 1999, S. 10-37; ders., Reisen im Mittelalter, 4. erw. Aufl., München 2004. Freilich sind Reisen für das Mittelalter kaum systematisch erforscht. Als Überblick für das Spätmittelalter vgl. Folker Reichert, Erfahrung der Welt. Reisen und Kulturbegegnung im späten Mittelalter, Stuttgart 2001. In diesem Zeitraum nimmt die Zahl der europäisch-christlichen Reiseberichte deutlich zu, analog im Übrigen auch die der schriftlichen Berichte von Gesandtschaftsreisen; vgl. Borgolte, Experten der Fremde (wie Anm. 26), S. 365; Aus der Frühzeit europäischer Diplomatie. Zum geistlichen und weltlichen Gesandtschaftswesen vom 12. bis zum 15. Jahrhundert, hg. v. Claudia Zey/Claudia Märtl, Zürich 2008. – Transferwege als solche oder auch die Frage von Migrationen sind in

setzungen sind als ein Weg zu nennen, auf dem Objekte aus anderen Kulturräumen nach Europa kamen, so beispielsweise die Kämpfe mit den Herrschern des islamischen Spanien oder die Einfälle von Awaren und Ungarn im 7. und 8. bzw. im ausgehenden 9. und 10. Jahrhundert, die Kreuzzüge oder die Einfälle der als Mongolen bezeichneten Völkergruppen.

Bis etwa 1100 handelte es sich vor allem um Kaufleute, die weite Strecken reisten,[31] doch auch erste Pilger waren unterwegs, ebenso wie Gelehrte – auch wenn die Mobilität all dieser Gruppen im Verlauf des Hochmittelalters deutlich zunahm.[32] Hinzu kamen Kontakte zwischen Herrschern: Sie schickten Gesandte, die auch Geschenke austauschten.[33] Der bekannteste dieser Kontakte ist sicherlich der eingangs erwähnte diplomatische Verkehr zwischen Karl dem Großen und Hārūn ar-Rašīd. Weitere spektakuläre Herrschergeschenke wie eine zu 757 erwähnte Orgel oder eine 807 genannte

diesem Zusammenhang nicht zu besprechen; vgl. hierzu Marie-Luise Favreau-Lilie, Die Bedeutung von Wallfahrten, Kreuzzügen und anderen Wanderungsbewegungen (z.B. Gesellenwanderungen) für die Kommunikation in Mittelalter und früher Neuzeit, in: Die Bedeutung der Kommunikation für Wirtschaft und Gesellschaft. Referate der 12. Arbeitstagung der Gesellschaft für Sozial- und Wirtschaftsgeschichte vom 22.-25.4.1987 in Siegen, hg. v. Hans Pohl (Vierteljahrschrift für Sozial- und Wirtschaftsgeschichte: Beihefte 87), Stuttgart 1989, S. 64-89, sowie Migrationen im Mittelalter. Ein Handbuch, hg. v. Michael Borgolte, Redaktion Joseph Lemberg, Berlin 2014.

[31] Vgl. kurz Steuer, Objektwanderung (wie Anm. 27), S. 401, 403. Marina Münkler, Erfahrung des Fremden. Die Beschreibung Ostasiens in den Augenzeugenberichten des 13. und 14. Jahrhunderts, Berlin 2000, S. 14-49, unterscheidet zwischen Informationen durch die Händler, die auf instrumentelles Wissen angewiesen gewesen seien (sie mussten es anwenden können), der Mission, die operatives Wissen gebraucht habe und dieses auch verschriftlicht habe, sowie den Gesandten, die sehr viel mehr systematisches Wissen benötigt hätten und im herrscherlichen Auftrag geschrieben hätten. – Vgl. zum frühmittelalterlichen Warenimport Dietrich Claude, Untersuchungen zu Handel und Verkehr der vor- und frühgeschichtlichen Zeit in Mittel- und Nordeuropa, Teil II: Der Handel im westlichen Mittelmeer während des Frühmittelalters. Bericht über ein Kolloquium der Kommission für Altertumskunde Mittel- und Nordeuropas im Jahre 980 (Abhandlungen der Akademie der Wissenschaften in Göttingen, phil.-hist. Klasse, 3. Folge 144), Göttingen 1985, S. 71-120, der insbesondere Gewürze anführt, aber auch von Gold- und Silberwaren, u.a. Teller, bzw. ägyptischen Gefäßen berichtet, sowie ausführlicher Jörg Drauschke, Zwischen Handel und Geschenk. Studien zur Distribution von Objekten aus dem Orient, aus Byzanz und aus Mitteleuropa im östlichen Merowingerreich (Freiburger Beiträge zur Archäologie und Geschichte des ersten Jahrtausends 14), Rahden (Westf.) 2001, sowie allgemein zur Rolle von Händlern für die Vernetzung Europas auch mit anderen Kulturräumen Ohler, Mittelalterliche Reisende vernetzen (wie Anm. 31), S. 17.

[32] Vgl. aus der mittlerweile umfänglichen Literatur Simon Coleman/John Elsner, Pilgrimage. Past and Present in the World Religions, Cambridge (Mass.) 1995; Michael McCormick, Origins of the European Economy. Communications and Commerce, A.D. 300-900, Cambridge 2001, ND 2002, S. 129-173, 237-280. Zu den frühmittelalterlichen Pilgern vgl. Verena Türck, Christliche Pilgerfahrten nach Jerusalem im früheren Mittelalter im Spiegel der Pilgerberichte (Abhandlungen des deutschen Palästina-Vereis 40), Wiesbaden 2011, S. 23-39.

[33] Vgl. aus der umfangreichen Literatur beispielsweise Michael Borgolte, Experten der Fremde (wie Anm. 26), mit zahlreichen Literaturhinweisen. Zu den exotischen Geschenken als Zeichen der Hochachtung für den Empfänger vgl. z.B. Achim Hack, Codex Carolinus. Päpstliche Epistolographie im 8. Jahrhundert, Bd. 2 (Päpste und Papsttum 35,2), Stuttgart 2007, S. 697-868, 1029-1057, sowie den Sammelband Negotiating the Gift. Pre-Modern Figurations of Exchange, hg. v. Gadi Algazi/Valentin Groebner/Bernhard Jussen (Veröffentlichungen des Max-Planck-Instituts für Geschichte 188), Göttingen 2003, dessen Beiträge aber weniger auf die materielle Seite der Geschenke, sondern vor allem ihre Diskursivierung sowie ihre gesellschaftlichen und sozialen Funktionen eingehen.

Wasseruhr gelten in der Forschung weniger als transkultureller Austausch,[34] weil sie wie Abul Abaz im Schatz des Herrschers verblieben und vorgezeigt wurden, um sein Ansehen bei auswärtigen Herrschern zu visualisieren und somit seinen Ruhm im eigenen Reich zu steigern.[35]

Eine quantitative wie qualitative Steigerung erfuhr der Kontakt zu anderen Weltregionen seit dem späteren 11. und dem 12. Jahrhundert. Dabei spielten innereuropäische Wandlungen eine Rolle, wie beispielsweise die zunehmende soziale, aber auch die räumliche Mobilität ebenso wie neue Anforderungen an das Wissen. Und natürlich sind hier die Kreuzzüge zu nennen, die als Zeiten besonders intensiven, wenngleich eben auch kriegerischen Kontaktes zwischen Europa und Byzanz und der arabischen Welt gelten.[36] Daneben gab es weiterhin diplomatische Kontakte unter den Herrschern, wie sie beispielsweise zwischen Kaiser Friedrich I. und Saladin bezeugt sind.[37] Durch die Heere, die nach 1096 gen Osten zogen, kamen nun Zehntausende von Europäern in Berührung mit den Kulturräumen im östlichen Mittelmeergebiet. Und trotz der kriegerischen Handlungen nahm auch der Handel deutlich zu, so kamen nun beispielsweise deutlich mehr Gewürze aus Asien über den Orient nach Europa, darunter bereits bekannte wie Pfeffer und Zimt, aber auch neue wie Safran – verantwortlich waren nicht zuletzt die Handelsinteressen Venedigs, Genuas, Pisas u.a.[38]

Anders als im Frühmittelalter waren die Kontakte nun auf breiterer Ebene angesiedelt, was qualitative Veränderungen der Kulturkontakte nach sich zog, weil nicht mehr nur die Randgebiete Europas Kontaktzonen zu den Fremden bildeten. Vielmehr wurde über die Kriegsteilnehmer, die im Falle ihrer Rückkehr gewissermaßen als Multiplikatoren ihrer Erfahrungen im Allgemeinen, aber auch der Kenntnisse über von ihnen mitgebrachte Objekte im Besonderen fungierten, das gesamte Abendland zum Rezipientenkreis anderer Kulturräume.[39] Über die nun vermehrt reisenden Pilger, Ge-

[34] Vgl. auch Borgolte, Experten (wie Anm. 26), S. 371-380. Im Falle Abul Abaz belegt das eindeutig Einhard, Vita Karoli Magni (wie Anm. 2), c. 16. Zur Hydraulis 757 vgl. Andreas Mohr, Das Wissen über die anderen. Zur Darstellung fremder Völker in den Quellen der Karolingerzeit (Studien und Texte zum Mittelalter und zur frühen Neuzeit 7), München 2005, S. 219.

[35] Vgl. zu den Schätzen Matthias Hardt, Gold und Herrschaft. Die Schätze europäischer Könige und Fürsten im ersten Jahrtausend (Europa im Mittelalter 6), Berlin 2004, der sich auch mit den unterschiedlichen Herkunftsmöglichkeiten der Schatzobjekte befasst und sowohl die repräsentative als auch die herrschaftssichernde Funktion des Schatzes in den Blick nimmt.

[36] Vgl. Paul Kletler, Die Gestaltung des geographischen Weltbildes unter dem Einfluß der Kreuzzüge, in: Mitteilungen des Instituts für Österreichische Geschichtsforschung 70 (1962), S. 294-322; Bernard Hamilton, The impact of the crusades on western geographical knowledge, in: Eastward Bound. Travel and Travellers 1050-1550, hg. v. Rosamund Allen, Manchester/New York 2004, S. 15-34.

[37] Vgl. Wolfgang Georgi, Friedrich Barbarossa und die auswärtigen Mächte. Studien zur Außenpolitik 1159-1180 (Europäische Hochschulschriften, Reihe III: Geschichte und ihre Hilfswissenschaften 442), Frankfurt a.M. u.a. 1990, S. 230-232, 240-246; Borgolte, Experten der Fremde (wie Anm. 26), S. 382-385.

[38] Vgl. John Morissey, Civitas lo vult. Die italienischen Seerepubliken und der Erste Kreuzzug, in: Gott will es. Der Erste Kreuzzug – Akteure und Aspekte, hg. v. Philipp A. Sutner/Stephan Köhler/Andreas Obenaus, Wien 2016, S. 61-78, hier S. 73-78; David Abulafia, Das Mittelmeer eine Biographie, Frankfurt a.M. 2013, S. 384-394.

[39] Vgl. Felicitas Schmieder, Europa und die Fremden (wie Anm. 21), S. 10-11, sowie Volker Rittner, Kulturkontakte und soziales Lernen im Mittelalter. Kreuzzüge im Licht einer mittelalterlichen Biographie (Kollektive Einstellungen und sozialer Wandel im Mittelalter 1), Köln/Wien 1973, bes. S. 106-152.

lehrten und Handwerker konnten diese Kenntnisse und Objekte zusätzlich weiterverbreitet werden.[40]

Im 13. Jahrhundert verstärkten sich schließlich die Kontakte nach Asien, ausgelöst durch die Bedrohung seitens der als Mongolen bezeichneten kriegerischen Gruppen, mit denen es sich nun auseinanderzusetzen galt.[41] Dieses sich verändernde Weltbild und die sich verändernden welthistorischen Konstellationen des 13. Jahrhunderts führten zu neuen Karten, die das umfangreichere Wissen über die aus europäischer Sicht größer werdende Welt auch in differenzierteren Abbildungen spiegeln.[42] Hierin wiederum liegt neben den technischen und wirtschaftlichen Voraussetzungen eine der Ursachen für den nächsten qualitativen Sprung, nämlich die Entdeckungsreisen des 15. Jahrhunderts, die in diesem Beitrag nicht mehr zu diskutieren sind.

Bereits vor 1100 gelangten also Objekte aus anderen Kulturräumen nach Lateineuropa, vor allem aus Byzanz und dem arabischen Raum.[43] Die Quantität, aber auch die Diversität dieser Objekte nahm nach den Kreuzzügen und im Verlauf des Spätmittelalters jedoch zu. Anhand einiger Beispiele soll es im Folgenden um den Umgang mit fremden Objekten gehen.

3. Aneignung oder nicht?

Als erstes wären solche Gegenstände zu nennen, die in Europa so genutzt wurden, wie dies bei der Produktion in den fremden Herkunftsräumen geplant war. Diese Objekte waren bereits in Form oder Funktion bekannt und wurden häufig wegen ihres Materials exportiert.

Ein Beispiel hierfür sind Gegenstände aus Elfenbein, wie Kästchen, die in der Zeit der Kreuzzüge als Massenware extra für den Export produziert wurden,[44] oder Kämme, die schon im Frühmittelalter nicht nur aus erst in Europa verarbeitetem Elfenbein hergestellt wurden, sondern bereits als Kämme mit fremden Ornamenten importiert wur-

40 Hinzu kommt, dass es unter dem Einfluss des einsetzenden und sich immer mehr verbreitenden Städtewesens und der Kaufleute seit dem 12. Jahrhundert zur einer Vereinheitlichung von „Lebenszuschnitt" und „allgemeine[r] zivilisatorische[r] Ausstattung" kam; vgl. Steuer, Objektwanderung (wie Anm. 27), S. 405.

41 Vgl. z.B. Felicitas Schmieder, Europa und die Fremden (wie Anm. 21); Folker Reichert, Asien und Europa im Mittelalter. Studien zur Geschichte des Reisens, Göttingen 2014.

42 Vgl. Evelyn Edson, The World Map. 1300-1492. The Persistence of Tradition and Transformation, Baltimore 2007, sowie Arthur Dürst, Die Katalanische Weltkarte, um 1450. Bericht zur Faksimileausgabe, in: Cartographica Helvetica 13-14 (1996), S. 42-44, mit einer Abbildung der Karte als ein Beispiel; einzusehen auch unter https://www.e-periodica.ch/digbib/view?pid=chl-001:1996:13#100 (17.12.2019).

43 Auf die Bedeutung der Objekte im Zusammenhang mit der Mobilität im Mittelalter verweist Ulrich Müller, Schach und Hnefatafl. Zwei mittelalterliche Spiele als Beispiel „archäologischer Objektwanderung", in: Fremdheit und Reisen im Mittelalter, hg. v. Irene Erfen/Karl-Heinz Spieß, Stuttgart 1997, S. 119-146, hier S. 121-122.

44 Vgl. Avinoam Shalem, Exportkunst im Zeitalter der Massenproduktion. Überlegungen zur Ästhetik islamischer „Luxusobjekte" zur Zeit der Kreuzzüge, in: Konfrontation der Kulturen? Saladin und die Kreuzfahrer. Wissenschaftliches Kolloquium in den Reiss-Engelhorn-Museen Mannheim zur Vorbereitung der Ausstellung „Saladin und Kreuzfahrer" 3. bis 4. November 2004, hg. v. Heinz Gaube u.a., Mainz 2005, S. 90-106, mit entsprechenden Abbildungen.

den. Neben den erhaltenen Objekten können wir immer wieder auch Schriftquellen für unsere Fragestellung heranziehen, im konkreten Fall wird ein vergoldeter Elfenbeinkamm im Lancelot des Chrétien de Troyes erwähnt. Ihn hatte die Königin Genevievre während ihrer Entführung verloren, Lancelot und seine Begleitung finden ihn und können ihn aufgrund seines Materials und der goldenen Haare der Königin zuweisen.[45] In seiner Kostbarkeit, die sich aus Material und exotischer Herkunft erklärt, ist der Kamm ein Attribut einer hochgestellten Persönlichkeit. Das Fremde kann aufgrund von Material und dekorativer Gestaltung das Besondere deutlich machen und dient dann, was uns im Weiteren immer wieder beschäftigen wird, als Merkmal sozialer Distinktion.[46]

Daneben gibt es Objekte aus anderen Kulturräumen, die bis dato so in Europa nicht bekannt waren, dort aber in ihrer ursprünglichen Funktion verwendet wurden. Ein Beispiel sind klappbare Feinwaagen aus Messing, u.a. für das Wiegen von Münzen und Metall; diese gelangten am Ende des 9. Jahrhunderts aus dem Orient über Skandinavien nach Europa und waren schließlich in ganz Europa verbreitet.[47] Hier handelt es sich um eine Innovation gegenüber den bis dahin üblichen, umständlicher zu transportierenden Waagen, welche die Aneignung des Objektes möglich machte, so dass es weder in Funktion noch Aussehen verändert wurde. Dies gilt auch für die Klappwaagen, die dann in Europa hergestellt wurden. Die selbständige Produktion in Europa ist also ein weiterer möglicher Schritt in einem Prozess der Aneignung fremder Objekte.

Auch Aquamanilen kannte man in Europa zunächst nicht (Abb. 3). Seit dem frühen 12. Jahrhundert findet man hier die ersten Aquamanilen aus Bronze, zunächst noch als Importe aus dem arabischen Raum, gegen Ende des 12. Jahrhunderts wurden diese Gefäße auch in Europa hergestellt. Waren sie zunächst auf Burgen zu finden, weitete sich ihr Gebrauch auf die bürgerlichen Führungsschichten der Städte aus. Sie lösten die etablierten Handwaschschalenpaare ab, wobei die Schalen von der Form her auch andere Funktionen, etwa die der Aufbewahrung, übernehmen konnten. Das Aquamanile ersetzte die obere Schale, aus der Wasser über die Hände gegossen und von der unteren Schale aufgefangen wurde. Die Aquamanilen wurden rasch in Europa selbst produziert, als Keramik oder aus Buntmetall, und entwickelten teilweise auch neue Formen,

---

45 Dieser wird z.B. erwähnt in Chrétien de Troyes, Lancelot 1355-1363, übersetzt und eingeleitet von Helga Jauss-Meyer (Klassische Texte des romanischen Mittelalters in zweisprachigen Ausgaben 13), München 1974, S. 78; vgl. den Hinwies bei Karl Brunner, Realienkunde als Mentalitätsgeschichte, in: Umgang mit Geschichte (wie Anm. 18), S. 129-133, hier S. 129, sowie allgemein Julia Saviello, „Purgat et ornat". Die zwei Seiten des Kamms, in: Dinge im Kontext. Artefakt, Handhabung und Handlungsästhetik zwischen Mittelalter und Gegenwart, hg. v. Thomas Pöpper, Berlin/Boston 2015, S. 133-144, die u.a. auf die kostbare Gestaltung gerade auch der Kämme im liturgischen Gebrauch hinweist; Michael Schäfer, (All)tägliche Toilette. Vom Kamm zum Zahnstocher. Körperpflege im Mittelalter und in der frühen Neuzeit, in: Concilium medii aevi 12 (2009), S. 225-250, hier S. 228-230.

46 Vgl. Jaritz, Zwischen Augenblick und Ewigkeit (wie Anm. 8), S. 183; Karl Brunner, Sachkultur im Kontext des lateinischen Mittelalters (wie Anm. 18), S. 101.

47 Vgl. Heiko Steuer, Gewichtsgeldwirtschaften im frühgeschichtlichen Europa – Feinwaagen und Gewichte als Quellen zur Währungsgeschichte, in: Der Handel der Karolinger- und Wikingerzeit. Untersuchungen zu Handel und Verkehr der vor- und frühgeschichtlichen Zeit in Mittel- und Nordeuropa 4 (Abhandlungen der Akademie Göttingen, phil.-hist. Klasse, 3. Folge 156), Göttingen 1987, S. 405-527; Steuer, Objektwanderung (wie Anm. 27), S. 416-417, in beiden Studien mit Abbildungen. In diesen Fällen werden die Objekte nicht nur in Europa verwendet, sondern schließlich auch dort produziert; vgl. Jaritz, Das „Neue" im „Alltag" (wie Anm. 11), S. 92.

wie die des Ritteraquamaniles, welches ein Beispiel für die Verankerung dieser Objekte im höfischen Umfeld darstellt.

Die Spezialisierung, wie sie in der Übernahme des Aquamaniles zum Ausdruck kommt, fügt sich ein in die Ausweitung der zum Tischgeschirr benötigten Objekte seit dem 12. Jahrhundert. Hierbei handelt es sich um ein Phänomen der adeligen und bürgerlichen Oberschichten, die das vermehrte Hausgerät zur sozialen Distinktion nutzten. Das Aquamanile bietet bei seiner Übernahme in Lateineuropa zwar keine neue und wohl auch keine grundsätzlich verbesserte Funktionalität, aber es passte gerade in seiner Figürlichkeit gut in die höfische Gesellschaft und bediente zu Beginn des Aneignungsprozesses wegen seiner Fremdheit deren Bedürfnis nach Besonderheit und Abgrenzung, bildete dann aber, wie die Ritteraquamanilen zeigen, in Europa eine eigene Traditionalisierung aus.[48]

Als nächste Gruppe sind Objekte zu nennen, die in Europa angeeignet, aber einer anderen Nutzung zugeführt wurden. Dazu zählen u.a. Gegenstände, die in ihrer ursprünglichen Funktion oder einfach als zum Bestaunen gedachte fremde Objekte nach Europa kamen, um die sich dann aber Legenden rankten, was letztlich zu einer Umnutzung dieser Objekte führen konnte. Ein Beispiel hierfür sind die auch in dem Band von Neil MacGregor behandelten sogenannten Hedwigsbecher, eine Gruppe von 24 etwa 14 cm hohen, dickwandigen konischen Glasbechern mit tiefem Relief und einem ungewöhnlichen Dekor aus floralen Motiven, aber auch aus Greifen, Adlern oder Löwen (Abb. 4). Da es sich um Soda-Asche-Glas handelt,[49] stammt das Rohglas selbst aus dem östlichen Mittelmeerraum, vermutlich wurden aber auch die Becher dort im 12. Jahrhundert gefertigt. Wahrscheinlich gelangten sie als geschlossene Gruppe nach Europa, wobei sich hier wenig Genaues sagen läßt.

Eigentlich lässt sich aus den eher als Vasen anzusprechenden Gefäßen schlecht trinken, dennoch rankt sich um sie die Legende, dass die Heilige Hedwig, Herzogin von Schlesien (1174-1243), aus diesen Bechern Wasser getrunken habe.[50] Als Zeichen der göttlichen Gnade verwandelte sich das Wasser, als ihr Mann Heinrich von Schlesien sie wegen ihres ständigen Fastens mahnte, in dem von ihr benutzten Becher zu Wein.[51] Über die Überlieferung der Hedwigsbecher, von denen immerhin drei in Verbindung mit der Heiligen gebracht werden, wissen wir, dass sie sich vielfach in mittelalterlichen

---

[48] Vgl. Müller, Zwischen Gebrauch und Bedeutung (wie Anm. 9), S. 305. Gegen Ende des Mittelalters nimmt der Gebrauch von Aquamanilen ab; vgl. ebd. S. 297, 301. Christof Krauskopf, Tric-Trac, Trense, Treichel. Untersuchungen zur Sachkultur des Adels im 13. und 14. Jahrhundert (Veröffentlichungen der Deutschen Burgenvereinigung, Reihe A 11), Braubach 2005, S. 119, rechnet Aquamanilen aus Buntmetall zu den Kennzeichen der besser gestellten Adeligen.

[49] Soda ist ein Natriumcarbonat, das aus Seetang-Asche gewonnen wird; vgl. Felgenhauer-Schmiedt, Sachkultur (wie Anm. 8), S. 60-76, bes. S. 66; Karl Hans Wedepohl, Die Gruppe der Hedwigsbecher, in: Nachrichten der Akademie der Wissenschaften zu Göttingen, Mathematisch-Physikalische Klasse, Göttingen 2005, Nr. 1, S. 265-269.

[50] Derlei Legendenkonstrukte, die aus Objekten Erinnerungsobjekte machten, sind gerade im Umfeld von kirchlichen Gemeinschaften immer wieder bezeugt; vgl. Philippe Cordez, Schatz – Gedächtnis – Wunder. Die Objekte der Kirchen im Mittelalter (Quellen und Studien zur Geschichte und Kunst im Bistum Hildesheim 10), Regensburg 2015, dort zur Forschungsgeschichte S. 13-16, hier S. 13, S. 82 mit der weiteren Literatur.

[51] Vgl. auch MacGregor, Geschichte der Welt (wie Anm. 7), S. 435-440.

Schatzsammlungen befanden – ein Schicksal, das vielen Objekten aus der Fremde widerfuhr, bei denen es sich oft um Luxusgüter handelte.

Die Umnutzung im religiösen Kontext ist gerade bei Objekten fremder Herkunft häufig nachzuweisen, so dass wir viele von ihnen in Kirchenschätzen wiederfinden. Dabei kann es sich freilich auch um einen Überlieferungszufall handeln, denn gerade als Bestandteil von Kirchenschätzen hatten Objekte eine besonders hohe Überlieferungschance.

Objekte in Kirchenschätzen dienten in der Regel der Feier des Gottesdienstes. Hier spielten Schauelemente und damit Objekte wie Reliquiare oder andere Schaugefäße eine große Rolle.[52] Durch die Sorge um die Memoria wurden den Kirchen zahlreiche kostbare Objekte gestiftet, deren Ziel es war, auch nach dem Tod über das Objekt mit dem Gottesdienst gleichsam physisch verbunden zu sein.[53]

Wenn es sich bei den gestifteten, fremden Objekten um Gefäße handelte, wurden sie oft ohne weitere Modifikationen als Reliquienbehälter verwendet. Dies ist der Fall bei einer Goldemailflasche aus Syrien aus dem letzten Drittel des 12. Jahrhunderts[54], die vermutlich ein Zeremoniell mongolischer Krieger sowie zahlreiche feiernde Figuren zeigt. Das Schriftband enthält in arabischer Schrift den Segensspruch: „Ruhm für unseren Herrn, den Sultan, den Sultan, den Sultan ...". Obgleich also weder Bildgestaltung noch Spruch einen Bezug zur christlichen Religion hatten, wurde die Flasche gestiftet, um als Reliquienbehälter zu dienen. Die Fremdheit des Objektes in Verbindung mit der Kostbarkeit des Materials gaben hier den Ausschlag für die Umnutzung im liturgischen Kontext.

In anderen Fällen wurden solche Stiftungen umgearbeitet, wie im Falle einer vermutlich im 10. oder 11. Jahrhundert in Ägypten hergestellten Spielfigur aus Bergkristall in Gestalt eines Löwen, die dem Kölner Stift St. Ursula als Reliquiengefäß diente.[55] Die Spielfigur wies natürlich keinen Hohlraum auf, und so erhielt sie einen vergoldeten, turmartigen Aufsatz für die Aufbewahrung von Reliquien. Auch hier wird man in der Kombination aus exotischem Gegenstand und kostbarem Material den Grund sehen können, warum der Spielstein dem Kloster geschenkt wurde.[56] Erst die Umarbeitung

52 Vgl. allgemein zu Kirchenschätzen im Mittelalter Jürgen Bärsch, Kirchenraum und Kirchenschatz im Horizont des mittelalterlichen Gottesdienstes. Die Liturgie als Sinnträger für Gebrauch und Funktion gottesdienstlicher Räume und Kunstwerke, in: ... das Heilige sichtbar machen. Domschätze in Vergangenheit, Gegenwart und Zukunft, Halle (Saale)/Regensburg 2010, S. 31-58; Hedwig Röckelein, Zur Akkumulation sakraler Schätze im östlichen Harzraum während des frühen und hohen Mittelalters, in: ebd., S. 59-82, sowie jetzt Cordez, Schatz (wie Anm. 51), dort zur Forschungsgeschichte, S. 13-16.

53 Vgl. Jaritz, Seelenheil und Sachkultur (wie Anm. 8), S. 68-71. Diesen Aspekt betont auch Bärsch, Kirchenraum (wie Anm. 53), S. 35.

54 Die Kreuzzüge. Kein Krieg ist heilig, hg. v. Hans-Jürgen Kotzur, bearb. von Brigitte Klein/Winfried Wilhelmy, Mainz 2004, Katalog S. 357-358 Nr. 34 (mit Abb. 127 auf S. 223).

55 Die Kreuzzüge (wie Anm. 55), S. 355 Nr. 31 (mit Abb. 31.1); vgl. weitere Beispiele ebd., S. 416-417 Nr. 78 (Kokosnussreliquiar), Nr. 79 (syrische Goldemailflasche); im letzten Fall wird im Schatzinventar von St. Stephan aus dem Jahr 1393 der Ursprung der Flasche aus Damaskus ausdrücklich erwähnt. Zu den Emailgläsern vgl. Felgenhauer-Schmiedt, Sachkultur (wie Anm. 8), S. 67-70, mit dem Hinweis, dass solche Gläser ohne den Goldauftrag im 13. und 14. Jahrhundert auch in Europa produziert wurden.

56 Vgl. Cordez, Schatz (wie Anm. 51), S. 125. Der Begriff des „Exotischen" freilich wurde im Mittelalter noch nicht gebraucht, sondern kam erst im 18. Jahrhundert im Französischen auf; vgl. Günter Bandmann, Das

erlaubte eine Nutzung, die den Bedürfnissen des Konventes entsprach. Ähnliches gilt für die Verarbeitung von Kokosnüssen, Straußeneiern o.ä. zu Reliquiaren oder auch Kelchen, wie dies seit der Wende zum 13. Jahrhundert bezeugt ist.[57]

Von Theologen wie beispielsweise Wilhelmus Durandus (†1296) wurde dies ausdrücklich kommentiert: Er wies darauf hin, dass man in den Kirchen solche Objekte verwende, welche „Verwunderung auslösen und selten zu sein scheinen", um „das Volk stärker anzulocken und zu entzücken"[58]. Dies erklärt, warum Objekte, die erkennbar aus fremden und weit entfernten Regionen stammten, gerne an die Kirchen geschenkt wurden.

Freilich war der Wunsch, über das Außergewöhnliche Staunen und Bewunderung zu erregen, nicht auf den sakralen Bereich beschränkt, denn aufgrund ihrer Form wurden diese Objekte auch zu Trinkgefäßen gefasst und kamen zwischen dem 14. und 16. Jahrhundert an fürstlichen Höfen zum Einsatz, um dort dem eben bereits erwähnten Zweck der Repräsentation und sozialen Distinktion zu dienen.[59]

Darüber hinaus gibt es Fälle von Aneignung, umfangreicher Umdeutung und neuer Traditionalisierung. Das deutlichste Beispiel für im Grunde gleich mehrere gelungene Aneignungsprozesse ist sicherlich der Umgang mit dem Spiel Schach und seinen Figuren – zugleich ist dies auch komplexer als die bisher vorgestellten Beispiele.[60] Das im 7. nachchristlichen Jahrhundert in Indien erstmals belegte Spiel gelangte über verschiedene Stationen, während derer es bereits Modifikationen erfahren hatte, während des 10. Jahrhunderts als Zweiparteienspiel über Spanien nach Europa.[61]

Bis zu diesem Zeitpunkt hatten sich im Orient zwei unterschiedliche Figurentypen herausgebildet: einmal die figürlichen Typen, die den König und den Wesir, aber auch Reiter auf Kriegselefanten sowie Reiter auf Pferden gut erkennbar zeigten. Für die Rezeption des Spiels in Europa entscheidend aber wurden die im arabischen Raum ent-

---

Exotische in der europäischen Kunst, in: Der Mensch und die Künste. Festschrift für Heinrich Lützeler zum 60. Geburtstag, Düsseldorf 1962, S. 337-354, hier S. 337, 341.

57 Vgl. Cordez, Schatz (wie Anm. 51), S. 125-140.

58 Guillelmus Durantus, Rationale divinorum officiorum I-IV, ed. A. Davril/T.M. Thibodeau (Corpus Christianorum Continuatio Mediaevalis 140), Turnhout 1995, l. I, c. 3, 43, S. 49; vgl. Cordez, Schatz (wie Anm. 51), S. 137.

59 Vgl. Cordez, Schatz (wie Anm. 51), S. 129. Bereits Hundsbichler, „Innovation" (wie Anm. 15), S. 76 und Gerhard Jaritz, Die Nähe der Ferne. Rezeptionsmuster in Alltag und Sachkultur des Spätmittelalters, in: Bericht über den Neunzehnten Österreichischen Historikertag in Graz veranstaltet vom Verband Österreichischer Geschichtsvereine in der Zeit vom 18. bis 23. Mai 1992, hg. v. Verband Österreichischer Historiker und Geschichtsvereine, Wien 1993, S. 369-374, hier S. 372, weisen darauf hin, dass „neu" oder „fremd" gerne von den Oberschichten zur Repräsentationszwecken vereinnahmt wurde.

60 Vgl. allgemein zur Geschichte des Schach Richard Eales, Chess. The History of a Game, London 1985; Joachim Petzold, Das königliche Spiel. Kulturgeschichte des Schach, Stuttgart u.a. 1987. Speziell zum Schach im Mittelalter Antje Kluge-Pinsker, Schach und Trictrac in salischer Zeit. Zeugnisse mittelalterlicher Spielfreude in salischer Zeit (Monographien des Römisch-Germanischen Zentralmuseums in Mainz 30), Sigmaringen 1991; Ulrich Müller, Der König in der Fremde. Schach und *Hnefatafl*, in: Studien zur Archäologie des Ostseeraumes. Von der Eisenzeit zum Mittelalter. Festschrift für Michael Müller-Wille, hg. v. Anke Wesse, Neumünster 1998, S. 597-606.

61 Im 10. Jahrhundert wurde im Kloster Einsiedeln der *Versus de scacchis* verfasst; vgl. Eales, Chess (wie Anm. 61), S. 39-40, S. 43. In Byzanz war Schach zwar bekannt, aber soweit dies heute bekannt ist, wenig verbreitet, so dass es als Transferraum nicht in Frage kommt.

wickelten abstrakten Figuren, bei denen beispielsweise der Kriegselefant mit seinem Reiter zu einem Block mit einer Kugel reduziert worden war; diese Figuren spiegeln die Umwandlung des Schachs von einem Schlachtenspiel zu einem Positionsspiel.[62] Diese abstrakten Figuren auf der Grundlage von Halbkugeln, Prismen, Zylindern u.ä.[63], die wir seit dem 11. Jahrhundert in verschiedenen Fundstätten in weiten Teilen Europas nachweisen können[64], waren die Grundlage für die Weiterentwicklung des Schachspiels in Europa, die mit seiner weiteren Umdeutung verbunden sind.

Zu diesen Umdeutungen gehören u.a. der Wandel des Schahs zum König oder des den König beratenden Wesirs zur Königin, später Dame, die gegen Ende des Mittelalters mehr Spielmöglichkeiten erhielt als der Wesir – was möglicherweise daran lag, dass man, wie Spielfiguren zeigen, in ihr zunehmend die himmlische Königin sah.[65] Bereits in dem Wandel vom Wesir zur Königin kann man den Einfluss der europäischen höfischen Kultur sehen, in der das Schachspiel tatsächlich zu verorten ist, auch wenn es nicht nur darauf beschränkt blieb.[66] Dies bezieht sich nicht nur auf die höfische Stellung der Herrscherinnen bzw. Fürstinnen allgemein, sondern gerade auf das Schachspiel, das auch von Frauen gespielt wurde, und zwar oft mit Männern, wie sowohl die höfische Literatur belegt als auch zahlreiche Buchmalereien zu erkennen geben.[67]

Auffällig ist dabei, dass das Schachspiel nicht erst in der Hochzeit der höfischen Kultur im 12. und 13. Jahrhundert verstärkt rezipiert wurde. Grabungsfunde belegen vielmehr, dass es bereits im frühen 11. Jahrhundert, also noch vor der Ausbildung der „Ritterideologie", an den noch stark agrarisch strukturierten Herrschaftssitzen der sich ausbildenden Ritterschicht gespielt wurde.

Ein Beispiel ist Haus Meer bei Neuss, wo man einen Läufer und Springer sowie einen Turm aus Holz gefunden hat, die wohl in das 11. Jahrhundert zu datieren sind.[68]

---

62 Vgl. Kluge-Pinsker, Schach (wie Anm. 61), S. 11-12 mit der älteren Literatur sowie Abbildungen.

63 Vgl. Eales, Chess (wie Anm. 61), S. 46-47; Kluge-Pinsker, Schach (wie Anm. 61), S. 10-11; Müller, Der König in der Fremde (wie Anm. 61), S. 600.

64 Müller, Der König in der Fremde (wie Anm. 61), S. 597, geht wegen der fehlenden Funde etwa aus Pfalzen, Klöstern usw. davon aus, dass das Schachspiel vor 1000 tatsächlich in Lateineuropa weitgehend unbekannt war. Vgl. allgemein zu den archäologischen Funden Felgenhauer-Schmiedt, Sachkultur (wie Anm. 8), S. 225-227.

65 Vgl. Stefan Flesch, „Elle me dit eschec et mat". Geschlechtergrenzen und Geschlechterbeziehungen im Kontext des hoch- und spätmittelalterlichen Schachspiels, in: Grenzen erkennen – Begrenzungen überwinden. Festschrift für Reinhard Schneider zur Vollendung seines 65. Lebensjahrs, hg. v. Wolfgang Haubrichs/Kurt-Ulrich Jäschke/Michael Oberweis, Sigmaringen 1999, S. 123-144, bes. S. 123, S. 125, S. 129-135, S. 138. Interessant ist die Beobachtung, dass, im Unterschied zur arabischen Variante des Spiels, der Bauer bei Erreichen der achten Reihe nicht zu einem zweiten Wesir umgewandelt werden kann – eine zweite Königin (sprich: Bigamie) war in Europa nicht neben dem König denkbar.

66 Ein interessanter Beleg hierfür ist, dass sich dies auch in der Außenperspektive spiegelt, denn in Island mit seiner archaisch-agrarischen Gesellschaftsstruktur dient das Schachspiel in der fiktionalen Sagaliteratur als Attribut des höfischen Lebens in den Gesellschaften anderer europäischer Länder, vgl. Robert Nedoma, Die Schachterminologie des Altwestnordischen und der Transfer des Schachspiels nach Skandinavien, in: Sport und Spiel bei den Germanen. Nordeuropa von der römischen Kaiserzeit bis zum Mittelalter, hg. v. Matthias Teichert (Ergänzungsbände zum RGA 88), Berlin/Boston 2014, S. 29-85, hier S. 30.

67 Vgl. die zahlreichen Abbildungen am Ende von Flesch, Elle met dit (wie Anm. 66).

68 Vgl. Kluge-Pinsker, Schach (wie Anm. 61), S. 131-132, A 32; Müller, Der König in der Fremde (wie Anm. 61), S. 597; vgl. Manfred Groten, Die Stunde der Burgherren. Zum Wandel adliger Lebensformen

Schachfiguren konnten aus unterschiedlichsten Materialien gefertigt werden, und gerade wertvolle Steine z.B. aus Bergkristall gelangten als Stiftungen in Kirchenschätze, in denen viele der heute bekannten mittelalterlichen Schachspiele überliefert sind, wie wir bereits sehen konnten.[69]

Die zahlreichen Funde von Schachfiguren aus Burgen belegen, dass Schach schon früh nicht nur in ranghöchsten Kreisen gespielt wurde, wie dies die erhaltenen Texte suggerieren,[70] sondern weiter verbreitet war, auch wenn Spieler wie die aus Haus Meer in ihrem Umfeld jeweils einer herausgehobenen Schicht zugeordnet werden können. Diese sich abgrenzenden Führungsschichten, die nicht täglich für ihren Lebensunterhalt sorgen mussten, hatten offenbar genügend Freizeit, um die Gelegenheit zum Schachspiel zu haben.[71]

Bereits in Haus Meer zeigen die Figuren weitere Umformungsprozesse, die freilich erst im 12. Jahrhundert deutlicher greifbar werden, z.B. mit den 78 etwa 8 cm hohen Schachfiguren aus Walrosszahn, die auf der Insel Lewis gefunden wurden und die zu mehreren Spielsätzen gehörten. Allein 67 dieser Figuren befinden sich heute im British Museum, weswegen Neil MacGregor auch sie besprach.[72] Bei den im norwegischen Trondheim hergestellten Lewis-Figuren ist der König wieder figürlich gestaltet und nun

in den nördlichen Rheinlanden in der späten Salierzeit, in: Rheinische Vierteljahrsblätter 66 (2002), S. 74-110, hier S. 92-96, zu den frühen Rittern im Rheinland, sowie zu den Veränderungen im Burgenbau Hermann Hinz, Motte und Donjon. Zur Frühgeschichte der mittelalterlichen Adelsburg (Zeitschrift für Archäologie des Mittelalters, Beiheft 1), Köln/Bonn 1981, u.a. S. 63. Vgl. zu Haus Meer Walter Janssen, Die frühmittelalterliche Niederungsburg bei Haus Meer, Büderich, Stadt Meerbusch, Kreis Neuss, in: Burgen der Salierzeit, Teil 1: In den nördlichen Landschaften des Reichs, hg. v. Horst Wolfgang Böhme (Monographien des Römisch-Germanischen Zentralmuseums 25), Sigmaringen 1991, S. 195-224, hier S. 208, zu den Schachfiguren aus Holz und Walrosszahn.

69 Vgl. jetzt Cordez, Schatz (wie Anm. 51), S. 98-123; Kluge-Pinsker, Schach (wie Anm. 61), S. 17-26, sowie den Bericht der Annales Pegavienses ad a. 1096, ed. Georg Heinrich Pertz (MGH SS 16), Hannover 1859, S. 246 ad a. 1096, dass Wiprecht von Groitzsch dem Kloster Pegau einen Satz kostbarer Schachfiguren aus Bergkristall und Elfenbein geschenkt habe: „Dedit praeterea ad ornatum pulpiti lapides scachorum cristallinos et eburneos sculpturis insignes“; vgl. zu diesem Beispiel Cordez, Schatz (wie Anm. 51), S. 108-109, der einen gezielten Zusammenhang zwischen der Schenkung der Schachfiguren und Wiprechts Buße für seine militärischen Vergehen herstellt. Auch im Testament der Ermessinde von Barcelona ist die Rede von Schachfiguren aus Bergkristall, die sie dem Kloster St. Aegidius vermacht; vgl. Nedoma, Schachterminologie (wie Anm. 67), S. 33 mit Quellen- und Literaturnachweis sowie allgemeiner S. 37f.

70 Zu den Schriftquellen u.a. Eales, Chess (wie Anm. 61), S. 39-44; Nedoma, Schachterminologie (wie Anm. 67), S. 33-35.

71 Vgl. Flesch, Elle me dit (wie Anm. 66), S. 126-129. Spielsteine fanden sich immer wieder auf Burgen; vgl. Christof Krauskopf, Archäologie und Lebensstandard. Untersuchungen zur Sachkultur des Adels im 13. und 14. Jahrhundert, in: Burg und Funktion, hg. v. Martin Krenn/Alexandra Krenn-Leeb (Castrum bene 8), Wien 2006, S. 193-207, hier S. 196 Abb. 3, sowie ders., Tric-Trac, Trense, Treichel (wie Anm. 49), zur sozialen Differenzierung des Adels anhand des archäologischen Fundmaterials.

72 MacGregor, Geschichte der Welt (wie Anm. 7), S. 462-467. Vgl. zu den auf Lewis gefundenen Schachfiguren Michael Taylor, The Lewis Chessmen, London 1978; David H. Caldwell u.a., The Lewis Chessmen Unmasked, Edinburgh 2010; Barbara Holländer, Transfer und Transformationen von Wörtern und Sachen. Schachtexte und Schachfiguren vom 10. bis 12. Jahrhundert, in: Vom Wesir zur Dame. Kulturelle Regeln, ihr Zwang und ihre Brüchigkeit. Über kulturelle Transformationen am Beispiel des Schachspiels, hg. v. Ernst Strouhal (Internationales Forschungszentrum Kulturwissenschaften. Materialien 4/95), Wien 1995, S. 123-136, hier S. 132-133.

an die europäische Ikonographie angepasst, der Wesir ist zur Königin geworden, die Kriegselefanten (Läufer) zu thronenden Bischöfen, die in liturgische Gewänder gekleidet sind. Jetzt lassen die Figuren deutlicher erkennen, dass sie die mittelalterliche Sozialstruktur in ihren Grundzügen abbilden sollten.[73] Bezeichnend ist außerdem, dass die Bauern als einzige der Spielfiguren keine menschlichen Gesichtszüge aufweisen.

Offenbar setzte mit der beginnenden Rezeption des Schachspiels im 11. Jahrhundert zugleich die Umformung des Spiels ein, die hier am Beispiel der Figuren deutlich gemacht wurde, die sich aber auch in den Regeln und den Figurenbenennungen spiegelt.[74] Die breiten Führungsschichten Europas befanden sich zu dieser Zeit in einem Wandlungsprozess, was zu Abgrenzungsmerkmalen in unterschiedlichen Bereichen – darunter der Lebensführung – führte, zu der offenbar auch das Schachspiel zählte. Vor dem Hintergrund dieser gesellschaftlichen Veränderungen entwickelte sich Schach immer mehr zu einem Positionsspiel, in dem nicht nur Heerführer und ihre Truppenteile aufeinandertrafen, sondern in dem auch die Stellung des Königs innerhalb der Gesellschaft verhandelt wurde.

Dass das Schachspiel aber überhaupt erst aufgenommen wurde, hängt auch damit zusammen, dass Brettspiele wie Trictrac oder *Hnefatafl* in Europa bekannt und verbreitet waren und somit ein Grundverständnis für die gedankliche Struktur von Brettspielen vorhanden war.[75] Als das Schachspiel nach Lateineuropa kam, traf es auf eine Gesellschaft, die es in ihre Wandlungsprozesse integrieren konnte, zugleich war das komplexe Spiel flexibel genug, so dass es im Laufe der Zeit weiter an diese Wandlungen angepasst werden konnte.

Dennoch: Nicht jedes Objekt, das aus der Fremde nach Europa kam, wurde hier rezipiert, und auch hierfür ist nach den Gründen zu fragen, wofür hier der Säbel als Beispiel dienen soll. Als Säbel bezeichnet man eine einschneidige Hiebwaffe mit

---

[73] Dies gibt auch die Verwendung des Schachspiels als Thema in der mittelalterlichen deutschen Literatur zur erkennen; vgl. Volker Honemann, Das Schachspiel in der deutschen Literatur des Mittelalters. Zur Funktion des Schachspiels und der Schachmethaphorik, in: Zeichen – Rituale – Werte. Internationales Kolloquium des Sonderforschungsbereichs 496 an der Westfälischen Wilhelms-Universität Münster, hg. v. Gerd Althoff (Symbolische Kommunikation und gesellschaftliche Wertesysteme 3), Münster 2004, S. 363-383, hier S. 365-368, 375-378.

[74] Vgl. Holländer, Transfer und Transformationen (wie Anm. 73), S. 123-136, die darauf hinweist, dass bei der Übernahme der Figuren aus dem arabischen Raum die Benennungen vor allem mündlich tradiert worden seien, was im Westen sowohl zu Anpassungen als auch zu Übersetzungen geführt habe. Die Dame sei kein Terminus im indischen Schach gewesen, sondern nur der Weise bzw. Ratgeber des Königs (pers. *farzin/firzan*); das arabische Spiel übernahm diese Namen, aus *firzan* wurde *parzen*. Bereits das Einsiedler Schachgedicht habe die entsprechende Figur als *regina* gedeutet und damit in Beziehung zum *rex* gesetzt. Im Fall der *regina* wird sowohl der Name als auch der Charakter der Figur im Verhältnis zum arabischen Schach deutlich verändert. Diese Benennungen sind nach den Carmina Burana zu schließen im 11. bzw. 12. Jahrhundert etabliert. Die Dame allerdings kann auch als *femina* oder *coniunx* bezeichnet werden. Vgl. auch Joachim Petzold, Wie erklären sich die Bezeichnungen Wesir und Dame im Schach, in: Vom Wesir zur Dame (wie Anm. 73), S. 67-76, mit dem Hinweis, dass die *regina* zunächst nicht die brettbeherrschende Stellung hatte, wie die Dame heute, da sie nur schräg ins Feld ziehen konnte. Diese Spielweise kam verbreitet erst im 15. Jahrhundert auf, war aber vermutlich in einigen Regionen schon vorher bekannt, z.B. in Spanien schon im 12. Jahrhundert und in Italien im 13. Jahrhundert; vgl. Michael Ehm, Die „große Reform", in: Vom Wesir zur Dame (wie Anm. 73), S. 51-66, hier S. 57-58.

[75] Vgl. Müller, Der König in der Fremde (wie Anm. 61), S. 603-695.

gekrümmter Klinge, die eine Länge von mindestens 90 cm haben sollte und auf der einen Seite hohl geschliffen ist, um ausreichend steif zu sein. Der Vorteil des Säbels ist die durch die Krümmung erzielte Verlängerung der Schneide und die daraus resultierende bessere Schneidewirkung, u.a. durch seine hohe Genauigkeit.[76]

Verbreitet waren Säbel u.a. bei Turkvölkern sowie orientalischen Reitervölkern. Das mittelalterliche Lateineuropa kam mit diesen Waffen etwa bei der zweiten Awarenwelle um 670 in Kontakt,[77] besonders aber im ausgehenden 9. und 10. Jahrhundert durch die Auseinandersetzungen mit den Ungarn. Im Zuge dieser Konflikte gelangten zahlreiche Säbel als Beute – auch das ein Weg von Objektwanderungen[78] – in die Hände von West- und Mitteleuropäern, verschwanden aber meist in den Schatzsammlungen der Adeligen und der Kirchen.[79] Ein Beispiel hierfür ist der sog. Säbel Karls des Großen, der als eine der Krönungsinsignien gilt und sich heute als Bestandteil der Reichskleinodien im Wiener Kunsthistorischen Museum befindet.[80] Säbel wurden offenbar kaum als Kampfinstrument benutzt, sei es direkt oder adaptiert; wobei es zwischen dem Schwert und dem Säbel durchaus zahlreiche Übergangsformen gibt.[81]

Eine interessante Anekdote mit Blick auf den Umgang des Mittelalters mit Säbeln überliefert uns im 11. Jahrhundert Lampert von Hersfeld. Er erzählt vom Unfalltod eines Vertrauten König Heinrichs IV., Leopolds von Meersburg, der vom Pferd stürzte,

76 Vgl. Heribert Seitz, Blankwaffen I. Geschichte und Typenentwicklung im europäischen Kulturbereich. Von der prähistorischen Zeit bis zum Ende des 16. Jahrhunderts (Bibliothek für Kunst- und Antiquitätensammler 4), Braunschweig 1965, S. 183-188. Auf die sog. Malchus-Schwerter, die deutlich kürzer und breiter sind als der mit ihnen verwandte Säbel, soll hier nicht weiter eingegangen werden; vgl. ebd., S. 188-194.

77 Allerdings lassen sich trotz einzelner Grabfunde kaum Auswirkungen der awarischen Waffen auf die fränkischen und alemannischen Krieger nachweisen; vgl. Mechthild Schulze-Dörrlamm, Awarische Einflüsse auf Bewaffnung und Kampftechnik des ostfränkischen Heeres in der Zeit um 600?, in: Arms and Armour as Indicators of Cultural Transfer. The Steppes and the Ancient World from Hellenistic Times to the Early Middle Ages, hg. v. Markus Mode/Jürgen Tubach in Verbindung mit G. Sophia Vashalomidze (Nomaden und Sesshafte 4), Wiesbaden 2006, S. 485-507, hier S. 489. Schulze-Dörrlamm betont, dass die Veränderung in Kampfesweise und Waffengebrauch bei den Franken seit den 670er Jahren (als Beispiele nennt sie: Umstellung auf den Nahkampf, Verwendung von bronzenen Steigbügeln, des einschneidigen, schweren Saxes und der Stoßlanze mit kurzer Eisenspitze statt Wurfäxte und Wurfspeere) auf die Auseinandersetzungen mit den Langobarden zurückzuführen sei.

78 Auf Beutemachen als ein Weg von kulturellen Transferprozessen weist z.B. Michael Jucker, Raub, Geschenke und diplomatische Irritationen. Die ökonomische Zirkulation und Distribution von Beutestücken und Luxusgegenständen (13.-16. Jahrhundert), in: Materielle Grundlagen der Diplomatie. Schenken, Sammeln und Verhandeln in Spätmittelalter und Früher Neuzeit, hg. v. Mark Häberlein/Christoph Jeggle (Irseer Schriften N.F. 9), Konstanz 2012, S. 59-78, hier S. 63, hin.

79 Vgl. Hardt, Gold und Herrschaft (wie Anm. 36), S. 124-129.

80 Kunsthistorisches Museum Wien, Weltliche Schatzkammer, Inv.-Nr. WS XIII 5; vgl. Percy Ernst Schramm, „Attilas Schwert". Ein ungarischer Säbel des 9./10. Jahrhunderts, zum Kaiserschatz seit der salischen Zeit gehörend, in: ders., Herrschaftszeichen und Staatssymbolik, Bd. 2 (Schriften der MGH 13/2), Stuttgart 1955, S. 485-491; Seitz, Blankwaffen I (wie Anm. 77), S. 184-188; István Erdélyi, Über den sogenannten Säbel Karls des Großen, in: Acta Archaeologica Academiae Scientiarium Hungariae 49 (1997), S. 267-272.

81 Vgl. Ortwin Gamber, Art. Säbel, in: LexMA, Bd. 7, München 1995, Sp. 1214-1215, sowie zum Schwert den umfassenden Artikel von Peter Schauer/Christopher F. E. Pare/Susanne Sievers/Marcin Biborski/Heiko Steuer/Anne Pedersen, in: RGA 27 (2004), S. 523-597, bes. 568-597.

dabei in seine eigene Waffe fiel und an den hier erlittenen Verletzungen verstarb. Von dieser Waffe, die auf verschlungenen Wegen an Leopold gelangt war, berichtet Lampert: dass dieser Säbel derjenige gewesen sei, mit dem einst der sehr berühmte Hunnenkönig Attila feindlich gewütet habe, um Christen zu töten und Gallier zu vernichten.[82] Zudem setzt Lampert diese Waffe gleich mit derjenigen, von der Jordanes im 35. Kapitel seiner Gotengeschichte berichtet, dieses Schwert habe Mars gehört, von dem die heidnischen Völker erzählt hätten, er sei der Schutzherr des Krieges und der Erfinder der Kriegswaffen.[83]

Unabhängig von der Frage, ob der Wiener Säbel Karls des Großen tatsächlich die Waffe ist, von der Lampert von Hersfeld spricht, so wird doch die negative Bewertung des Säbels deutlich, der als Waffe von Heiden gegen Christen konnotiert wird – eine Bewertung, die sich noch häufiger findet und die alleine in dieser Erzählung doppelt gesichert wird.[84] Trotz seiner Vorteile als Hiebwaffe gegen nicht gepanzerte Kriegsgegner konnte sich der Säbel in seiner reinen Form gegenüber dem zweischneidigen Schwert lange nicht durchsetzen; erst im 15. und vor allem 16. Jahrhundert wurden auch in Europa mehr Seitenwaffen mit gekrümmter Klinge produziert.[85]

Das Schwert war nicht bloß eine Waffe, dies zeigt auch die Erzählung Lamperts, sondern hatte sich zu einem komplexen Zeichen sowohl militärischer Anführerschaft als auch der hohen Gerichtsbarkeit entwickelt und war zudem, etwa durch die Gebete zur Ritterweihe, religiös überhöht worden, was es zu einem besonderen Zeichen des christlichen Ritters machte.[86] Immer wieder ist sogar zu lesen, dass die kreuzförmige Gestalt des Schwertes, wie sie am Ende des 11. Jahrhunderts durch die gerade Parierstange in Erscheinung tritt, diesen Aspekt noch verstärkt habe.

Obwohl das Schwert neben dem Säbel durchaus auch in den muslimischen Heeren verbreitet war, galt in Europa das Schwert als die Waffe der Christen und der Säbel als die der Muslime. Wie lange dieses Wahrnehmungsmuster erhalten blieb, zeigt das Standbild König Leopolds I. von Belgien im Brüsseler Musée des Beaux Arts, der sich

---

82 Lampert von Hersfeld, Annales, in: Lamperti monachi Hersfeldensis opera, recognovit Oswald Holder-Egger (MGH SS rer. Germ. [38]), Hannover/Leipzig 1894, S. 130 ad a. 1071: „Notatum autem est hunc ipsum gladium fuisse, quo famosissimus quondam rex Hunorum Attila in necem christianorum atque in excidium Galliarum hostiliter debachatus fuerat"; vgl. Schramm, „Attilas Schwert" (wie Anm. 82), S. 489.

83 Ebd.: „Legitur autem de hoc gladio in Gestis Getarum, qui et Gothi dicuntur, quod Martis quondam fuerit, quem bellandi presidem et militarium armorum primum repertorem gentiles mentiebantur, ..."

84 Vgl. zu dieser Typisierung Bandmann, Das Exotische (wie Anm. 57), S. 341.

85 Seitz, Blankwaffen I (wie Anm. 77), S. 183. Er betont, dass im Mittelalter allgemein die zweischneidigen Schwerter den einschneidigen vorgezogen worden seien (S. 193).

86 Vgl. u.a. David James Frederick Crouch, The Image of Aristocracy in Britain, 1000-1300, London 1992, S. 190-199, der von einer „foggy mystique" des Schwertes spricht. Wie die Fahne wird auch das Schwert in die liturgischen Elemente des Rittertums eingebunden, bleibt aber parallel dazu ein Symbol weltlicher Herrschaft. Crouch sieht (S. 195f.) vor allem in dem gezückten, nach oben gehaltenen Schwert ein Symbol der weltlichen Macht. Vgl. zudem die Studie von Jean Flori, L'idéologie du glaive. Préhistoire de la chevalerie, Genf 1983, und den knappen, aber aussagekräftigen Überblick von Gernot Kocher, Das Schwert. Alltagsgerät oder Rechtssymbol, in: Vryheit do ik ju openbar ... Rolande und Stadtgeschichte, hg. v. Dieter Pötschke (Harz-Forschungen 23), Berlin 2007, S. 203-209. Zum Schwert als Waffe vgl. Seitz, Blankwaffen I (wie Anm. 77), S. 132-182. Zur archäologischen Einordnung vgl. Felgenhauer-Schmiedt, Sachkultur (wie Anm. 8), S. 208-210.

bewusst mit dem Säbel abbilden ließ, um nicht eine ausdrücklich christlich konnotierte Waffe zu tragen.[87] Hier wird deutlich, dass nicht nur gesellschaftliche und soziale Voraussetzungen passen mussten, damit ein Objekt in Europa genutzt wurde; gegebenenfalls konnte es wie hier auch Hindernisse geben, die in der Mentalität gründeten.

Ein weiteres Beispiel für einen verzögerten Prozess der Aneignung ist die Gabel[88], die zugleich ein weiteres Mal belegt, dass „fremd“ und „kostbar“ lange als Attribute von Reichtum und hoher Stellung zusammengehen. Nach langer Zeit – denn die Antike kannte die Gabel bereits als Essgerät – wurde sie seit dem 11. Jahrhundert wieder als solches wahrgenommen.[89] Um 1060/70 berichtet Petrus Damiani von einer byzantinischen Prinzessin, die einen venezianischen Dogen geheiratet hatte und zur großen Verwunderung ihres venezianischen Umfeldes ihre Speisen nicht wie die Venezianer mit der Hand aufnahm, sondern mit Hilfe einer zweizinkigen Gabel aus Gold zum Mund führte.[90] Petrus berichtet diese Geschichte als Beispiel für die sündhafte Degeneration seiner Zeit, und noch im Spätmittelalter finden sich entsprechend negative Wertungen. Dennoch können wir die Verwendung zweizinkiger Gabeln als Essbesteck seit dem 13. Jahrhundert verstärkt belegen, wobei auffällig ist, dass es sich um Objekte aus kostbaren Materialien wie Gold und Silber handelt, die mit Edelsteinen usw. verziert sein konnten. Ist schon das ein Hinweis auf die hohe soziale Stellung der Nutzer, so wird dies noch durch die Nutzung verstärkt, denn verwendet wurde sie nur, um süße Speisen wie Konfekt o.ä. zum Mund zu führen, ein Lebensmittel also, welches sich nur wohlhabende Menschen leisten konnten.[91]

Bis ins 16. Jahrhundert hinein blieb die Gabel ein Objekt der sozialen Distinktion,[92] erst dann wurde sie, was technisch auch zuvor schon möglich gewesen wäre, aus einfacheren Materialien gearbeitet, fand in weiten Kreisen der Bevölkerung Verbreitung und wurde zum Alltagsbesteck. Hintergrund ist, dass man sich im Zuge eines sich erweiternden Bewusstseins für Hygiene der Vorteile der Gabel bei der Nahrungsauf-

[87] Vgl. das Denkmal Leopolds I. von Guillaume Geefs https://www.fine-arts-museum.be/fr/la-collection/guillaume-geefs-le-roi-leopold-ier-1790-1865-49?artist=geefs-guillaume-1 (17.12.2019).

[88] Vgl. Alltag im Spätmittelalter, hg. v. Harry Kühnel u.a., 2. Aufl., Graz 1986, S. 212-213; Helmut Hundsbichler, Art. Gabel, in: LexMA, Bd. 4, München/Zürich 1989, Sp. 1069-1070; Jaritz, Zwischen Augenblick und Ewigkeit (wie Anm. 8), S. 176-179; Felgenhauer-Schmiedt, Sachkultur (wie Anm. 8), S. 143-145.

[89] Vgl. Klaus Düwel/Joachim Henning, Art. Gabel, in: RGA 10 (1998), S. 307-308, und zur Überlieferungsproblematik Hundsbichler, „Innovation“ (wie Anm. 15), S. 78.

[90] Die Briefe des Petrus Damiani, hg. v. Kurt Reindel, Teil 2: Briefe 41-90 (MGH – Die Briefe der deutschen Kaiserzeit 4/2), München 1988, Nr. 66, S. 270: „quibusdam fuscinulis aureis atque bidentibus ori suo ligurriens adhibebat.“ Eine frühe Zeichnung einer Gabel findet sich in einer Handschrift aus dem Jahr 1028, die höhergestellte Personen beim Essen mit Messern und zweizinkigen Gabeln zeigt; vgl. Gösta Ditmar-Trauth, Rüstung – Gewandung – Sachkultur des deutschen Hochmittelalters, Wald-Michelbach 1999, S. 147-148.

[91] Vgl. etwa Max Hasse, Neues Hausgerät, neue Häuser, neue Kleider. Eine Betrachtung der städtischen Kultur im 13. und 14. Jahrhundert sowie ein Katalog der metallenen Hausgeräte, in: Zeitschrift für Archäologie des Mittelalters 7 (1979), S. 7-83, hier S. 18 und S. 66 mit dem Hinweis, dass Gabeln wegen der Verwendung in Zusammenhang mit dem als *krude* bezeichneten klebrigen Kompott als *Krutschuffeln* bezeichnet wurden (mit Belegstellen). Neben Silber erwähnt Hasse auch noch Zinn als für Gabeln verwendetes Material.

[92] Dies gilt auch für andere Teile des Tischgeschirrs; vgl. Müller, Zwischen Gebrauch und Bedeutung (wie Anm. 9), S. 20-21.

nahme bewusst wurde.[93] Hier zeigt sich erneut, dass nicht nur die Praktikabilität Einfluss auf die Aneignung eines Objektes hatte, sondern dass es auch in die Vorstellungswelt der Menschen passen musste.

Zusammenfassung

Selbst das gewählte exemplarische und zudem recht holzschnittartige Vorgehen hat eine große Bandbreite im Umgang des lateineuropäischen Kulturraumes mit Objekten aus anderen Kulturräumen zutage gefördert.

So gab es als erste Gruppe Objekte, die in Europa so genutzt wurden wie in den Räumen, in denen sie produziert worden sind. Dabei handelte es sich wie bei Kämmen, Kästchen und anderen Haushaltsgegenständen häufig um in ihrer Funktion bekannte Gegenstände, die wegen ihres exotischen Materials nach Europa importiert wurden, z.B. Elfenbein, bestimmte Glassorten etc. In anderen Fällen handelte es sich, wie bei den Klappwaagen, um in ihrer konkreten Nutzung unbekannte Objekte, die eine Verbesserung darstellten und deswegen in Europa verwendet und schließlich auch hier produziert wurden.

Besonders interessant ist die zweite Gruppe von Aneignung, die unterschiedliche Grade von Umdeutung oder Umnutzung zeigt. Dabei handelt es sich zum einen um die Vielzahl von Objekten, die mal unbearbeitet, mal mit Modifikationen in einen religiösen Zusammenhang eingebunden wurden. Sie wurden als liturgische Gefäße oder Reliquienbehälter verwendet oder aber, wie die Hedwigsbecher, durch die Zuschreibung von hagiographischen Episoden selbst als Reliquien betrachtet. Kostbares und/oder seltenes Material – Goldemail, Kokosnüsse und Straußeneier – in Verbindung mit fremdartig-geheimnisvollen Merkmalen machte diese Objekte geeignet, um im liturgischen Kontext zur Ehre Gottes verwendet zu werden.[94] Diese Kombination funktionierte aber nicht nur im religiösen Rahmen, sondern diente in adeligen und patrizischen Haushalten zur Markierung der eigenen gesellschaftlichen und wirtschaftlichen Position.

Ein Beispiel für einen komplexen Aneignungs- und Umdeutungsvorgang zeigte das Schachspiel, das deutlich macht, dass auch gesellschaftliche oder soziale Strukturen, über den Wunsch nach Markierung von Rang und Status hinaus, zur Bedingung von

[93] In diesem Zusammenhag betrachtete auch Norbert Elias die Gabel; kritisch hierzu Müller, Zwischen Gebrauch und Bedeutung (wie Anm. 9), S. 29-34.

[94] Vgl. am Beispiel von Luxustextilien aus dem mongolischen Großreich und ihrer Verwendung in Stralsund Juliane von Fircks, „Aus dem Königreich der Tartaren". Orientalische Luxusgewebe im hansestädtischen Kontext, in: Dortmund und die Hanse. Fernhandel und Kulturtranser, hg. v. Thomas Schilp/Barbara Wenzel (Dortmunder Mittelalterforschungen 15), Bielefeld 2012, S. 139-163, bes. S. 140-150, die beim Zuschnitt der Stoffe von einem „Prozess bewusster Aneignung" spricht, in dem das Fremdartige der Stoffe gezielt präsentiert wurde, etwa durch entsprechende Anordnung der Motive. Wie bei Ornamenten in Pseudo-Kufi seien zum Teil schon bei der Produktion der Stoffe auch Schriftzeichen als Ornament eingesetzt worden. Im 13. und 14. Jahrhundert habe man solche Stoffe als *panni tartarici* bezeichnet, die dann auch in Gemälden als Auszeichnungsmerkmal bedeutender weltlicher oder kirchlicher Persönlichkeiten gedient hätten, etwa als Ehrengewänder Christi oder Mariens (S. 155).

Aneignung werden können. Dass es hierfür auch ideengeschichtliche Voraussetzungen geben kann, zeigten die Beispiele verzögerter oder gescheiterter Aneignung im Mittelalter, wofür Säbel und Gabel als Beispiel dienten.

Natürlich bieten sich hier zahlreiche Optionen weiterer Bearbeitung: Es wurde auf die Funktionen fremder Objekte im Rahmen sozialer Distinktion hingewiesen und nur angedeutet, dass Gegenstände wie die Gabel den Nimbus des Exklusiven durchaus verlieren können und weitere Verbreitung finden – solche Vorgänge ließen sich auch an anderen Beispielen intensiver untersuchen.[95] Dies gilt auch für die Wege, auf denen die Objekte kommen: Handelt es sich um gezielte Importe und wirkt sich dies auf den Umgang mit ihnen aus?[96] Bei den Stichproben war nicht festzustellen, dass Objekte aus Asien anders aufgenommen würden als Objekte aus Byzanz oder Nordafrika, dennoch ist dies eine Frage, die man im Blick behalten sollte.

Wesentlich scheint jedoch vor allem, dass die unbekannten und fremden Objekte und der Umgang mit ihnen in den aufnehmenden europäischen Kulturen vor allem Zeugnis ablegen für hier vorhandene Vorstellungen und Bedürfnisse.

Bildnachweis:

Abb. 1: Lippische Landesbibliothek Detmold.
Abb. 2: Stiftsbibliothek St. Gallen.
Abb. 3: LVR-LandesMuseum Bonn.
Abb. 4: Kunstsammlungen der Veste Coburg.

95 Hierzu mahnt auch Spittler, Globale Waren (wie Anm. 13), S. 18, von Seiten der Ethnologie.
96 Vgl. auch Spittler, Globale Waren (wie Anm. 13), S. 19-21.

Abb. 1: Jacob van Maerlant, Der naturen bloeme, 13. Jh., Detmold, Lippische Landesbibliothek, Ms. 70, Bl. 24v

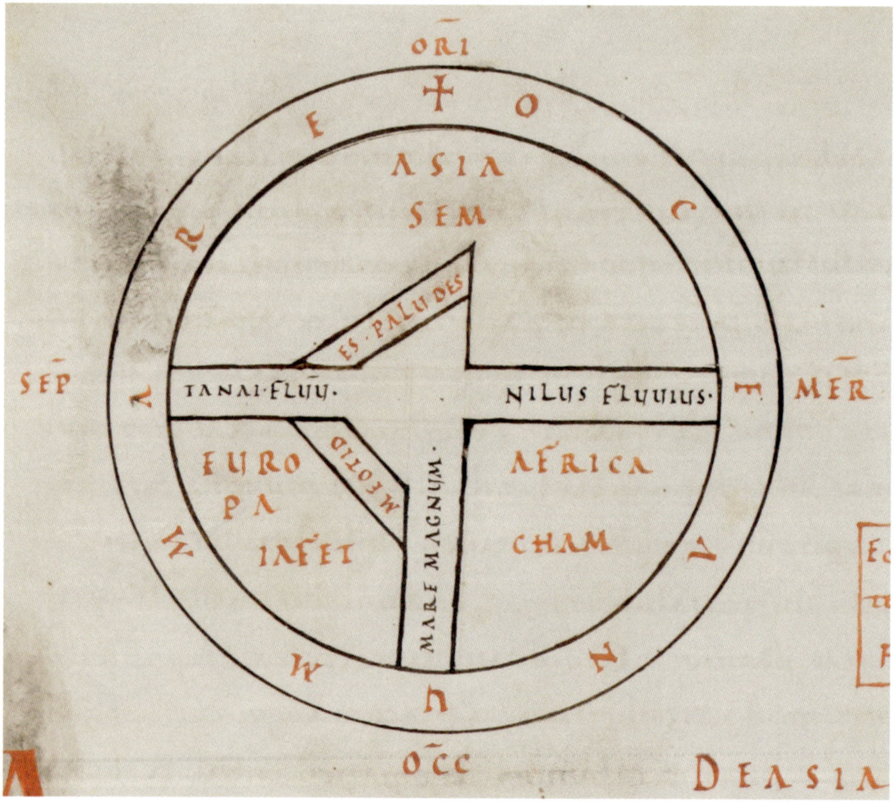

Abb. 2: Weltkarte, 2. Hälfte 9. Jh., St. Gallen, Stiftsbibliothek, Cod. Sang. 236, p. 89

Abb. 3: Reiteraquamanile, Rheinland, um 1220/1230, LVR-LandesMuseum Bonn, Inv.-Nr. 1828

Abb. 4: Hedwigsbecher, 12. Jh., Kunstsammlungen der Veste Coburg, Inv.-Nr. a.S.00652

KÖNIGE, NOTARE, ADEL UND EIN SÖLDNER

Onomastische Aspekte der Migration und Identität einer ‚gens' im Spiegel der langobardischen Inschriften des 6.–8. Jahrhunderts

Wolfgang Haubrichs

Im Jahre 568 brachen die bis dahin in Mähren, der Slowakei und Pannonien, dem heutigen West-Ungarn, lebenden Langobarden ihre Siedlungen unter dem Druck der von Osten gekommenen Awaren ab und wanderten unter Führung ihres Königs Alboin in Italien ein, wo sie in stetigem Kampf mit den dort verbliebenen römisch-byzantinischen Kräften große Teile Norditaliens – der Name Lombardei zeugt davon – und Mittelitaliens (Toskana, Umbrien mit Spoleto) eroberten, in Süditalien aber nur den Dukat von Benevent.[1] Die relativ rasche Akkulturation der Minderheit von maximal 100-150.000 Immigranten an die römisch-romanische Mehrheit, vor allem in den Bereichen der dieser westgermanischen Gruppe fremden Schriftkultur, produzierte ein in Kirchen und Städten ausgeprägtes lateinisches Inschriftenwesen, das sich vor allem in Grabdenkmälern und Epitaphien äußerte.[2]

---

1 Vgl. zur Geschichte der Langobarden: Paolo Delogu, Il regno longobardo, in: Paolo Delogu/André Guillou/Gherardo Ortalli, Longobardi e bizantini, Torino 1980, S. 3-216; ders., Le origini del medioevo. Studi sul settimo secolo, Roma 2010; Jörg Jarnut, Geschichte der Langobarden, Stuttgart 1982; Wilfried Menghin, Die Langobarden. Archäologie und Geschichte, Stuttgart 1985; Die Langobarden. Herrschaft und Identität, hg. v. Walter Pohl/Peter Erhart (Forschungen zur Geschichte des Mittelalters 9), Wien 2005; The Langobards before the Frankish Conquest. An Ethnographic Perspective, hg. v. Giorgio Ausenda/Paolo Delogu/Chris Wickham, Woodbridge 2009; Claudio Azzara, I longobardi, Bologna 2015. Dazu die Kataloge der großen Langobarden-Ausstellungen: I Longobardi, hg. v. Gian Carlo Menis, Milano 1990; Italia longobarda, hg. v. Gian Carlo Menis, Venezia 1991; Il futuro dei Longobardi. L'Italia ela costruzione dell'Europa di Carlo Magno, hg. v. Carlo Bertelli/Gian Pietro Brogiolo, Brescia 2000; I Longobardi. Dalla caduta dell'impero all'alba dell'Italia, hg. v. Gian Pietro Brogiolo/Alexandra Chavarría Arnau, Milano 2007; Die Langobarden. Das Ende der Völkerwanderung, hg. v. Michael Schmauder, Darmstadt 2008; Longobardi. Un popolo che cambia la storia, hg. v. Gian Pietro Brogiolo/Federico Marazzi/Caterina Giostra, Milano 2017.

2 Flavia De Rubeis, Le forme dell'epigrafia funeraria longobarda, in: Il futuro dei Longobardi (wie Anm. 1), S. 135-145; dies., La scrittura epigrafica in età longobarda, ebd., Saggi, S. 71-83; dies., Scrutture epigrafiche e scritture librarie in Italia meridionale, in: Die Langobarden, hg. v. Pohl/Erhart (wie Anm. 1), S. 525-531; dies., La scrittura esposta e la società altomedievale: verifica di una possibile relazione, in:

Eine wirklich kritische Edition dieser vom 6. bis ins 8. Jahrhundert entstandenen langobardischen Inschriften existiert nicht; die Sammlung in fünf Bänden von Pietro Rugo „Le iscrizioni dei secoli VI, VII e VIII esistenti in Italia"[3] ist zwar nicht perfekt, aber immerhin brauchbar, umfasst aber nur Norditalien einschließlich der byzantinischen Gebiete um Ravenna, dann Mittelitalien und den erwähnten Dukat von Benevent. Die übrigen Gebiete und auch Neufunde sind in weiteren regionalen Sammlungen, z.T. auch verstreuten Publikationen, vor allem aber auch in den vielen, seit zwanzig Jahren sich regelmäßig wiederholenden Ausstellungen „I Longobardi", „Il futuro dei Longobardi" usw. dokumentiert.[4] Da sich ganze Regionen auf die Langobarden als fundierende Ethnie berufen, spielt diese germanische *gens* bis heute im historischen Bewusstsein Italiens eine große Rolle.[5]

In den lateinischen Inschriften finden sich eingesprengt zahlreiche germanische, wohl überwiegend langobardische Namen, die Namen der Verstorbenen und ihrer Verwandten, die für die Memoria Sorge trugen, indem sie Grabsteine setzten. Diese Namen sind eine karge, aber da original überliefert, hervorragende Quelle für die ger-

I Longobardi, hg. v. Brogiolo/Chavarría Arnau (wie Anm. 1), S. 211-213. Vgl. allgemein zur Inschriftenkultur Mark A. Handley, Death, Society and Culture. Inscriptions and Epitaphs in Gaul and Spain, AD 300-750, Oxford 2003; Daniele Ferraiuolo, I luoghi della memoria funeraria: riflessioni su forme e contesti delle epigrafi sepolcrali di ambito monastico (età Longobarda e Carolingia), in: Hortus Artium Medievalium 23 (2017), S. 579-590.

3 Pietro Rugo, Le iscrizioni dei secoli VI-VII-VIII esistenti in Italia, 5 Bde., Cittadella 1974-1980.

4 Vgl. zu den Ausstellungskatalogen Anm. 1; ferner: Handley, Death, Society and Culture (wie Anm. 2). Zu den regionalen Sammlungen z.B. Alessandro Caretta, Note sulle epigrafi longobarde di Laus Pompeia e del Cremasco, in: Archivio storico Lombardo 90 (1966), S. 175-195; Carlo Carletti, Iscrizioni murali, in: Il santuario di San Michele sul Gargano dal VI al IX secolo, Bari 1980, S. 7-179; ders., Graffiti di Trani, in: Vetera Christianorum 25 (1988), S. 585-604; ders., ‚Scrivere i santi'. Epigrafia del pellegrinaggio a Roma nei secoli VII-IX, in: Roma fra Oriente e Occidente, Bd. 1 (Settimane di Studio del CISAM 49), Spoleto 2002, S. 323-360; ders., Iscrizioni murali del santuario garganico, in: Culte et pèlerinages à Saint Michel en Occident. Les trois monts dédiés à l'archange, hg. v. Pierre Bouet/Giorio Otranto/André Vauchez, Rom 2003, S. 91-103; Mariarosaria Salvatore, Fibule con iscrizione dall'Italia meridionale, in: Puglia paleocristiana, Bd. III, Bari 1979, S. 331-350; Alfons Zettler, Offerenteninschriften auf den frühchristlichen Mosaikfußböden Venetiens und Istriens, Berlin/New York 2001; Flavia De Rubeis, La tradizione epigrafica longobarda nei ducati di Spoleto e Benevento, in: I Longobardi dei Ducati di Spoleto e Benevento, Spoleto 2003, S. 481-506.

5 Vgl. z.B. Enrico Artifoni, Ideologia e memoria locale nella storiografia italiana sui Longobardi, in: Il futuro dei Longobardi (wie Anm. 1), Saggi, S. 219-227; Monica Ibsen, ‚Unus populus effecti sunt'? La questione longobarda dall'Illuminismo al Romanticismo, in: I Longobardi, hg. v. Brogiolo/Chavarría Arnau (wie Anm. 1), S. 291-297; Stefano Gasparri, I Germani immaginari e la realtà del regno. Cinquant'anni di studi sui Longobardi, in: I Longobardi nei ducati di Spoleto e Benevento. Atti del XVI congresso internazionale di studi sull'alto medioevo, Bd. I, Spoleto 2003, S. 3-28; Paolo Delogu, Conclusions: The Lombards – Power and Identity, in: Die Langobarden, hg. v. Pohl/Erhart (wie Anm. 1), S. 549-553; Claudio Azzara/Giuseppe Sergi, Invasione o migrazione? I Longobardi in Italia, Turin 2006; Francesco Mores, Invasioni d'Italia. La prima età longobarda nella storia e nella storiografia, Pisa 2011; I Longobardi e la storia. Un percorso attraverso le fonti, hg. v. Francesco Lo Monaco/Francesco Mores, Rom 2012; Alessandro Zironi, I Longobardi gente germanica, in: I Longobardi in Italia: lingua e cultura, hg. v. Carla Falluomini, Alessandria 2015, S. 3-36; Giuseppe Sergi, Ripensamenti e dibattiti nella storiografia recente sui Longobardi, in: ebd., S. 315-330.

manische und langobardische Sprachgeschichte.[6] Zusammen mit der Analyse der vor allem in den Rechtstexten enthaltenen langobardischen Fachwörter[7] und der in italienischen Dialekten, aber auch in der Hochsprache enthaltenen Lehnwörter (*brando* ‚Schwert', *trincare* ‚saufen', *balco, balcone* ‚Gerüst, Balken', *sala* ‚Herrenhaus', *albergo* ‚Herberge' etc.)[8] haben sie dazu geführt, dass man heute mit einiger Sicherheit sagen kann, dass die langobardische Sprache – in einer zunehmend plurilingualen Situation – bis etwa gegen Ende des 8. Jahrhunderts lebendig war.[9] Die Inschriften werden flankiert von einer hohen Anzahl zum großen Teil (vor allem in Lucca, Piacenza, Mailand und Ravenna) original überlieferter Urkunden[10] und einem nahezu einzigartig dastehenden, aber gerade deswegen schwer zu kontrollierenden Geschichtswerk, der Historia Langobardorum des selbst aus langobardischer Familie des Friaul stammenden Gelehrten und Mönchs Paulus Diaconus (PD).[11]

[6] Vgl. bereits Wilhelm Bruckner, Die Sprache der Langobarden, Strassburg 1895; ferner: Nicoletta Francovich Onesti, Vestigia longobarde in Italia (568-774). Lessico e antroponimia, Rom 1999; Wolfgang Haubrichs, Amalgamierung und Identität. Langobardische Personennamen in Mythos und Herrschaft, in: Die Langobarden, hg. v. Pohl/Erhart (wie Anm. 1), S. 67-99; ders., Langobardic Personal Names: Given Names and Name-Giving among the Langobards, in: The Langobards (wie Anm. 1), S. 195-236; ders., Sprache und Schriftlichkeit im langobardischen Italien – Das Zeugnis von Namen, Wörtern und Entlehnungen, in: Filologia Germanica – Germanic Philology 2 (2010), S. 133-201.

[7] Florus van der Rhee, Die germanischen Wörter in den langobardischen Gesetzen, Rotterdam 1970; Francovich Onesti, Vestigia longobarde (wie Anm. 6), S. 51-138; Haubrichs, Sprache (wie Anm. 6), S. 144-155; Maria Vòllono, Methodik und Probleme bei der Erforschung des Langobardischen am Beispiel einiger juristischer Fachbegriffe: mundoald, launegild, sculdhais, in: Die Langobarden, hg. v. Pohl/Erhart (wie Anm. 1), S. 477-502.

[8] Max Pfister, Langobardische Superstratwörter im Italienischen, in: Jahrbuch für Internationale Germanistik 11 (1979), S. 100-110; ders., Gli elementi longobardi nell'italiano, in: Incontri Linguistici 7 (1981/82), S. 115-141; ders., Technische Langobardismen in der Italo-Romania, in: Akkulturation. Probleme einer germanisch-romanischen Kultursynthese in Spätantike und frühem Mittelalter, hg. v. Dieter Hägermann/Wolfgang Haubrichs/Jörg Jarnut, Berlin/New York 2004, S. 11-134; Max Pfister/Maria Vòllono, Romanisch-germanische Sprachbeziehungen, § 7: Italien und Alpenromania, in: RGA, Bd. 25 (2003), S. 279-289; Elda Morlicchio, Die sprachliche Hinterlassenschaft der Germanen auf der italienischen Halbinsel, in: Akkulturation (wie Anm. 8), S. 99-110; dies., Etimi germanici nel LEI: problemi, soluzioni e prospettive, in: Nuove riflessioni sulla lessicografia. Presente futuro e dintorni del Lessico Etimologico Italiano, hg. v. Marcello Aprile, Galatina 2007, S. 299-317; Haubrichs, Sprache (wie Anm. 6), S. 138-144. Vgl. Lessico etimologico italiano (LEI), hg. v. Max Pfister/Wolfgang Schweickard; Germanismi, hg. v. Elda Morlicchio, fasc. 1-9, Wiesbaden 2000-2015.

[9] Hierzu Haubrichs, Langobardic Personal Names (wie Anm. 6), S. 217-222; ders., Sprache (wie Anm. 6), S. 174-188; ders., I nomi longobardi, in: I Longobardi in Italia (wie Anm. 5), S. 227-268. Anders: Nicoletta Francovich Onesti, Caratteristiche linguistiche del longobardo e la questione della II mutazione consonantica, in: ebd., S. 295-314.

[10] Durchweg neu ediert in: Chartae Latinae Antiquiores (ChLA). Für Statistiken der germ. und rom. PN vgl. Wolfgang Haubrichs, The Early Medieval Naming-World of Ravenna, Eastern Romagna and the Pentapolis, in: Ravenna. Its Role in Earlier Medieval Change and Exchange, London 2016, S. 253-295; Stefan Esders/Wolfgang Haubrichs, Verwaltete Treue. Ein oberitalienisches Originalverzeichnis mit den Namen von 174 vereidigten Personen aus der Zeit Lothars I. und Ludwigs II. (im Druck).

[11] Paulus Diaconus, Historia Langobardorum, hg. v. Georg Waitz, in: MGH SS rer. Germ., Bd. 48, Hannover 1878. Vgl. Walter Pohl, Paolo Diacono e la costruzione dell'identità longobarda, in: Paolo Diacono: uno scrittore fra tradizione longobarda e rinnovamento carolingio: Atti del Convegno internazionale di studi Cividale del Friuli, Udine 1999, hg. v. Paolo Chiesa, Udine 2000, S. 413-426; ders., Paulus Diaconus, in: RGA, Bd. 22 (2003), S. 527-532.

Vom sprachhistorischen Wert der Inschriften soll hier nur fundierend die Rede sein, im Zentrum stehen die kulturgeschichtlichen Aussagen der Namen in Inschriften für die soziale Struktur, das Selbstbewusstsein und die Konstruktion der Identität des langobardischen Volkes in seiner Frühzeit.

Als die Langobarden 568 in Italien ankamen, führten sie, da sie militärisch für eine Eroberung Italiens zu schwach gewesen wären, mit sich eine Vielzahl anderer ethnischer Verbände. Nach Paulus Diaconus (II, 26; III, 5f.)[12] waren es vor allem Sachsen, ostgermanische Gepiden, westgermanische Sueben, Bulgaren, Sarmaten, romanische Pannonier und Noriker (aus der römischen Provinz Noricum zwischen Passau und Wien)[13], deren Dörfer bis zu seiner Zeit an den ethnisch benannten Ortsnamen zu erkennen seien, was bis heute stimmt.[14] Von den Bulgaren sagt er an anderer Stelle, dass sie sich neben dem gesprochenen Latein auch ihre eigene Sprache bewahrt hätten – dies am Ende des 8. Jahrhunderts, also nach ca. 250 Jahren (V, 29).[15] Noch heute zeigen neben den Ortsnamen Familiennamen wie *Alamanni, Gívidi* und vor allem – inzwischen anderweitig weltweit bekannt – *Búlgari* von dieser ethnischen Vielfalt der Einwanderer.

Nichts davon in der Namenwelt der Inschriften. Außergermanisches, etwa Bulgarisch-Turkisches, Awarisch-Hunnisches oder Sarmatisch-Iranisches wird in keiner Weise sichtbar. Für ostgermanische Elemente gibt es zwei Verdachtsfälle[16] und für Sueben bzw. Alemannen den am Schluss zu behandelnden Fall eines Söldnerführers, eines Warlord. Alle anderen Namen, und es ist eine hohe Anzahl, sind entweder gut lateinisch-romanisch oder – in zunehmendem Ausmaße – westgermanisch-langobardisch. Das zeigt schon, in welch hohem Maße bald nach der Immigrationsphase die mitgezogenen ethnischen Kleinverbände zumindest im Namenbestand akkulturiert wurden, wobei das Langobardische auf das Engste mit den Sprachen der nordalpinen Nachbarn, Alemannen und Baiern, verwandt waren.[17]

[12] Paulus Diaconus (wie Anm. 11), S. 103, 114f.

[13] Es ist durchaus möglich, dass unter den *Norici* die neu sich formierende, die Raetia Secunda und Noricum Ripense bewohnende *gens* der *Baiowarii* oder auch im Noricum siedelnde Langobarden zu verstehen sind.

[14] Federico Belli, Etnici e nomi di luogo di origine germanica in Italia, in: A Torino. Atti del XII Convegno Internazionale di Onomastica e Letteratura, hg. v. Daniela Caci/Chiara Colli, Alessandria 2008, S. 309-338; Maria Giovanna Arcamone, Die Verteilung der Ortsnamen langobardischen Ursprungs in den Regionen Italiens, in: Interferenz-Onomastik. Namen in Grenz- und Begegnungsräumen in Geschichte und Gegenwart, hg. v. Wolfgang Haubrichs/Heinrich Tiefenbach, Saarbrücken 2011, S. 65-77.

[15] Paulus Diaconus (wie Anm. 11), S. 196f. Es gibt mehrere Orts- und Gebietsnamen des Typus *Bulgari, Bulgaria*. Vgl. dazu Belli (wie Anm. 14).

[16] Zu *Gume-druta virgo egregia* (?) aus Bergamo vgl. Anm. 81; zum Siegelringträger *Marchebadus* vgl. Anm. 78. Weitere sprachlich ostgermanische PN in langobardischer Zeit bei Francovich Onesti, Le donne ostrogote in Italia e i loro nomi, in: ders., Goti e Vandali. Dieci saggi di lingua e cultura altomedievale, Rom 2013, S. 45-70, hier S. 62-64. Auch die Namen zweier langobardischer Königsfamilien tragen Namen, die auf nord- oder ostgermanische *gentes* verweisen: *Gausi* (‚Gauten') und *Harudos* (‚Haruden').

[17] Vgl. Wolfgang Haubrichs, Frühe alemannische Personennamen (4.-8. Jahrhundert) – eine komparatistische Studie, in: Alemannien und der Norden, hg. v. Hans-Peter Naumann, Berlin/New York 2004, S. 57-113, hier S. 72f.; ders., Baiovarii, Romani and Others. Language, Names and Groups South of the River Danube and in the Eastern Alps during the Early Middle Ages, in: The Baiuvarii and Thuringi. An Ethnographic Perspective, hg. v. Janine Fries-Knobloch/Heiko Steuer, Woodbridge 2014, S. 23-81, hier S. 23-35.

Doch nun muss, als unabdingbare Vorbereitung auf die kulturgeschichtliche Auswertung der onomastischen Zeugnisse, eine sehr kurze Einführung in das System germanischer Personennamen (PN) erfolgen.[18]

Wir sind in einer Zeit der Einnamigkeit, die auch für die lateinischen PN des frühen Mittelalters gilt, d.h. es gibt noch (lange) keine Familiennamen, bei den lateinisch-romanischen PN keine Praenomen, kaum noch Gentilnamen. Bei den sprachlich germanischen PN gibt es drei verschiedene Typen:

1) zweistämmige (bi-thematische), aus zwei Elementen bestehende Namen, z.B. *Hilde-brand* < **hildjô* ‚Kampf' + **branda-* (vgl. it. *brando*) ‚Schwert'[19]. Dies ist ein sprechender Name mit dem Sinn ‚Kampf-Schwert', d.h. ein Name für einen Krieger, der sich nach dem Willen der Namengeber als Kampfschwert identifizieren, als kämpfendes Schwert empfinden soll.
2) einstämmige (mono-thematische) sog. Kurznamen, die aus einem lexikalischen Element plus Suffix bestehen: *Hild-ilo* < **hildjô* ‚Kampf' + Diminutiv-Suffix *-ilo*[20]. Dieser PN hat in etwa den Sinn von ‚kleiner Kämpfer'. Die Kurznamen fallen quantitativ weniger ins Gewicht als die zweistämmigen Vollnamen.
3) Beinamen (onomastisch verwendete Appellative): *Hamar* ‚Hammer' als charakterisierender Beiname für einen Schmied oder Krieger (z.B. Karl Martell, romanisch *martellus* ‚Hammer'; vgl. it. *martello*, frz. *marteau*)[21].

Man sieht auch gleich, dass diese Namen – viel stärker als unsere heutigen – semantisch aufgeladen waren.[22] Sie entstammen einer Kriegergesellschaft und das verwendete Vokabular kommt nahezu ausschließlich aus der Welt des Krieges, des Kampfes, der Waffen, des Schreckens – dazu gehören auch aggressive Tiere wie Wolf, Bär, Eber usw. –, dann aus den Wortfeldern von Adel, Ehre und Reichtum.[23]

---

[18] Stefan Sonderegger, Prinzipien germanischer Personennamengebung, in: Nomen et gens. Zur historischen Aussagekraft frühmittelalterlicher Personennamen, hg. v. Dieter Geuenich/Wolfgang Haubrichs/Jörg Jarnut, Berlin/New York 1997, S. 1-29; Gottfried Schramm, Zweigliedrige Personennamen der Germanen. Ein Bildetyp als gebrochener Widerschein früher Heldenlieder, Berlin/Boston 2013; Haubrichs, I nomi longobardi (wie Anm. 9), S. 229-236.

[19] Vgl. Manlio Cortelazzi/Paolo Zolli, Dizionario Etimologico della Lingua Italiana (DELI), 2. Aufl., Bologna 1999, S. 244.

[20] Zum *-ilo*-Suffix bzw. zu l-haltigen Suffixen vgl. Henning Kaufmann, Ergänzungsband zu Ernst Förstemann, Personennamen, München/Hildesheim 1968, S. 9f.

[21] Vgl. DELI (wie Anm. 19), S. 940.

[22] Vgl. zur Semantik der Namen im frühen Mittelalter Wolfgang Haubrichs, Namendeutung im europäischen Mittelalter, in: Namenforschung. Ein internationales Handbuch zur Onomastik, hg. v. Ernst Eichler/Gerold Hilty u.a., Bd. 1, Berlin/New York 1995, S. 381-390 (Lit.); ders., Identität und Name. Akkulturationsvorgänge in Namen und die Traditionsgesellschaften des frühen Mittelalters, in: Die Suche nach den Ursprüngen. Von der Bedeutung des Frühen Mittelalters, hg. v. Walter Pohl (Forschungen zur Geschichte des Mittelalters 8), Wien 2004, S. 85-105; ders., Typen der anthroponymischen Indikation von Verwandtschaft bei den germanischen gentes: Traditionen – Innovationen – Differenzen, in: Verwandtschaft, Name und soziale Ordnung (300-1000), hg. v. Steffen Patzold/Karl Ubl, Berlin/Boston 2014, S. 29-71, hier S. 42-44; ders., Tierische Identitäten. Zur symbolischen Kommunikation in Namen des frühen Mittelalters, in: Tiere: Begleiter des Menschen in der Literatur des Mittelalters, hg. v. Judith Klinger/Andreas Kraß, Köln/Weimar/Wien 2017, S. 229-254, hier S. 231-233, 244-245.

[23] Haubrichs, Langobardic Personal Names (wie Anm. 6), S. 196-199.

Daneben kodieren die germanischen Namen auch Verwandtschaft.[24] In zahlreichen Familien war es üblich, die Namen der Vorfahren zu variieren, also etwa:

- Großvater: *Heri-brand* ‚Heer-Schwert'
- Vater: *Hildi-brand* ‚Kampf-Schwert'
- Sohn: *Hadu-brand* ‚Streit-Schwert'

Alle diese PN sind kombiniert um das konstante Element **-branda-* ‚Schwert' – während die variierenden Erstelemente alle H- im Anlaut zeigen und somit die Namenfolge innerhalb der Familie durch Stabreim in ihrer Bindung verstärkt wird.[25]

Mit der Kombination der einzelnen Elemente und Suffixe konnte man ca. 30.000 Personen benennen, ohne dass sich ein Name hätte wiederholen müssen.

Nun zu den Namen selbst. Für das 7. Jahrhundert, hier exemplarisch herausgegriffen, haben wir nach dem Stand von 2010 115 PN zu verzeichnen, davon 55, das sind 48%, in Inschriften bezeugt.[26] Für das 8. Jahrhundert (mit viel mehr urkundlichen Zeugnissen) würde die Zahl der PN explodieren.

Im Gegensatz zu anderen Regionen der Romania (z.B. Frankreich, Raetoromania), in denen sich ebenfalls auf Grund ihres Prestigewerts die germanischen Namen schnell ausbreiteten, gibt es in der Langobardia beachtliche Indizien für die Aufrechterhaltung von Signa und Zeichen der Germanizität. Eines dieser Zeichen ist das Fehlen der sonst in lateinischem Kontext üblichen Latinisierung der Endungen, wie etwa *Adalbert-us* statt *Adalbert*. Hier eine kleine Auswahl:

- *Adulouualdum* acc. ... *rex*, a. 604 Sohn des Königs Agilulf und der Königin Theodelinda, a. 616-626 (Gregorius I papa, Epp. XIV, 12)[27]; *ADIVVALD FILIVS* (Inschrift 7. Jh. Anfang, Mailand, San Simpliciano)[28]; *Adaluual filius eius* [sc. Agilulfi], a. 616 (Cont. Prosperi Havniensis Ex. 24)[29]; *Flavius Aduuuald ... rex*, a. 624(?), Pavia[30]; *Flavius Adalwald ... rex*, a. 625/26, kop. 9. Jh., Pavia[31]; *FRATRI ADUALUALDO REGI*, a. 616/20 (Brief des wisigotischen Königs Sisibut)[32]; *Adulobaldo regi* (var. *Adalvaldum*), *Adulubaldi* (var. *Adalvaldi*), *Adulubaldus* (var. *Adalvaldum*), a. 625 bzw. 628

---

24 Vgl. allgemein Haubrichs, Typen (wie Anm. 22).

25 Vgl. zur Verknüpfung von Variation und Stabreim in germanischen Personennamen Haubrichs, Typen (wie Anm. 22), S. 36, 42-44.

26 Wolfgang Haubrichs, *Viri Illustres*. Romanizzazione e tratti conservativi nei nomi della nobiltà longobarda del VII secolo, in: Atti del XXII Congresso Internazionale di Scienze Onomastiche, Pisa 2005, hg. v. Maria Giovanna Arcamone, Bd. IV: I Nomi nel tempo e nello spazio, Pisa 2010, S. 513-540; Haubrichs, I nomi longobardi (wie Anm. 9), S. 251-262.

27 MGH Epp. II, S. 430-432. Vgl. Hermann Reichert, Lexikon der altgermanischen Namen (LAN), 2 Bde., Wien 1987-1990, hier Bd. I, S. 11.

28 Rugo (wie Anm. 3), Bd. V, S. 12.

29 MGH Auct. ant. IX, S. 339.

30 Codice diplomatico Longobardo (CDL), Bd. I-II, hg. v. Luigi Schiaparelli, Rom 1929-1933; Bd. III-IV, hg. v. Carlrichard Brühl, Rom 1973-1981; Bd. V, hg. v. Herbert Zielinski, Rom 1986, hier Bd. III, Nr. 2.

31 CDL (wie Anm. 30), Bd. III, Nr. 3.

32 MGH Epp. III, S. 671-675.

(Brief des Papstes Honorius)[33]; *Atroald* (var. *Adroald, Adelwald*)[34]; *Adaluuald* [35]; *Adoaldo* obl./acc. (Fredegar IV,34)[36]; *Adloaldus rex Langobardorum*, ad a. 616, 7. Jh. (IV, 49f.)[37] < **Aþa- / *Aþal- / *Aþar-* ‚Adel' + **-walda-* ‚Herrscher'.

- *Adrual(d) stratorem* acc., Funktionär des Königs, a. 626/36, kop. 13. Jh., *placitum* Piacenza vs. Parma[38] < **Ada(r)-* ‚continuus' bzw. **Aþa(r)-* ‚Adel' + **-walda-* ‚Herrscher'.
- *ALCHIS ILL[uster] GASTALDI/VS* (Widmungsinschrift 7. Jh. Ende, Volterra [Pisa], Borgo S. Giusto, Kirche)[39].
- *Alfrit scildeporrus, iudex* des Königs Perctarit/Perhtari, a. 674, kop. 13. Jh., Pavia[40] < ? **Alh-* ‚Tempel, Haus' + **friþu-* ‚Frieden, Friedensbringer'.
- *gloriosus filius noster Ansfrid* (var. *Ausfritus*), a. 600, *dux* im *castrum* von Bagno Regio (Viterbo) (Gregorius papa, Epp. X, 13)[41] < **Ansu-* ‚Halbgott, Heros' + **-friþu-* ‚Frieden, Friedensbringer'.

Insgesamt 52% der PN zeigen keine Latinisierung, eine erstaunliche Zahl im Vergleich mit anderen Regionen. Die 115 Namen der Liste stammen übrigens weitgehend aus der Führungsschicht des Langobardenreichs: aus den Königsfamilien, dann ein *strator*, mehrere *viri illustres, duces*, Gastalden, königliche Funktionäre, Richter, Schildträger, Schwertträger, Kirchengründer usw. Die Aufzählung ließe sich fortsetzen.

Die starke Bewahrung der sprachlichen Germanizität im Namengut lässt sich auch direkt an den Inschriften, und dann über das siebte Jahrhundert hinaus, nachweisen. Einige Beispiele:

- Inschrift (Abb. 1), 9. Jh. 1. H., San Vincenzo al Volturno (Molise)[42]:
  + Membra / sacerdotis / licet tumula/ta sepulchro /
  hoc iaceant / Tamfrid spi/ritus astra / petit.
  Name: *Tamfrid*, assimiliert < germ. **Thank-frithu-* < **thanka-* ‚Dank' + **friþu-* ‚Frieden, Friedensbringer' (ohne lat. Endung; Erhaltung von germ. [i] statt romanisiert [e] in *-frid*; mit rom. Lautersatz [t] für [th]).

---

33 MGH Epp. III, S. 694.

34 Origo gentis Langobardorum. Introduzione, testo critico, commento, hg. v. Annalisa Bracciotti, Rom 1998, S. 118, c. 6.

35 Edictus Rothari, hg. v. Friedrich Bluhme (MGH Leges IV), Hannover 1868, S. 1-90.

36 Fredegar, Chronicon IV, 34 (MGH SS rer. Mer. II), S. 133f.

37 Fredegar, Chronicon IV, 49f. (MGH SS rer. Mer. II), S. 145.

38 CDL (wie Anm. 30), Bd. III, Nr. 4.

39 Rugo (wie Anm. 3), Bd. III, S. 88.

40 CDL (wie Anm. 30), Bd. III, Nr. 6.

41 MGH Epp. II, S. 247. Vgl. Wilhelm Kurze, Siegelringe aus Italien als Quellen zur Langobardengeschichte, in: Frühmittelalterliche Studien 20 (1986), S. 414-451, hier S. 429-434; Volker Bierbrauer, Langobardische Kirchengräber, in: Bericht der Bayerischen Bodendenkmalpflege 41/42 (2000/01), S. 225-242, hier S. 231.

42 Il futuro dei Longobardi (wie Anm. 1), S. 140 Abb. 86; 143f. Nr. 211; Flavia De Rubeis, La scrittura a San Vincenzo al Volturno fra manoscritti ed epigrafi, in: San Vincenzo al Volturno. Cultura, istituzioni, economia, Monteroduni 1996, S. 21-40, hier S. 31f.; Daniele Ferraiuolo, Spolien und Exponate aus San Vincenzo al Volturno, in: Macht des Wortes. Benediktinisches Mönchtum im Spiegel Europas, Bd. II: Katalog, Regensburg 2009, S. 105-115, hier S. 113f.

- Inschrift (Abb. 2), 7. Jh., Castelseprio (bei Varese), Kirche San Giovanni[43]:
Hic requies/cet in pace / b(onae) m(emoriae) Wider/amn, qui vi/xet in hoc saecolo an/nos p(lus) m(inus) XXVIII / d(epositus) VIII Id(us) septem(bris) / indictione X / feliceter.
Die Benutzung wertvollen Marmors für die Memoria zeigt, dass der Verstorbene zur Aristokratie des *regnum Langobardorum* gehörte.
Name: *Wideramn* < germ. **Widu-hrabn-* ,Wald-Rabe' (ohne lat. Endung; mit Assimilation von [bn] > [mn]; das Latein der Inschrift zeigt mehrfach die spätlat. Senkung von [i] > [e]).

- fragmentarische Inschrift (Abb. 3), 8. Jh. 1. H., Pavia, Kirche Santa Maria alle Pertiche[44]:
[...] condita priorum /
Raginthruda piis semper / memoranda loquillis /
de vita cunctorum quam / mors surgentibus annis /
abstraxit subito regalia scamna tenentem /
quae licet in paucis finisset iura diebus /
taliter ornabat concessi exordia regni /
templa D(e)i venerans sacerdotesq(ue) ministros /
ecclesiae s(an)c(t)o devota colebat honore /
purpurea cotiens simul et diadima/ta vestes /
deposuit famulans Xp(ist)o in paupere certe /
sicque suis manibus ieiuna minis/trat egenis /
ut regale decus vilis mutaret amictus /
[ve](s)t[ivi]t [nu]dos mis[.]e[..]o[re]creavit inanes /
[...]

Es handelt sich beim Objekt dieser aufwendigen Grabinschrift, die auch die Fürsorge der Verstorbenen gegenüber den Armen und Waisen betont, um die Königin *Raginthruda*[45].
Name: *Raginthruda* < germ. **Ragina-thrûdh-* < **ragina* ,(göttlicher) Rat' + **thrûdhi* ,Kraft, Stärke', also sprechender Name ,(göttliche) Rat-Kraft' (mit Erhaltung des germ. [th]; ohne ahd. Umlaut, also langobardisch).

[43] I Longobardi, hg. v. Brogiolo/Chavarría Arnau (wie Anm. 1), S. 216 Nr. 4.5; Flavia De Rubeis, La tradizione epigrafica longobarda nei ducati di Spoleto e Benevento, in: I Longobardi dei ducati di Spoleto e Benevento. Atti del XVI Congresso Internazionale di Studi sull' Alto Medioevo, Spoleto 2003, S. 481-506, hier S. 484.

[44] Il futuro dei Longobardi (wie Anm. 1), S. 141 Abb. 87; S. 144 Nr. 212; Flavia De Rubeis, Le iscrizione dei re longobardi, in: Poesia dell'alto medioevo europeo: manoscritti, lingua e musica dei ritmi latini. Atti delle euroconferenze per il Corpus dei ritmi latini, IV-IX sec., Florenz 2000, S. 223-237, hier S. 229f. Vgl. Francovich Onesti (wie Anm. 6), S. 210.

[45] Raginthruda ist wohl entweder die zweite Gattin König Liutprands (712-744) bzw. seines Neffen und *consors regni* Hildebrand (735-744).

- Inschrift (Abb. 4), 8. Jh. Ende oder 9. Jh. Anfang, für einen Mönch aus San Vincenzo al Volturno (Molise)[46]:
  + hic requiescit in pace / Erme causus / indignus mo/nachus de/precor vos om/nes ut oretis pro me.
  Der Mönch bittet um die Gebetsfürsorge der Lesenden.
  Name: *Ermecausus* < germ. **Ermin-gauta-* ‚erhabener Gaute' (mit Verschiebung von germanisch [t] > [sz], geschrieben typisch langobardisch mit <s>; und langobardisch-oberdeutscher Verschiebung von [g] > [k]). Man beachte, wie klar der PN auf der Inschrift nach Erst- und Zweitelement getrennt wurde und das finale <s> zur Wahrung der Einheit des Namens noch in die Zeile gequetscht wurde, was ein Gefühl für die Morphologie des langobardischen Namens verrät.

- Inschrift fragmentarisch (Abb. 5), 7. Jh., Beolco bei Cernusco (Milano)[47], Epitaph der Kirchenstifter und Brüder Aldo und Grauso (nach Paulus Diaconus V, 38f. Adlige aus Brescia unter König Kunincpert, a. 688-700)[48] :
  + Genere forma sensu opibus / affectuque decori / hic duo quiescunt aequi bonita/te germani / Grauso Aldoque simul quos / mundus habuit claros / quosque unus transitus / uno sub marmore cla[u]s[it] / seviens hos mugro pe[remit] / prove dudum (?) / [...]
  Namen:
  1) *Aldo*, Kurzname zu germ. **alda-* ‚alt, ehrwürdig, klug'. Vgl. das Epitaph mit dem im Obliquus gehaltenen Namen *Aldoni* des Gründers der Kirche von San Giovanni in Conca (Milano), 7. Jh. 2. H.[49]
  2) *Grauso*, Kurzname zu germ. **grauta* ‚Schrecken, Graus', also ein ‚nom de guerre' (mit Verschiebung von germ. [t] > [sz], geschrieben typisch langobardisch mit <s>.

Ganz anders verhält es sich, um ein spätes romanisiertes Namenexemplar zu zeigen, mit dem großartig komponierten, um ein Kreuz gruppierten Epitaph des *Teudelas* (Abb. 6), erneut aus San Vincenzo al Volturno, 9. Jh. 1. Viertel[50]; der Name *TEV/DELA/S* (nicht latinisiert) < germ. **Theuda-laika-* < **theuda-* ‚Volk' und **laika-* ‚Tanz, Tänzer' (mit Verschiebung von germ. [k] > [ch], dann romanisiert mit [s] für den langobardischen Laut und mit romanischer Substitution von germ. [th] durch [t] und von germ. [ai] durch [a])[51] wurde ohne jegliche Rücksicht auf die Morphologie des Namens in den Stein gehauen.

46 Il futuro dei Longobardi (wie Anm. 1), S. 140 Abb. 85; S. 143f. Nr. 210; De Rubeis (wie Anm. 43), S. 499; Ferraiuolo (wie Anm. 1), S. 587.

47 Rugo (wie Anm. 3), Bd. V, S. 36; Ugo Monneret de Villard, Catalogo delle iscrizioni cristiane anteriori al secolo XI, Mailand 1915, Nr. 158.

48 Paulus Diaconus (wie Anm. 11), S. 201-204.

49 Rugo (wie Anm. 3), Bd. V, S. 16; Bierbrauer (wie Anm. 41), S. 234; I Longobardi, hg. v. Brogiolo/Chavarría Arnau (wie Anm. 1), S. 217 Nr. 46.

50 Il futuro dei Longobardi (wie Anm. 1), S. 406 Abb. 269, S. 412 Nr. 390; John Mitchell, Script about the Cross: The Tombstones of San Vincenzo al Volturno, in: Roman, Runes and Ogham, hg. v. John Higgitt/Katherine Forsyth/David N. Parsons, Donington 2001, S. 158f.; De Rubeis (wie Anm. 42), S. 31f.; Ferraiuolo (wie Anm. 42), S. 114.

51 Vgl. für die Entwicklung des germ. [k] in dieser Stellung unter italoromanischen Bedingungen Francovich Onesti (wie Anm. 6), S. 144, 151, 228f.; dazu und zum Lautersatz für germ. [ai] vgl. Haubrichs, Sprache

Noch weniger verbreitet im 7. Jahrhundert, dann aber expandierend im 8. Jahrhundert ist ein vor allem im langobardischen Adel geübter onomastischer Brauch: die sog. Stammerweiterung, d.h. die Erweiterung des ersten lexikalischen Elements eines PN, zumeist mit -l oder -r.[52] Wieder einige Beispiele:

- Die oben schon gegebenen Belege zu König *Adiwald* (7. Jh. Anfang), Sohn König Agilulfs, zeigen zahlreiche solche Erweiterungen des Erstelements **atha-, *ada-:* z.B. *Adulo-uualdum, Adal-uual(d), Adal-valdum, Adl-oald, Adr-oald* etc.
- König *Agilulfus qui et Ago*, a. 591-616: der PN *Ago, Aggo* (auch mit g-Verschiebung *Aco*) ist als Kurzname zu germ. **agis* ‚Schrecken' zu stellen, die ebenso häufige Form *Agil-ulf* < germ. **Agila-wulfa-* ‚Schreckens-Wolf' zu einer mit -l erweiterten Form.[53]
- *domino Audvald*, a. 626/36, kop. 13. Jh., Gastalde von Piacenza auf einem *placitum* zwischen Piacenza und Parma[54] < germ. **Auda-walda-* < **auda-* ‚Besitz, Reichtum' + **walda-* ‚Herrscher'; in gleicher Urkunde auch *domno Audul-vald* mit durch -l erweitertem Erstelement des Namens.
- Epitaph, 7. Jh., Benevent, Kirche San Pietro[55]: *+ Hic . requiesc(i)t . Ro/delgisa . Filia . Arefusi /.* Der Name *Rodel-gisa* ist komponiert aus germ. **hrôth-* ‚Ruhm, *gloria*' (mit l-Erweiterung) + **-gîsa-* ‚Stab, Pfeil'.
- Inschrift, 7. Jh. Ende, Trani (Apulien)[56], mit Namen *Raddel-chisi* (Gen.), komponiert aus germ. **raedi-,* lgb. **râd-* ‚Rat, *consilium*' (mit l-Erweiterung) + **-gîsa-* ‚Stab, Pfeil' (mit langobardisch-oberdeutscher Verschiebung von [g] > [k]).

Die stammerweiterten Namen, die in der Gallia auch auf westfränkischem Gebiet anzutreffen sind, mögen dem Adel als eine Art Prunknamen gedient haben[57], die den normalen Formen gegenüber bereits rein lautlich auffielen und ausgezeichnet waren. Sie zeigen jedenfalls das Distinktionsbedürfnis des langobardischen Adels.

Diese Prunknamen dürften die Anregung für König *Kunipert* (688-700) gegeben haben, auf Münzen und Inschriften eine offizielle Erweiterung seines Namens vorzunehmen.[58] Kunipert gehörte zur sog. bairischen Dynastie des Langobardenreiches.

(wie Anm. 6), S. 176-178, 185f.; ders., Amalgamierung (wie Anm. 6), S. 77f.; ders., Die ‚Erzählung des Helden' in narrativen Passagen der ‚Historia Langobardorum' des Paulus Diaconus, in: Narration and Hero. Recounting the Deeds of Heroes in Literature and Art of the Early Medieval Period, hg. v. Victor Millet/Heike Sahm, Berlin/Boston 2014, S. 277-304, hier S. 283f.

[52] Vgl. Wolfgang Haubrichs, Stammerweiterung bei Personennamen: ein regionalspezifisches Merkmal westfränkischer Anthroponymie?, in: Nomen et gens. Zur historischen Aussagekraft frühmittelalterlicher Personennamen, hg. v. Dieter Geuenich/Wolfgang Haubrichs/Jörg Jarnut, Berlin/New York 1997, S. 190-210; ders., Amalgamierung (wie Anm. 6), S. 91-93; ders., *Viri illustres* (wie Anm. 26), S. 522f.

[53] Haubrichs, *Viri illustres* (wie Anm. 26), S. 527 Nr. 45.

[54] CDL (wie Anm. 30), Bd. III, Nr. 4.

[55] Rugo (wie Anm. 3), Bd. IV, S. 63.

[56] Carletti, Graffiti di Trani (wie Anm. 4), S. 601f.

[57] Haubrichs, Amalgamierung (wie Anm. 6), S. 91-93.

[58] Maria Giovanna Arcamone, Antroponimia germanica sulle iscrizioni pavesi dal V all'XI secolo, in: Istituto Lombardo. Accademia di scienze e lettere. Rendiconti Classe di Lettere e Scienze Morali e Storiche 103 (1969), S. 3-48, hier S. 23-29; Haubrichs, Sprache (wie Anm. 6), S. 164f.

Diese eigentlich von den bairischen Agilolfingerherzögen abzuleitende Familie war vor 590 mit der bairischen Prinzessin Theodelinda, die den langobardischen König Authari geheiratet hatte, zur Macht gekommen.[59] Diese war die Tochter des bairischen *dux* (oder *rex*) *Gari-wald, -bald,* in dessen Geschlecht in der Hauptlinie das Zweitelement **-walda-* ‚Herrscher' ein typisches Signum war: *Chrod-oald, Gari-wald, Adal-oald* usw. bis hin zum Sohn *Rod-oald* (†653) des mit einer Agilolfingerin, nämlich Gundeperga, der Tochter Theodelindes, verheirateten Königs *Rot-hari.*[60] Freilich gab es eine Nebenlinie, die von Theodelindes Bruder *Gund-oald,* dem *dux* von Asti, der mit ihr ins Land gekommen war, ausging (vgl. Abb. 7).

Es kann nur als ein Akt onomastischer Identitätsgebung und zugleich genealogischer Distinktion angesehen werden, wenn dieser Familienzweig von Gundoalds Kindern ab für fünf Generationen dazu überging, als charakteristisches Signum ihrer PN das Zweitelement **-ber(h)ta-, -pert* mit dem Sinn ‚glänzend, berühmt, *illustris*' zu monopolisieren: zweimal *Hari-pert* und die Inversion *Pert-hari,* zweimal *Gunde-bert,* dann *Gode-pert, Cuni-pert, Liut-pert* und zweimal *Ragin-pert.*[61]

Noch a. 688, zu Beginn seiner Regierung, trug *Kuni-pert* seinen traditionellen ererbten Namen (*Flavius Cunipert ... rex*[62]), durchaus ein sprechender Name zu germ. **kunja-* ‚Geschlecht, Sippe' mit dem Sinn ‚in der Sippe berühmt'. Dann aber, spätestens seit 691 wirksam, hatte er einen genialen Einfall. Dazu ist das fragmentarische Epitaph des Königs vom Anfang des 8. Jahrhunderts aus dem Königskloster San Salvatore zu Pavia zu betrachten (Abb. 8):[63]

+++
Aureo ex fonte quiescunt in ordine reges / avus pater hic filius heiulandus tenetur / Cunincpert florentissimus ac robustissimus rex / quem dominum Italia patrem atq(ue) pastorem / inde flebile maritum iam vidua gemet. / Alia de parte si origine quaeras / rex fuit avus mater gubernacula tenuit regni. / Mirandus erat forma pius mens si requiras miranda / [...]

In der vierten Zeile des Epitaphs wird *Cunincpert florentissimus ac robustissimus rex* (‚Kuninc-bert, der allerblühendste und allerstärkste König') beschworen. Diese Namenform ist auch in anderen Zeugnissen aus seiner Königszeit präsent:[64]

- *D(omi)N(us) CVNNICPERT,* Münzprägung[65];

[59] Jarnut (wie Anm. 1), S. 41-46, 53-58.
[60] Vgl. Haubrichs, Amalgamierung (wie Anm. 6), S. 81f., 90, 94-99.
[61] Haubrichs, Amalgamierung (wie Anm. 6), S. 87; ders., Typen (wie Anm. 22), S. 48f.
[62] CDL (wie Anm. 30), Bd. III, Nr. 7. Vgl. auch die Datierung in einer Königsurkunde a. 721/44, kop. 8. Jh., *de tempore Cuniberti,* in: ebd., Bd. III, Nr. 81.
[63] Rugo (wie Anm. 3), Bd. V, S. 113; Il futuro dei Longobardi (wie Anm. 1), S. 142 Abb. 89, S. 144f. Nr. 213; De Rubeis (wie Anm. 44), S. 229f.; dies. (wie Anm. 43), S. 487.
[64] Haubrichs, I nomi longobardi (wie Anm. 9), S. 255 Nr. 45.
[65] Philip Grierson/Mark Blackburn, Medieval European Coinage, Bd. I: The Early Middle Ages, Cambridge 1986, Nr. 320; Panagiotis Antonopoulos, King Cunincpert and the Archangel Michael, in: Die Langobarden, hg. v. Pohl/Erhart (wie Anm. 1), S. 383-386.

- *REGNANTE V(iro) GL(orioso) CVNINCPERT* auf dem Grab des Bischofs Rusticus, a. 691, im Dom zu Turin[66];
- *REGNANTE D(omino) N(ostro) CHVNINCPERTO* in einem Epitaph für einen *vir clarissimus* und *notarius regie potestatis*, a. 697/98, aus Laus Pompeia[67];
- *rex Cuningperctus*, var. *Cunincpertus*, *rex Cunincpert*, a. 698 (‚Carmen de synodo Ticinensi'[68]);
- *DOMN(o) CVNINCPERT REGI*, Inschrift 7. Jh. Ende, Volterra (Pisa)[69].

Es ist deutlich, dass *Kuni-pert* seinem Namen nach der Thronbesteigung einen neuen, einen königlichen Sinn geben wollte[70]: „als König glänzend und berühmt", sozusagen *florentissimus*. Man beachte auch, dass die Zeile mit dem althochdeutschen *kuninc* ‚König' beginnt und – sicherlich gewollt – mit dem lateinischen Aequivalent *rex* endet. Wer hier von gewollter Publicity sprechen möchte, hätte wahrscheinlich nicht ganz Unrecht. Das Wort *kuninc* ‚König' wurde nämlich niemals sonst als Namenelement gebraucht. Es war ein politisch gemünztes Unikat – bis auf eine, allerdings bezeichnende Ausnahme, das fragmentarische Epitaph der Königstochter *Cuninc-berga* (8. Jh. Mitte) aus Sant'Agata in Monte zu Pavia[71], wo sich die Genitivform *CVNINCPERGAE* findet (Abb. 9).

Der Name der Tochter *Kuninc-perts* ist komponiert aus *kuninc* ‚König' + **-bergô* ‚Schutz, Berge': Der Vater hat ihr diesen sinnhaften, königlichen Namen in Variation seines eigenen Namens ganz zweifellos auch in programmatischer Absicht gegeben.

Eine eigenartige Gruppe von Inschriften bieten die „signori degli anelli", die ‚Herren der Ringe' dar, wie man sie genannt hat[72]: Goldene Siegelringe mit der zumeist bärtigen Figur eines Mannes in der Mitte und mit einem Namen in einem äußeren Kreis drumherum. Sie sind über das ganze langobardische Italien verbreitet, mit einer gewissen Massierung im Norden (Abb. 10, 11, 12): *Rodchis* und *Ansvaldo* in Trezzo sull'Adda (Mailand), *Marchebadus* in Mailand, *Arichis* in Palazzo Pignano (Cremona), *Audo* in Udine (Friaul), *Faolfus* in Chiusi (Perugia), *Aufret* in Bagno Regio (Viterbo),

---

[66] Rugo (wie Anm. 3), Bd. V, S. 160.

[67] Caretta (wie Anm. 4), Nr. 2, S. 184ff.

[68] Paulus Diaconus (wie Anm. 11), S. 245-248 (‚Carmen de synodo Ticinense').

[69] Rugo (wie Anm. 3), S. 88.

[70] Vgl. o. Anm. 58.

[71] I Longobardi, hg. v. Menis (wie Anm. 1), S. 161f. Nr. IV.8 mit Abb.; Gaetano Panazza, Lapidi e sculture paleocristiane e pre-romaniche di Pavia. Arte del Primo Millenario, in: Atti del secondo convegno per lo studio dell'arte dell'alto medioevo Pavia 1950, Turin 1953, S. 211-296, hier S. 260 Taf. CXI; S. 263 Nr. 75; Arcamone (wie Anm. 58), S. 28f.; De Rubeis (wie Anm. 44), S. 228f.; dies. (wie Anm. 43), S. 487; Ferraiuolo (wie Anm. 1), S. 583.

[72] Vgl. Kurze (wie Anm. 41); Bierbrauer (wie Anm. 41); I signori degli anelli. Un aggiornamento sugli anelli-sigillo longobardi, hg. v. Silvia Lusuardi Siena, Mailand 2004; dies., Anulus sui effigii. Identità e rappresentazione negli anelli-sigillo longobardi, Mailand 2006; Wolfgang Haubrichs, Figurae et scripturae. Quelques <<bijoux>> onomastiques gravés sur des anneaux et d'autres objets tardo-antiques et alto-médiévaux, in: Nouvelle Revue d'Onomastique 47/48 (2007), S. 199-220; ders., Die Namen der Ringe. Neue onomastische Zeugnisse aus germanisch-romanischen Kontakträumen des frühen Mittelalters, in: Lexikon, Varietät, Philologie. Romanistische Studien. Günter Holtus zum 65. Geburtstag, hg. v. Anja Overbeck/Wolfgang Schweickard/Harald Völker, Berlin/Boston 2011, S. 457-469, hier S. 467-469; ders., I nomi longobardi (wie Anm. 9), S. 241-246.

Auto und *Maurici* in Benevent. Die Siegelringe fehlen in der Toskana bisher, finden sich aber weiter südlich (als Grabbeigaben) in den Dukaten von Spoleto (Umbrien) und Benevent, als Bleibullen-Abdrücke zweier *duces* sogar in Rom (*ANSO DVX, IFFO DUX*). Ein neuer Siegelring aus einer französischen Privatsammlung mit dem Namen *Rodowald* ist vor kurzem ohne Provenienzangabe hinzugekommen und ist vielleicht zu einem *iudex* und königlichen *scabinus* aus Piacenza von a. 626/36 zu stellen.[73] Es sind also, eine weibliche Trägerin, die ich später behandle, nicht mit hinzugerechnet, momentan zwölf solche Ringe, durchweg 6./7. Jahrhundert, (teilweise indirekt) bekannt. Die heutige Forschung geht zumeist davon aus, dass es sich um die Ringe hoher königlicher Funktionsträger handelt. Dafür sprechen die beiden *duces* (Amtsträger oder Heerführer?) und die nicht unwahrscheinliche Identifizierung des *Ansv-aldo* mit jenem königlichen Notar, der a. 643 das erste langobardische Gesetzbuch, den ‚Edictus Rothari', benannt nach König Rothari (a. 636-653), der es initiierte, notifiziert hatte.[74]

Onomastisch sprachlich zeichnen sich die Namen der Ringe durch die schon oben charakterisierte Konservativität der langobardischen Oberschicht aus: Von den elf germanischen Namen sind sechs nicht latinisiert, z.B. auf dem Siegelring aus der Mitte des 7. Jahrhunderts, gefunden in Trezzo sull'Adda (Mailand) mit *+ RODC/HIS V(ir) IL(luster)* < **hrôth-* ‚Ruhm' + **gîsa-* ‚Stab, Pfeil' (mit langobardisch-oberdeutscher Verschiebung von [g] > [k], geschrieben <ch>), also erneut ein hoher königlicher Funktionär.[75] Ein Name erscheint romanisiert in der Obliquusform, der Notar *Ansualdo* nämlich, dazu ebenfalls im Obliquus der romanische Personenname *Maurici*, erneut ein *vir illuster*[76] (wohl aus Benevent). In mehreren Fällen, mehr im Norden als im Süden, sind zweigliedrige Namen – gelegentlich durch den Marker eines Kreuzes separiert – morphologisch korrekt getrennt[77]:

MARCHE + BADVS
ANSV / ALDO
ARI / CHIS
+ RODO / VVALD

Diese Praxis setzt das Verständnis der eigenen Sprache voraus. Dagegen finden sich im Süden keine korrekten Segmentierungen, vielmehr Romanismen mit *FA-OLFVS* mit ro-

[73] Reine Hadjadj, Bagues mérovingiennes – Gaule du Nord, Paris 2007, Nr. 475; Haubrichs, *Viri illustres* (wie Anm. 26), S. 530 Nr. 83; Axel G. Weber, Der Childebert-Ring und andere frühmittelalterliche Siegelringe, 2. Aufl., Hamburg 2014, S. 89-91.

[74] Edictus Rothari, prologus, in: MGH Leges IV, S. 90.

[75] Rugo (wie Anm. 3), Bd. V, S. 27; Kurze (wie Anm. 41), S. 414ff.; Bierbrauer (wie Anm. 41), S. 231f.; Maria Giovanna Arcamone, Note linguistiche ai nomi sugli anelli sigillari, in: Lusuardi Siena, I signori degli anelli (wie Anm. 72), S. 97-103, S. 102; Weber (wie Anm. 73), S. 77f.; Haubrichs, I nomi longobardi (wie Anm. 9), S. 259 Nr. 79.

[76] Arthur McGregor, Ashmolean Museum Oxford – A Summary Catalogue of the Continental Archeological Collections (Roman Iron Age, Migration Period, Early Medieval), Oxford 1997, S. 215f. Nr. 103; Caterina Giostra, Tre ‚nuovi' anelli-sigillo longobardi, in: Lusuardi Siena, I signori degli anelli (wie Anm. 72), S. 89-96, 92f. mit Taf. 3,4-6, 4,1; Weber (wie Anm. 73), S. 85-87.

[77] Haubrichs, I nomi longobardi (wie Anm. 9), S. 260 Nr. 92, S. 253 Nr. 22, S. 258 Nr. 72, S. 259 Nr. 83.

manischem h-Schwund < germ. **Faha-wulfa-* ‚Fang-Wolf, Greif-Wolf' und *AV-FRET* < germ. **awja-* ‚Glück' und **frithu-* ‚Friede, Friedensbringer' mit romanischer Senkung von [i] > [e] und dem Schwund des auslautenden Konsonanten des Erstelements vor dem konsonantischen Anlaut [fr] des Zweitelements des Namens.

Doch noch erstaunlicher ist ein ikonographisches Detail der auf der Ringplatte abgebildeten Männerfiguren. Alle – außer *Marche-badus*, der vielleicht einen ostgermanischen Hintergrund hat[78] – tragen sie einen langen Bart und das lange, nach beiden Seiten herunterhängende Haar mittelgescheitelt. Um diese Ikonographie richtig zu deuten, muss man sich in die Frühgeschichte, in die heidnische Vorgeschichte, ja in den Gründungsmythos der ‚Lango-barden' versetzen, der von mehreren Quellen, von der noch im siebten Jahrhundert entstandenen *Origo gentis Langobardorum*, vom fränkischen Geschichtsschreiber Pseudo-Fredegar (um 658/60) und vom am Ende des 8. Jahrhunderts schreibenden langobardischen Historiker Paulus Diaconus berichtet wird.[79] Dieser Ursprungsmythos geht so:

Ursprünglich hießen die Langobarden *Winili*, d.h. ‚Freunde'. Sie waren nur klein an Zahl und wurden von dem ostgermanischen Volk der Wandalen bedroht. In ihrer Not wandten sie sich durch ihre Führerin, die weise Frau *Gambara*, an die weibliche Hauptgöttin des germanischen Pantheons, *Frêa*, die Gattin des männlichen Haupt- und Schlachtengottes *Wodan*, der den Wandalen schon versprochen hatte: „Wen ich bei Sonnenaufgang zuerst sehe, dem werde ich den Sieg verleihen!" *Frêa* beschließt, ihren Göttergatten zu täuschen und gibt den *Winili* den Rat, dass ihre Frauen ihre aufgelösten Haare um das Kinn herum in Form eines Bartes arrangieren sollten – um eine größere Menge an Kriegern vorzutäuschen. Bei Sonnenaufgang stehen nun die *Winili* im Osten, *Frêa* dreht das Bett *Wodans* in ihre Richtung; dieser fragt: „Wer sind diese Langbärte?", was *Frêa* listig als Namengebungsakt interpretiert: „Wie Du ihnen den Namen gegeben hast, so gib ihnen auch den Sieg!"

So geschieht es und fortan tragen die Langobarden ihren sprechenden Namen ‚Langbärte' und als Tracht die langen Bärte und den Mittelscheitel. So zeigen es langobardische Münzen sowie die Stirnplatte des Königs Agilulf (591-616), und Paulus Diaconus (II, 22)[80] weist selbst darauf hin, dass er persönlich noch die Tracht der Langobarden an Fresken des Palastes zu Monza, den Königin Theodelinde errichtet hatte, gesehen habe. Wenn die ‚Herren der Ringe' im siebten Jahrhundert sich in dieser Tracht abbilden ließen, so war die Absicht gewiss, mittels des Funktions- und Herrschaftszeichens des Rings langobardische Identität auszudrücken.

Die einzige weibliche Trägerin eines Siegelrings, ihrem diademartigen Kopfschmuck nach zweifellos eine hochrangige Adlige, *Gume-druta* aus Bergamo[81], dem Namen

[78] Personennamen mit dem Zweitelement germ. **badwa-* ‚Kampf, Kämpfer' sind im Frühmittelalter weitgehend ostgermanisch. Vgl. Wolfgang Haubrichs, Personennamen sprachlich ostgermanischer Provenienz, in: Studia anthroponymica Scandinavica 32 (2014), S. 5-35, hier S. 28.

[79] Vgl. Wolfgang Haubrichs, Von der Unendlichkeit der Ursprünge: Transformationen des Mythos in der ‚Origo gentis Langobardorum' und der ‚Historia Langobardorum' des Paulus Diaconus, in: Anfang und Ende. Formen narrativer Zeitmodellierung in der Vormoderne, hg. v. Udo Friedrich/Andreas Hammer/Christiane Witthöft, Berlin 2014, S. 67-89.

[80] Paulus Diaconus (wie Anm. 11), S. 155.

[81] Kurze (wie Anm. 41), S. 449f; Bierbrauer (wie Anm. 41), S. 230 (mit falscher Lesung); Arcamone (wie Anm. 75), S. 101; Weber (wie Anm. 73), S. 91-93; Haubrichs, I nomi longobardi (wie Anm. 9), S. 257 Nr. 65.

nach ‚kraftvoll wie ein Mann', steht im Verdacht, gepidischer oder gotischer Herkunft zu sein – kommt doch das Erstelement **guma-* ‚Mann' (vgl. deutsch *Bräutigam*, ursprünglich ‚Mann der Braut') ganz überwiegend bei ostgermanischen *gentes* vor, nicht aber bei den Langobarden.[82]

Mein letztes Beispiel enthält die Geschichte von einem über mehrere Stationen gewanderten Söldnerführer oder Warlord. Seine Geschichte erzählt uns Paulus Diaconus (III, 18f.)[83] für das Ende des sechsten Jahrhunderts und das verlorene, von ihm überlieferte Epitaph aus Ravenna:

„(18) His ita gestis Authari rex Brexillum, civitatem super Padi marginem positam, expugnare adgressus est. In quam Droctulfi dux a Langobardis confugerat seque partibus imperatoris tradens, sociatus militibus Langobardorum exercitui fortiter resistebat. Iste ex Suavorum, hoc est Alamannorum, gente oriundus inter Langobardos creverat et, quia erat forma idoneus, ducatus honorem meruerat; sed cum occasionem ulciscendae suae captivitatis repperit, contra Langobardorum ilico arma surrexit.

Adversus quem Langobardi gravia bella gesserunt tandemque eum cum militibus, quos iuvabat exuperantes, Ravennam cedere conpulerunt. Brexillus capta est, muri quoque eius solum ad usque destructi sunt.

Post haec Authari rex cum Smaragdo patricio, qui tunc Ravennae praeerat, usque in annum tertium pacem fecit.

(19) Huius sane Droctulf(us) [var. Droctulft], de quo praemisimus, amminiculo saepe Ravennatium milites adversum Langobardos dimicarunt extructaque classe Langobardos, qui Classem urbem tenebant, hoc adiuvante pepulerunt. Cui, cum vitae explesset terminum, honorabile sepulchrum ante limina beati Vitalis martyris tribuentes tali eius laudes epitaphio extulerunt:

Clauditur hoc tumulo, tantum sed corpore, Drocton;
    Nam meritis toto vivit in orbe suis.
Cum Bardis fuit ipse quidem, nam gente Suavus;
    Omnibus et populis inde suavis erat.
Terribilis visu facie, sed mente benignus
    Longaque robusto pectore barba fuit.
Hic et amans semper Romana ac publica signa
    Vastator genti adfuit ipse suae.
Contempsit caros, dum nos amat ille, parentes,
    Hanc patriam reputans esse, Ravenna, suam.
Huius prima fuit Brexilli gloria capti;
    Quo residens cunctis hostibus horror erat.
Quo Romana potens valuit post signa iuvare,
    Vexillum primum Christus habere dedit.

[82] Haubrichs (wie Anm. 78), S. 26.

[83] Paulus Diaconus (wie Anm. 11), S. 124-126.

Inde etiam, retinet Classem fraude Faroaldus,
Vindicet ut Classem, classibus arma parat.
Puppibus exiguis decertans amne Badrino
Bardorum innumeras vicit et ipse manus.
Rursus et in terris Avarem superavit eois,
Conquirens dominis maxima lucra suis.
Martyris auxilio Vitalis fultus, ad istos
Pervenit victor saepe triumphos ovans;
Cuius et in templis petiit sua membra iacere,
Haec loca post mortem bustis habere iuvat.
Ipse sacerdotem moriens petit ista Iohannem,
His rediit terris cuius amore pio."

In der Übersetzung von Wolfgang F. Schwarz:[84]
,(18) Nach diesen Ereignissen machte sich König Authari (a. 584-590) auf, Brescello, eine Gemeinde am Ufer des Po (Reggio Emilia), zu erobern. Dorthin hatte sich nämlich von langobardischer Seite Herzog Droctulf geflüchtet, als er zur Partei des Kaisers (Byzanz) übertrat. Im Verein mit den kaiserlichen Soldaten leistete er dem langobardischen Heer handfesten Widerstand. Er stammte aus dem Volk der Sueben, d.h. der Alemannen, war unter den Langobarden aufgewachsen und – weil er die rechte Statur dazu hatte – zur Herzogswürde aufgestiegen. Als er aber eine Gelegenheit sah, sich für seine Gefangenschaft zu rächen, lehnte er sich augenblicklich auf gegen die Macht der Langobarden.

Mit ihm führten die Langobarden einen zähen Krieg und zwangen ihn schließlich mit den Truppen, die sich unter seiner Mitwirkung vorzüglich schlugen, auf Ravenna zurückzugehen. Brescello wurde genommen und seine Mauern wurden dem Erdboden gleichgemacht.

Danach schloss König Authari mit dem Patrizius Smaragdus, der damals in Ravenna regierte, einen Friedensvertrag auf drei Jahre.

(19) Mit Unterstützung des eben erwähnten Droctulf kämpften die ravennatischen Truppen häufig gegen die Langobarden. Und nachdem sie eine Flotte geschaffen hatten, vertrieben sie die Langobarden mit seinem Beistand aus Classe [dem byzantinischen Flottenstützpunkt bei Ravenna]. Diesem Mann stifteten sie nach seinem Tod ein Ehrengrab vor der Kirche des heiligen Märtyrers Vitalis [San Vitale] und setzten seinem Ruhm mit dem folgenden Epitaph ein Denkmal:

In diesem Grabe hier ruht nun die sterbliche Hülle des Drokton,
während er durch sein Verdienst fortlebt im Herzen der Welt.
Mit Langobarden kam einst er hier an, doch er stammte von Sueben,
daraus erwuchs Sympathie bei allem Volke für ihn.
War sein Gesicht auch mit Schrecken zu schaun, so war er doch gütig
und ein wallender Bart deckte die mächtige Brust.

[84] Paulus Diaconus, Geschichte der Langobarden – Historia Langobardorum, hg. u. übersetzt v. Wolfgang F. Schwarz, Darmstadt 2009, S. 200-203. Die Übersetzung wurde von mir an wenigen Stellen überarbeitet.

Stets war Rom er ein Freund und den Fahnen der römischen Truppen,
Hilfe bracht' er im Krieg gegen sein eigenes Volk.
In seiner Neigung für uns ging er fort von den Eltern, den lieben,
während, Ravenna, er dich als seine Heimat erkor.
Grundlage für seinen Ruhm war die Wiedergewinnung Brescellos;
auf diesem Posten vor Ort war jedem Feind er ein Schreck.
Wo seine Stärke den Fahnen von Rom noch beistehen konnte,
trug er das Banner voran, wie es ihm Christus verlieh.
So baute er auch, als durch List Faroald[85] im Besitze von Classe,
für die Befreiung der Stadt Schiffe als Streitmacht zur See.
Mit kleinen Booten zog er in den Kampf auf dem Flusse Badrinus,
und besiegte selbst ungezählte Haufen der Langobarden.
Siegreich auch kam er zurück aus dem Krieg mit Awaren im Osten,
und einer Riesenbeute, die seinen Herren er schuf [ca. 587].
Von des Märtyrers Vitalis Hilfe begünstigt,
feierte der Sieger oft solche Triumphe.
In dessen heiligem Raum wollte er sich bestattet einst wissen,
und nach dem Tod war für sein Grab das der Ort seiner Wahl.
So hat im Sterben er selbst noch den Bischof Johannes gebeten:
hierher nun kehrte er heim durch dessen sorgende Pflicht.'

Beide, der Bericht des Paulus Diaconus und die Aussagen des von ihm überlieferten Epitaphs, werden von griechischen Quellen, z.B. Theophylaktos Simokates (7. Jh. 1. Hälfte)[86], bestätigt. Danach stammte dieser *Droctulf* – so ist nach den Varianten der Überlieferung der Name herzustellen – aus dem Volk der Alemannen, die hier nach einem sich im 8./9. Jahrhundert allmählich durchsetzenden Brauch *Suavi* ‚Schwaben'[87]genannt werden. Er geriet in langobardische Gefangenschaft, auf Grund seiner Fähigkeiten – *forma idoneus* sagt Paulus – stieg er aber zur Würde des *ducatus* auf, was man hier wohl als ‚militärischer Führer' übersetzen sollte. Nach seinem Epitaph scheint er sogar die Barttracht der Langobarden (hier auch mit der Kurzform *Bardi* genannt) und damit eine neue gentile Identität angenommen zu haben, wie denn auch später dieses Volk als *gens sua* bezeichnet wird. Bei günstiger Gelegenheit wechselte dieser Warlord die Seite – es wird mit ‚Rache' für seine Gefangenschaft begründet – und ergriff die Partei der Byzantiner und ihres in Ravenna installierten Patrizius Smaragdus. Er hielt die *civitas* von Brescello am Po (nordöstlich von Parma) für die kaiserlichen Truppen für lange Zeit gegen die Langobarden und leistete selbst im Rückzug zähen Wi-

[85] Es handelt sich wohl um Faroald I., den *dux* von Spoleto. Vgl. Jarnut (wie Anm. 1), S. 37f.

[86] Vgl. Schwarz, Paulus Diaconus (wie Anm. 84), S. 374. Ob er ein Angehöriger der Donausueben war, wie Schwarz annimmt, muss dahingestellt bleiben. Die westgermanisch-alemannische Form des Ethnonyms spricht eher für den Zweitnamen der Alemannen, wie auch Paulus Diaconus annimmt. Zudem findet sich der PN **Druhti-wulfa-* gleich zweimal in den frühen alemannischen *-ingen*-Namen: 1) Trochtelfingen (LK Reutlingen), a. 1161 *Truhdolvingin*; 2) Trochtelfingen (Ostalbkreis), a. 1138/52 *Trohtolvingin*. Vgl. Haubrichs, Frühe alemannische Personennamen (wie Anm. 17), S. 81 Nr. 73.

[87] Im ravennatischen Epitaph haben die Sueben bereits die moderne Lautform *Suavi* mit dem westgerm. Wandel von germ. [ê1] > [â].

derstand, ja gewann die Festung für Ravenna zurück. Als ravennatisch-byzantinischer Heerführer befreite er den Militärhafen von Classe von den Langobarden gegen deren Führer Faroald. Im Osten siegte er a. 587 über die Awaren. Als Dank errichtete ihm Ravenna ein Ehrengrab *ante limina beati Vitalis martyris*, vor der Kirche seines Schutzheiligen und auch Stadtpatrons Vitalis, also vor San Vitale.

Dieser Heerführer *Droct-ulf* ist eine Persönlichkeit mit mehreren Identitäten. Sein Name ist als schon romanisierter überliefert: Im alemannischen Heimatland, aber auch in langobardischer Volkssprache hätte er **Druhti-wulf-* gelautet, mit der Bedeutung ‚Kriegsschar-Wolf' oder einfach ‚Schar-Wolf, Rudel-Wolf'. Die Lautkombination [ht] – so wie sie etwa noch heute in deutsch *acht* vorliegt – konnten Romanen nicht aussprechen, sie ersetzten sie durch [kt, ct]. Das [u] in **druhti* ‚Schar, Gefolge'[88] wurde im ‚latin parlé' zu [o] gesenkt. Dazu entstand eine Kurzform *Drocto*, im Obliquus *Droctone*, die wiederum – wie das Epitaph bezeugt – zu *Droktón* (Akk. *Dróktôna* bei Theophylaktos) gräzisiert wurde.

So bezeugen – bei Droctulf besonders eindrucksvoll zu verfolgen – die Namenformen auf den Inschriften und anderen Dokumenten die Migrationen von Menschen und Gruppen, zugleich aber auch Wanderungen und Wandlungen ihrer Identitäten.

Bildnachweis:

Abb. 1, 3, 4, 6, 8: Reproduktionen aus: Il futuro dei Longobardi. L'Italia e la costruzione dell'Europa di Carlo Magno, hg. v. Carlo Bertelli/Gian Pietro Brogiolo, Brescia 2000, S. 140 Abb. 85, 86, S. 141 Abb. 87, S. 142 Abb. 89, S. 406 Abb. 269.

Abb. 2, 5: Reproduktionen aus: I Longobardi. Dalla caduta dell'impero all'alba dell'Italia, hg. v. Gian Pietro Brogiolo/Alexandra Chavarría Arnau, Milano 2007, S. 216 Nr. 4.5, S. 237 Abb. 3.

Abb. 7: Reproduktion aus: Wolfgang Haubrichs, Typen der anthroponymischen Indikation von Verwandtschaft bei den germanischen gentes: Traditionen – Innovationen – Differenzen, in: Verwandtschaft, Name und soziale Ordnung (300-1000), hg. v. Steffen Patzold/Karl Ubl, Berlin/Boston 2014, S. 48f.

Abb. 9: Reproduktion aus: I Longobardi, hg. v. Gian Carlo Menis, Milano 1990, S. 161f. Nr. IV.8.

---

88 Ahd. *druhtin* ist die Bezeichnung für den Führer eines *comitatus* oder Trupps, vielleicht auch Bezeichnung für den *dominus*, der auch den königlichen oder kaiserlichen Herrn bezeichnen konnte, und in der Kirchensprache auf Christus als obersten Herrn übertragen wurde. Das Wort ist Ableitung von germ. **druhti-* fem. ‚Schar, Gefolgschaft', mit dem auch ahd. *truht-sâzo*, mhd. *truht-saeze*, nhd. *Truchsess* (Hofamt), ursprünglich ‚der der Gefolgschaft vorsitzt', gebildet ist. Vgl. Friedrich Kluge, Etymologisches Wörterbuch der deutschen Sprache, bearb. v. Elmar Seebold, 25. Aufl., Berlin/Boston 2011, S. 933; Ruth Schmidt-Wiegand, Druht und Druhtin. Zur historischen Terminologie im Bereich der Sozialgeschichte, in: Historische Forschungen für Walter Schlesinger, Köln/Wien 1974, S. 524-535; W. Rösener, Truchseß, in: RGA, Bd. 31 (2006), S. 282.

Abb. 10: Reproduktion aus: Volker Bierbrauer, Die Langobarden in Italien aus archäologischer Sicht, in: Die Langobarden. Das Ende der Völkerwanderung, hg. v. Michael Schmauder, Bonn/Darmstadt 2008, S. 150.

Abb. 11, 12: Reproduktionen aus: Axel G. Weber, Der Childebert-Ring und andere frühmittelalterliche Siegelringe, 2. Aufl., Hamburg 2014, S. 77 Abb. 34, 35.

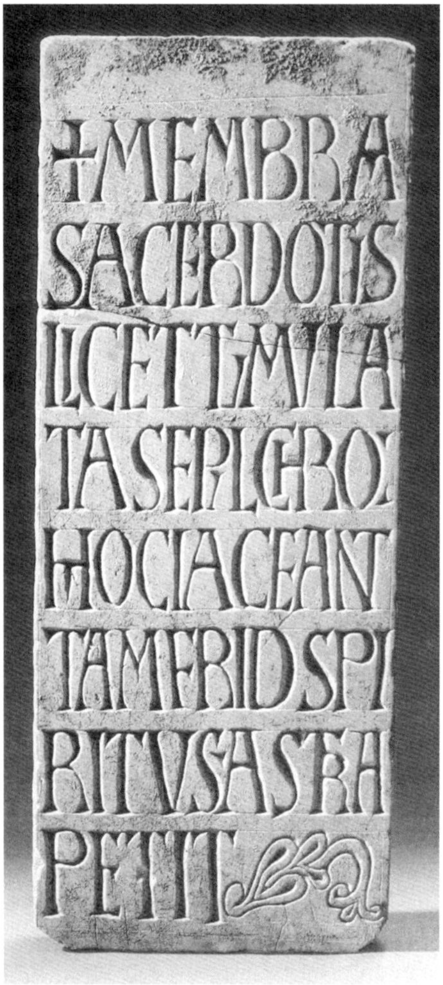

Abb. 1: Epitaph des Priesters *Tamfrid*, 1. Hälfte 9. Jh., San Vincenzo al Volturno (I, Molise)

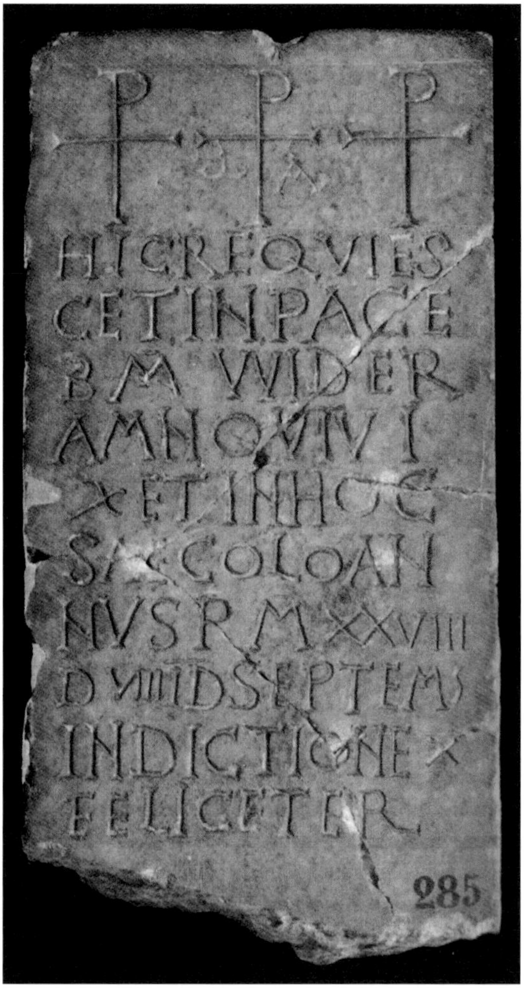

Abb. 2: Epitaph des *Wideramn*, 7. Jh., San Giovanni in Castelseprio (I, bei Varese)

Abb. 3: Epitaph (fragmentarisch) der Königin *Raginthruda*,
1. Hälfte 8. Jh., Santa Maria alle Pertiche, Pavia (I)

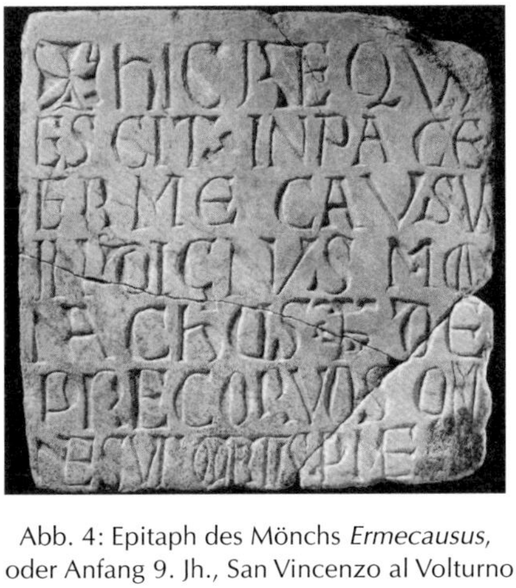

Abb. 4: Epitaph des Mönchs *Ermecausus*,
Ende 8. Jh. oder Anfang 9. Jh., San Vincenzo al Volturno (I, Molise)

Abb. 5: Rekonstruktion des Epitaphs der Kirchenstifter und Brüder *Grauso* und *Aldo*, spätes 7. Jh., Beolco bei Cernusco (I, Milano)

Abb. 6: Epitaph des *Teudelas,* 1. Viertel 9. Jh., San Vincenzo al Volturno (I, Molise)

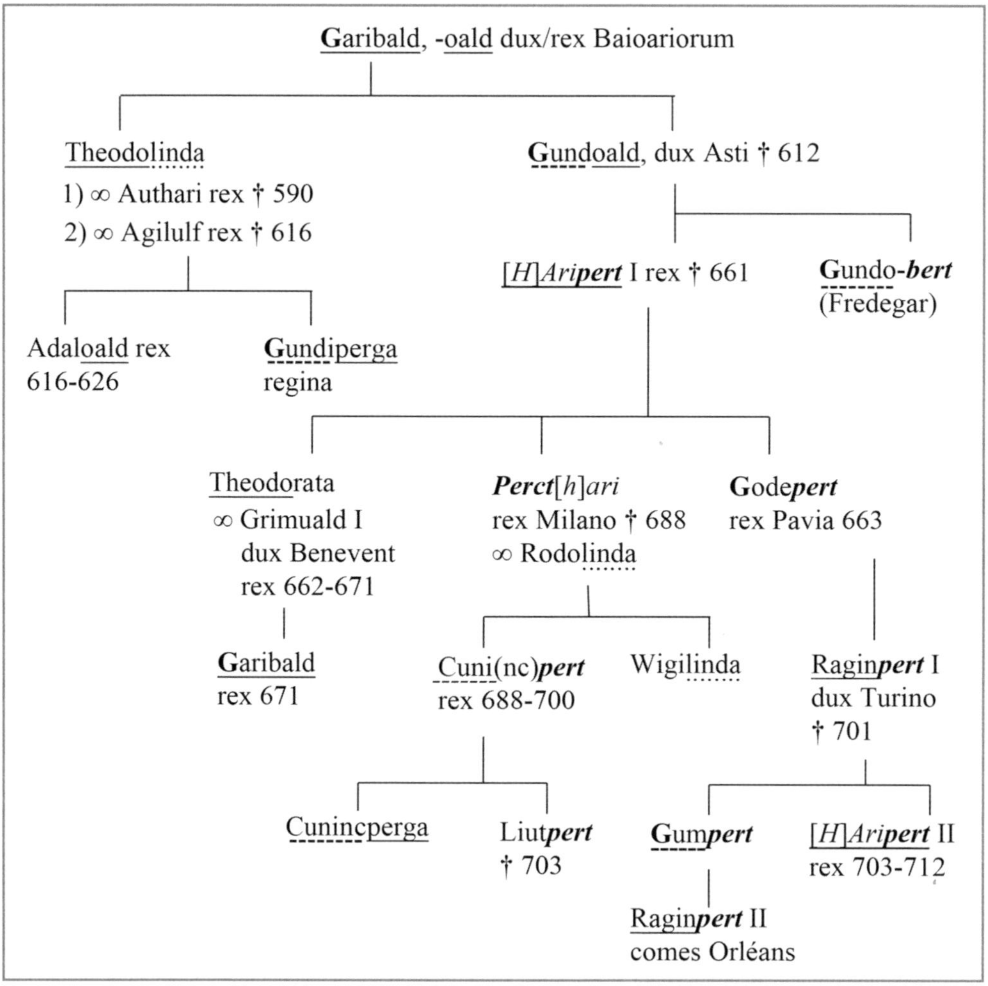

Abb. 7: Die ‚bairische' Dynastie der langobardischen Könige

Abb. 8: Epitaph (fragmentarisch) des Königs *Cunincpert*, Anfang 8. Jh., Kloster San Salvatore zu Pavia (I)

Abb. 9: Epitaph (fragmentarisch) der Königstochter und Äbtissin *Cunincperga*, Mitte 8. Jh., Sant'Agata in Monte, Pavia (I)

Abb. 10: Langobardische Siegelringe
und ihre Verbreitung in Italien

Abb. 11: Goldener Siegelring des
RODC/HIS V(ir) IL(lustris), 7. Jh.,
Trezzo sull'Adda (I, Milano), Grab 2

Abb. 12: Goldener Siegelring des
ANSV/ALDO, 7. Jh.,
Trezzo sull'Adda (I, Milano), Grab 4

DER EINFLUSS DES FREMDEN

Die textilen Inschriften der Bamberger Kaisergewänder – ein Zwischenbericht

Tanja Kohwagner-Nikolai

Die Bamberger Kaisergewänder (Abb. 1) sind eine Objektgruppe aus sechs mittelalterlichen Gewändern, zu welcher der Reitermantel[1], die Tunika Heinrichs II. oder Kunigundes[2], der blaue Kunigundenmantel[3], der sog. weiße Kunigundenmantel[4] sowie der sog. Sternenmantel Heinrichs II.[5] und das Bamberger Rationale[6] gehören. Sie sind die ältesten erhaltenen Textilien im Kontext europäischer Herrscher und prägen als Hauptzeugnisse frühromanischer Kunst unseren Blick auf die erste Jahrtausendwende. Die Textilobjekte gelten meist seit dem Mittelalter, spätestens jedoch seit dem 18. Jahrhundert als Stiftungen Kaiser Heinrichs II. und seiner Gemahlin Kunigunde an ihre Bistumsgründung, wobei sich diese Annahme ausschließlich auf die schriftliche Überlieferung stützt, die erst ein Jahrhundert nach der angenommenen Übergabe, etwa 20 Jahre vor der Heiligsprechung Heinrichs II. einsetzt. So heißt es 1127 im Bamberger Schatzverzeichnis: „Tunica imperatoris cum aurifrigio et margaritis"[7]. Das bedeutet, dass man zu

---

1 Reitermantel, Diözesanmuseum Bamberg, Inv.-Nr. 2728/3-7. Da viele Fragen zu Lokalisierung und Datierung der Gewänder offen sind, wird hier und in den folgenden Anmerkungen auf weitere Angaben verzichtet, um unnötige Verwirrung zu vermeiden. Technische Angaben jeweils mit weiterführender Literatur bei: Tanja Kohwagner-Nikolai/Sibylle Ruß bzw. Sibylle Ruß, Die sogenannten Kaisermäntel, in: Die Kunstdenkmäler von Bayern. Regierungsbezirk Oberfranken IV. Stadt Bamberg. Bd. II: Domberg, 1. Drittelband: Das Domstift, Teil 2: Ausstattung, Kreuzhofumbauung, Domschatz, hg. v. Matthias Exner, Bamberg/München 2015, S. 1828-1850.

2 Sog. Tunika Heinrichs II. oder Kunigundes, Diözesanmuseum Bamberg, Inv.-Nr. 2728/3-33.

3 Blauer Kunigundenmantel, Diözesanmuseum Bamberg, Inv.-Nr. 2728/3-5.

4 Weißer Kunigundenmantel, Diözesanmuseum Bamberg, Inv.-Nr. 2728/3-4.

5 Sog. Sternenmantel Heinrichs II., Diözesanmuseum Bamberg, Inv.-Nr. 2728/3-6.

6 Rationale der Bamberger Bischöfe, Diözesanmuseum Bamberg, Inv.-Nr. 2728/3-34. Technische Angaben mit weiterführender Literatur bei: Tanja Kohwagner-Nikolai/Sibylle Ruß, Das Rationale der Bamberger Bischöfe, in: Die Kunstdenkmäler von Bayern (wie Anm. 1), S. 1865-1870.

7 Bernhard Bischoff, Mittelalterliche Schatzverzeichnisse. Erster Teil: Von der Zeit Karls des Großen bis zur Mitte des 13. Jahrhunderts (Veröffentlichungen des Zentralinstituts für Kunstgeschichte in München 4), München 1967, S. 18.

diesem Zeitpunkt von nur einem einzigen Kaisergewand ausging. Seit der Heiligsprechung Heinrichs II. 1146 und der Kunigundes 1200 nahm die Zahl der in den Kontext des heiligen Stifterpaares gestellten Textilien bis zum 16. Jahrhundert stetig auf über zehn Gewänder zu. Dabei gilt zu bedenken, dass zu dieser Zeit weder der Sternenmantel noch das Rationale zu dieser Objektgruppe gerechnet wurden. Anders als die anderen Gewänder, die bereits im Mittelalter als wertgeschätzte Schenkungen des Kaiserpaares und somit als Reliquien galten, wurden diese beiden erst zu Beginn des 18. Jahrhunderts zu den sog. Röcken Heinrichs II. gezählt und die Zahl der Kaisergewänder auf die heute erhaltenen sechs Gewänder festgelegt.[8] Im Zuge der Säkularisation wurden sie 1803 nach München transferiert und im Kontext der Rangerhöhung des bayerischen Kurfürstentums zum Königreich als Erinnerungsstücke an den Aufstieg eines bayerischen Herzogs zum Kaiser interpretiert. Durch Vermittlung des Bamberger Erzbischofs kehrten sie – ganz bewusst wieder ihren Reliquiencharakter betonend – 1851 zurück nach Bamberg.[9]

Veränderungen im Laufe der Jahrhunderte

Die Kaisergewänder erfuhren im Laufe der Jahrhunderte vielfältige Reparaturen und zum Teil tiefgreifende Veränderungen. Die wohl umfassendste Maßnahme fand in der Zeit zwischen Mitte des 15. und Beginn des 16. Jahrhunderts statt, als sukzessive alle Goldstickereien aus den originalen Gewändern ausgeschnitten und auf neue Seidenstoffe appliziert wurden.[10] Seit dem 18. Jahrhundert wird meist unkritisch rezipiert, dass diese Übertragung gemäß der ursprünglichen Komposition des frühen 11. Jahrhunderts ohne maßgebliche Veränderungen erfolgte.[11] Im Gegensatz zur sehr genauen

---

[8] Staatsbibliothek Bamberg, HV. Msc. 224: Johann Graff, Außführlich- und Vollständige Beschreibung aller in dem Kayserlich- und Immediaten Hohen Domstifft zu Bamberg sich befindenden Heiligen Reliquien, Antiquitäten, Gold, Silber, und Anderer Kostbarkeiten, Bamberg 1736/43, p. 89-90.

[9] Die Tunika verblieb noch als Heinrichstunika bis 1923 in München. Erst dann kehrte sie als Tauschleihgabe zurück nach Bamberg. Im 19. Jahrhundert wurden von der Tunika einige Textilfragmente von dem Sammler Franz Bock abgetrennt und an verschiedene europäische Museen übergeben. Eine Auflistung bei: Sibylle Ruß, Abgewanderte Fragmente der Tunika, in: Die Kunstdenkmäler von Bayern (wie Anm. 1), S. 1840-1841.

[10] Die Erste, die sich eingehend mit den Veränderungen im Zuge der Übertragungen des Spätmittelalters in Bezug auf den sog. Sternenmantel Heinrichs II. auseinandersetzt, ist Renate Baumgärtel-Fleischmann, Der Sternenmantel Kaiser Heinrichs II. und seine Inschriften, in: Epigraphik 1988. Fachtagung für mittelalterliche und neuzeitliche Epigraphik in Graz vom 10. bis 14. Mai 1988. Referate und Round-Table-Gespräche, hg. v. Walter Koch (Denkschriften der Österreichischen Akademie der Wissenschaften, Philosophisch-Historische Klasse 213; Veröffentlichungen der Kommission für die Herausgabe der Inschriften des deutschen Mittelalters 2), Wien 1990, S. 105-125.

[11] Oft wird die Übertragung zwar erwähnt, aber die mögliche Bedeutung für das äußere Erscheinungsbild des Gewandes findet keine Berücksichtigung. Vgl. dazu z.B. Dieter Blume, Der Sternenmantel Kaiser Heinrichs II., in: Dieter Blume/Mechthild Haffner/Wolfgang Metzger, Sternbilder des Mittelalters. Der gemalte Himmel zwischen Wissenschaft und Phantasie, 2 Bde., Berlin 2012, S. 153-157; Horst Enzensberger, Bamberg und Apulien, in: Das Bistum Bamberg in der Welt des Mittelalters. Vorträge der Ringvorlesung des Zentrums für Mittelalterstudien der Otto-Friedrich-Universität Bamberg im Sommersemester 2007, hg. v. Christine van Eickels/Klaus van Eickels (Bamberger interdisziplinäre Mittelalterstudien;

Übertragung des blauen Kunigundenmantels zu Beginn der spätmittelalterlichen Erhaltungsmaßnahmen legen Beobachtungen an der Tunika nahe, dass bei ihrer Übertragung deutlich mehr verändert wurde, als bisher angenommen. Die Tunika, die lange Zeit als Heinrichstunika gesehen wurde, dürfte seit dem Spätmittelalter als Kunigundenrock für schwangere Frauen in der Hoffnung auf eine glückliche Geburt instrumentalisiert und dafür in der Form verändert worden sein.[12] Derartige Veränderungen der äußeren Form sind auch am Reitermantel, dem weißen Kunigundenmantel und dem Rationale zu beobachten.

Häufig wird jedoch übersehen, dass es bei einem Teil der Gewänder auch Mitte des 20. Jahrhunderts durch erneute Übertragung und Rekonstruktionsversuche[13] zu Umgestaltungen des äußeren Erscheinungsbilds kam.[14] Dies gilt für alle sechs Objekte, aber besonders für den Reitermantel, die Tunika und den weißen Kunigundenmantel.[15]

So ist heute an den Gewändern jeweils eine individuelle Mischung von Materialien unterschiedlicher Zeitebenen zu beobachten (Abb. 2). Indizien weisen auf Veränderungen der Bamberger Kaisergewänder sowohl in ihrer äußeren Gestalt als auch teil-

Vorlesungen & Vorträge 1), Bamberg 2007, S. 141-150; David Ganz, Pictorial Textiles and their Performance: The Star Mantle of Henry II., in: Dressing the Part. Textiles as Propaganda in the Middle Ages, hg. v. Kate Dimitrova/Margaret Goehring, Turnhout 2014, S. 13-29; Romedio Schmitz-Esser, „Isti mirant stella(m)". Die Sterne in der Politik des Früh- und Hochmittelalters, in: Politik, Konflikt, Gewalt (Innsbrucker historische Studien 25), hg. v. Robert Rebisch/Elena Taddei, Innsbruck/Wien 2007, S. 137-154. Da die übrigen Gewänder in der jüngeren Literatur kaum Berücksichtigung erfuhren, ist die Problematik in diesen Fällen nicht in diesem Umfang gegeben. Warren T. Woodfin, Presents Given and Presence Subverted: The Cunegunda Chormantel in Bamberg and the Ideology of Byzantine Textiles, in: Gesta 47/1 (2008), S. 33-50, berücksichtigt die tiefgreifenden Veränderungen des weißen Kunigundenmantels nicht. Baumgärtel-Fleischmann listet für alle Objekte die Quellen bezüglich der spätmittelalterlichen Maßnahmen auf, stellt aber keinen Bezug zu den Veränderungen des äußeren Erscheinungsbilds her: Renate Baumgärtel-Fleischmann, Die Kaisermäntel im Bamberger Domschatz, in: Berichte des Historischen Vereins Bamberg 133 (1997), S. 93-126; Renate Baumgärtel-Fleischmann, Das Bamberger Rationale, in: Historische Textilien. Beiträge zu ihrer Erhaltung und Erforschung, hg. v. Sabine Martius (Veröffentlichung des Instituts für Kunsttechnik und Konservierung im GNM 6), Nürnberg 2002, S. 207-222.

12 Baumgärtel-Fleischmann, Kaisermäntel (wie Anm. 11), S. 97-101.

13 Die Restaurierung wurde durchgeführt vom Bayerischen Landesamt für Denkmalpflege unter Leitung von Sigrid Müller-Christensen in den Werkstätten des Bayerischen Nationalmuseums München. Diese Maßnahmen gelten zwar als Beginn der modernen Textilrestaurierung, standen aber unter dem Zeichen einer völlig andersartigen Zielsetzung, deren Intention zeitgemäß nicht auf der Objektgenese lag.

14 Zur Bedeutung dieser Maßnahmen Mitte des 20. Jahrhunderts siehe: Ursula Drewello/Tanja Kohwagner-Nikolai/Sibylle Ruß, Goldgestickte Vergangenheitsinszenierung. Technologische, naturwissenschaftliche und kunsthistorische Untersuchungen der Bamberger Kaisergewänder, in: Restauro 5 (2016), S. 48-53. Zu den Veränderungen des 20. Jahrhunderts gibt es ansonsten kaum Literatur: Erwähnung in Marie Schuette/Sigrid Müller-Christensen, Das Stickereiwerk, Tübingen 1963, S. 27 (Reitermantel und weißer Kunigundenmantel); Fabian Brenker, Unzurechnungsfähig. Historische und kostümkundliche Anmerkungen zum Ursprung der Tunika im Bamberger Domschatz, in: Berichte des Historischen Vereins Bamberg 151 (2015), S. 37-58, erwähnt für die Tunika manche Veränderungen der Neuzeit, ohne weiter auf sie einzugehen oder am heutigen Erscheinungsbild zu zweifeln.

15 Tanja Kohwagner-Nikolai, Zwischen Memoria und Reliquienverehrung. Überlegungen zum Perspektivwechsel der sog. Kaisergewänder, in: Textile Gifts in the Middle Ages – Objects, Actors, Representations/Textilschenkungen im Mittelalter – Objekte, Akteure, Repräsentationen. Beiträge zur internationalen Tagung in der Bibliotheca Hertziana Rom vom 3.-5.11.2016, hg. v. Christiane Elster/Stephanie Luther/Stefanie Seeberg/Tanja Michalsky (in Druckvorbereitung).

weise inhaltlich. Dies dürfte im Kontext einer Inszenierung des Kaiser- und Heiligenkults bzw. im Kontext deutscher Identitätsbildung in der Nachkriegszeit stehen. Diese Veränderungen müssen aber entgegen mancher Auseinandersetzung mit den Objekten ungeachtet der noch nicht abschließend zu beurteilenden Auswirkungen auf das Erscheinungsbild und die Ursprungskonzeption der Gewänder in die wissenschaftliche Diskussion einbezogen werden.[16] Dieses Desiderat der Forschung versucht das laufende DFG-Projekt „Kaisergewänder im Wandel"[17] für alle Eingriffe mit Hilfe textilkundlicher und kunsthistorischer Analysen sowie naturwissenschaftlichem Materialvergleich der unterschiedlichen Goldfäden und der Farbstoffe zu beheben, wobei die mehrfachen Nutzungsänderungen und Bedeutungstransformationen, die die jeweilige Sicht auf die Zeit Heinrichs II. prägten, zu berücksichtigen sind. Eine der zentralen Fragen zielt darauf ab, wie sehr die bearbeiteten Gewänder unsere Sichtweise auf Textilien der ersten Jahrtausendwende und darauf basierende Rekonstruktionsversuche vergleichbarer Textilien beeinfluss(t)en. Da wir nur wenige und sehr kleine Proben nehmen können, ist wichtig, relevante Stellen für eine mikroinvasive Probenentnahme ausfindig zu machen. Dabei helfen „fremd" erscheinende Elemente. Da fünf der sechs heute erhaltenen Kaisergewänder Inschriften tragen, werden diese Details für eine erste Untersuchung herangezogen.

[16] Siehe zu diesem fehlenden Bewusstsein für die Bedeutung möglicher konzeptioneller Veränderungen nur z.B. Yvonne Schmuhl, Von Alexander dem Großen zu Heinrich II. Sternenmantel und Purpurchlamys als kaiserliche Insignien in Antike und Mittelalter, in: Otium cum dignitate. Studien zur Archäologie und Rezeptionsgeschichte der Antike. Festschrift für Angelika Geyer, hg. v. Dennis Graen/Mareike Rind/Henning Wabersich (BAR Internationale Series 2605), Oxford 2014, S. 289-304, wobei die Komplexität der Fragestellung sicherlich den Umfang von Schmuhls Beitrag sprengen würde; oder: Christoph Winterer, Der Kosmos als Bildthema und Vorbild textiler Kunst (800-1100), in: Beziehungsreiche Gewebe. Textilien im Mittelalter, hg. v. Kristin Böse/Silke Tammen, Frankfurt a. M. u.a. 2012, S. 77-107, bes. S. 99, der zwar die Übertragung des Spätmittelalters konstatiert, aber dennoch davon ausgeht, „dass nicht nur die Grundform und die Funktion als Messkasel ursprünglich sein dürfte, sondern auch die Mehrzahl der Beischriften zu den Sternbildern."

[17] Das DFG-Projekt ist am Lehrstuhl für mittelalterliche Kunstgeschichte an der Otto-Friedrich-Universität Bamberg (Lehrstuhlinhaber: Stephan Albrecht) angesiedelt und als Kooperationsprojekt mit dem Diözesanmuseum Bamberg (Leiter: Holger Kempkens), der Bayerischen Akademie der Wissenschaften in München (Projekt zur Herausgabe der deutschen Inschriften des Mittelalters und der frühen Neuzeit) und dem Epigraphischen Forschungs- und Dokumentationszentrum der Ludwig-Maximilians-Universität München (Franz-Albrecht Bornschlegel) angelegt. Die wissenschaftliche Leitung des Projekts liegt bei der Autorin. Zum engen Projektteam gehören die Textilrestauratorin Sibylle Ruß mit ihrer Mitarbeiterin Anne Dauer und die Materialanalytikerinnen Ursula Drewello und Martina Pristl vom Labor Drewello & Weißmann, siehe Drewello/Kohwagner-Nikolai/Ruß, Goldgestickte Vergangenheitsinszenierung (wie Anm. 14), S. 48-53 sowie Holger Kempkens, Kaiserliche Prachttextilien unter der Lupe. Das Forschungsprojekt zur Untersuchung der Kaisergewänder im Diözesanmuseum Bamberg, in: das münster. Zeitschrift für christliche Kunst und Kunstwissenschaft 70 (2017), Sonderheft Konservieren – Restaurieren – Forschen. Aktuelle Projekte aus kirchlichen Museen und Schatzkammern, S. 385-390. Die hier vorgestellten Ergebnisse wurden im ersten Jahr der Projektlaufzeit erarbeitet und stellen nur ein Zwischenergebnis dar. Eine abschließende Zusammenfassung ist für 2020 geplant. Um den Rahmen des Beitrags nicht zu sprengen, werden im Folgenden die individuellen Anteile an den dargelegten Forschungsergebnissen nicht einzeln aufgeführt. Allen Kolleg(inn)en ist an dieser Stelle herzlich für ihre Arbeit und ihre Ergebnisse zu danken.

Die Technik der Goldstickerei und der spätmittelalterlichen Übertragung

Die Sticktechnik aller Bamberger Gewänder ist eine Goldstickerei in Anlegetechnik. Die Metallfäden bestehen aus dünnen Lahnstreifen aus Gold oder vergoldeter Silberfolie, die um eine Seidenseele gewickelt sind. Sie werden bei der Anlegetechnik ausschließlich an der Oberfläche des Trägerstoffes geführt und dort nebeneinander angelegt. Mit den sog. Überfang- oder Haltefäden aus Seide werden sie auf dem Trägerstoff befestigt. Trotz dieser Technikgleichheit unterscheiden sich die einzelnen Gewänder innerhalb der Objektgruppe hinsichtlich ihrer Technik im Detail. Beim Reitermantel wird beispielsweise sehr flächig mit einer schmalen Binnenzeichnung gearbeitet, beim blauen Kunigundenmantel eher mit Musterflächen, während die Goldstickerei beim weißen Kunigundenmantel keine Flächen, sondern motivbildende Linien bildet. Auch bei den Schriften ist die Technik sehr unterschiedlich. Während beim blauen Kunigundenmantel (Abb. 3a) die Goldfäden dem Buchstabenverlauf folgen, finden sich beim weißen Kunigundenmantel (Abb. 3b) Buchstaben, bei denen die Goldfäden parallel in Senkrechten gelegt sind. Beim Bamberger Rationale (Abb. 3c) hingegen ist die Ausrichtung der Goldfäden immer parallel zum Kettfaden des Trägergewebes. Diese Unterschiede könnten Anhaltspunkte für verschiedene Herstellungszentren sein.

Die bisherige Forschung versucht immer wieder, Abweichungen des Textes, Unstimmigkeiten in der Gestaltung oder gar Fehler damit zu erklären, dass die „lateinunkundige Stickerin die Form der vorgezeichneten Buchstaben mißverstand“[18]. Dazu sind drei Aspekte anzumerken: Erstens ist Stickerei – insbesondere die Gold- und Seidenstickerei – das gesamte Mittelalter hindurch keine reine Frauenarbeit. In der Frühzeit fehlen uns schlicht Informationen zu Aufbau und Organisation von Stickwerkstätten sowie den dort tätigen Kunsthandwerkern. Im Spätmittelalter sind im Kontext der Kaisergewänder mit einer einzigen Ausnahme ausschließlich männliche Sticker genannt.[19] Zweitens konnte andernorts für das Spätmittelalter im niederdeutschen Sprachraum nachgewiesen werden, dass stickende Nonnen ohne Ausnahme eine mindestens siebenjährige Schulausbildung absolvierten, bevor sie in der Stickwerkstatt arbeiteten, also sehr wohl des Lesens mächtig waren.[20] Inwieweit dies auf profane Stickwerkstätten und das 11. Jahrhundert übertragen werden kann, bedarf weiterer Untersuchungen. Drittens ist ein Verschreiben aus Versehen in der Anlegetechnik nicht möglich, denn es handelt sich um 40 bis 70 Fäden pro Zentimeter, die angelegt werden müssen. Während bei Steindenkmälern oder Gussarbeiten Verschreibungen Probleme bei Verbesserungen nach sich ziehen, kann bei einer Stickerei ein Fehler leicht aufgetrennt werden. Finden sich dennoch Verschreibungen innerhalb der gestickten Inschriften, sind diese wohl eher der Vorzeichnung oder Vorlage zuzuschreiben. Tatsächlich konn-

---

18 So z.B. Wilhelm Messerer, Der Bamberger Domschatz in seinem Bestande bis zum Ende der Hohenstaufen-Zeit, München 1952, S. 56.

19 Archiv des Erzbistums Bamberg, Rep. I Nr. 241a unfol. (Domkustoreirechnungen); Staatsarchiv Bamberg, Rep. A 232,2 (Domkustoreirechnungen). Auflistung bei Baumgärtel-Fleischmann, Kaisermäntel (wie Anm. 11), S. 93-126.

20 Tanja Kohwagner-Nikolai, *per manus sororum* ... Niedersächsische Bildstickereien im Klosterstich (1300-1583), München 2006, S. 101-108.

ten bei der Untersuchung der Gewänder Vorzeichnungen festgestellt werden. Beim blauen Kunigundenmantel beispielsweise sind auf dem ursprünglichen Gewebe unter der Goldstickerei weißliche Partikel einer Vorzeichnung zu sehen, die aus Knochenweiß (Knochenasche) und dem Bindemittel Protein besteht. Letzteres diente der Herstellung einer streichfähigen und malbaren Rezeptur, die als Vorzeichnungskreide oder -farbe geeignet war. Beim Reitermantel konnte Auripigment in der Vorzeichnung nachgewiesen werden. Vergleichbar zu diesen beiden Beispielen haben wir auch an anderen Kaisergewändern Vorzeichnungen beobachten können und müssen deshalb davon ausgehen, dass dies der üblichen Arbeitsweise entsprach. Inwieweit Verschreibungen im Zuge der Vorzeichnung unterliefen oder bereits auf der Vorlage basieren, kann ebenso wenig abschließend beantwortet werden wie die Frage, ob an diesen unterschiedlichen Schritten des Herstellungsprozesses verschiedene Hände beteiligt waren, zumal die Stickereien durchaus arbeitsteilig hergestellt worden sind.

Bei der Übertragung des Spätmittelalters wurden die Goldstickereien, d. h. alle Buchstaben, Punkte, Ornamente und Szenen mit ihrem Trägergewebe knappkantig aus dem ursprünglichen Gewand ausgeschnitten und auf einen neuen Seidenstoff gelegt. Dort wurden sie zunächst geheftet und anschließend mit einem Seidenfaden konturiert und festgenäht. Zum Teil wurden schadhafte Stellen mit Material des 15. Jahrhunderts oder auch Borten und Goldstickereifragmenten früherer Zeiten ergänzt. Eine Neuanfertigung einzelner Motive wurde – bis auf kleine Punkte, die den Hintergrund der Medaillons am blauen Kunigundenmantel füllen – nicht vorgenommen. Eine gedrehte Montage, ein Vertauschen oder Verziehen einzelner Elemente bei der Übertragung der Stickereien im 15. Jahrhundert ist indessen an verschiedenen Stellen zu beobachten.

Der blaue Kunigundenmantel

Der blaue Kunigundenmantel (Abb. 4) präsentiert sich heute als Pluviale mit einem durch Flechtbänder verbundenen System aus Medaillons, die jeweils von einer umlaufenden, die bildliche Darstellung im Inneren thematisierenden Umschrift in karolingisch-ottonischer Kapitalis[21] und einer Rankenborte umgeben sind. Um die spitzovale, durch ein Schriftband gerahmte Hauptdarstellung im Zentrum der Rückenansicht mit Christus, der segnend aus dem geöffneten Himmel schreitet, gruppieren sich zunächst acht mehr oder weniger angeschnittene kleine Medaillons, deren Schriftbänder überwiegend Anfänge der O-Antiphonen aufgreifen. Die vier Medaillons, die diese Gruppe hinterfangen, binden sie in das – ein Gewebe mit fortlaufendem, die Ränder überschneidendem Rapport imitierende – System aus insgesamt 54 Medaillons des Mantels ein. Die Medaillondarstellungen gliedern sich in drei Themenkreise. In den vier mittleren senkrechten Reihen der Rückenansicht werden Szenen der Advents- und Weihnachtszeit gezeigt. Die Inschriften sind größtenteils Anfänge antiphonaler Gesänge

[21] Zur karolingisch-ottonischen Kapitalis allgemein vgl. Walter Koch, Inschriftenpaläographie des abendländischen Mittelalters und der früheren Neuzeit. Früh- und Hochmittelalter (Oldenbourg Historische Hilfswissenschaften), Wien 2007, S. 148-150. An dieser Stelle ist Franz-Albrecht Bornschlegel (München) sehr herzlich für die fruchtbare Diskussion zu danken.

dieses Festkreises. Entlang der vorderen, vertikalen Öffnung thematisieren 16 Medaillons in zwei Reihen, die von den vorgenannten Medaillons am Halsausschnitt unterbrochen werden, die Petrus- und Pauluslegende, wobei links die Apostelgeschichte als Vorlage dient und die Inschriften auf biblischen Texten basieren. Rechts wird die legendarische Überlieferung aufgegriffen, die Inschriften paraphrasieren den dargestellten Inhalt. Die 14 Medaillons in den verbleibenden Zwickeln zeigen je einen Propheten, wobei links in den angeschnittenen leeren Medaillons, wo der Mantel heute deutlich nach innen gezogen ist und vom normalen Saumverlauf abweicht, wahrscheinlich zwei weitere Prophetenbilder fehlen. Die Inschriften beziehen sich nicht nur auf Prophetentexte, sondern auch auf andere Bücher der Bibel und Antiphonen. Manchmal werden die Szenen im Inneren der Medaillons durch beigefügte Tituli ergänzt.[22]

Der blaue Kunigundenmantel hat sich nahezu in seinem ursprünglichen Bestand erhalten, dennoch konnten nun fremde Materialien nachgewiesen werden, die erst im Zuge der spätmittelalterlichen Reparaturmaßnahmen in den Mantel eingearbeitet wurden. Hier ist vor allem das sog. „Nürnberger Gold"[23] zu erwähnen, das sich deutlich von den originalen Goldfäden unterscheidet. Außerdem war aufgrund der Ausrichtung des Kettfadens im originalen Trägergewebe, das sich unter den Goldstickereien erhalten hat, festzustellen, dass nur gleiche Buchstaben innerhalb einer Umschrift miteinander vertauscht wurden. Das gilt häufig für *E*, *S* und *P*. Bei symmetrischen Buchstaben wie *I*, *O* und *H* ist zu beobachten, dass sie teilweise kopfstehend montiert wurden.

Dies zeigte uns im Rahmen des laufenden DFG-Projekts, dass innerhalb der Inschriften keinerlei inhaltliche Erneuerungen oder Ergänzungen vorgenommen worden sind. Dennoch kam es zu Veränderungen: Vier im originalen Verbund verbliebene Inschriften visualisieren diese sehr deutlich. Wie alles andere sind – bis auf die eben erwähnten vier Umschriften – sonst alle Buchstaben knappkantig ausgeschnitten und auf den neuen Träger appliziert worden. Im Zuge dessen wurden sie mit einem roten Faden konturiert festgenäht, der die ursprünglich sehr filigran wirkenden Buchstaben merklich veränderte. Dabei wurden fremd erscheinende Buchstabenformen, wie beispielsweise ein *F* mit deutlichem Fußstrich,[24] bei der Übertragung einfach abgeschnitten (Abb. 5). Dass es sich dabei um bewusste Modernisierungstendenzen handelt, ist eher unwahrscheinlich, denn insgesamt war die Übertragung beim blauen Kunigundenmantel wohl aufgrund seines Reliquiencharakters sehr exakt und bestandserhaltend. Daher kann

[22] Figürliche Darstellungen und Umschriften aller Medaillons bei Tanja Kohwagner-Nikolai/Sibylle Ruß, Pluviale, sogenannter Mantel der hl. Kunigunde, in: Die Kunstdenkmäler von Bayern (wie Anm. 1), S. 1844-1850.

[23] Es handelt sich dabei um einen hauchdünn vergoldeten Silberlahn, der eine gelbe Seidenseele in mehr oder weniger engen Wicklungen umschließt. Den Namen „Nürnberger Gold" verwenden wir für dieses Material, da in den Domkustoreirechnungen von 1437-1439 erwähnt wird, dass für die Reparatur des blauen Kunigundenmantels 15 Unzen Gold in Nürnberg gekauft wurden (Archiv des Erzbistums Bamberg, Rep. I Nr. 241a unfol.).

[24] Die Vergleichsbeispiele zu dieser Buchstabenform im epigraphischen Kontext sind nördlich der Alpen äußerst selten. Zu diesen Beispielen siehe: Jan Ilas Bartusch, Der Freudenstädter Taufstein und das Bietenhausener Tympanon – Zwei frühe Steinmetzarbeiten der Alpirsbacher Klosterbauhütte, in: Zeitschrift für Hohenzollerische Geschichte 51/52 (2015/2016), S. 1-24, bes. S. 8 sowie 21-22, dort auch weitere Vergleichsbeispiele. An dieser Stelle ist Ilas Bartusch (Heidelberg) sehr herzlich für den kollegialen Austausch und seine Hilfe zu danken.

man diese Veränderungen bei den Buchstaben wohl nicht als bewusste Modernisierung bewerten. Die Verfremdung der Sporen von kleinen rechteckigen Blöcken zu dominanten Dreiecken liegt schlicht an der Arbeitsweise mit dem roten Konturfaden. Es ist einfacher einen Faden diagonal zu spannen, als noch einmal einen zusätzlichen Zwischenstich zu setzen. Diese Zeitersparnis darf bei ungefähr tausend Buchstaben, die einzeln übertragen wurden, nicht unterschätzt werden.[25]

Mit diesem Wissen erscheint allerdings ein anderer Aspekt auffällig: Manche Schreibweisen wie beispielsweise *GEREMIAS* statt *JEREMIAS* konnten aufgrund der Kettfadenrichtung des Trägergewebes als richtig positioniert im Verbund bestätigt werden.[26] Diese Schreibung wirkt eher italienisch denn wie eine zufällige Verschreibung. Vor allem in der Gegend um Rom lassen sich um die erste Jahrtausendwende Beispiele für das Eindringen der Volkssprache in den epigraphischen Kontext beobachten.[27] Die Entstehung des Mantels wird bislang jedoch in Süddeutschland, eventuell in Regensburg zur Zeit Heinrichs II. angenommen. Der zur Begründung herangezogene stilistische Vergleich mit der Regensburger Buchmalerei[28] erweist sich indessen als nur bedingt tragfähig und reicht über eine zeittypische Verwendung vergleichbarer Motive und Formvarianten kaum hinaus, zumal diese Codices transportabel und zum Teil als Geschenke Heinrichs in Bamberg bekannt waren.[29] In Regensburg ist zu Beginn des 11. Jahrhunderts keine Stickwerkstatt belegt.[30] Da auch die Buchstabenform des F mit

[25] In der entsprechenden Domkustoreirechnung wird ausdrücklich vermerkt, dass „daran iczunt die Dorothea Behemyn geerbeyt hat lenger denn ein jar" (Archiv des Erzbistums Bamberg, Rep. I Nr. 241a unfol.), was insofern auffällig ist, da die Arbeitszeit sonst bei keinem der Gewänder erwähnt wird und somit wohl als bemerkenswert eingestuft wurde.

[26] Das Medaillon AW5 „Jeremias tröstet das Volk" wird von der Umschrift *+ · CONSOLAMINI · CO(N)SOLAMINI · POPVLE · MEVS · DICIT · D(EV)S · V(ESTE)R* · gerahmt. Der zitierte Titulus befindet sich auf Kopfhöhe hinter dem Propheten.

[27] An dieser Stelle ist den Teilnehmern der 14. Internationale Fachtagung für mittelalterliche und frühneuzeitliche Epigraphik herzlich für alle Diskussionsbeiträge zu danken, besonders Rudolf Simek (Bonn) und Eberhard Nikitsch (Mainz). Die Recherche nach Vergleichsbeispielen gehört zu den Aufgaben des aktuellen DFG-Forschungsprojekts.

[28] So z.B. Baumgärtel-Fleischmann, Kaisermäntel (wie Anm. 11), S. 103.

[29] Noch am nächsten ist die Verwandtschaft der Zierranken zwischen den Medaillons des blauen Kunigundenmantels mit dem Rankenwerk des Uta-Codex, Regensburg 1. Viertel des 11. Jahrhunderts, Bayerische Staatsbibliothek München, Clm 13601, bes. fol. 3v, oder des Sakramentars Heinrichs II., Regensburg ca. 1002-1014, Bayerische Staatsbibliothek München, Clm 4456, bes. fol. 12v.

[30] Dies wird in der Literatur ausgehend von den frühen Publikationen wie z.B. Ernst von Bassermann-Jordan/Wolfgang W. Schmid, Der Bamberger Domschatz, München 1914, S. 11, oder Sakrale Gewänder des Mittelalters. Katalog zur Ausstellung im Bayerischen Nationalmuseum München vom 8. Juli bis 25. September 1955, hg. v. Sigrid Müller-Christensen, München 1955, S. 22, zwar immer wieder betont. Auch Elfriede Heinemeyer, Süddeutsche Stickereien des 13. und 14. Jahrhunderts (Diss. München), München 1958, erwähnt nach A. Niedermayer, Künstler und Kunstwerke der Stadt Regensburg, Landshut 1857, S. 22 – allerdings ohne Quellenangabe – für die Zeit um 1100 eine Stickwerkstatt im Regensburger Kloster St. Emmeram, doch finden sich dafür bislang keinerlei Belege in Regensburger Quellen. Für die Zeit ab Abt Ramwold (* um 900 in Trier?, † 17. Mai oder 17. Juni 1000 in Regensburg) sind zwar einige Textilien schriftlich bezeugt (Die lateinischen Dichter des deutschen Mittelalters. Die Ottonenzeit, hg. v. Karl Strecker [MGH Poetae 5,1], Leipzig 1937, S. 363-364), doch kamen sie als Schenkungen nach St. Emmeram. Daraus die Existenz einer Stickwerkstätte abzuleiten, scheint etwas gewagt. Für den kollegialen Austausch ist an dieser Stelle Franz Fuchs (Würzburg) aufrichtig zu danken.

Fußstrich, dessen Vorkommen im Raum nördlich der Alpen als Seltenheit zu betrachten ist, in Italien eine Tradition zu haben scheint[31], könnte der blaue Kunigundenmantel eventuell in einer Kontinuität mit dem Pluviale der Kaiserin Irmingard zu sehen sein, die im 9. Jahrhundert nach Sedulius Scottus[32] einen Mantel mit Szenen aus dem Leben Petri dem hl. Petrus gewidmet und der Vatikanischen Basilika gestiftet hat, und damit als Donation der Kaiserin Kunigunde zu verstehen sein. Inwiefern deshalb von einer Herstellung in Italien ausgegangen werden muss oder ob ein italienischer Künstler in einer süddeutschen Stickwerkstatt für den Entwurf verantwortlich war, ist derzeit ebenso offen wie die Möglichkeit einer wandernden Werkstatt im Gefolge Kaiser Heinrichs II.

Das Rationale der Bamberger Bischöfe

Als Geschenk Heinrichs II. dürfte das Rationale (Abb. 6) für den ersten Bamberger Bischof Eberhard I. (1007-1040) einzuordnen sein. Es ist das weltweit älteste erhaltene Rationale, entstanden in der ersten Hälfte des 11. Jahrhunderts. Auf der Rückseite zeigt es eine Darstellung des apokalyptischen Lamms, auf der Vorderseite das Bett Salomos aus dem Hohen Lied. Diese Programmkombination aus Hohem Lied und Apokalypse passt thematisch in die Zeit Heinrichs II., als dessen Schenkung die Codices der Bamberger Apokalypse[33] und des Hoheliedkommentares[34] angesehen werden. Auch der Buchstabenbefund weist in die Heinrichszeit. Zufall wäre eine zu schwache Erklärung für diese Parallele.[35]

Anders als beim blauen Kunigundenmantel sind die Buchstaben bei der spätmittelalterlichen Übertragung zwischen 1454 und 1456 nicht einzeln ausgeschnitten worden, sondern in Streifen, sodass an diesem Objekt die Inschriften in ihrem originalen Verbund erhalten sind. Da hier bei den Buchstaben der Goldfaden – wie eingangs erwähnt – immer parallel zum Kettfaden des Trägergewebes gelegt wurde und daher aufgrund des halbrunden Gewandschnitts[36] im Prinzip radial verläuft, konnten im Zuge

[31] An dieser Stelle ist vor allem Rüdiger Fuchs (Mainz) und wiederum Eberhard Nikitsch (Mainz) für die fruchtbringende Diskussion besonders zu danken.

[32] Sedulius Scottus, Carmina II, 21, in: Poetae Latini aevi Carolini, hg. v. Ludwig Traube (MGH Poetae 3), Berlin 1896, S. 187-188.

[33] Staatsbibliothek Bamberg, Msc.Bibl. 140.

[34] Staatsbibliothek Bamberg, Msc.Bibl. 22.

[35] Peter Schmidt, Das Bamberger Rationale – Hoheslied und Apokalypse in der Begründung kirchlicher Autorität, in: ders., Sinnliche Texte und geistliche Bilder – geistliche Texte und sinnliche Bilder: Studien zur Bildprägung im Mittelalter am Beispiel des Hohenliedes (ungedr. Habilitationsschrift, Universität Frankfurt a.M. 2007), S. 95-100. An dieser Stelle ist Peter Schmidt (Heidelberg) für die Überlassung des ungedruckten Manuskripts und den kollegialen Austausch herzlich zu danken.

[36] Dass die Goldstickerei des Bamberger Rationale bereits ursprünglich eine Kasel zierte, konstatiert bereits Baumgärtel-Fleischmann, Rationale (wie Anm. 11), S. 208. Dies konnte durch die aktuelle Untersuchung zweifelsfrei bestätigt werden, da unter der Goldstickerei der Christusfigur auf der Vorderseite partiell Stützleinen unterlegt ist und die seidenen Haltefäden durch dieses hindurchgehen. Dieses Vorgehen ist nur dann sinnvoll und notwendig, wenn das Rationale aus dem Rahmen genommen werden musste, um die vordere Mitte mittels einer Naht zu schließen und diese dann anschließend ohne Stabilisierung eines Stickrahmens überstickt wurde.

der Übertragung versetzte Inschriften erkannt und ihr ursprünglicher Bestimmungsort identifiziert werden. Beispielsweise findet sich ein nicht zugehöriges Fragment mit den Buchstaben *ONS* innerhalb eines *SA[NCT]VS*. Die ursprüngliche Position war unterhalb des Bettes, wo es ...*ET MEDIA KARITATE C[<ONS>TRAVIT]* heißen müsste.

An den unteren Enden der beiden das Rückenschild flankierenden Apostelstreifen (Abb. 7) wurden bei einer der zahlreichen Reparaturen[37] zwei ornamentale Stickereifragmente von einem anderen Objekt angefügt. Auch die beiden darüber befindlichen Apostelbüsten gehören nicht zum ursprünglichen Rationale, sondern wurden aus einem anderen Zusammenhang hierher übertragen. Aufgrund dieser Beobachtungen stellt sich die Frage, ob ursprünglich die Bistumsgründer Heinrich und Kunigunde unterhalb der Apostel angefügt waren, wie dies eine um 1420 zu datierende Zeichnung der Hauptansichtsseite des Bamberger Rationale[38] (Abb. 8) vorgibt. Diese Zeichnung wurde, wie die abweichenden Beischriften belegen, zu einem Zeitpunkt angefertigt, als das Bamberger Rationale wohl schon deutliche Beschädigungen aufwies. Dagegen war zu der Zeit, als das Regensburger Rationale[39] abhängig vom Bamberger Stück mit Gold- und Silberstickerei in Anlegetechnik flächendeckend auf zwei Lagen Leinen gestickt wurde, noch deutlich mehr zu lesen.[40] Das Regensburger Rationale wird bislang aufgrund stilistischer Merkmale und der Tatsache, dass sich nur Bischof Nikolaus von Ybbs (1313-1340) auf seinem Siegel mit einem Rationale darstellen ließ, das dem Typus des erhaltenen entspricht, zwischen 1314-1328 datiert und als Stiftung Ludwig des Bayern angesehen.[41] Allerdings ist in der schwer zu entziffernden Inschrift am unteren Abschluss der rückseitigen Apostelstreifen des Regensburger Rationale ausgerechnet der Herrschername nicht zu lesen: *DIZ · HAT · GEFRVMT // [---] · ROMISCHER · CHVNIG*. Eine Inschrift an den Apostelstreifen der Vorderseite erwähnt mit den Worten *[ZV]FOR · VERG[---] // WORDEN · VON PAP(ST) · GRE[---]* eine Verleihung durch Papst Gregor.[42] Nimmt man die sonstige Abhängigkeit der Beischriften des Regensbur-

---

Das Bamberger Rationale steht als ältestes erhaltenes Rationale am Anfang der Formentwicklung zu einem reinen Schulterschmuck, wie wir dies von anderen erhaltenen Rationale beispielsweise aus Regensburg oder Eichstätt kennen. Das Bamberger Rationale wurde zu einem Zeitpunkt gefertigt, als der liturgische Farbkanon noch nicht ausgebildet war.

37 Zahlreiche Reparaturausgaben (Domkustoreirechnungen, wie Anm. 19) belegen die Nutzung des Rationale bis mindestens 1641/42, wobei es in Bamberg, im Gegensatz zum ranghöheren, allein den Bischöfen vorbehaltenen Pallium, an bestimmten Tagen auch von dem im Dom zelebrierenden Geistlichen getragen werden konnte.

38 Staatsbibliothek Bamberg, Msc.Add. 3001, Leihgabe der Ernst von Siemens Kunststiftung.

39 Domschatzmuseum Regensburg (Inv.-Nr. D1974/89).

40 Tanja Kohwagner-Nikolai, Regensburg oder Bamberg – woher stammt das goldgestickte Rationale?, in: Akademie aktuell 4 (2015), S. 30-35.

41 Achim Hubel, Der Regensburger Domschatz (Kirchliche Schatzkammern und Museen 1), München/ Zürich 1976, S. 219-229; Walburga Knorr/Werner Mayer, Die Inschriften der Stadt Regensburg II. Der Dom St. Peter (1. Teil bis 1500) (Die Deutschen Inschriften 74, Münchener Reihe 13), Wiesbaden 2008, S. 39-42, http://nbn-resolving.de/urn:nbn:de:0238-di074m013k0005107 (17.12.2019).

42 Ob es sich dabei, wie Hubel (wie Anm. 41), S. 227, annimmt, tatsächlich um einen Amtsvorgänger von Gregor VIII. (25.10.-17.12.1187) handelt, wie z.B. Gregor VII. (1073-1085), oder eventuell um den gleichnamigen Gegenpapst (1118-1121), der den Regensburger Bischöfen das Rationale verlieh, muss überprüft werden.

ger Rationale vom Bamberger Rationale, die reparierte Beschädigung an den unteren Apostelstreifen beim Bamberger Stück und die ergänzende Lösung bei der Nachzeichnung des Bamberger Rationale an ebendieser Stelle, wird wahrscheinlich, dass bei der Stickerei des 11. Jahrhunderts dort zumindest der Name des Stifters gestanden haben könnte. Inwiefern sich eine solche Stiftung in die Politik Heinrichs II. einordnen lässt, ist genauso zu überprüfen wie die Frage, ob ein päpstliches Privileg für die Verwendung eines Rationale im 11. Jahrhundert notwendig war.

Der weiße Kunigundenmantel

Dieser Mantel (Abb. 9) erfuhr unter den erhaltenen Gewändern, die mit dem hl. Kaiserpaar in Verbindung gebracht werden, wohl die vielfältigsten und offensichtlichsten Veränderungen. Heute ist er als weißes Pluviale mit rechtwinklig angeordneten Stickereielementen zu sehen. Der ursprüngliche Trägerstoff ist ein um 1000 zu datierender weißer, monochrom gemusterter Seidensamit aus Byzanz.[43] In versetzten Reihen sind 71 teils nur fragmentarisch erhaltene, sich fast identisch wiederholende Goldstickereien aufgenäht, die einen thronenden Herrscher mit Pendilien-Krone, Labarum und Loros zeigen. Auf Höhe der Sitzfläche stehen beidseitig des Kaisers oft einzelne Buchstaben (Abb. 10). Sie stützen die rekonstruierende Anbringung der sehr schlecht erhaltenen Schriftriegel zwischen den figürlichen Stickereien, die bei der letzten Restaurierung Mitte des 20. Jahrhunderts aufgrund des festgestellten Fadenverlaufs innerhalb des originalen Trägergewebes montiert wurde.[44] Dies impliziert zwar eine korrekte Positionierung der Schriftriegel zwischen den figürlichen Stickereielementen, nicht aber ihre richtige Platzierung im gesamten Gewebe. Die Schriftriegel wurden willkürlich zusammengesetzt und über den Mantel verteilt. Anzahl und Länge der einzelnen Inschriften müssen offen bleiben, Zuordnung zueinander sowie Anbringung auf dem Chormantel entsprechen keinesfalls dem Originalzustand. Von beträchtlichen Verlusten muss ausgegangen werden.

Bis zu dieser letzten Restaurierung bildeten die Schriftriegel den unteren Abschluss der radial auf einem lachsfarbigen Damast angeordneten Stickereimotive. In der Rückenmitte waren mehrere Kaisermotive zu einem Stab zusammengefasst (Abb. 11). Diese Montierung dürfte dem Erscheinungsbild des Mantels entsprochen haben, das bei Reparaturmaßnahmen 1440/42 durch Übertragen der Stickereien auf einen lachsroten Seidendamast entstand. In dieser Gestalt zeigt das Heiltumsverzeichnis von 1508/09 den roten Mantel der hl. Kunigunde mit scheinbar ausgeschnittenen und applizierten weißen Stickereifragmenten, in denen Figuren mit Zepter und Reichsapfel

[43] Regula Schorta, Monochrome Seidengewebe des hohen Mittelalters. Untersuchungen zu Webtechnik und Musterung (Diss. Bern 1995), Berlin 2001, S. 160 Nr. 9.

[44] Unterlagen zur Restaurierung 1951 bis 1959 im Atelier für Textilrestaurierung des Bayerischen Nationalmuseums. Siehe auch Hannelore Herrmann, Zur Geschichte der Konservierung und Restaurierung der Textilien aus dem Bamberger Domschatz, in: Hortulus Floridus Bambergensis. Studien zur fränkischen Kunst- und Kulturgeschichte. Festschrift für Renate Baumgärtel-Fleischmann, hg. v. Werner Taegert, Petersberg 2004, S. 75-88.

stehen (Abb. 12).[45] Doch bereits 1430/31 wird eine „rot seiden Kapp mit gulden Zirkel, darinnen guld(en) Tirlein"[46] erwähnt, die bislang als eben dieser rote Kunigundenmantel interpretiert wird.[47] Ob der im ersten Heiltumsverzeichnis kurz vor 1380[48] genannte rote Mantel der hl. Kunigunde bereits applizierte Stickereien trug oder ein eigenständiges Gewand war, ist fraglich und kritisch zu diskutieren. Sicher aber ist, dass demzufolge sowohl die Kaisermotive wie auch die Schriftriegel bereits im Mittelalter eine Zweitverwendung erfuhren, als sie auf den rötlichen Damast appliziert wurden.

Eine ursprünglich reihenweise Anbringung von Stickereimotiven ist allerdings für einen halbkreisförmigen Mantel unüblich und legt eher eine anfangs rechteckige oder quadratische Form des Textils nahe. Deswegen wurde vermutet, dass die Stickereien ursprünglich die zweite im Domschatzverzeichnis von 1127[49] genannte Decke für das Kaisergrab zierten,[50] wofür die Beischrift *HEINRICI* sprechen könnte, die an einer Stelle der Vorderseite zu lesen ist.[51] Dies ist aber nur eine von mehreren Möglichkeiten, denn in der Buchmalerei werden weltliche Herrscher in der Regel nicht mit vorne zu schließenden Mänteln in Pluvialform gezeigt, sondern sie tragen einen auf der Schulter geschlossenen Mantel, der hinten und vorne herabhängt, also aus einem rechteckigen Tuch besteht.[52]

Im Gegensatz zur bisherigen Forschung, die hier byzantinische Einflüsse sehen wollte[53] oder aber die Inschrift als spätere Zutat einer westlichen Werkstatt interpretierte, während die Kaisermotive als byzantinische Arbeit eingestuft wurden[54], kann man zweifelsfrei sagen, dass die Inschriften und die figürlichen Motive mit demselben Material und derselben Technik in einer Werkstatt zeitgleich auf den weißen Samit kamen. Darüber hinaus lassen sich innerhalb der Inschriften trotz des fragmentarischen Zustands keinerlei Fremdeinflüsse feststellen. Es handelt sich um unterschiedliche lateinische Wörter in einer sehr gleichmäßigen Kapitalis. Auch die auf den ersten Blick byzantinisch wirkenden Kaiser offenbaren im Detail durchaus abendländische Elemente[55], so dass beide Kulturkreise als Herstellungszentrum zur Diskussion stehen. Die abschließende Bewertung aller Befunde und Materialanalysen steht ebenso wie ein Rekonstruktionsversuch der Inschriften noch aus.

---

45 British Library London, Add Ms 15689, fol. 3r (Bamberger Heiltumsbuch von 1508/09).

46 Archiv des Erzbistums Bamberg, Rep. I Nr. 241a unfol.

47 Baumgärtel-Fleischmann, Kaisermäntel (wie Anm. 11), S. 104.

48 Bayerische Staatsbibliothek München, Cgm. 267, fol. 239r.

49 Bischoff, Schatzverzeichnisse (wie Anm. 7), S. 18.

50 Baumgärtel-Fleischmann, Kaisermäntel (wie Anm. 11), S. 106.

51 An dieser Stelle ist Ramona Baltolu, Franz-Albrecht Bornschlegel und Christine Steininger für die intensiven Gespräche vor dem Objekt und überhaupt, aber auch Mirjam Goeth und Eileen Holler für ihre Unterstützung herzlich zu danken.

52 Siehe z.B. Staats- und Universitätsbibliothek Bremen, Msb 21 (Evangelistar Heinrichs III.), fol. 3v; Staatsbibliothek Bamberg, Msc.lit. 53 (sogenanntes Pontifikale Heinrichs II.), fol. 2v.

53 Z.B. Sigmund von Pölnitz, St. Kunigundens Chormantel, Bamberg o.J. [um 1961], S. 2, oder Sigmund von Pölnitz, Die Bamberger Kaisermäntel, Weißenhorn 1973, S. 16.

54 Woodfin, Presents (wie Anm. 11), S. 33-50, bes. S. 34.

55 Vgl. dazu z.B. Bayerische Staatsbibliothek München, Clm 343 (Bobbio-Psalter), fol. 12v.

Der Reitermantel

Der Reitermantel (Abb. 13) ist heute ein halbrunder Mantel mit großen Medaillons, die in einer vollständigen und zwei angeschnittenen horizontalen Reihen die Fläche bedecken und im Zentrum jeweils die Darstellung eines reitenden Kaisers zeigen. Der Herrscher trägt Pendilien-Krone sowie in der einen Hand ein großes Lilienzepter und auf der anderen einen Falken. Unter dem Pferd liegen jeweils drei durchbohrte Krieger, während ein Raubtier das Pferd von vorne angreift. Auch hier wurden im Zuge der Restaurierungsmaßnahme der 1950er Jahre fast alle Spuren früherer Reparaturen entfernt und einzelne Medaillons vertauscht. Ein paar Spuren der Veränderungen des Spätmittelalters sind dennoch zu beobachten, wie beispielsweise eine der Kaiserkronen oder ein Greif, die aus anderen Zusammenhängen stammen und an Fehl- oder Leerstellen transferiert wurden. Außerdem konnten wir feststellen, dass der Mantel ursprünglich wohl eine rechteckige Form mit radial angeordneten Reitermotiven hatte.[56] Parallel zur oberen Kante bzw. der vorderen Mantelöffnung ist eine Inschrift mit gewebten kufischen Zeichen zu erkennen (Abb. 14). Im Zuge der aktuellen Untersuchung ergab sich, dass es sich bei diesem Samitgewebe auf keinen Fall um das originale Trägergewebe oder – wie meist behauptet – um das originale Futter[57] des Mantels handelt. Die Inschrift ist al-mulk li-Llāh (Die Herrschaft gebührt Gott) mit den Ergänzungen aš-šukr (Dank) und darunter baraka (Segen) zu lesen.[58] Die Musterung des Gewebes findet eine Parallele in dem Stoff, der als Hülle für die Dalmatik des hl. Ambrosius Verwendung fand und aufgrund seiner Inschrift in die Zeit des Herrschers Nasr ad-Daula Ahmad ibn Marwan (1011-1061) zu datieren ist.[59] Damit wäre auch für den Bamberger Samit mit kufischer Inschrift eine Datierung ins 11. Jahrhundert anzunehmen. Dies widerspricht aber der bisherigen Datierung des Reitermantels ins 12. Jahrhundert[60] bzw. wirft die Frage nach der Funktion dieses Gewebes in Bezug auf den Reitermantel neu auf. Kam dieses ältere Gewebe eventuell im Zuge einer früheren, in den Quellen nicht fassbaren Reparaturmaßnahme als neuer Trägerstoff unter den Reitermantel und wurde dort bei der erneuten Übertragung im 15. Jahrhundert belassen?[61] Verwendete man tatsächlich ältere Stoffe für eine Stützung des Reitermantels? Oder aber hat dieses Gewebe eine völlig andere Funktion? Bei der Suche nach einer Antwort könnte der in den 1950er Jahren abgenommene, spätmittelalterliche Träger im Depot des Diözesanmuseums Bamberg helfen, der nach erster Sichtung über sieben verschiedene Gewebe und auch große Fragmente des Samits mit kufischen Schriftzeichen aufweist, von dem sich auch noch weitere Fragmente im Depot befinden. Seine Untersuchung steht noch aus.

[56] An dieser Stelle ist Sibylle Ruß und Anne Dauer für ihre akribische Befundnahme und kollegiale Zusammenarbeit von Herzen zu danken.

[57] Kat. Sakrale Gewänder (wie Anm. 30), S. 20.

[58] Für die kollegiale Hilfe danke ich an dieser Stelle sowohl Ennio Napolitano und Lorenz Korn (Bamberg) als auch Isabelle Dolezalek (Berlin) und Simon Rettig (Washington).

[59] Für den Austausch und die Diskussion ist an dieser Stelle Sabine Schrenk (Bonn) zu danken und auf ihre anstehenden Publikationen hinzuweisen, z.B. in: Textile Gifts in the Middle Ages (wie Anm. 15).

[60] Baumgärtel-Fleischmann, Kaisermäntel (wie Anm. 11), S. 102.

[61] Sibylle Ruß, Der Reitermantel, in: Die Kunstdenkmäler von Bayern (wie Anm. 1), S. 1837.

Der Sternenmantel

Wenn auch fünf der sechs heute erhaltenen Kaisergewänder Inschriften tragen, so besitzt doch nur der sog. Sternenmantel Heinrichs II. (Abb. 15) einen Stiftervermerk. Doch gerade bei diesem Objekt werfen die Inschriften sowie die drei verschiedenen, sich zum Teil widersprechenden Auftraggeber-, Stiftungs- und Widmungsinschriften vielfältige Fragen auf. Der Sternenmantel ist heute ebenfalls ein pluvialeartiger Mantel mit einem vielteiligen, von Inschriften begleiteten Bildprogramm und weist für die Heinrichszeit untypisch deutliche Asymmetrien auf. Daneben gibt es einige ungedeutete Darstellungen. Das Zentrum des Mantels bildet in der oberen Rückenmitte ein Quadrat mit Christus in der Mandorla und den vier Evangelistensymbolen, flankiert von *A* und *O*. Die beiden nimbierten Figuren darüber tragen kaselartige Gewänder, in ihren Händen ein Buch und einen wohl als Kelch zu deutenden Gegenstand sowie auf dem Kopf niedrige Mitren. Damit gleichen sie Bischöfen. Doch werden Mitren mit frontalen Hörnern erst in der zweiten Hälfte des 12. Jahrhunderts üblich. Beidseitig entlang des Halsausschnitts und der vorderen Öffnung sind jeweils drei vor ihren Thronen stehende Gestalten platziert, die durch Kreuznimbus und segnend erhobene Rechte in ihrer Ikonographie Christusdarstellungen entsprechen. Über die Mantelfläche sind 22 Medaillons mit Blattrahmen verteilt, von denen 21 je eine nimbierte Büste zeigen, während eines wider Erwarten einen Wirbel umfasst. Ihre Deutung ist offen. Weitere 14 schmal gefasste Kreise enthalten jeweils die vier apokalyptischen Wesen. Seinen Namen verdankt der Mantel den vom Christusquadrat radial nach außen verlaufenden, zum Saum hin größer werdenden, 35 achtzackigen Sternen, die verschiedene figürliche Darstellungen aus christlichem und astrologischem Kontext umschließen. Die bislang wegen ihrer Beischriften als Gottesmutter und Johannes interpretierten Figuren entsprechen nicht der gängigen Ikonographie. Eventuell handelt es sich um umgedeutete Sternbilder. Einige Sternbilder sind ohne Sternrahmen wiedergegeben. Das eindeutig eine christliche Konnotation nahelegende Agnus Dei im Sternrahmen passt nicht zweifelsfrei in das Programm. Auf der rechten Mantelseite finden sich zwei große Sternrahmen, denen links zwei deutlich kleinere entsprechen. Die Bildbeischriften sind parallel der oberen Kante teils mehr oder weniger kreisförmig um die Sternrahmen angeordnet, teils in parallel verlaufenden Linien dazwischen. Die Inschriften sollen der gängigen Forschungsmeinung zufolge Kurzfassungen der „Recensio interpolata" genannten Überarbeitung einer um 700 zu datierenden lateinischen Übersetzung der Phainomena des Aratos sein.[62] Doch zeigt ein Vergleich zwischen diesem Text und den Inschriften, dass letzteren keineswegs eine konkrete Handschrift zugrunde liegen muss. Vielmehr bildet der Arat-Text den Hintergrund, der das gesamte Mittelalter hindurch präsent war.[63] Eine abschließende Bewertung ist derzeit noch nicht möglich, da bei der Befundnahme im Januar und Februar 2017 weitere Details wie Kettfadenrichtung im originalen Trägergewebe unter den Buchstaben, ursprüngliche Buchstabenkombinatio-

62 Ernst Maass, Commentariorum in Aratum reliquiae, Berlin 1898; ders., Inschriften und Bilder des Mantels Kaiser Heinrichs II., in: Zeitschrift für Christliche Kunst 11 (1899), Sp. 321-342; ders., Inschriften und Bilder des Mantels Kaiser Heinrichs II., in: Zeitschrift für Christliche Kunst 12 (1899), Sp. 361-376.

63 Dazu auch Winterer, Kosmos (wie Anm. 16), S. 100, mit weiterführender Literatur zur Vorlagendiskussion.

nen und Nahtverläufe zu beobachten waren, die alle bisher publizierten Thesen erst einmal in Frage stellen und eingehend ausgewertet und überprüft werden müssen.[64]

Auf der linken Hälfte sind die nördliche und rechts die südliche Hemisphäre mit verkleinerten Sternbildern und Tierkreiszeichen in ihrem astronomischen Kontext zu sehen. Diesen zugeordnet ist die Bildbeischrift *DESCRI//POIO* [65]*/ DVORV(M) // SEMISPE/RIORVM*. Dem Saum folgend wird auf der linken Mantelhälfte das Bildprogramm mit den Worten + *DESCRIPC(I)O TOCIVS ORBIG*[66] thematisiert und rechts der Auftraggeber mit den Worten + *PAX ISMAHELI QVI HOC ORDIKAVIT*[67] genannt.

Ismael war Führer des antibyzantinischen Aufstandes in Bari und bat nach seiner Niederlage 1018 in der Schlacht von Cannae, möglicherweise auf Rat des Papstes Benedikt VIII., Heinrich II. um Unterstützung gegen die Byzantiner. Dazu trafen die drei Protagonisten 1020 an Ostern in Bamberg zusammen, wobei der Sternenmantel als diplomatisches Geschenk gedient haben soll. Bereits wenige Tage später, am 23. April 1020, starb Ismael in Bamberg und wurde in der Sepultur des Domes vor dem Magdalenen-Altar begraben.[68]

Aufgrund der Auftraggeberinschrift wurde der Sternenmantel bislang in den Quellen identifiziert, wo er ausschließlich als Mantel Ismahels[69] bezeichnet wurde. Dies galt bislang in der Forschung als Grund, weshalb er niemals bei den Heiltumsweisungen gezeigt wurde. Doch bei der Autopsie konnten wir nun feststellen, dass gerade diese Inschrift ursprünglich sicher nicht in dieser Form auf dem Mantel gestanden hat (Abb. 16). Zunächst waren die unterschiedlichen Buchstabengrößen innerhalb dieser Wörter auffällig, ebenso das fehl am Platz wirkende *K* beim Verb. Dies bestätigte sich indessen in seiner Form, da der Trägerstoff nicht verzogen ist, sodass es sich ursprünglich entweder um ein K oder eventuell auch um ein H handelt, das sich – vergleichbar den Buchstaben *HOC* beim Sternbild des Krebses – an den Sternrahmen anpasste und einen verkürzten rechten, in die Steigung des Rahmens geneigten Schaft aufweist. Auf alle Fälle gehört dieser Buchstabe nicht zum originären Kontext des Wortes ORDINAVIT. Das Kreuz am Beginn ist gedreht, war also ursprünglich wohl eher ein *X* oder an

[64] Deshalb verzichte ich hier auf die Diskussion über die Umschrift des Sternbildes Krebs und die besonderen Buchstabenformen, da sich hier zeigte, dass nur drei Seiten der dem Sternrahmen folgenden Umschrift im originalen Verbund mit dem Sternrahmen sind, während die restlichen Buchstaben deutlich größer sind und auf einzelnen, unabhängigen Fragmenten stehen. Inwieweit dies eine versuchte Rekonstruktion einer ursprünglichen Inschrift des 11. Jahrhunderts im Rahmen der spätmittelalterlichen Übertragung ist und in welchem Zusammenhang sie mit den übrigen Beischriften des Sternenmantels steht, bedarf eingehender Vergleiche aller Buchstaben, deren Materialbefund nun einzeln ausgewertet werden muss. Im Rahmen der 14. Internationalen Fachtagung für mittelalterliche und frühneuzeitliche Epigraphik wurde auch über mögliche „griechisch" wirkende Einflüsse innerhalb des Sternenmantels diskutiert, die vielleicht auf eine Herstellung der Stickerei in einem Gebiet weisen könnten, in denen sich Griechisch und Latein mischten. Doch auch hier ist im Augenblick aufgrund der aktuellen Befunderhebung zu viel offen, als dass sich sinnvolle Aussagen treffen lassen könnten.

[65] Sic! Wohl für: *DESCRIPCIO*.

[66] Sic! Wohl für: *ORBIS*.

[67] Sic! Wohl für: *ORDINAVIT*.

[68] Baumgärtel-Fleischmann, Sternenmantel (wie Anm. 10), S. 105-125.

[69] Z.B. Archiv des Erzbistums Bamberg, Rep. I Nr. 241a unfol. (Domkustoreirechnungen); siehe aber auch Baumgärtel-Fleischmann, Sternenmantel (wie Anm. 10), S. 105-125, und Baumgärtel-Fleischmann, Kaisermäntel (wie Anm. 11), S. 96.

einer anderen Stelle des radialen Mantels. Auch die folgenden Buchstaben des Wortes *PAX* waren aufgrund ihrer Kettfadenrichtung nicht zweifelsfrei zu einem Wort gehörig. Vor allem das *E* bei *ISMAHELI* fällt aus dem System, aber auch andere Buchstaben sind im Kontext zweifelhaft. Das *Q* war ursprünglich aufgrund des zu beobachtenden absolut einheitlichen Buchstabenaufbaus ein *O*, dem zu einem späteren Zeitpunkt eine Cauda aus anderem Zusammenhang angefügt worden ist. Die Buchstaben des *HOC* passen aufgrund der Ausrichtung des Trägergewebes ebenfalls nicht zusammen. Dies gilt auch für das Verb. Zusätzlich wurde hier das *V* aus zwei verschiedenen Schäften mit unterschiedlicher Kettfadenrichtung zusammengebaut. Das nachfolgende *I* weist unterhalb des oberen Sporns den Rest einer Diagonalen auf (Abb. 17). Dies bedeutet, dass es sich bei diesem Buchstaben ursprünglich sicher nicht um ein *I* gehandelt hat, sondern eher um ein *M* oder *N*.

Dieser Befund ist insofern überraschend, da – wie erwähnt – die Identifizierung des Mantels in den Quellen bis zum 16. Jahrhundert ausschließlich über den Namen Ismaels erfolgte. Wenn nun diese Auftraggeberinschrift erst zu einem späteren Zeitpunkt aus Buchstabenmaterial des ursprünglichen Mantels konzipiert wurde, stellt sich umso deutlicher die Frage, weshalb dieser Mantel, der mit einer Widmungsinschrift · *SVP(ER)NE · VSYE · / · SIT · GRATV(M) / · HOC · CESA/RIS · DO/NVM* · an sehr prominenter Stelle unter dem zentralen Christusquadrat und der expliziten Nennung des Kaisers in der Saumumschrift *O DECVS EUROPAE*[70] *CESAR HEINRICE BEARE ANGEAT*[71] *IMPREIU[M] IBTI*[72] *REX QVI*[73] *R E N VV(M)*[74] *NE*[75] deutlich als Heinrichsgewand und Stiftung (?) erkennbar war, nicht als solche genutzt wurde, während andere Gewänder trotz fehlenden Bezugs diese Verwendung erfuhren. Deutlich ist herauszustellen, dass die Dedikation eine andere Autorenperspektive aufweist als die Saumumschrift.[76] Hinfällig sind damit zu diesem Zeitpunkt alle Diskussionen über Auftraggeber, Stifter und Verwendung.

Die Sauminschrift des Sternenmantels weist nach neuesten Erkenntnissen in eine von Ismael unabhängige, völlig andere Richtung. Die Forschung zitiert bislang widerspruchslos die für den zweiten Teil ergänzende Auflösung zu zwei Hexametern von Franz Bock: „O decus Europae, cesar Heinrice, beare, Augeat imperium tibi rex, qui regnat in evum".[77] Dabei sind einige Punkte beginnend nach dem Kaisernamen auffällig: Statt *BEARE* müsste eigentlich BEATE stehen, dies könnte allerdings ein Fehler sein, der durch Transliteration, ausgehend von einer Vorlage in karolingischer Minus-

70 *UR* und *AE* jeweils als Nexus litterarum bzw. Verschränkung.

71 Sic! Für *AUGEAT*. Das *N* ist gedreht montiert.

72 Sic! Wohl vertauscht für *TIBI*.

73 Enklave, *V* mit überstelltem *I* in *Q*.

74 *VV* verschränkt mit Kürzungsstrich.

75 Nexus litterarum.

76 Für die überaus anregende und weiterführende Diskussion zu den Inschriften des Sternenmantels danke ich an dieser Stelle sehr herzlich Clemens Bayer (Bonn) und verweise auf noch folgende Publikationen. Die nachfolgenden Überlegungen zur Saumumschrift verdanke ich ebenfalls Clemens Bayer und der Diskussion im Rahmen eines Workshops zur aktuellen Untersuchung des Sternenmantels am 10.02.2017 im Diözesanmuseum Bamberg, allen Teilnehmern ein aufrichtiger Dank.

77 Zitiert nach Die lateinischen Dichter des deutschen Mittelalters. Die Ottonenzeit, hg. v. Karl Strecker (MGH Poetae 5,1), Leipzig 1937, S. 362.

kel, entstanden sein könnte. Vertauschungen und kopfstehende Montage einiger Buchstaben sind als Missgeschicke bei der spätmittelalterlichen Übertragung dem nun erhobenen Befund gemäß möglich. Allerdings ist der letzte Buchstabe des Wortes *„IMPREIU[.]"* nicht zweifelsfrei als *M* zu erkennen bzw. in der erhaltenen Form in die Heinrichszeit einzuordnen. Hier stehen weitere paläographische Vergleiche aus. Das *X* von *REX* ist vergleichsweise groß und gegen Ende der Saumumschrift sind die Buchstaben heute nicht mehr in der korrekten Reihenfolge, drei bis vier Buchstaben würden fehlen, um die Auflösung nach Franz Bock nachvollziehen zu können. Zur Klärung der offenen Fragen[78] muss nun die Materialanalyse abgewartet werden. Als fremd innerhalb der Saumumschrift erscheint das einzeln stehende *N*, das im Gegensatz zu den anderen Buchstaben sehr viel schmaler, vegetabiler mit nach unten hängenden Knospen gestaltet ist und eine etwas unmotiviert wirkende Diagonale im Bereich unterhalb des Schrägbalkens aufweist. Ob es sich hier um eine Verbindung von *I* und *N* handelt, muss noch eingehend unter Berücksichtigung möglicher Vergleichsbeispiele untersucht werden. Oder aber der Buchstabe wurde zu einem späteren Zeitpunkt aus einem anderen Zusammenhang an diese Stelle transferiert.

Eventuell könnte die sog. Bruno-Kasel[79] aus dem Würzburger Domschatz, die größtenteils im Zweiten Weltkrieg verbrannt ist, als Vergleichsbeispiel in Frage kommen. Zwei Fragmente haben sich jedoch erhalten: eines[80] im Victoria and Albert Museum London mit einer Sauminschrift, deren Buchstaben große Ähnlichkeit mit dem angesprochenen *N* des Sternenmantels aufweisen; ein anderes Fragment[81] der Bruno-Kasel befindet sich als Dauerleihgabe des Bamberger Diözesanmuseums im Würzburger Domschatz (Abb. 18). Auch dieses Fragment zeigt erstaunliche Parallelen zum Sternenmantel – wenn auch nicht zur Saumumschrift, so doch zu den sonstigen Bildbeischriften. Ein Materialvergleich könnte Aufschluss über die mögliche Zusammengehörigkeit geben.

Ein Großteil der Buchstaben aus der Saumumschrift des Sternenmantels zeigt entgegen der Meinung Annemarie Stauffers[82] enge Verbindungen zur sog. Annus-Seite der

78 Zur ersten Einschätzung und Diskussion siehe Tanja Kohwagner-Nikolai, O Decus Europae Cesar Heinrice? Die Saumumschrift des sogenannten Bamberger Sternenmantels Kaiser Heinrichs II., in: Archiv für Diplomatik. Schriftgeschichte, Siegel- und Wappenkunde 60 (2014), S. 135-164, allerdings haben sich durch die Autopsie im Januar und Februar 2017 neue Befunde ergeben, deren Auswertung noch aussteht, im Detail aber sicher Korrekturen für die dort vorgestellte Hypothese bedeuten. Im Kern ist die Fragestellung davon jedoch nicht betroffen.

79 Joseph Braun, Die liturgische Gewandung im Occident und Orient nach Ursprung und Entwicklung, Verwendung und Symbolik, Freiburg i.Br. 1907, ND Darmstadt 1964, S. 180. Allerdings zeigt die dortige Abbildung der Bruno-Kasel aus der Vorkriegszeit keinerlei Goldstickereien oder Inschriften. Dass es sich um das Futter handelt, wie Braun annimmt, ist aufgrund der Abbildung und erhaltener Kaselfutterstoffe eher zweifelhaft.

80 London, Victoria and Albert Museum, Inv.-Nr. T 1294-1864. Dort wurde das Fragment bis in die 1960er Jahre als Fragment eines Gewandes Kaiser Heinrichs II. geführt, erst danach findet sich die Provenienz Würzburg und die Bezeichnung Bruno-Kasel. Dies muss allerdings vor Ort in der Objektdokumentation nochmals überprüft werden.

81 Würzburg, Kunstsammlungen der Diözese, Inv.-Nr. L/2000-19. Die Frage, weshalb sich ein Fragment der Bruno-Kasel im Bamberger Domschatz befunden haben soll, ließ sich noch nicht abschließend klären.

82 Annemarie Stauffer, Die geordnete Welt – Ein antikes Himmelsbild. Die Decke aus dem Schrein der heiligen Ewalde in St. Kunibert, in: Colonia Romanica 31 (2016), S. 33-52.

Ewaldidecke (Abb. 19) aus einem Schrein in St. Kunibert in Köln[83]. Diese Stickerei wird in die zweite Hälfte des 10. Jahrhunderts[84] oder nach neuesten Untersuchungen sogar ins 9. Jahrhundert[85] datiert. Zunächst wirken die Buchstaben der beiden Objekte aufgrund ihrer unterschiedlichen Herstellungstechnik sehr verschieden, doch bei genauerer Betrachtung fällt auf, dass sie auf einer gemeinsamen Stickvorlage basieren, denn der Grad der Verwandtschaft dieser beiden Zierschriften ist weit höher, als er sich durch die unabhängige Kenntnis der Reichenauer oder St. Gallener Buchmalerei erklären lassen würde.[86] Beispielsweise seien hier nur drei Buchstaben herausgegriffen: Das *A* von *CESAR* (Abb. 20a) zeigt – auch wenn der Deckbalken beim Sternenmantel verkürzt ist – im Vergleich zum ersten *A* des Wortes *LABORATV(M)* der Ewaldidecke (Abb. 20b) das Tierköpfchen an derselben Stelle, denselben Schwung der Ranke, die Punktverzierung im Schaft, den Durchtritt der Ranke an der vergleichbaren Stelle durch den Schaft sowie vergleichbare Positionen der Dreipassblüten. Auch beim ersten *O* der Saumumschrift (Abb. 21a) sind der Verlauf der Ranken im Buchstabeninneren, die Positionierung der Dreipassblüten sowie die Riegel innerhalb der Buchstabenlinie mit den Motiven des *O* von *OMNIS* in der Ewaldidecke (Abb. 21b) vergleichbar. Die Lösung der Bogenschwellung mit den nach außen springenden Knospen ähnelt dem *O* von *CONSPICIT* in der Ewaldidecke (Abb. 21c). Auch das kapitale *E* von *EUROPAE* aus der Saumumschrift (Abb. 22a) findet eine Parallele im *E* von *ARTE* (Abb. 22b). Analysiert man die einzelnen Buchstaben der Sauminschrift, so fällt auf, dass der überwiegende Teil eng verwandte Buchstaben in der Ewaldidecke findet bzw. sich aus diesem Formenrepertoire herleiten lässt.

Bei ähnlich nah verwandten Inschriften geht die Inschriftenpaläographie eigentlich von einem Werkstattzusammenhang aus, aber so weit möchte ich gar nicht gehen. Denn noch sind viele Fragen offen. Wo wurde die Ewaldidecke hergestellt? Bislang geht man vom Raum Köln aus.[87] In diesem Kontext ist eine weitere Beobachtung bei der Saumumschrift des Sternenmantels zu berücksichtigen. Damit das Versmaß korrekt ist, ist die Aspiration des ersten Buchstabens des Kaisernamens notwendig. Das spricht nach erster Einschätzung, zumindest die Saumumschrift berücksichtigend, für einen Entstehungsraum außerhalb des romanischen Sprachgebiets.[88] Dies ist allerdings noch eingehend zu prüfen. Was bedeutet die Verwandtschaft dieser beiden Zierschriften jedoch für die Datierung des Sternenmantels?

Auffällig ist, um dies nochmals zu betonen, dass der Sternenmantel trotz dieser Saumumschrift und der Widmungsinschrift im Mittelalter nicht zu den Kaisergewändern gezählt, sondern ausschließlich als „pallium Ysmahelis" bezeichnet und auch nie bei den Heiltumsweisungen gezeigt wurde. Erst im Jahr 1705, etwa 200 Jahre nach der Übertragung der Goldstickereien auf einen neuen Träger, erscheint der Mantel wieder

83 Köln, Schatz von St. Kunibert.

84 Leonie von Wilckens, Decke aus dem Schrein der heiligen Ewalde, in: Ornamenta Ecclesiae. Kunst und Künstler der Romanik. Katalog zur Ausstellung des Schnütgen-Museums in der Josef-Haubrich-Kunsthalle, hg. von Anton Legner, Köln 1985, Bd. 1, S. 62.

85 Stauffer, Welt (wie Anm. 82), S. 48-49.

86 Siehe dazu Kohwagner, O decus (wie Anm. 78), S. 148-149.

87 Stauffer, Welt (wie Anm. 82), S. 49.

88 Für diesen Hinweis ist Clemens Bayer (Bonn) herzlich zu danken.

in den Quellen, seither als d e r Heinrichsmantel. Deshalb liegt aufgrund der gezeigten Beobachtungen der Verdacht nahe, dass im Spätmittelalter mindestens zwei Gewänder zu einem neuen Ganzen zusammengefügt worden sind. Die Autopsie ergab jedoch im Gegensatz zu den anderen Gewändern, bei denen man Ergänzungen mittels Stickereien aus anderen Zusammenhängen oder jüngerem Material bei genauer Betrachtung deutlich erkennen kann, keinerlei Hinweise darauf. Dies könnte bedeuten, dass die Übertragung beim Sternenmantel wohl mit mehr Materialgespür vorgenommen worden ist. Eventuell kann die ausstehende Materialanalyse noch Gewissheit schaffen. Zum jetzigen Zeitpunkt kann ich nur mit einem Zitat von Bertold Brecht schließen: „Wir stehen selbst enttäuscht und sehn betroffen den Vorhang zu und alle Fragen offen."[89]

Bildnachweis:

Abb. 1: Erzbistum Bamberg Pressestelle, Foto: Hendrik Steffens.

Abb. 2: Otto-Friedrich-Universität Bamberg, Foto: Uwe Gaasch, Ergänzung: Tanja Kohwagner-Nikolai.

Abb. 3: Otto-Friedrich-Universität Bamberg, Fotos: Tanja Kohwagner-Nikolai/Sibylle Ruß.

Abb. 4, 9, 13, 15: Diözesanmuseum Bamberg, Foto: Uwe Gaasch.

Abb. 5: Otto-Friedrich-Universität Bamberg, Fotos: Tanja Kohwagner-Nikolai/Uwe Gaasch.

Abb. 6: Bayerische Akademie der Wissenschaften, Inschriftenprojekt, Foto: Julia Knorr.

Abb. 7, 17, 20a, 21a, 22a: Otto-Friedrich-Universität Bamberg, Foto: Uwe Gaasch.

Abb. 8: Staatsbibliothek Bamberg, Foto: Gerald Raab.

Abb. 10: Otto-Friedrich-Universität Bamberg, Foto: Sibylle Ruß.

Abb. 11: Bayerisches Landesamt für Denkmalpflege München, Bildarchiv, Inv.-Nr. 01025678.

Abb. 12: The British Library Board, Add. MS 15689 f003r.

Abb. 14: Otto-Friedrich-Universität Bamberg, Foto: Tanja Kohwagner-Nikolai.

Abb. 16: Otto-Friedrich-Universität Bamberg, Foto: Uwe Gaasch; Zeichnung: Anne Dauer.

Abb. 18: Diözesanmuseum Bamberg, Foto: Tanja Kohwagner-Nikolai.

Abb. 19, 20b, 21b, 21c, 22b: St. Kunibert, Köln, Foto: Achim Bednorz.

[89] Bertolt Brecht, Der gute Mensch von Sezuan. Epilog, Berlin 1964, S. 144.

Abb. 1: Blick auf die sog. Kaisergewänder im Diözesanmuseum Bamberg

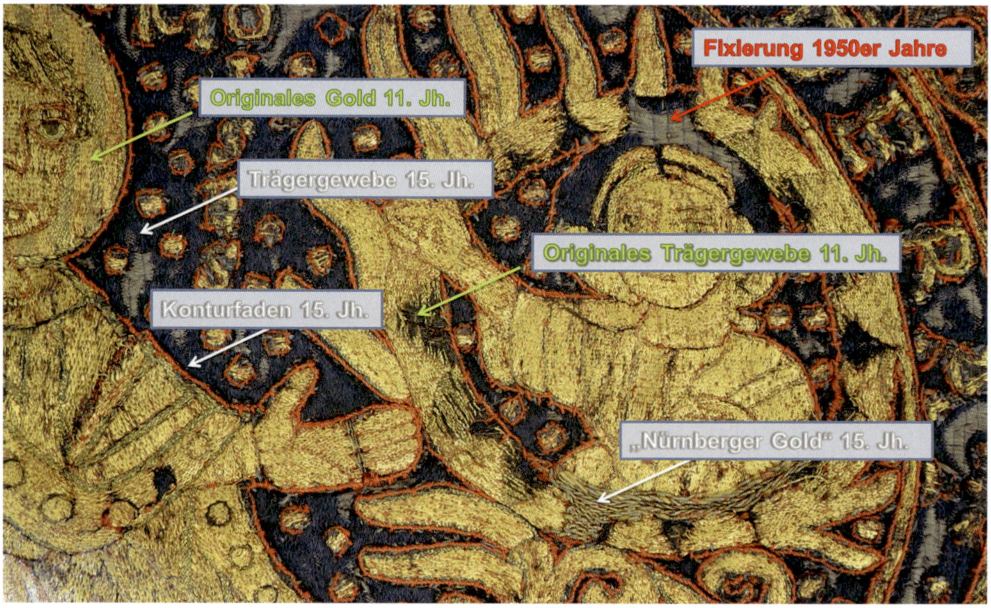

Abb. 2: Detail des blauen Kunigundenmantels mit Materialien von verschiedenen Eingriffen

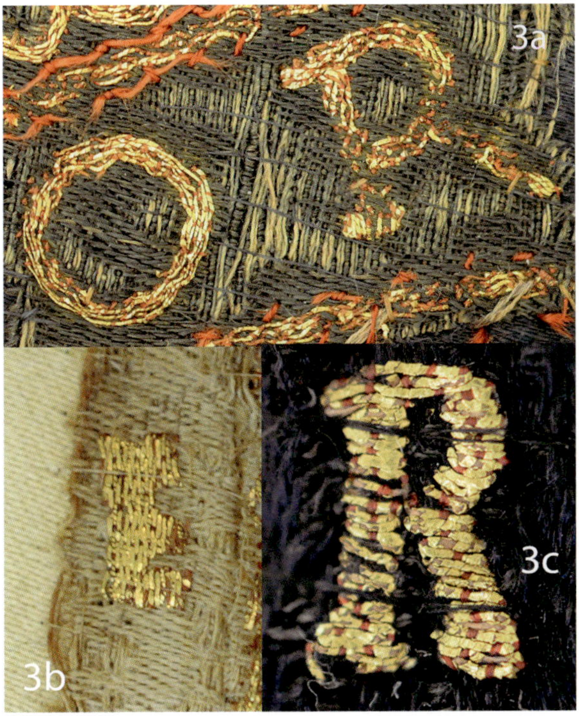

Abb. 3: Schriftdetails des blauen Kunigundenmantels (a),
des weißen Kunigundenmantels (b) und des Bamberger Rationale (c)

Abb. 4: Der blaue Kunigundenmantel

Abb. 5: Buchstabendetails des blauen Kunigundenmantels,
links ein F mit Fußstrich im originalen Verbund,
rechts ein F nach der spätmittelalterlichen Übertragung

Abb. 6: Das Rationale der Bamberger Bischöfe

Abb. 7: Detail des
Bamberger Rationale

Abb. 8: Rationale auf Pergament, die sog. „Nachzeichnung" der Rückseite des Bamberger Rationale, Staatsbibliothek Bamberg, Msc. Add. 3001 (Leihgabe der Ernst von Siemens Kunststiftung)

Abb. 9: Der weiße Kunigundenmantel

Abb. 10: Detail des weißen Kunigundenmantels

Abb. 11: Der weiße Kunigundenmantel
vor der Restaurierung Mitte des 20. Jahrhunderts

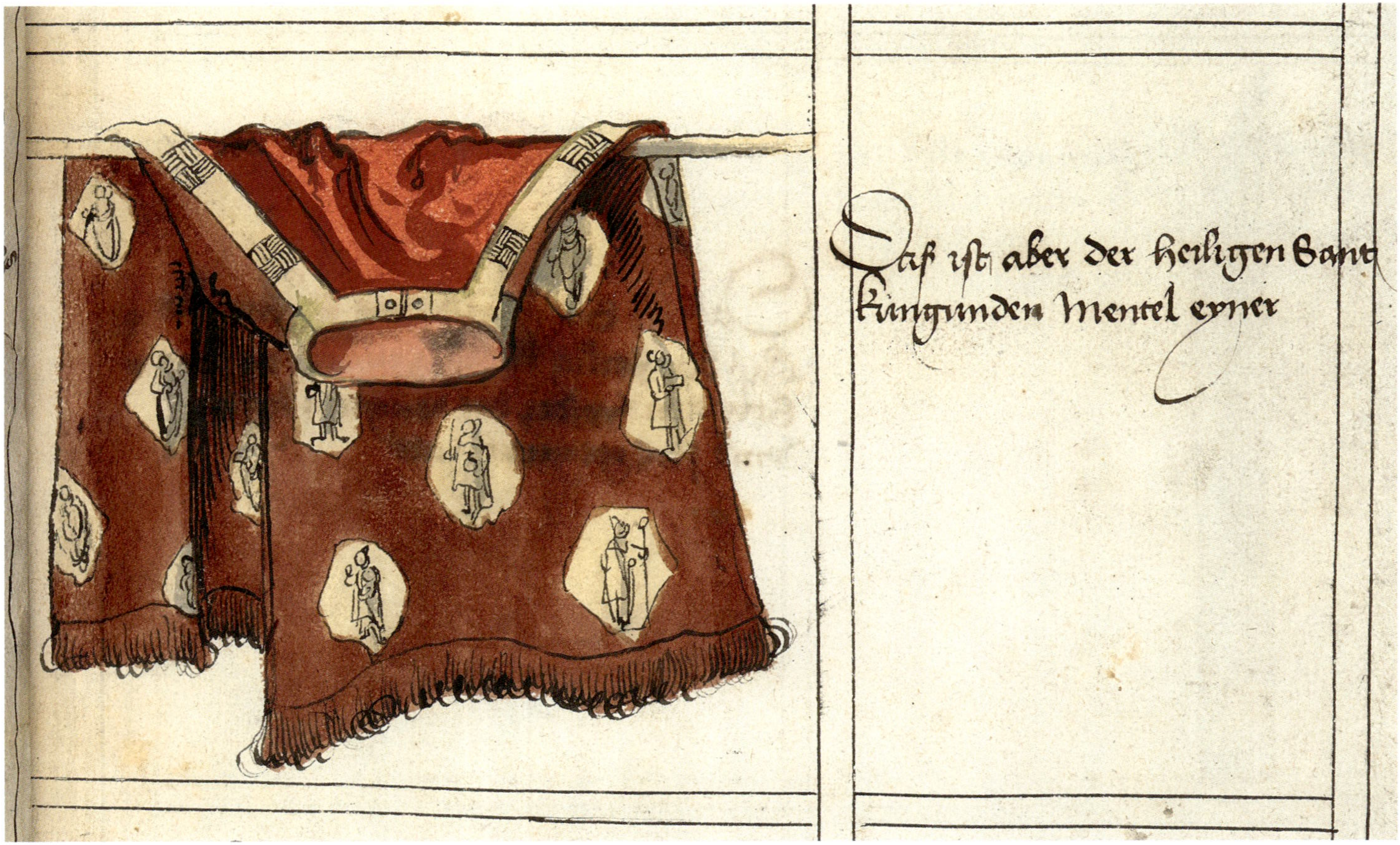

Abb. 12: „Bamberger Heiltum“, Reliquienverzeichnis des Bamberger Doms, 1508/1509, London, British Library, Add. MS 15689, fol. 3r

Abb. 13: Der Reitermantel

Abb. 14: Inschrift mit gewebten kufischen Zeichen am Reitermantel

Abb. 15: Der sog. Sternenmantel Heinrichs II.

Abb. 16: Befunddetail des Sternenmantels: unten die angeschnittene Saumumschrift mit korrektem Kettfadenverlauf, oben die Auftraggeberinschrift mit abweichenden Kettfadenverläufen

Abb. 18: Fragment der sog. Bruno-Kasel im Domschatz Würzburg, Inv. Nr. L/2000-19 (Dauerleihgabe des Diözesanmuseums Bamberg)

Abb. 17: Detail der Auftraggeberinschrift am Sternenmantel

Abb. 19: Annus-Seite der sog. Decke der Heiligen Ewalde in St. Kunibert, Köln

Abb. 20: Unziales A des blauen Sternenmantels (a) und der Ewaldidecke (b)

Abb. 21: O des blauen Sternenmantels (a) und der Ewaldidecke (b und c)

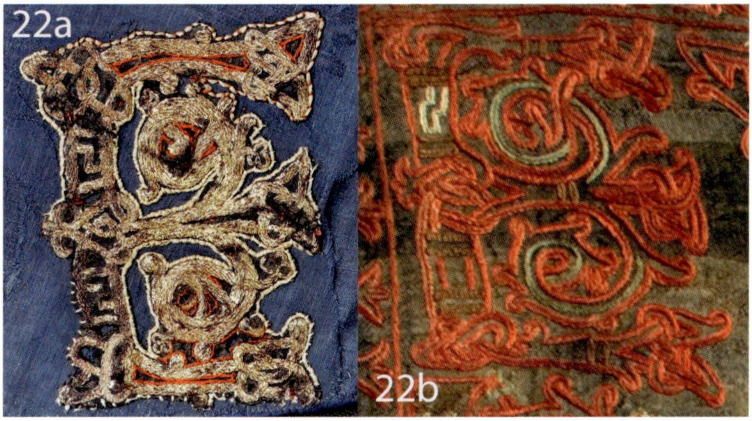

Abb. 22: E des blauen Sternenmantels (a) und der Ewaldidecke (b)

BEYOND GRAPHICAL BOUNDARIES

Arabic Writing and a Poem to the Virgin Mary inscribed on the Tympanum of Saint-Pierre-le-Puellier at Bourges

Estelle Ingrand-Varenne

The twelfth-century tympanum[1] of Saint-Pierre-le-Puellier at Bourges is well known by art historians because it shows one of the earliest representations in Western art of the *transitus Mariae*, the death and the burial of the Virgin Mary (fig. 1). Yet the tympanum is less known for the incised Arabic letters that accompany the sculpted images. This may be due to another contemporary sculpture from Bourges, now in the Beaux-Arts Museum at Lyon[2], which steals the show because of its many motifs: an archivolt with a juggler framed by oriental script. Dating to the second half of the twelfth century, the tympanum, now in the Berry Museum at Bourges, is the only vestige of Saint-Pierre-le-Puellier church. It is fragmentary and the inscription is incomplete. Because archeo- logical evidence is scant, we must also consider a small number of textual sources about this building and its community.[3] A transcription of this verse inscription is found in the recent edition of the 26th volume of the *Corpus des inscriptions de la France médiévale,* which is devoted to the epigraphic documentation of the department of Cher, and presents us with the opportunity to consider the graphic composition of this tympanum.[4]

1 I have the pleasure to thank Nicole Cottart, Vincent Debiais, Benoît Grévin and Daniel Russo for their stimulating suggestions and Kristine Tanton for her help with the English translation.

2 In the mid-nineteenth century, this sculpture was located in the gable of a house (maison Dumoutet) located in front of the cathedral of Bourges. See R. Jullian, Catalogue du Musée de Lyon, III. La sculpture du Moyen Âge et de la Renaissance, Lyon 1945, p. 25-28, fig. III; Adrien de Longpérier, De l'emploi des caractères arabes dans l'ornementation chez les peuples Chrétiens de l'Occident, in: Revue Archéologique 2 (1845-1846), p. 701-702.

3 The monastery was destroyed in 1793. It was located in the center of the city of Bourges (at the northwest corner of Saint-Peter Place). Originally a convent for women in the sixth century, it was let to regular canons from 1012 onwards, and then to secular canons. See M. Deshoulières, Le tympan de Saint-Pierre-le-Puellier, in: Mémoires de la Société des antiquaires du Centre 38 (1917-1918), p. 38-46; Jacques Péricard, Les communautés canoniales en Berry. L'exemple des chapitres Saint-Ursin et Saint-Outrille (XIe-XVIIIe siècle), in: Collégiales et chanoines dans le centre de la France du Moyen Âge à la Révolution, ed. Anne Massoni, Limoges 2010, p. 77.

4 Corpus des inscriptions de la France médiévale (CIFM) 26 (2017), n° 97, p. 122-125. It is now in the room of the museum dedicated to the Middle Ages (inventory number 1950.1.157). Its dimensions are: 2,70 m length and 1,35 m height. It is made up of six fragments and was restored during the 1990's.

The extraordinarily widespread and consistent use of Arabic lettering on Christian manuscripts, objects and monuments produced in the Latin West has long occupied the attention of historians and art historians. One of the earliest articles documenting this interest is that of Adrien de Longpérier in 1845.[5] A century's worth of studies allowed Kurt Erdmann to produce a catalogue of Arabic signs employed as ornament in Western art in 1953. This catalogue, organized by century, country (France, Germany, England, Italy), technique and material (architecture, wall paintings, manuscripts, stained glass windows, metal, wood and ivory carved, easel painting) is still considered the most complete (although not exhaustive) study.[6] The tympanum from Berry, not included in Erdmann's catalogue, must be added to other instances of explicit reference to Arabic script found in French Romanesque architectural decoration: the capital in the cloister at the abbey of Moissac, an angel at Conques[7] (fig. 2), the lintel of Saint-Pierre-de-Rhèdes at Lamalous-les-Bains[8], the doors of Le Puy cathedral[9] (fig. 3 and 4), the church doorway at Lavoûte Chilhac (fig. 5), etc. These inscriptions, generally carved in relief in stone or in wood, are found in the southern half of France, whereas Bourges is in the center.

Scholarship about the appearance of Arabic writing in the West typically centers on two chief concerns. On one hand, scholars have considered the numerous vectors of transmission and circulation by artists and/or artefacts brought to Europe through indirect ways (e.g., as relic containers, royal presents, or booty from the Crusade) or directly (e.g., as eastern luxury goods such as textiles and ivory, Arabic coins), which provided models for western artists, for example, at the beginning of the eleventh century, Adhémar of Chabannes.[10] On the other hand, scholars have tried to understand why this script and these objects were integrated into Christian culture far from the Mediterranean areas of major interaction. Avinoam Shalem has shown that objects with Arabic script made their way into church treasuries, even though these objects evoked Islam.[11]

Ornament is a recurring term used to explain the presence of this script, not because of the foreign quality of this type of writing, but by its use, particularly as pseudo-writing which by its intrinsic virtue has no explicit meaning, and its status in Arabic culture. Renewed interest in the study of ornament in the Middle Ages[12], which

---

5 Longpérier, De l'emploi (see note 2), p. 696-706. See the complete bibliography given by Kurt Erdmann until his article in 1953: Arabische Schriftzeichen als Ornamente in der abendländischen Kunst des Mittelalters, in: Akademie der Wissenschaften und der Literatur Mainz. Abhandlungen der Geistes- und Sozialwissenschaftlichen Klasse 9 (1953), p. 467-468.

6 Erdmann, Arabische Schriftzeichen (see note 4), p. 467-513.

7 CIFM 9, Aveyron 10, p. 17-25.

8 CIFM 18, Haute-Loire 20, p. 105-106.

9 CIFM 18, Haute-Loire 23, p. 111-113.

10 Leiden University Library, manuscript Voss Latin 8 15, fol. 210v°. Danielle Gaborit-Chopin, Les dessins d'Adémar de Chabannes, in: Bulletin archéologique du Comité des Travaux Historiques et Scientifiques. Nouvelle série 3 (1967), p. 163-225.

11 Avinoam Shalem, Islam Christianized. Islamic Portable Objects in the Medieval Church Treasuries of the Latin West (Ars faciendi 7), Frankfurt a. M./New York 1998.

12 A synthesis on this subject, with bibliographical references, is proposed by Jean-Claude Bonne, Ornementation et représentation, in: Jérôme Baschet/Pierre-Olivier Dittmar, Les images dans l'Occident

focuses on the formal and semiotic interplay between the internal organization of ornament and a general iconographic program, and the attention devoted to the graphical practices, materiality and iconicity of medieval writing allows us to approach this script in a different and more fruitful way. Recent articles on Arabic lettering in the Byzantine world written by Silvia Pedone with Valentina Cantone and by Alicia Walker provide good examples[13] for the role of Arabic lettering in the medieval Latin West.

Why has Arabic writing been carved near a representation of the death and the Assumption of the Virgin Mary at Saint-Pierre-le-Puellier at Bourges? Is it incongruous? If the ornament pertains to the *decus*, etymologically what fits, in what way do these characters fit here? What effects do they produce? What are the dynamics between the sculpted images and verse? The script has never been considered in these ways, and yet it is the graphical articulation between these three elements and the *ordo* that must be understood. In this essay, I will examine how the sculpted Arabic script interacted with Latin writing, and the visual composition and theological understanding of the Assumption and the Incarnation on the Saint-Pierre-le-Puellier tympanum. An exploration of the (epi-, icono-, geo-)graphical boundaries may help us understand how these signs were used and open up new lines of thought.

A clumsy composition?

In 1922, Émile Mâle passed a harsh judgment on the tympanum: »The sculptor deals with this subject for the first time, as it seems, and he has no other models than a few miniatures, for the composition is clumsy. The Assumption of the Virgin which should have filled all the top of the tympanum and floated over its death and over its burial, is rejected in an angle and catches hardly the eye.«[14] Mâle considered this work to be the fruit of an artist without experience with the subject matter and without lapidary examples, relying only on manuscript references. The art historian identified the Hunterian Psalter (or York Psalter)[15] or the Sacramentary of Saint-Martin of Tours[16] as possible references; however, he had above all another reference in mind as a counterpoint: the tympanum of the great central portal at the cathedral Notre-Dame of Senlis, which he described as »a prodigious work«[17]. During the second half of the

médiéval (L'Atelier du Médiéviste 14), Turnhout 2015, p. 199-212; see also Jean-Claude Bonne, Les ornements de l'histoire (à propos de l'ivoire carolingien de saint Remi), in: Annales. Histoire, Sciences Sociales 51 (1996), n° 1, p. 37-70.

13 Silvia Pedone/Valentina Cantone, The Pseudo-Kufic Ornament and the Problem of Cross-Cultural Relationships between Byzantium and Islam, in: Opuscula Historiae Artium 62 (2013), Supplementum, p. 120-136; Alicia Walker, Pseudo-Arabic „inscriptions" and the Pilgrim's Path at Hosios Loukas, in: Viewing Inscriptions in the Late Antique and Medieval World, ed. Antony Eastmond, New York 2015, p. 99-123.

14 Émile Mâle, L'art religieux du XIIe siècle en France: étude sur les origines de l'iconographie du Moyen Âge, Paris 1922, p. 435.

15 Hunterian Psalter, Glasgow, University Library, MS Hunter 229 (U.3.2.), fol. 17v; fol. 18r; fol. 19v. There are three miniatures on three consecutive pages with two registers.

16 Tours, Bibliothèque municipale, ms. 0193, fol. 98r. We will speak about this manuscript later.

17 About the tympanum of Senlis, see Marie-Louise Thérel, Le triomphe de la Vierge-Église, Paris 1984 (the fourth part is dedicated to Senlis).

twelfth century, particularly in France, the theme of the Assumption, the most important feast of the Virgin Mary and one of the main solemnities of the liturgy in the West[18], was the subject of artistic interest.

É. Mâle, in part, is correct in his assessment of the tympanum at Saint-Pierre-le-Puellier. The scene of the Assumption, strictly speaking, is not central at Bourges (fig. 6). Mâle was looking for a focus point, a balance and a hierarchy between the scenes. Instead the scenes on the tympanum represent a progression, a multistage on two superimposed levels around a church (we will come back later to this identification). He insisted that the artist mishandled the space of the tympanum; yet it is precisely the agency of the signs and the use of graphic space that must be analyzed to understand the place of the Arabic script. These reflections lead us to question the real theme of the tympanum. Is it more likely that the *transitus* – the shift from the earthly life to the celestial life, materialized in the liminal space of the door[19] – rather than the final denouement is the real theme of the tympanum?

Mary's Assumption has no scriptural basis. It developed from sixth- and seventh-century apocryphal literature of oriental origin. The narrative of the *transitus sanctae Mariae* offered to the believers at Bourges was inspired by the Latin translation of the Pseudo-Melito version,[20] popularized by Gregory of Tours in the sixth century. It was so widely disseminated in the West that it has been called a quasi-official version of the sixth-century Latin Church.[21] The peculiarity of this apocryphal text among the other narratives of the *transitus sanctae Mariae* is that it explicitly addresses the resurrection of the body of the Virgin and its assumption into heaven.

The tympanum of Saint-Pierre-le-Puellier presents distinct moments of the end of the earthly life of the Virgin Mary in five or six scenes.[22] The lower register offers two scenes, the third scene occupies both registers, and the upper register has two scenes. The first two are inside the church and the three others are outside. Five verses, in leonine hexameters with rich rhymes, were carved in conjunction with the sculptural program. The images and the poem must be read from bottom to top and from left to right. The first scene is the announcement by an angel to Mary of her death, and the

---

18 Gertrud Schiller, Ikonographie der christlichen Kunst. Band 4,2: Maria, Gütersloh 1980, p. 107; Jean-Claude Schmitt, L'Exception corporelle: à propos de l'Assomption de Marie, in: The Mind's Eye. Art and the Theological Argument in the Middle Ages, ed. Jeffrey F. Hamburger/Anne-Marie Bouché, Princeton 2006, p. 151-185; for a wider perspective of the visual representations of the Virgin Mary, see Daniel Russo, Les représentations mariales dans l'art d'Occident. Essai sur la formation d'une tradition iconographique, in: Marie. Le culte de la Vierge dans la société médiévale, ed. Dominique Iogna-Prat/Éric Palazzo/Daniel Russo, Paris 1996, p. 173-291.

19 In this perspective, see Calvin Kendall, The Allegory of the Church: Romanesque Portals and their Verse Inscriptions, Toronto 1998, p. 210-211, about the tympanum of Bourges.

20 About these different traditions, see Simon Claude Mimouni, Dormition et Assomption de Marie. Histoire des traditions anciennes, Paris 1995; Stephen J. Shoemaker, Ancient Traditions of the Virgin Mary's Dormition and Assumption, Oxford 2002.

21 Thérel, Le triomphe (see note 17), p. 19.

22 Gertrud Schiller proposed six scenes by separating the Arrival of the apostles and the Dormition (Ikonographie, p. 109; see note 18) and there are also six scenes in the Hunterian Psalter. Nevertheless, as it corresponds to the fragmentary and missing part of the sculpture, it is difficult to be certain. Moreover, there are only five verses and there isn't adequate space for another one.

presentation of a palm or *brabeion*. The accompanying verse reads: *Palm[a]m victrici fert angelus [hic g]enitrici* (‹[Here] the angel bears the palm to the victorious mother›); the second scene depicts the simultaneous arrival of the apostles and the Dormition; only one word, a verb, is legible on a fragment: *Deseratu[---]*. A depiction of the funeral procession and the punishment of a Jew occupy the third scene, and the verse is incomplete: *[---] maris defert ad g[---]*. The fourth scene is the entombment of the Virgin by the Apostles: *Inponu[nt] pulcrum corp[u]s sine fraude sepulcrum* (›They place the beautiful body, which is without stain, in the tomb‹). The last scene is the Assumption: The crowned Virgin is enthroned in a mandorla supported by angels; she makes the gesture of the orant, with beams emanating from her body: *Fi[lius] ad patrem facit almam scander[e] matrem* (›The Son has his blessed mother ascend to the Father‹). This poem has no equivalent in French epigraphic documentation.

The sculptor tried to place the verse as closely as possible to the scenes, but they do not correspond exactly. The delimitations of the sculpted images with the columns and of the verses are not the same. For instance, two words from the first verse, *hic genetrici*, continue under the second image. The lack of precise correspondence between epigraphy and iconography has not always been well understood by historians and, as a result, transcriptions of the verse have not been well distributed and are fragmentary.[23] Nevertheless, the end of each hexameter is well indicated thanks to a series of five vertical dots located beside the sound mark of the rhyme (fig. 7).

With this choice of layout, the space before the fourth verse and after the fifth verse remains empty. The space on each side is not even because on the right side the wing of the angel interrupts the fifth verse in the middle of the word *patrem* and because of the blank space between *facit* and *almam*. This may be due to the hardness of the stone, as well as damage. The sculptor could have left the line with a blank space, but he chose to fill the space with Arabic script. These signs are located in the epigraphic field and confine it. The Arabic script is clearly separated from the Latin writing by an arrangement of dots in the form of a cross. The inscriptions form a frame for the tympanum and the images.[24]

The elements usually employed to fill in a blank space and balance a composition are not alphabetical signs in the epigraphic documentation. Sometimes punctuation signs are used, but mainly signs external to a writing system are used because they belong to other graphic categories: geometric patterns (straight or wavy strokes, crosses, roses) and figurative forms (vegetal motifs, leaves, foliage, flowers, a few animals, dragons for example). The vegetal décor is unquestionably most employed at the end of a text during the thirteenth century and mainly at the end of each line during

23 Philippe Verdier (Le Couronnement de la Vierge, Montreal/Paris 1980, p. 115-116) and Marie-Louise Thérel (Le triomphe, p. 59; see note 17) ended the first verse after the word *angelus* (*Palmam victrici fert angelus*), because it is located under the column which separates the first and the second scenes. Then they proposed the second verse: *Hic genitricis desideratus animam matris Dei fert*. They followed maybe the initial mistake of Deshoulières (Le tympan [see note 3], p. 44).

24 On the role of the frame, see Estelle Ingrand-Varenne, Inscriptions encadrées/encadrantes: de l'usage du cadre dans les inscriptions médiévales, in: Apta compositio. Formes du texte latin au Moyen Âge et à la Renaissance, ed. Christiane Deloince-Louette/Martine Furno/Valérie Méot-Bourquin, Genève 2017, p. 69-90.

the fifteenth century.[25] The use of Arabic lettering for this function is unusual, although there are a few examples, for instance in the stained glass window of Saint Eustace at Chartres Cathedral (bay 43), when Eustace is negotiating with a boatman for passage to Egypt.[26] I believe that these characters are more frequent than we think, because we have not paid adequate attention to the elements placed at the end of a line of text, at least in France.

Whatever we may think of the skill (or the clumsiness) of the artist, the artist completely integrated the Arabic characters into the composition, assembling graphic and iconographic forms. The characters are integrated as well as the other elements into the rhythm and visual balance of the tympanum, all of which must be understood holistically.

Graphical Boundaries: Latin and Arabic Writings

Let us now consider the Arabic writing at Saint-Pierre-Le-Puellier. Hubert Boursier has noted how »orientalizing characters«[27] denote different semiotic units, and he was struck by their formal diversity: thirteen different forms, rarely repeated, demonstrate the carver's willingness to vary forms. The same observation can be made about the archivolt in the Beaux-Arts Museum at Lyon, which has been carved with thirty different characters, and only three are common to the tympanum at Bourges.[28] Perhaps it is better to speak about »a succession of inscribed sequences« rather than writing of characters, as Nicole Cottart suggests. Cottart noticed that the succession of inscribed sequences consisted of complete Arabic words as well as parts of Arabic words (beginning, middle or end of the word) and unintelligible associations[29] (fig. 8-10).

---

[25] Estelle Ingrand-Varenne, Peur du vide et économie graphique dans les inscriptions médiévales, in: Viator 50.1 (to be published).

[26] See bay 43, panel 13: http://www.medievalart.org.uk/Chartres/43_pages/Chartres_Bay43_Panel13.htm (17.12.2019). Saint Eustace was a layman, a hunter and a married man to whom the knights, especially in Crusade, could identify. This stained-glass window is one of the most remarkable of the cathedral by the delicacy of its drawings, the wealth of its ornaments and by its particular colors. We speak of the master of saint Eustace.

[27] Hubert Boursier, Histoire et iconographie du tympan roman de Saint-Pierre-Le-Puellier, in: Histoire de l'Art 32 (1995), p. 38.

[28] The presence of this writing at both sites and the stylistic similarities has long led scholars to believe that both works come from the same building. Yet, the restoration of the archivolt in 1993, allowed for a comparison with the tympanum, particularly the workmanship of both and the curvatures of the archs, and revealed important differences: the internal curvature of the archivolt is more closed than that of the tympanum, the finishes of the archivolt are always executed with a type of scraper, whereas the surface of the tympanum is handled with a chisel, the folds of the bliaud (an overgarment worn by both genders) on the archivolt are angular, whereas the clothes of the figures on the tympanum are rounded. Thus, Hubert Boursier concludes that it seems not very probable that these two works came from the same portal (Histoire [see note 27], p. 41 note 8).

[29] A detailed analysis of each sequences made by Nicole Cottart is given in the appendix at the end of this article.

The terms that can be identified are short words, made of one consonant with long vowel or two consonants, one of which is doubled with the presence of long vowels. Not a single word relates to the subject of the tympanum. Because some words are legible but the whole is not intelligible, how to designate the inscriptions? As pseudo-Arabic Kufic or pseudo-Kufic, as P. Chapu[30] noted?[31] The presence of palmettes or sketch of palmettes, characteristic of the so-called floral Kufic, decorate most of the sequences. It is a variant, increased by floral ornaments, thus an understandable written form. This use made Nicole Cottart qualify the script of these inscriptions as graphic decoration inspired by floral Kufic, piecemeal or fragmented associated with pseudo-Kufic.

Confronting these Arabic signs in this context, we are entitled to wonder, on one hand, whether the carver considered the forms as real writing – even as »degree zero« – or, on the other hand, whether it was the viewer who identified the forms as writing. The carver's research in variation and combination of signs can lead us to think that he used them as letters, as if he recreated an alphabet and wrote a fake message. Some characters are in other inscriptions with Arabic script. For instance, the word God (third sequence of the right lateral inscription) is the most frequent term in Arabic inscriptions, in a Muslim or a Christian context, for the most repeated inscriptions are *al-mulk li-llah* (›sovereignty belongs to Allah alone‹, incised on the doors of Le Puy cathedral) (fig. 3 and 4), *al shukr li-llah* (›thank goodness‹), etc.[32] If the carver used a common repertory, how did he organize the signs? On what criteria? These questions remain to be answered.

Returning our attention to the tympanum's composition, the images and poem are meant to be read from left to right and from the bottom upward; however, the introduction of Arabic characters, even pseudo-writing, changes the direction, because they must be read from right to left. Thus, the inclusion of Arabic characters proposes a second reading to the viewer, backwards: from the right corner of the tympanum – the end of the poem – to the left-hand side, at the starting point of the inscription. The writing is in essence movement and the meeting of Arabic and Latin scripts enhances the numerous dynamics already at play on the tympanum.

A second element places the Latin and Arabic characters in opposition. The paleographic study of the poem shows that it consists mainly of capitals with a few uncials. As it is common, the carver alternated the character's form when a letter is repeated in the same word: the first *M* in *almam* is uncial whereas the second is a capital. The writing is regular and elegant, thanks to the upright strokes emphasized by

30 P. Chapu, Catalogue du Musée de Bourges, n°97, p. 83: manuscript document not seen but quoted by Hubert Boursier, Histoire (see note 27), p. 41 note 6.

31 This distinction is similar to what D. T. Spittle had already noted in a more general way in 1954, namely that numerous inscriptions, so-called pseudo-Kufic inscriptions, in fact were translatable. Spittle was interested in the regions where this writing was less expected (e.g., France, England, Byzantine art), rather than the examples of South Italy, Sicily and Spain (Cufic Lettering in Christian Art, in: Archeological Journal III,1 [1954], p. 138-152).

32 I thank very warmly Julie Marquer for this remark. About the inscriptions on the doors of Le Puy cathedral, see Katherine Watson, The Kufic Inscription in the Romanesque Cloister of Moissac in Quercy: Links with Le Puy, Toledo and Catalan Woodworkers, in: Arte medievale (1989), n° 1, p. 7-27.

a second less thick stroke, for example in *matrem*, and the letter plays (the letter *I* inserted in the *C* of *facit*, in the *V* of *victrici*, in the *C* of *genitrici*, the letter *I* intertwined in the *H* of *hic*, the ligature of *T* and *R* in *vitrici* and in *genitrici*, of *L* and *V* in *angelus*, of *M* and *A* intertwined in *maris*). There are no abbreviations and the inserted, intertwined and ligatured letters allow an economy of space.

In contrast, the Arabic script appears less rigid, with the use of the palmettes and its curved, wavy, entwined design. Nevertheless, a few elements establish a rapport between the two writing systems: dots and serifs, that is decorative, finishing flourish on a stroke, in particular for the end of the letters *A*, *G*, *M*, *P* and *R*. *Angelus* in the first verse is the word that is the closest to the Kufic design, with the specific form of the letter *A* (the only one like this on the tympanum) and the *G* (fig. 11).

It is difficult to know if the sculptor wanted to decorate a particular word of the poem, or if the goal of this likeness was to link precisely the word, Angel, to the Arabic characters, and consequently to give a deeper interpretation of this decoration. Nevertheless, it creates a visual connection between the poem and its margins, between Latin and Arabic writings, which gather in a common and harmonious graphical aesthetics.

From Graphic to Geographic to evoke the East of the loca santa

If the Arabic writing of the tympanum does not transmit a specific message, would the purpose be »to confer on the representation an additional coefficient of reality and efficiency which would play on another register than it«, to resume Jean-Claude Bonne's analysis[33] of ornament? We should examine not only what this script in this context evokes in the collective imagination, but also what it does in the tympanum.[34]

An explanation for the presence of Arabic script on biblical figures, including the Jewish High Priest, has been proposed by Richard Ettinghausen: it may have been interpreted as ancient Hebrew script or at least as that used by the New Testament figures and by Christian saints.[35] This assimilation of two exotic written forms for a Western eye is attractive and was already more or less suggested by Spittle in 1954.[36]

---

33 Bonne, Les ornements de l'histoire (see note 12), p. 43.

34 We propose only three hypotheses relevant for our study, but many others are generally made to explain the presence of pseudo-Arabic script (aesthetic reasons, taste for the exotic or opacity, cultural reasons, archaic or apotropaïc purpose) etc. S. Pandone and V. Cantone made the synthesis in the first pages of their article (The pseudo-kufic [see note 13]). Alicia Walker, in her study of the monastery of Hosios Loukas in Greece, argues that pseudo-Arabic played a key role in shaping the pilgrim's physical and conceptual experience of the site by connoting Muslim groups and the geographic territories under their control. In her opinion, pseudo-Arabic connoted the sacred authority and spiritual efficacy of Christian holy sites in the East, while ultimately calling the viewer to reclaim these territories from Muslim dominion.

35 Richard Ettinghausen, Muslim Decorative Arts and Painting: Their Nature and Impact on the Medieval West, in: Islam and the Medieval West. A Loan Exhibition at the University Art Gallery, April 6-May 4, 1975, ed. Stanley Ferber, Volume 1: Catalogue and Papers of the Ninth Annual Conference of the Center for Medieval and Early Renaissance Studies, State University of New York at Binghamton, May 2-4, 1975, Binghamton 1975, p. 14.

36 D. T. Spittle, Cufic Lettering in Christian Art, in: Archeological Journal III,1 (1954), p. 152.

Nevertheless, it remains without proof and, consequently, we ignore it. A second possibility would be to think that this script was employed to evoke the Arabic language and its status. During the Middle Ages, it was considered a *lingua aliena*, a foreign tongue, relatively unknown.[37] Although it was not considered part of the sacred languages, it did belong to the group of *linguae sapientiales*, for the *sapientia* was also revealed by the prophets and the philosophers.[38] This transfer from linguistic to graphic is also tricky.

It is a third hypothesis – simpler but no doubt more relevant in this second half of the twelfth century – on which we should focus: this writing refers – deliberately or not – to the East. Beyond this obvious fact, it is necessary to specify that it is an East understood as a geography and a chronology. In the context of the *transitus Mariae*, these signs are an economic and efficient mean thanks to the graphic intermediary to evoke in the viewer's mind and to convoke in the tympanum an original space-time, concrete and symbolic, the Holy Land. This Eastern presence, through the writing, relates both to the biblical imagination and to current events related to the Crusades, territorialisation of the *christianitas*.[39]

The evocation of the holy sites in the East is the backdrop for the central theme of the tympanum, the death of the Virgin, and in a certain way strengthens it. The development of the Assumption links more directly to the Incarnation than to the Christology of the Resurrection. The increasing concerns for the body in general, reflections on the body of Christ, on the Eucharist, are the deep reasons for the success of the image of the Assumption of the Virgin in the central Middle Ages. The theological reason for the Assumption is the divine maternity of the Virgin, which links her to Christ's body and soul. The poem inscribed at Bourges insists on the status of the mother, therefore on the relationship between Mary and Christ: *genitrici* in the first verse rhymes with *victrici*, *almam ... matrem*; and particularly the last verse which gathers Father, Mother and Son (*Filius ad patrem facit almam scandere matrem*), and the virginal status (*sine fraude*, verse 4).[40]

These old traditions on the final fate of Mary were accessible through two different and convergent ways, the literary way and the topological way, that is texts and places. The topological traditions (house and Mary's grave in Jerusalem) were attested by places through liturgical and archaeological sources[41] as well as guides' and pilgrims'

37 For example John Tolan, Porter la Bonne Nouvelle auprès de Babel: les problèmes linguistiques chez les missionnaires mendiants, XIIIe-XIVe s., in: L'Europe latine et le monde arabe au Moyen Âge: cultures en conflit et en convergence, Rennes 2009, p. 183-195.

38 Gilbert Dahan/Irène Rosier/Luisa Valente, L'arabe, le grec, l'hébreu et les vernaculaires, in: Sprachtheorien in Spätantike und Mittelalter, ed. Sten Ebbesen (Geschichte der Sprachtheorie 3), Tübingen 1995, p. 265-321.

39 Camille Rouxpetel, L'Occident au miroir de l'Orient chrétien. Cilicie, Syrie, Palestine et Égypte (XIIe-XIVe siècle), Rome 2015.

40 The expression *sine fraude* can be referred to the body as much as to the tomb. John Damascene, in one of his three homilies on the Dormition of Mary, spoke about „the immaculate tomb" (Saint Jean Damascène, Homélies sur la Nativité et la Dormition. Texte grec, introduction, traduction et notes par Pierre Voulet [Sources chrétienne 80], Paris 1961, III, 5).

41 Denys Pringle, The Churches of the Crusader Kingdom of Jerusalem. A corpus, vol. III: The City of Jerusalem, Cambridge 2007, n° 337 St Mary of the Valley of Jehoshaphat, p. 287-306.

narratives[42] (e.g., the narrative of Willibald written between 760 and 780). At the end of the twelfth century, the interest in historical places related to the life of the Virgin Mary was obvious. For instance, they are inscribed under the miniature which decorates the historiated initial *V* of the collect *Veneranda*[43] in the sacramentary of Saint-Martin of Tours, which is contemporary to the tympanum, as it is approximately dated to 1170. This oration affirms the death and the glorification of the Virgin's body, and at the bottom of the page, we can read: *Mons Syon, Vallis Iosaphat, Sepulcrum S. Mariae, Mons Oliveti.*[44] The acquisition of relics from *loca sancta* connected with the Virgin provides further proof. In 1172, the abbess of Chelles gave to Corbie a fragment of the tomb of the Virgin Mary. A reliquary of the abbey contained *de loco transitus beatae Mariae*, another one *de sepulcro beatae Mariae.*[45]

The tympanum at Bourges explicitly evokes these places, even if the poem does not indicate them. The five scenes represent five different places in the tradition: the encounter of the archangel on the grave of Christ, the meeting of the apostles in Bethlehem, the affront of Jephonias in Jerusalem and the funeral procession from Mount Sion to Gethsemane, the entombment in the valley of Josaphat, and finally, heaven. The five scenes are distributed around a topological figure at the center of the tympanum: a church, more precisely the relief image of a Romanesque church, represented in a long sectional view with six arches. The interpretation of this building varies. After a very accurate description, Deshoulières wondered if the artist wanted to depict the Celestial Jerusalem. He concluded that it is a convent church and wondered whether the canons did not try to represent their own church.[46] Philippe Verdier saw the evocation of the Saint Sion church during the Crusades,[47] and Hubert Boursier interpreted the sculpted images as a reproduction of a neighboring Romanesque cathedral.[48] Due to the eschatological character of the mystery represented (Mary's fate has value of sign: it shows by anticipation how the destiny of all believers and the whole ecclesial body has to come true at the end of time), how does one *not* see in this ecclesial representation another face of the Virgin, the figure of the Church Triumphant and the Heavenly Jerusalem? An overlapping of meanings, between real and theological place, makes this possible (fig. 12).

The inscribed Arabic characters evoke the East of the *loca sancta*, but even more they evoke current events. The work was realized between the Second and the Third

42 Mimouni, Dormition (see note 19), introduction.

43 This oration is considered as one of the first proclamations of the Mary's bodily Assumption by the Roman Church. Bernard Cappelle, Mort et Assomption de la Vierge dans l'oraison *Veneranda*, in: Ephemerides liturgicae 66 (1952), p. 241-251.

44 Thérel, Le triomphe (see note 17), p. 58: In M.-L. Thérel's opinion, it was an indication of the scribe for the painter, but also a borrowing of the Pseudo-Jerome's sermon on the Assumption (Patrologia Latina, vol. 30, ed. Jacques-Paul Migne, Paris 1846, col. 123D), author who considered the Assumption as doubtful and preferred the Dormition.

45 Dom Coquelin, Historiae regalis abbatiae S. Petri Corbeiensis compendium, in: Mémoires de la Société des Antiquaires de Picardie 8 (1845), p. 502.

46 Deshoulières, Le tympan (see note 3), p. 41-42. This description occupies the major part of his article, in which the Arabic characters are not mentioned.

47 Verdier, Le Couronnement (see note 23), p. 116.

48 Boursier, Histoire (see note 27), p. 40.

Crusade (1147-49 and 1189-92). The Second Crusade, decided in the council of Bourges in 1145 by Louis VII, which aimed at taking Edessa was a failure; the goal of the third was to help the Latins of the East battling against Saladin. It is in this atmosphere that the composition of Saint-Pierre-le-Puellier has to be read. Furthermore, it served as a reminder of the First Crusade in which the Lords of Berry (the region of Bourges) actively participated, as noted in the incipit of the *Chanson d'Antioche,* a chanson de geste inspired by the conquest of Antioch and of Jerusalem and the origins of the Crusader states. Harpin of Bourges, last viscount of Bourges, was also a major figure of the First Crusade. It is not a question here of making a direct link between all these elements, nevertheless they form the cultural context which allows us to better understand the detail of pseudo-Kufic which could otherwise seem insignificant. The abundant literature that emerged from the Crusades helped shape worshippers' mentality, culture and imagination.

The two first laisses of the *Conquête de Jérusalem*, a chanson de geste about the First Crusade – between epic and historiography – composed at the end of the twelfth century, contemporary to the tympanum, reveal the constant identification between the geographical reality of Jerusalem city and its neighborhood, and the places of biblical history, notably those concerning the Virgin Mary. When it comes to the valley of Josaphat, the author immediately makes the connection with Mary's life (and not with the church built later). For instance, in the first laisse: »The booty collected by the Franks was considerable. They turn back without lingering more, through the valley of Josaphat until Saint Mary, where the mother of God died and was buried [...]. The anxiety was great, Lords, in these days when the Franks pushed their booty outside this big valley where Saint Mary, the mother of the Creator, died and was buried, before the angels took her to heaven with Our Lord.«[49] At the beginning of the second laisse, the preacher Peter the Hermit, at the top of the hill which dominates Jospahat, emotionally describes in the style of a guide the panorama of Jerusalem: the beauty of the city, the historical reminder which anchors in the faith and the promise of salvation; he ends by saying: »Here is finally the mount Sion where the mother of Jesus Christ when it was for her the hour to leave this earth; then the so-called place Josaphat where is the grave in which her body was placed.«[50]

The tympanum would present the sites of the Incarnation to viewers, and the Arabic characters evoke the East and the Holy Places that relate to the founding events of Christendom. The writing represents biblical places rather than a biblical time, the places crossed under Muslim domination. The tympanum of Bourges is not a unique case connecting pseudo-Arabic writing and the Holy Land. Quitterie Cazes demonstrated that there was a significant instance of this in the cloister capitals at the abbey of Moissac and that the iconographic program connected a series of themes and capitals. A capital with pseudo-Kufic letters (n° 70) is located very close to a capital depicting the crusaders of Jerusalem (n° 69), providing a direct reference to Muslim domination of the Holy Land and to current events: the capture of Jerusalem in 1099,

---

49 Croisades et pèlerinages. Récits, chroniques et voyages en Terre Sainte, XIIe-XVIe siècle, édition établie sous la direction de Danielle Regnier-Bohler, Paris 1997, p. 180.

50 Regnier-Bohler, Croisades (see note 49), p. 196.

when the cloister was built just one year later (ca. 1100)[51]. We can see a similar link between the correct Kufic writing in Le Puy-en-Velay cathedral and the scenes of the Infancy of Christ that it frames because the Latin inscription refers clearly to Arabs and Persians (referring to the three Wise Men)[52], although other interpretations have been given.[53]

Hence, the coherence of the graphic arrangement is doubled by a thematic coherence between the Virgin and holy places. The Arabic characters play the role of »joint« in the space of the writing, at the ends of a line: cultural joint, chronological joint, and decorative joint. Through these forms another message filters through which strengthens the efficiency of communication.

Conclusion

At the doorstep of the ecclesial space, the tympanum of Saint-Pierre-le-Puellier offers not only a carved narrative cycle on the last moments of the Virgin's earthly life[54], but also a poetic and epigraphic display in the broad sense. Its analysis shows the carver's choices in graphic composition, the willingness to play with the spatial proximity between verses and images. This choice presents the possibility for other signs to coexist in the epigraphic field with Latin writing. Some sequences of various Arabic script recall floral Kufic but with unintelligible meaning occupy both the right and left sides of the tympanum.

Far from merely filling the margins, these characters create a diffusion in the work and thus, play the role of intermediary.[55] Because Arabic script is read from right to left, these characters establish a different dynamic of reading. The graphic aesthetics enhance certain words in the poem. They distill a vague idea of the East, which anchors the global theological thought of the tympanum. The whole agency of the tympanum draws viewers' attention to the movement of the *Transitus*. In the celebration of the Assumption, which is based on the mystery of the Incarnation, the letter forms remind the believers, in an economic as well as an efficient way, not only of biblical places, but also of current events related to the Crusades.

This hypothesis of the effect produced by the Arabic script does not exclude other potential meanings; nor does it answer the numerous questions asked by this isolated and truncated work of art. What was its connection to the archivolt now at Lyon? What kind of relationship did it have with the neighboring Romanesque cathedral? There is

---

51 Cazes, Quitterie, À propos des ,motifs islamiques' dans la sculpture romane du Sud-Ouest, in: Les Cahiers de Saint-Michel de Cuxa. Chrétiens et Musulmans autour de 1100 35 (2004), p. 175; see also: Quitterie Cazes/Maurice Scellès, Le cloître de Moissac, Bordeaux 2001, p. 218-219.

52 CIFM 18, Haute-Loire 23, p. 111-113. The Magi in front of the king Herod: *Ecce videns Arabes sevus turbatur Erodes*; the Adoration of the Magi: *Mistica jam nato dant Perse munera Christo.*

53 Watson, The Kufic Inscription (see note 32); Xavier Barral i Altet, Sur les supposées influences islamiques dans l'art roman: l'exemple de la cathédrale Notre-Dame du Puy-en-Velay, in: Cahiers de Saint-Michel de Cuxa (see note 51), p. 115-118.

54 Like the one of Cabestany in Pyrénées-Orientales, around 1150 (or other manuscript supports).

55 See Oleg Grabar, L'ornement. Formes et fonctions dans l'art islamique, Paris 2013, p. 73.

more work to be done on this fascinating object, and the suspense continues. This article, however, wanted to demonstrate that within the context of the Bourges tympanum's composition, the inscriptions – both real and pseudo-writing – extended well beyond the borders, and should be understood in their epigraphic, iconographic, chronological and geographical dimensions.

Appendix: Analysis of the Arabic Writing by Nicole Cottart

Right side inscription (six sequences) (fig. 8):
1) Two interpretations are possible for the first sequence. The first one is *kamâ* (›as‹), because from right to left, the Arabic letter ك *kâf* can be identified, with an incomplete circle, perhaps the letter م *mîm*. The second possibility is *kannâ* (›to calm, to feel‹), for this circle is without a dot and is similar to another character, ن *nûn*; it is followed by a lengthening representative of the alif, the long *â* ا in this case. The verb *kannâ* generally has a doubling of the second radical, with the shadda sign above the consonant; but this sign has not been incised here. 2) The second sequence is barely decipherable, however, the trace of a palmette and a semicircle ended by a graph is like the Arabic letter ة , ة *tâ' marbuta/ta'*, mark of the feminine for certain words, or ـه, ه, final *h*. 3) The word *Allâh* (›God‹) is probably carved in the third sequence, but the *alif* ا usually at the beginning of the word, as a support vowel, in this case an *a*, is missing. 4) The fourth sequence consists of the letters ل *lam* and ي *yâ*, *liyya* (›for me‹) and is legible. There are two palmettes ended with a dot which decorate the terminal letter ي *yâ/y* but without dots under the letter (their presence is not indispensable in epigraphy). 5) The fifth sequence looks like the first one, but narrower. Moreover, there is a pattern above the downstroke which can be likened to a shadda and consequently leads to the reading of the word *kannâ* (›to calm, to feel‹). 6) The sixth sequence is damaged. A horizontal stroke can be seen after a vertical beginning; the whole is following by a half-erased character perhaps with a palmette; a loop elongated by a vertical line ends the sequence. This last character can remind the Arabic letter ط *ṭâ'* an emphatic t. No understandable meaning can be given.

Left side inscription (ten sequences) (fig. 9 and 10):
1) The first sequence is very damaged; only a palmette can be seen at the beginning. 2) The second sequence may be an Arabic word, truncated, and perhaps the first radical in median position, here the graphic support of ح , *h*, *ḥ* ou *ğ* because the possible characteristic dot is missing, and before it, the second part of the definite article, ل *l*, *al* in median position. 3) The third sequence shows the beginning of a graphic form similar to the previous sequence, but the design of the rest is incompatible with Arabic. A kind of geometrical pattern ends the drawing, the whole is thus incoherent. 4) Two palmettes have been carved in the fourth sequence. We can see a repetition of the beginning of the previous sequences and a repetition of the final part of the first and the fifth sequences on the right side of the inscription. The whole is intelligible but without meaning. 5) There are two possibilities for reading the fifth sequence, even if the first one is wrong from an orthographic point of view. The first possibility, *lammâ* (›when‹), seems to be the most plausible. We can see the letter ل *lam*, the letter *l*, then the letter م *mîm*, the circle of م *mîm* is incomplete on the other side. With a little imagination, the score above can be likened to a shadda, a sign of the doubling of a consonant. The sequence ends with the *alif* ا, in this case, a long *â*. The second possibility is *lima* (why), the difference in reading can be explained by a different vocalization and the absence of the doubling of the second radical. In this option, the score above the semicircle can be considered an ornamental element. 6) The motif of the sixth

sequence is decorated with two pairs of palmettes, ended with dots. It may be لا *Lâm-alif* of the Arabic negation. 7) A floral décor, without linguistic meaning, forms the seventh sequence, unless we read the letter ن *nûn*, that is *n*. In an isolated position, this letter can have a magic connotation and signify abundance and fertility. It can be seen on painted or incised décor and appears on common or luxury ceramic pieces. Nevertheless, only Muslim-initiated people know the meaning and adapt the use. 8) The eighth sequence shows the same pattern as in the fifth, with redundancy. 9) The ninth sequence is not decipherable. At the beginning and at the end, the downstrokes have characteristic triangular-headed terminals. 10) The tenth sequence is a floral pattern, similar to the first on the lefthand side of the inscription.

Picture credits

Fig. 1: Reproduction from Hubert Boursier, Histoire et iconographie du tympan roman de Saint-Pierre-Le-Puellier, in: Histoire de l'Art 32 (1995), fig. 3, p. 39.

Fig. 2: Picture by Estelle Ingrand-Varenne.

Fig. 3-4: Pictures by Sébastien Biay/CESCM.

Fig. 5, 6, 8, 9, 10, 11, 12: Pictures from Corpus des inscriptions de la France médiévale/Centre d'études supérieures de civilisation médiévale (CIFM/CESCM).

Fig. 7: Reproduction from the same publication as fig. 1 with additional diagram by Estelle Ingrand-Varenne.

Fig. 1: Tympanum of Saint-Pierre-le-Puellier, Berry Museum at Bourges, general view (drawing: Hubert Boursier)

Fig. 2: Tympanum of the abbey of Conques, angel

Fig. 3-4: The doors of Le Puy cathedral

Fig. 5: The doorway of Lavoûte Chilhac church

Fig. 6: Tympanum of Saint-Pierre-le-Puellier, Berry Museum at Bourges, Assumption

Fig. 7: Tympanum of Saint-Pierre-le-Puellier, Berry Museum at Bourges (drawing: Hubert Boursier), in orange, the delimitation of the scenes, in blue, the delimitation of the verses (diagram: Estelle Ingrand-Varenne)

Fig. 8: Tympanum of Saint-Pierre-le-Puellier, Berry Museum at Bourges, right side inscription with Arabic script

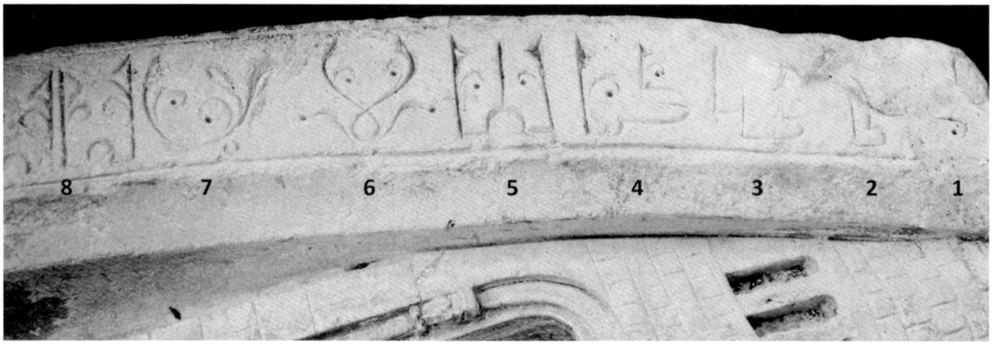

Fig. 9-10: Tympanum of Saint-Pierre-le-Puellier, Berry Museum at Bourges, left side inscription with Arabic script

Fig. 11: Tympanum of Saint-Pierre-le-Puellier, Berry Museum at Bourges, the word *angelus*

Fig. 12: Tympanum of Saint-Pierre-le-Puellier, Berry Museum at Bourges, the church

ÜBER (SPRACH)GRENZEN HINWEG

Deutschsprachige Inschriften des 14. bis 16. Jahrhunderts in der Slowakei

Juraj Šedivý

Das Gebiet der heutigen Slowakei deckt sich im Wesentlichen mit dem des mittelalterlichen Oberungarns (*Hungaria superior*, im 15. Jahrhundert auch *Windische Lande*)[1]. Vom 11. bis zum Anfang des 20. Jahrhunderts war das Gebiet Bestandteil des Königreichs Ungarn – eines multilingualen und multiethnischen Staatsgebildes im zentralen Teil Ostmitteleuropas.[2] Vor allem drei Sprachen wurden auf diesem Territorium im Mittelalter verwendet – die slowakische (und tschechische) vor allem im nördlichen Teil, die ungarische vorwiegend im südlichen Teil und die deutsche meistens in urbanen Siedlungen. Den Multigraphismus und die Multilingualität ergänzen marginal auch andere Schriften (v.a. die hebräische und griechische) und Sprachen (v.a. Jiddisch und Polnisch).

Eine intensivere epigraphische Erforschung der mittelalterlichen Inschriften in der Slowakei hat keine lange Tradition. An vereinzelte Studien, die sich der Problematik widmeten,[3] knüpfte der Verfasser dieser Studie mit einer systematischen Forschung an und veröffentlicht seitdem zu dieser Thematik kontinuierlich neue Publikationen[4]. Er begann zudem an der Comenius-Universität in Pressburg/Bratislava Epigraphik zu leh-

[1] Die zweite Bezeichnung kommt nur selten vor. Siehe Ulrich von Richentals Chronik des Konstanzer Konzils: „Och zoch in der gross herr Strobor usser Boland und her in Windeshen landen zwischen Merhern und Boland an dem Wasser, das nempt Vag" (zitiert nach Tomáš Lukačka, Ilustrovaná kronika kostnického koncilu [Illustrierte Chronik des Konstanzer Konzils], in: Prvý cisár na uhorskom tróne [Der erste Kaiser auf dem ungarischen Thron], hg. v. Július Bartl, Bratislava 2001, S. 294.

[2] Einen Überblick über die Geschichte des Gebiets der heutigen Slowakei vermittelt z.B.: A Concise History of Slovakia, hg. v. Elena Mannová (Studia historica Slovaca 21), Bratislava 2000.

[3] Vladimír Segeš, Epigrafika, in: Pomocné vedy historické – súčasný stav a perspektívy, zgst. v. Ladislav Vrteľ, Dolný Kubín 1986, S. 58-61; Juraj Spiritza, Nielen epitafy sú epigrafmi, in: Slovenská archivistika 31 (1996), Nr. 2, S. 83-84.

[4] Zur Bibliographie der relevanten Publikationen seit 2002 siehe: http://alis.uniba.sk:9909/search/query?match_1=PHRASE&field_1=a&term_1=%C5%A0ediv%C3%BD,+Juraj+1971-+UKOFIAV&sort=dateNewest&theme=EPC (17.12.2019).

ren und betreute Abschlussarbeiten der Studenten (von Bachelor- bis zu Doktorarbeiten). Dank dieser Aktivitäten wurde sein Projekt *Corpus inscriptionum Slovaciae* (CIS) von der slowakischen Agentur zur Förderung der Forschung (APVV) unterstützt. Ein kleines Forschungsteam konnte gebildet werden, dessen Ziel es ist, die epigraphischen Zeugnisse im ganzen Land nach einzelnen historischen Verwaltungsgebieten (sog. Komitaten, d.h. Grafschaften) zu dokumentieren. Im Rahmen des CIS wurden zwei Publikationsreihen begründet: die Monographien[5] und die Editionskataloge[6]. Im weiteren Umkreis des epigraphischen Forschungszentrums in Pressburg/Bratislava erscheinen jedoch auch andere Publikationen, die sich wenigstens teilweise auch epigraphischen Themen widmen.[7] Im Rahmen der intensiveren Forschung wurden Tausende von historischen Inschriften dokumentiert (primär die Inschriften bis 1650, sekundär bis 1800), darunter auch einige in deutscher Sprache.

Deutsche Sprache in der kodikologischen und diplomatischen Kultur der Region

Die Anwesenheit von Missionaren, die bei der Kommunikation verschiedene Formen des Althochdeutschen benutzten, ist auf dem Gebiet der heutigen Slowakei bereits zur Zeit des Mährischen Reiches im 9. Jahrhundert belegt.[8] Auch nach dem Zerfall dieses politischen Gebildes (ca. 907) und der Bildung des Ungarländischen Königreichs[9] (ca. 1000) sprachen nicht nur die Angehörigen der weltlichen und kirchlichen Eliten deutsche Dialekte (wie etwa die Mitglieder des kleinen Hofes der ersten, aus Bayern stammenden Königin Gisela), sondern auch einfache Menschen, die in den ersten zwei Jahrhunderten der Existenz des Königreichs vor allem aus dem nahen Österreich oder Kärnten entführt wurden. Eine intensivere freiwillige Besiedlung des Territoriums durch deutschsprachige Siedler ist besonders seit dem ersten Drittel des 13. Jahrhunderts belegt.[10] Diese intensiven Siedlungswellen dauerten ungefähr bis zu der großen Pest-

5 Als erster Band der Monographien-Reihe wurde ein historiographisch-methodisches Handbuch gedruckt: Juraj Šedivý und Kollektiv, Latinská epigrafia. Dejiny a metodika výskumu historických nápisov zo Slovenska [Lateinische Epigraphik. Geschichte und Methodik der Erforschung von historischen Inschriften aus der Slowakei], Bratislava 2014. In Vorbereitung sind Bände über die ältesten mittelalterlichen Inschriften im Donauraum, über Grenzsteine und über mittelalterliche Glocken und Glockeninschriften.

6 Bislang ist nur der erste Band der Editionsreihe erschienen: Miroslav Čovan, Historické nápisy zo Šariša do roku 1650 [Historische Inschriften aus Scharosch bis zum Jahr 1650], Martin 2016. In Vorbereitung sind die Bände für die Komitate Neutra/Nitra, Pressburg/Bratislava und Zips/Spiš.

7 Als Beispiel kann die Monographie eines der Projektmitarbeiter angeführt werden: Frederik Federmayer, Lausser. Príbeh meštianskeho rodu. Genealogická identifikácia náhrobnej dosky z krypty Katedrály sv. Martina v Bratislave [Lausser. Geschichte einer bürgerlichen Familie. Genealogische Identifikation einer Grabplatte aus der St.-Martin-Kathedrale in Pressburg], Bratislava 2016.

8 Zum Beispiel war der erste belegte Bischof, dessen Diözese sich mit der heutigen West- und teilweise auch Mittel-Slowakei deckte, nach 880 ein Schwabe Namens Wiching.

9 Der Begriff ‚ungarländisch' wird hier im Weiteren als ein territoriales (nicht ethnisches) Toponym (im Unterschied zu ‚ungarisch', d.h. ethnisch ungarisch/magyarisch) verwendet. Der politische „Traditionskern" war nämlich zwar magyarisch, doch viele adelige Geschlechter und andere soziale Gruppen stammten von den einheimischen Slawen ab oder waren nostrifizierte deutsche Geschlechter.

10 Zusammenfassend zur Geschichte der deutschsprachigen Bewohner Oberungarns vgl. z.B. Juraj Šedivý, Deutschsprachige Beurkundung im Donaugebiet des mittelalterlichen Königreichs Ungarn, in: Urkunden

epidemie vor der Mitte des 14. Jahrhunderts an. Danach siedelten sich neue deutschsprachige Siedler meistens nur in drei Regionen mit dichterer deutschsprachiger Bevölkerung an, nämlich in Pressburg und seinem Umland, im Bereich der mittelslowakischen Bergbaustädte und in der Zips/Spiš (Abb. 1). Die ersten starken Einwanderungswellen neuer, vorwiegend deutschsprachiger Siedler decken sich zeitlich mit zwei wichtigen Prozessen, einerseits mit dem sozialen Prozess der Transformation der älteren *Suburbia* in eigentliche mittelalterliche Städte und andererseits mit dem kulturellen Prozess des Übergangs von einer Gesellschaft der *semilitterati* in eine voll entwickelte literale Gesellschaft.

Aufgrund dieser spezifischen Besiedlungssituation muss man bei der Verbreitung der deutschsprachigen Texte nicht nur die auswärtigen Impulse (die Nähe zu Österreich, die Beziehungen zu teilweise deutschsprachigen Städten im nahen Mähren, Böhmen und Kleinpolen) berücksichtigen, sondern auch die inländische Kulturentwicklung (Siedlungen mit deutschsprachiger Bevölkerung auf dem Lande und deutschsprachige Bürger in vielen wichtigen Städten). Deutschsprachig waren im damaligen Oberungarn vor allem die Gebiete im Südwesten des heutigen Landes um Pressburg/Bratislava, in der Mittelslowakei das Umland der Bergbaustädte (v.a. Kremnitz/Kremnica, Schemnitz/Banská Štiavnica und Neusohl/Banská Bystrica) wie auch das obere Nitra-Tal und im Nordosten besonders die Landschaft der Städte und Märkte im Komitat Zips/Spiš. Im Folgenden wird gezeigt, dass die deutschsprachige Schriftkultur vom 14. bis zur Mitte des 16. Jahrhunderts mehrheitlich in diesen Regionen vorgekommen ist.

Die Infiltration des Deutschen in geschriebene Texte Oberungarns (der heutigen Slowakei) hing aber von der Art der Texte ab. Die literarischen Handschriften aus der Region blieben interessanterweise fast das ganze Mittelalter hindurch lateinisch, das diplomatische Material germanisierte sich hingegen schnell und massiv vor allem im Bereich der innerstädtischen Kommunikation. Die Durchsetzung des Deutschen im dritten Schriftbereich, in den Inschriften, geschah später als in Urkunden und nicht in demselben Umfang, aber doch in höherem Maße als bei den literarischen Handschriften.

Für Kodizes in der uns interessierenden Region galt während des ganzen Mittelalters die lateinische Sprache als die *lingua litteratoria*. Auch in den Bibliotheken eines kirchlichen Zentrums mit einem so hohen Anteil an Klerikern aus deutschsprachigen Ländern oder Regionen wie Pressburg/Bratislava spielten die in deutscher Sprache geschriebenen Bücher nur eine marginale Rolle. Im Katalog der dortigen Bibliothek vom Ende der 20er Jahre des 15. Jahrhunderts kann man neben mehr als 80 lateinischen Titeln nur einen einzigen deutschen finden (*Item quidem liber thewtunicalis in pergameno et asseribus, in alba cutte, qui intitulatur Crewczgang*).[11] Außer diesem einzigen Buch fand man Deutsch nur in den dortigen Wörterbüchern. Dass es sich nicht um

und ihre Forscher. Zum Gedenken an Heinrich Appelt, hg. v. Werner Maleczek, Wien 2014, S. 247-265 (bes. S. 251-253); ausführlicher z.B. Miloš Marek, Cudzie etniká na Slovensku [Fremde Ethnien in der Slowakei], Martin 2006.

11 Neueste Edition von Juraj Šedivý, Mittelalterliche Schriftkultur im Pressburger Kollegiatkapitel, Bratislava 2007, S. 278-280 (hier S. 279).

eine zufällige Überlieferungslücke handelt, belegt auch das Inventar der nächsten großen kirchlichen Handschriftensammlung des Territoriums, der Pfarrbibliothek aus Leutschau, dem Zentrum der ebenfalls von Deutschsprachigen stark besiedelten Region Zips/Spiš. Unter insgesamt fast 200 Titeln findet man nur ein lateinisch-deutsches Wörterbuch, aber kein anderes in Deutsch geschriebenes Buch.[12] Trotz einer hohen Zahl an deutschsprachigen Klerikern in den drei Siedlungsgebieten scheint es, dass sich dort die deutsche Sprache im Bereich der Kodizes nicht durchsetzen konnte. Allerdings mag es Predigtsammlungen in deutscher Sprache bei Stadtpfarrern oder -predigern gegeben haben. Kaum besser war die Situation in bürgerlichen oder adeligen Handbibliotheken, wie Testamente von Bürgern und Adeligen belegen.[13] Aus Pressburg/Bratislava zum Beispiel sind ungefähr 850 mittelalterliche Testamente überliefert, nur in weniger als zwei Dutzend Fällen werden Bücher erwähnt, und nur in einem Einzelfall wird explizit erwähnt , dass die Bücher in Deutsch abgefasst waren. Hypothetisch könnte man in diesen die Anweisungen zum guten Sterben, Schachzabelbücher, Heldensagen oder -dichtung bzw. historiographische Werke (wie etwa die Chronik aus St. Georgenberg/Spišská Sobota) in deutscher Sprache erwarten. In Rathäusern gab es natürlich Rechtsbücher (etwa die Kompilationen des Magdeburger oder Nürnberger Stadtrechts) in Deutsch.[14]

Bei einheimischen Urkunden kommen die ältesten (vor allem juristischen) deutschen Fachausdrücke und Ortsnamen in sonst lateinischen Texten bereits seit dem 12. Jahrhundert vor. Sie sind aber nicht als Vorstufe der eigenen deutschsprachigen Beurkundung anzusehen. Für das Eindringen des Deutschen in die diplomatische Kultur des ganzen Königreichs Ungarn war vielmehr die Beteiligung der österreichischen kirchlichen Institutionen (v.a. der Klöster) von entscheidender Bedeutung. Dabei spielte Pressburg/Bratislava die Vorreiterrolle. Eine Generation später begannen Kanzleien wichtiger ungarländischer Städte in der innerstädtischen Kommunikation Deutsch anzuwenden, und knapp eine weitere Generation später setzte sich die deutsche Sprache (wieder vor allem im Kontakt mit den Städten und Bürgern) auch in der königlichen Kanzlei Ungarns unter Sigismund von Luxemburg durch. Interessanterweise blieben die Kanzleien der einheimischen kirchlichen Institutionen wie auch der adeligen Komitatsverwaltung der lateinischen Sprache treu (anders als im nahen Österreich oder Bayern).

Die Durchsetzung des Deutschen im diplomatischen Bereich war ein Kulturimport aus dem nahen, westlich gelegenen österreichischen Grenzland, wie es das Beispiel der Pressburger Kanzlei belegt: Als eine Vorstufe für eine eigene Verschriftung in deut-

[12] Den modernen Katalog publizierte Eva Selecká, Stredoveká levočská knižnica [Mittelalterliche Bibliothek aus Leutschau], Martin 1974.

[13] Zu den Pressburger Testamenten vgl. Das Pressburger Protocollum Testamentorum. Teil 1: 1410-1487, Teil 2: 1487-1529, hg. v. Judit Majorossy/Katalin Szende (FRA III/21), Wien/Köln/Weimar 2010/2015.

[14] Einen Überblick über deutsche mittelalterliche Kodizes in der Slowakei bietet Juraj Šedivý, Deutsche Handschriften in der Slowakischen Republik. Historische und kodikologische Aspekte, in: Manuscripta germanica: deutschsprachige Handschriften des Mittelalters in Bibliotheken und Archiven Osteuropas, hg. v. Astrid Breith, Stuttgart 2012, S. 167-181. Die geringe Zahl der in Deutsch geschriebenen Handschriften konnte vom Verfasser (dank einem Hinweis von Dr. Klaus Klein) um einen weiteren Text über Pferdemedizin bereichert werden (University Library in Chicago, Ms. 172).

scher Sprache kann man wohl die Beteiligung der Pressburger an deutschsprachigen Beurkundungen im nahen Österreich (erstes Viertel des 14. Jahrhunderts) ansehen. In einer weiteren Etappe (1320er bis 1340er Jahre?) stellten die Pressburger formal deutschsprachige Urkunden aus, es handelte sich aber in Wirklichkeit um Empfängerausfertigungen der österreichischen kirchlichen Institutionen (v.a. der Zisterzienser aus Heiligenkreuz). Später stellten sie auch eigene Urkunden auf Deutsch aus – wenn auch unter den ersten Empfängern (in den 1340er und 1350er Jahren) noch immer Österreicher oder in Österreich tätige Bürger waren. Letztendlich ab Mitte des 14. Jahrhunderts wurden deutschsprachige Urkunden ausgestellt und nur wenig später Einträge in das älteste Amtsbuch auch in eigener Sache auf Deutsch geführt. Neben größeren Städten an der österreichischen Grenze waren die Magnatenfamilien aus dem österreichisch-ungarländischen Grenzland (wie die Forchtensteiner oder die Herren von St. Georgen und Bösing) ein zweiter wichtiger Kanal zur Verbreitung der deutschsprachigen diplomatischen Praxis im Königreich Ungarn. Während Germanisten zum Beispiel im niederdeutschen Raum zuerst die Übersetzungen der Stadtrechte ins Deutsche (im 13. Jahrhundert) und erst später Beurkundungen in deutscher Sprache (im 14. Jahrhundert) annehmen,[15] war im Königreich Ungarn ein umgekehrter Prozess zu beobachten: Zuerst wurden nur Einzelstücke (Urkunden) ausgestellt, später ging man zur regelmäßigen Kanzleiverschriftung (Amtsbücher) über und zuletzt verschriftete man in der Volkssprache auch die Stadtrechte (eigentlich schon Bestandteil der kodikologischen Schriftkultur).[16]

Mittelalterliche deutschsprachige Inschriften in der Slowakei

Die mittelalterlichen Inschriften können im Vergleich zu Kodizes oder Urkunden eher als Indizien für eine entwickelte Schriftkultur gewertet werden. Das frühe Vorkommen mittelalterlicher Bücher kann man durch ihre Rolle bei der Liturgie erklären, das der frühen diplomatischen Schriftstücke durch ihre pragmatische Funktion innerhalb des Rechtssystems. Die Rezipientengruppen sowohl der handschriftlichen als auch der diplomatischen Schriftkultur waren aber relativ klein. Erst eine entwickelte *litterati*-Gesellschaft ist eine Voraussetzung für erfolgreiche Benutzung der Inschriften als der (vor allem) für die Öffentlichkeit bestimmten Texte. Das Vorkommen von Inschriften setzte nämlich eine Alphabetisierung der breiteren Gesellschaftsschichten voraus. Dem entspricht das Vorkommen der Inschriften: Aus der ganzen Slowakei kennt man nur ungefähr ein Dutzend der bis zum Ende des 13. Jahrhunderts geschriebenen mittelalterlichen epigraphischen Texte. In den ersten zwei Dritteln des 14. Jahrhunderts stieg zwar die Zahl der Inschriften ungefähr auf das Zehnfache, aber ein wahrer „Boom“ ist erst mit der Verbreitung der epigraphischen Minuskel (seit ca. 1370-1380) verbunden. Bis

[15] Die Anfänge deutschsprachiger Kanzleien in Europa, hg. v. Jörg Meier/Anne Ziegler (Beiträge zur Kanzleisprachenforschung 4), Wien 2008.

[16] Zum Eindringen der deutschen Sprache in den diplomatischen Bereich vgl. Juraj Šedivý, Deutschsprachige Beurkundung im Donaugebiet des mittelalterlichen Königreichs Ungarn, in: Urkunden und ihre Forscher. Zum Gedenken an Heinrich Appelt, hg. v. Werner Maleczek, Wien 2014, S. 247-265.

1526 lassen sich ca. 500 neue Inschriften verzeichnen. Wahrscheinlich dreimal so viele weitere Inschriften kann man bis zur Mitte des 17. Jahrhunderts erwarten.[17]

Die Aufnahme von Volkssprachen in epigraphische Texte ist in der Slowakei gegenüber den westlichen Nachbarregionen wie Österreich oder Böhmen/Mähren verspätet. Vereinzelte deutsche Inschriften trifft man erst um 1400 an, und bis zum Ende des 15. Jahrhunderts wird man wohl auch nicht mehr als drei bis vier Dutzend identifizieren können. Aus dem 16. Jahrhundert ist dann wenigstens die doppelte Zahl zu erwarten. Inschriften in tschechischen oder slowakischen Dialekten sind noch jünger – die bis vor kurzem älteste wurde ins Jahr 1452 datiert. Der Verfasser identifizierte aber eine noch ältere Inschrift, eine Trilingua, in der auch ein Text in Slowakisch/Tschechisch vorkommt und die schon in die erste Hälfte des 15. Jahrhunderts zu datieren ist (mehr dazu weiter unten).

Ähnlich wie bei dem diplomatischen Material findet man zuerst vereinzelte deutsche Ausdrücke in lateinischen Inschriften, vor allem Ortsnamen. Ein solcher ist zum Beispiel auf dem ältesten Siegel der Stadt Pressburg/Bratislava belegt. Statt dem seit dem 14. Jahrhundert üblichen Text *SIGILLVM CIVITATIS POSONIENSIS* findet man auf dem ältesten Siegel an einer Urkunde aus dem Jahr 1302[18] den Text *SIGILLVM CIVIVM IN PRESPURCH*. Die Nennung der bürgerlichen Körperschaft (*cives*) anstelle der Stadt als Einheit (*civitas*) wie auch die Schrift lassen eine Datierung in die zweite Hälfte des 13. Jahrhunderts zu.[19] Erste längere deutsche Inschriften sind erst aus der Zeit um 1400 bekannt. Zu den ältesten gehört eine Inschrift auf einem Taufbecken in der Pressburger Hauptpfarrkirche, mit der im Jahr 1409 der dortige Stadtrichter seine ewige *memoria* zu sichern versuchte. Die Inschrift ist aber immer noch überwiegend lateinisch.[20] Aus Leutschau (in der Region Zips) gibt es ungefähr aus derselben Zeit (um 1410) didaktische Texte, die die Wandmalereien der sieben Todsünden und der sieben Werke der Barmherzigkeit erläutern (Abb. 2). Bei diesen Inschriften wurde schon ausschließlich Deutsch als Textsprache benutzt. Es ist dabei bezeichnend, dass man die ältesten deutschsprachigen Inschriften in sakralen Räumen findet. Da der christliche Glaube der Mittelpunkt der mittelalterlichen Weltanschauung war, wurden die mit dem Glauben verbundenen Sakralräume mit höchstem sozialem Prestige konnotiert. Da der Sakralraum Klerikern als der gebildeten Gesellschaftsschicht vorbehalten war, gab es natürlich auch Gründe, die memorialen Denkmäler (vor allem Grabplatten oder Totenschilde bzw. gestiftetes liturgisches Geschirr, v.a. Kelche) mit Inschriften zu versehen. Die Inschriften sollten dabei an diesem ideologisch wichtigsten Raum des Ortes die *traditio* des Stifternamens gewährleisten.

---

[17] Die Zahlen sind noch nicht exakt, da die Forschungen immer noch im Gange sind. Die bekanntesten Lokalitäten wurden aber schon dokumentiert und nach den flächendeckenden Terrainuntersuchungen von ca. einem Drittel des Landes lässt sich auch die endgültige Zahl ungefähr einschätzen.

[18] Archiv der Stadt Bratislava (Pressburg), Urkunde Nr. 23 (1302 III 9). Zur Kritik der Urkunde vgl. Juraj Šedivý, Die Anfänge der Beurkundung im mittelalterlichen Preßburg (Bratislava), in: Wege zur Urkunde, Wege der Urkunde, Wege der Forschung, hg. v. Karel Hruza/Paul Herold, Wien 2005, S. 81-115.

[19] Die Inschrift ist äußerst interessant: Während der erste Teil des Textes älter ist (frühe gotische Majuskel mit vielen Archaismen, wohl 2. Drittel des 13. Jahrhunderts), ist der Ortsname selbst eindeutig später nachgemacht (nachgraviert) worden (3. Drittel des 13. Jahrhunderts). Zwischen den Jahren 1302 und 1314 wurde ein neues Typar mit dem „offiziellen" (lateinischen) Ortsnamen angefertigt.

[20] Siehe weiter unten bei Repräsentationsinschriften.

Mit Hinsicht auf die Funktion der Inschriften kann man unter den wenigen ältesten deutschsprachigen Inschriften solche finden, die zur Erhaltung der *memoria* eines Kollektivs oder einer Person bestimmt waren (angefangen von Siegeln, über Portal- oder Wandinschriften und Grabdenkmäler bis hin zu einfachen *hic fuit*-Graffiti). Daneben kann man Inschriften mit Andachts- oder didaktischer Funktion unterscheiden. Einige Inschriften konnten natürlich mehrere Funktionen vereinen.

Vorwiegend eine Memorialfunktion (neben einer Andachtsfunktion) hatte die erwähnte Inschrift auf dem Pressburger Taufbecken. Der mehrmalige Stadtrichter[21] Ulrich Rauchenbarter ließ es im Jahr 1409 zu Ehren des Kirchenpatrons, des Heiligen Martin, und zu seinem eigenen Gedenken anfertigen (Abb. 3). Der Text beginnt mit einer Datumsangabe in lateinischer Sprache und endet mit dem Hinweis, dass das Werk „in den Zeiten Ulrichs" (d.h. wahrscheinlich unter ihm als Stadtrichter) entstanden ist: *+ an(n)o · do(min)i · mi(llesim)* ^{o} *· cccc* ^{mo} *· ix* ^{o} */ tercia feria / ante · die(m) · viti m(artyris) / sa(n)ctus · martinus / ulreich · rauchenbarter / pei · des · ceiten · i·n·r·/i.* Hinter dem Auftrag konnten persönliche Gründe stehen: Der Auftraggeber hatte sich einige Jahre vor der Anfertigung des Taufbeckens verschuldet und die öffentliche Präsentation seines Namens sollte möglicherweise seine Reputation verbessern. Das repräsentative Kunstwerk goss womöglich der zu dieser Zeit in Pressburg tätige Glockengießer Johannes aus Wien, was die Verwendung der zu der Zeit noch unüblichen deutschen Sprache erklären würde.

Das Anbringen eines Künstlernamens zwecks Gedenkens kommt im Allgemeinen erst später auf als Verweise auf die Auftraggeber, und das nicht nur in lateinischen, sondern auch in deutschen Inschriften. Den frühesten Beleg einer öffentlichen deutschsprachigen Präsentation eines Künstlers kann man ebenfalls in Pressburg finden. Für das frisch beendete Presbyterium der St.-Martin-Kirche wurde nach 1487 ein Gitter für ein Sanktuarium (heute Bestandteil eines neugotischen Pastoforiums) bestellt (Abb. 4). Die Auftraggeber verewigten sich durch ihre heraldischen Symbole (Wappen des Königs, der Stadt und der Magnaten aus der Umgebung – darunter auch das der Herren von St. Georgen und Bösing, die sehr früh mit der deutschsprachigen Beurkundung begonnen hatten). Der Kunsthandwerker verewigte sich als einziger namentlich – mit einer Inschrift in gotischer Minuskel: *sigismund · fischer · schlosser · zu · wien.* Das Werk wurde wegen des Adlers in dem königlichen Wappen auf die Zeit Sigismunds von Luxemburg oder kurz danach datiert.[22] In Wirklichkeit handelt es sich jedoch um ein Jagellonenwappen, was mit der Jahreszahl des Bauendes des Presbyteriums (1487) übereinstimmt, daher kann man die Entstehungszeit des Gitters im letzten Jahrzehnt des 15. oder eher im ersten Jahrzehnt des 16. Jahrhunderts voraussetzen.[23] Die Tatsache, dass der Meister sich an so einer vornehmen Stelle namentlich anführen konnte, könnte dafür sprechen, dass er sich selbst an den Kosten beteiligt hat. Für die grenzübergreifenden Beziehungen ist es wichtig, dass es sich wieder um eine Kombination

[21] Theodor Ortvay, Geschichte der Stadt Preßburg, Bd. 3, Pressburg 1894, S. 414. Rauchenbarter war Stadtrichter von 1396 bis 1398 und dann mit Unterbrechungen (z.B. 1407) auch zwischen 1401 und 1411.

[22] Z.B. Juraj Žáry/Anton Bagin/Ivan Rusina/EvaToranová, Der Martinsdom in Bratislava, Bratislava 1990, S. 144, datieren das Gitter in die 1460er Jahre.

[23] Vgl. Šedivý, Mittelalterliche Schriftkultur (wie Anm. 11), S. 195-196.

von deutschsprachigen Auftraggebern (Pressburger Bürger und die Herren von St. Georgen und Bösing) und dem aus Österreich stammenden Künstler handelte.

Die Erinnerung an den Auftraggeber und den Künstler sollte auch die im Hinterland von Pressburg, auf der Schüttinsel (Žitný ostrov), entdeckte mittelalterliche deutschsprachige Inschrift bewahren. In Sommerein/Šamorín wurde 1523 die Decke der Kirche mit einem spätgotischen Gewölbe abgeschlossen, woran bis heute eine deutsche Inschrift erinnert: *Maister Peter Mavter hat gemacht / das gewelb avch vnd ehrsamen herrn / mit namen Wolfgang Fleischakher VND / Mert Marton[. . .] gewesn zu den/selbenn [. . .] 1·5·2·3.*

Einfache Namensnennungen des *hic fuit*-Typus (‚Hier war NN Anno XY') zur persönlichen Erinnerung wurden bisher erst in die zweite Hälfte des 16. Jahrhunderts datiert, und am häufigsten kamen diese im 17. Jahrhundert vor (z.B. St. Georgen/Sv. Jur, Lanschütz/Bernolákovo, vor allem an der Südwand der Sapolya/Zápoľský-Kapelle im Zipser Kapitel/Spišská Kapitula und anderswo). Nur ein kleiner Teil von ihnen ist in deutscher Sprache verfasst, obwohl die meisten Autoren deutschsprachige Protestanten gewesen sind.[24]

Als kommemorative Inschriftenträger schlechthin kann man die Sepulkraldenkmäler bezeichnen. Die ersten lateinischen Inschriften in diesem Bereich kann man in der zu untersuchenden Region wohl erst um 1300 voraussetzen (die älteste datierte Grabplatte aus Pukanec stammt aus dem 2. Jahrzehnt des 14. Jahrhunderts). Insgesamt werden bis heute ca. 15 Sepulkraldenkmäler aus dem 13. Jahrhundert, ca. 25 aus dem 14., ca. 35 aus dem 15. und ca. 20 aus dem ersten Viertel des 16. Jahrhunderts (als für die Region symbolische Grenze des Mittelalters wird das Jahr 1526 angenommen) identifiziert. Zuerst kann man sie für den Klerus und den höheren Adel nachweisen (abgesehen von einfachen Steinen mit eingeritzten Kreuzen kamen aufwändigere Grabplatten erst seit der 2. Hälfte des 13. Jahrhunderts vor), später (seit dem zweiten Drittel des 14. Jahrhunderts in Kaschau/Košice) sind auch bürgerliche Sepulkraldenkmäler belegt. Bis in das zweite Drittel des 15. Jahrhunderts bestellten aber wahrscheinlich alle sozialen Gruppen der Region nur lateinische Sepulkralinschriften. Die älteste in Deutsch geschriebene Sepulkralinschrift auf dem Territorium der heutigen Slowakei stammt wohl erst aus dem Jahr 1474 und gehört paradoxerweise einem Kleriker (wobei sie bezeichnenderweise aus Pressburg/Bratislava stammt) (Abb. 5).[25] Sie beginnt ähnlich wie der Text des Rauchenbarter Taufbeckens mit lateinischem Datum und fährt mit dem deutschen Text fort. Leider ist nur die obere Hälfte der Grabplatte erhalten geblieben, und auch diese ist teilweise stark beschädigt, weshalb der Text nur teilweise zu lesen ist: *anno d(omi)ni m(illesimo) cccc / und in de(m) 74 ist gesto[rben].* Die Fortsetzung des Textes (auch mit dem Namen des Verstorbenen) auf der unteren Hälfte fehlt, danach endet der Text mit:

---

24 Die Zugehörigkeit vieler Künstler zum protestantischen Glauben belegen Graffiti mit Namen, die in die Altäre oder Skulpturen der Heiligen – im Zuge des protestantischen Ikonoklasmus und der Abwertung der „Pfaffengötzen" – eingeritzt wurden.

25 Wie bereits oben bezüglich der Buchkultur und der Diplomatik angemerkt wurde, blieb Latein während des ganzen Mittelalters die *lingua litteratoria* des Klerus im Königreich Ungarn. Die deutsche Sprache benutzen die Kleriker mehrheitlich nur in der Privatsphäre (z.B. in Briefen) oder im öffentlichen Verkehr mit den Gläubigen der vorwiegend deutschsprachigen Stadtbewohner der drei Hauptgebiete in der Slowakei.

[...]*us · de(n?) · ai(n)st(?)* · [...] *de(m) go[t] / genedig sei.*[26] Die abgebildete Figur des Verstorbenen im Klerikergewand mit Birett verrät, dass es sich sicher um das Grabdenkmal eines Klerikers, höchstwahrscheinlich eines Kanonikers des Pressburger Kollegiatkapitels, handelt. Bis zur Analyse des Autors dieser Studie wurde die Grabplatte auf die Zeit vor 1403 datiert.[27] Geht man von der neuen Datierung (1474) aus, könnte das Grabdenkmal für den Kanoniker Johannes von Pulkau (oder vielleicht Sigismund von Lengenfeld)[28] bestimmt gewesen sein – in beiden Fällen würde es sich um aus Niederösterreich stammende Kleriker handeln, was wieder die kulturelle Ausstrahlungskraft dieser Region ins damalige West(Ober)Ungarn (heutige Westslowakei) belegen würde.

Im Unterschied zu dieser aufwändigen Grabplatte mit Relieffigur wurden die wenig jüngeren Grabplatten der Pressburger Laienbürger einfacher, fast könnte man sagen uniform gestaltet. Das obere Drittel der Grabplatte wurde für die Inschrift (meistens angeführt mit der Formel *Hie leid pegraben* + Name) reserviert, in den unteren zwei Dritteln wurde reliefartig das Vollwappen des verstorbenen nobilitierten Bürgers (mit Helm, Helmzier/Kleinod, Helmdecke) abgebildet. Aus der Zeit kurz vor und nach 1500 ist eine ganze Gruppe von Pressburger Grabplatten aus der Martinskirche erhalten geblieben: die älteste von Martin Gailsam (Abb. 6) ist wahrscheinlich nicht korrekt auf das Jahr 1484 datiert worden (er schrieb sein Testament erst am 1. Januar 1489 nieder!).[29] Laut Pál Lővei verraten das Material wie auch die künstlerische Umsetzung (wiederum – Anm. des Verfassers) österreichische Herkunft.[30] Ungefähr derselben Zeit entstammt auch eine beschädigte Grabplatte mit unleserlichem Namen (Linhardt?).[31] Nur ungefähr die obere Hälfte ist von der Grabplatte des wohlhabenden Bürgers Friedrich Voyt (1521 oder kurz danach) erhalten geblieben.[32] Die kleine Gruppe ergänzt

[26] Šedivý, Mittelalterliche Schriftkultur (wie Anm. 11), S. 208.

[27] Andrej Fiala, Kamenné architektonické články a náhrobníky [Steinerne architektonische Elemente und Grabsteine], in: Gotické umenie z bratislavských zbierok [Gotische Kunst aus den Sammlungen in Bratislava], hg. v. Anton C. Glatz, Bratislava 1999, S. 65-68 (hier S. 67); Viera Luxová, Memento mori: formy náhrobnej skulptúry [Memento mori: Formen der Sepulkralskulptur], in: Gotika. Dejiny slovenského výtvarného umenia [Gotik. Geschichte der slowakischen bildenden Kunst], hg. v. Dušan Buran, Bratislava 2003, S. 325-333 (hier S. 329). Die Autoren haben die Inschrift falsch gelesen und statt *und* nach der lateinischen Datierung hat man *III* gelesen.

[28] József Köblös, Az egyházi középrétek Mátyás és a Jagellók korában. A budai, fehérvári, győri és pozsonyi káptalan adattárával [Kirchliche Beziehungen in der Zeit des Matthias Corvinus und der Jagellonen], Budapest 1994, S. 458 und 463.

[29] Die Grabplatte befindet sich in der der hl. Anna geweihten Krypta der St. Martin-Kathedrale und die Inschrift mit gotischer Minuskel lautet: *Anno do(min)i m° cccc° lxxx° iiii° ist ge/starbe(n) der erber herr Mert Gail/sam am osterabent de(m) got ge/nadig seii amen.*

[30] Pál Lővei, Künstlerische Beziehungen in der Grabmalkunst Ungarns im Spätmittelalter, in: Galéria. Ročenka Slovenskej národnej galérie 2004-2005, hg. v. Dučan Buran, Bratislava 2006, S. 123-138 (hier S. 129).

[31] Die Grabplatte befindet sich in derselben Krypta und verrät eine ähnliche Werkstatt wie die von Gailsam. In gotischer Minuskel steht dort geschrieben: *Hie leid [be]grab(e)n der [Edl und] / fest l[in_ _d.] ist gestorb(e)n / des nast(e)n Montag nach [_ _] / [_ _]ar dem got genedig sei.*

[32] Majorossy/Szende, Protocollum Testamentorum 2 (wie Anm. 13), Nr. 802 S. 743: *Friderich Voytt (...) mein lechnam (...) pey sant Mertten pfarkirchen in meiner Capellen (...) vnd dy jarzal vff mein grabstain machen lassen.* Die erhaltene Hälfte der Grabplatte befindet sich heute im Presbyterium hinter dem Altar. In gotischer Minuskel steht auf ihr geschrieben: *Hie ligt begraben der fursichtig / weis herr fridrich Voyt pu[rger zu Pressburg _ _].*

noch ein weiteres zeitgenössisches Sepulkraldenkmal aus Pressburg (erstes Viertel des 16. Jahrhunderts) mit der Inschrift *Hie leid pegrab(e)n der Edel Ritter her Wilhalm Von Wulkendarff vn(d) ist gestarb(e)n an allersel(e)n tag im dem got gnad.* Wahrscheinlich aus der um 1529 demolierten Michaelskirche stammt ein Fragment der sekundär verwendeten Grabplatte Wolfgang Schusters(?).[33] Das folgende Grabmal mit einer deutschen Inschrift ist der Gemahlin eines Zollbeamten (Dreisigister), Barbara Widman († 1549), gewidmet und verrät schon den Einfluss der nördlichen Renaissance. Die untypische künstlerische Gestaltung und auch das verwendete Material (gegossene Bronze?) zeugen von einem Bruch mit der mittelalterlichen Entwicklung – obwohl man auch in diesem Fall auf eine österreichische Herkunft der Werkstatt rückschließt.[34]

Einer postmortalen Präsentation im sakralen Raum, die von einem deutschen Text begleitet wurde, haben sich auch die Bürger der kleineren Märkte in der Nähe von Pressburg (St. Georgen, Bösing, Sommerein) angeschlossen. Das Gebiet bildete das Hinterland Pressburgs und die dortigen Bewohner pflegten rege Kontakte mit der Stadt. Nota bene: Die mächtigsten Feudalherren dieser Gegend, die Herren von St. Georgen und Bösing, spielten eine wichtige Rolle in der Verbreitung der deutschsprachigen Urkunden in Oberungarn. In der Pfarrkirche in Bösing wurden sekundär zwei Bruchstücke einer Grabplatte aus Rotmarmor mit einer Inschrift in gotischer Minuskel verwendet. Dem Text *hie ligt begraben[..ga..] // [. . .]dulfr[. . .] d(er) starb an dem [. . .]* und auch der verwendeten Schrift (späte gotische Minuskel) nach, könnte die Grabplatte aus der zweiten Hälfte des 15. bzw. aus dem ersten Viertel des 16. Jahrhunderts stammen.[35] Aus derselben Kirche stammt eine weitere deutsche Grabinschrift für Peter Storkut von Seedorf († 1522, eine der Personen aus dem Umkreis der Herren von St. Georgen und Bösing, erwähnt 1514[36]). Auf seiner Grabplatte liest man *Anno D(omi)ni 1522 iar / Am mitwoch Vor Helena ist gestorb(e)n / Der Ed(e)l vnd Vest(e) peter storkwt / Von sedorff vnd leit hie begrab(en) / Dem got genedig Sein Wel.* In derselben Kirche wurde auch eine dritte, ungefähr aus der gleichen Zeit (erste Hälfte des 16. Jahrhunderts) stammende Grabplatte mit einer leider heute fast unlesbaren, weil beschädigten Inschrift eines Adeligen angebracht.[37] Eine weitere deutsche Inschrift findet man an dem Epitaph für Jakob Mordax und seine Frau Agnes aus der Kirche des hl. Georg in St. Georgen (1572).

Eine weitere Gruppe von Grabmälern mit vorwiegend deutschen Texten befindet sich etwa 180 Kilometer von Pressburg entfernt in der Stadt Schemnitz/Banská Štiavnica, einem ebenfalls deutschsprachigen Siedlungsgebiet. Diese ist aber, wie auch im Falle der dort überlieferten deutschsprachigen Urkunden, um eine Generation jünger als die Pressburger Texte. Die älteste dortige deutsche Inschrift (Abb. 7) findet man an

33 Der Text ist schwer lesbar, weil die Platte in Zweitverwendung in großer Höhe in den Turm eingemauert ist. In spätgotischer Minuskel (wohl 1500-1520) ist eingehauen: *[_ _ W]olfgang / [_ _]ster [b?]urger d[_ _].*

34 Jozef Hal'ko/ Štefan Komorný, Dóm. Katedrála sv. Martina v Bratislave [Der Dom. Die Kathedrale des hl. Martin in Bratislava], Bratislava 2010, S. 520.

35 Den Hinweis auf die Grabplatte verdanke ich Dr. František Gahér.

36 František Gahér/Daniel Gahér, Stredoveké náhrobné pamiatky v Kostole Nanebovzatia Panny Márie v Pezinku [Mittelalterliche Grabmonumente in der Maria-Himmelfahrt-Kirche in Bösing], in: Historika 1 (2013), S. 7-10. Die Inschrift ist jedoch in diesem Artikel nicht richtig transkribiert.

37 Ebd., S. 9-10.

einem der Stützpfeiler der ehemaligen Schemnitzer Pfarrkirche (sie wurde in der Zeit der Kriege mit dem Osmanischen Reich in eine Festung umgebaut). In einen Steinblock wurde die Inschrift in frühhumanistischer Majuskel eingehauen: *ITEM · IN · DEM · GERICHT · LORE(N)CZ · KRA[NC]ZL · IST · DAS · GEPAWT / WORDEN · 1·5·1·5.* Neben dieser Bauinschrift kann man nur sepulkrale Texte identifizieren: Ein Fragment einer Grabplatte, wahrscheinlich aus dem ersten Viertel des 16. Jahrhunderts, trägt Teile eines deutschen Textes: *[. . .]·VOR · GEORGY · IST / GESTOR[BEN . . .].* Von dem Relief im Zentrum der Grabplatte ist nur noch ein Teil erhalten, jedoch ist eine Zimmermannsaxt in einem Vierpass eindeutig zu sehen, weshalb man vielleicht auf einen Handwerker als Auftraggeber rückschließen könnte. Viel zahlreicher sind die erhaltenen Grabmäler des zweiten und vor allem des letzten Drittels des 16. Jahrhunderts (Paul Rubigall – 1575?; Eva Christoffs Stahel – 1581; ein Unbekannter – zweite Hälfte des 16. Jahrhunderts; Konrad Lorberer von Lorberersberg – zweite Hälfte 16. Jahrhunderts; Schwester Maria Sophie und Eva Katherina Lienpacher – Ende des 16./Anfang des 17. Jahrhunderts).[38]

Es ist interessant, dass die in deutscher Sprache verfassten Sepulkralinschriften in der noch weiter östlich gelegenen Region Zips/Spiš wieder um einige Jahrzehnte jünger sind. Dabei muss daran erinnert werden, dass man in Leutschau/Levoča die überhaupt älteste längere deutschsprachige Inschrift Oberungarns (um 1410) findet. Die wenigen Zipser Grabmonumente des 13. Jahrhunderts waren noch ohne Inschriften, die ungefähr zwei Dutzend aus der nachfolgenden Zeit bis zur Schlacht bei Mohács (1526) hingegen meistens Grabmäler von Magnaten und Adeligen – deshalb alle in lateinischer Sprache. Das älteste erhaltene sepulkrale Denkmal mit einer deutschen Inschrift aus dieser Region ist ein Totenschild eines ausländischen (aus deutschen Gebieten oder Österreich gekommenen) Söldners in der Vorhalle der St.-Jakobs-Kirche in Leutschau/Levoča (Abb. 8). Darauf liest man: *DER AEDEL GESTRE(N)G RITTER · HER WILHELM VON RAICHE(N)BVRGK · RO(MISCHER) · K(ÖN)I(GLICHER) · MA(IESTÄT) FERDINA(N)DI · HAVPTMA(N) I(N) VNGERLA(ND)T · VBERAI(N)FENEL LANCZKNECHT / VORSCHIDE(N) AM · III · IA(NVAR) / 1538 TAGK.*[39] Ein weiteres deutschsprachiges Grabdenkmal befindet sich in derselben Kirche und war für Georg Engelhart bestimmt (1598).[40] Die deutschsprachigen Grabmäler kommen in der Zips erst im 17. und vor allem im 18. Jahrhundert häufiger vor.

38 Mária Čelková/Adriana Matejková, Epigrafické sepulkrálne pamiatky v zbierkovom fonde Slovenského banského múzea v Banskej Štiavnici [Epigraphische Sepulkraldenkmäler im Slowakischen Bergbaumuseum in Schemnitz], in: Zborník Slovenského banského múzea 23 (2012), S. 40-69.

39 Laut Pál Lővei, *Posuit hoc monumentum pro memoria sua.* Bevezeték a középkori Magyarország síremlékeinek katalógusához I [Einführung zum Katalog der Grabdenkmäler aus dem mittelalterlichen Ungarn], Budapest 2009, unter http://real-d.mtak.hu/381/1/Lovei_Pal1.pdf (17.12.2019), ist er 1538 gestorben.

40 *IM IAR CHRISTI M.D.XCVIII / DEN VI MARTII IST IN / GOT SELIGKLICH ENT=/SCHLAFFEN DER ERSA=/ME WEISE HER GEORG / ENGELHART SEINES AL=/TERS XL IAR VND IST / ALLHIER BEGRABEN IN / GEWISSER HOFFNVNG / VND ZVVERSICHT EINES / ANDERN BESSERN VND / EWIGEN LEBNS. DAS GE=/BE GOT IHM VND VNS AL=/LEN AMEN. // ZVM SICHERN PORT ICH KOMEN BIN / TOD, SVND, ALL IAMER FAHR DAHIN. / MIT CHRISTO HAB ICH FRIED VND FREVD / VND LEB IN EWIGER SELIGKEIT. / NIEMAND MEIN TOD BEWEINEN SOLL / ICH LEB IN GOT VND MIR IST WOL.*

Noch etwas jünger sind die deutschsprachigen Grabmäler der von der Zips aus weiter östlich gelegenen Gespanschaft Scharosch/Šariš. Im Außenbereich der Kirche von Sabinov/Zeben wurde in die Wand unweit des Südeingangs eine figurale Grabplatte eingesetzt mit der Inschrift: *Im Jar 1558 den 16 Marty in Gott Seliglich ent/schlaffen der Edl und Vest Konrat Kappler von Fissenir / Ro(mischer) Kay(serlichen) Majest(ät) Hauptman auf Scharus der under di/sem steine Begraben leit Welchen im seine geliebte ha/usfrau Margareta [. . .] einem gedechtnus [. . .].*[41] Von dem chronologisch nachfolgenden, bemalten hölzernen Epitaph (1567) aus Scharosch ist nur ein Fragment mit einer deutschen Inschrift erhalten.[42] Beide Grabmäler sind nicht mit einheimischen, sondern mit im Dienste der Habsburger ins Gebiet gekommenen Söldner verbunden. Aus dem Gebiet östlich bzw. südöstlich der Zips (Gespanschaften Zemplín, Uh und Abov) sind keine mittelalterlichen deutschen Inschriften bekannt. Dabei ist gerade Kaschau/Košice als Zentrum von Abov durch eine reiche Produktion an bürgerlichen Grabdenkmälern der Gotik und Renaissance bekannt.[43] Dass keines von ihnen eine deutsche Inschrift trägt, kann als Indiz dafür gelten, dass die deutsche Sprache in der damals wichtigen Stadt keine ausschlaggebende Rolle spielte.

Woher die deutschsprachigen Impulse in den oberungarländischen Grabmälern des letzten Drittels des 15. Jahrhunderts kamen, kann man wiederum aus der guten Quellensituation in Pressburg/Bratislava schließen: Im Jahr 1478 schrieb der Pressburger Bürger Caspar Horundel in seinem Testament, dass sich seine Schwester bei ihm verschuldet habe, um einen Marmorstein zu kaufen und ihn nach Wien zu transportieren (und ihn höchstwahrscheinlich nach der Anfertigung wieder zurückzuführen).[44] Wenn man dazu die künstlerische Gestaltung der Grabplatten aus dem Pressburger Raum mit denen aus Niederösterreich vergleicht (z.B. die der Gräfin Kunigunde in Mariental/Marianka von 1461 mit der von Peter Prewer in Korneuburg von 1459 bzw. die des Pressburger Kanonikers Kaspar Romer, datiert auf 1515, mit der von dem Kanoniker Vinzenz Bauernfeind/Paurenfeint von 1517 aus Baden bei Wien), dann ist die für die Pressburger Schriftkultur sehr wichtige und intensive Verbindung zu Wien (bzw. Niederösterreich) ganz ersichtlich. Allgemein kann man voraussetzen, dass die deutschsprachigen Grabmäler zwischen 1470 und 1540 (d.h. zwischen dem ersten Vorkommen der deutschen Sepulkraltexte und der Besetzung der Steinbrüche des „ungarländischen Rotmarmors“ durch die Osmanen) ungefähr ein Viertel der Gesamtzahl der oberungarländischen Grabmäler bildeten. Die lateinischen Texte dominierten zwar, aber neben Deutsch kam keine der im Alltag benutzten Sprachen der Region (weder Tschechisch/Slowakisch noch Ungarisch) vor. Die relativ niedrige Zahl der erhaltenen Grabmäler erlaubt nur sehr vorsichtige Verallgemeinerungen, aber es scheint,

---

41 Eine sprachlich nicht ganz korrekte Transkription publizierte Čovan, Historické nápisy zo Šariša (wie Anm. 6), S. 119-120.

42 Ebd., S. 124.

43 Zu den Grabdenkmälern aus Kaschau z.B.: Ivan Hlavice, Kamenné architektonické články a náhrobníky [Steinerne architektonische Bauelemente und Grabmonumente], in: Gotické umenie z košických zbierok [Gotische Kunst aus den Sammlungen in Košice], hg. v. Anton C. Glatz, Košice 1995, S. 103-131.

44 Majorossy/Szende, Protocollum Testamentorum 1 (wie Anm. 13), S. 431-432: „Item mein swester Kathrey ist mir schuldig ain gelt das sie wol wais, vnd das sie vmb das selbig gelt ain marbel stain vber ain grab hiet chaufft vnd gen Wienn hat geschickht“.

dass sich die deutschsprachigen Sepulkraltexte aus Niederösterreich durch die Pressburger Gegend (nach ca. 1470?) über die Mittelslowakei (nach ca. 1500?) bis hin in die Ostslowakei (nach 1520?) verbreiteten.

Neben Sepulkralinschriften bilden die Glocken- und Taufbeckeninschriften die zweitgrößte Gruppe der deutschen mittelalterlichen Inschriften.[45] In deutschen Gebieten trifft man deutschsprachige Glockeninschriften relativ früh (z.B. Obernögersheim, Anfang des 14. Jahrhunderts; Spalt, 1333).[46] Ähnlich wie bei deutschsprachigen Urkunden und Handschriften (aber auch Memorialinschriften) kann man auch im Bereich der Glockeninschriften eine verspätete Rezeption in (Ober)Ungarn feststellen. Deutsche Texte auf Glocken aus Siebenbürgen sind seit 1470 erhalten (vier Inschriften bis zur Wende vom 15. zum 16. Jahrhundert).[47] Aus dem heutigen Ungarn gibt es nur zwei deutsche Inschriften auf nicht näher datierten, wahrscheinlich aus dem 15. oder der ersten Hälfte des 16. Jahrhunderts stammenden Glocken (Budapest-Margitsziget und Csesznek).[48] In der Slowakei wurden bisher ca. 150 Glocken bis 1526 identifiziert und ihre Zahl ist noch nicht definitiv. Davon (bzw. von ca. 140 Glocken mit Inschriften) sind 11 mit Texten ausschließlich oder wenigstens teilweise in deutscher Sprache ausgestattet.

Zu den ältesten Inschriften dieser Gruppe gehört der kurze lateinische Text mit der deutschen Namensform des Glockengießers auf der Urbanglocke im Zipser Kapitel/Spišská Kapitula aus dem Jahr 1426.[49] Nur wenig später entstand die gegossene Umschrift der wohl um 1430 in Krakau bestellten Kuppa vom Taufbecken in Bartfeld/Bardejov. Diese enthielt neben einem längeren lateinischen Text eine kurze apotropäische Formel in deutscher Sprache.[50] Weitere deutsch-lateinische Inschriften kann man auf den Glocken aus Poprad-Matejovce (aus dem zweiten Drittel des 15. Jahrhunderts?) (Abb. 9)[51], aus Skrabské (15. Jahrhundert)[52], aus einem Zipser Dorf in Podhorany (heute

[45] Es gibt derzeit noch kein Überblickswerk zu mittelalterlichen Glocken der Slowakei. Einen Katalog zur einer der slowakischen Regionen hat der Doyen der slowakischen historischen Kampanologie Juraj Spiritza verfasst (ders., Spišské zvony [Die Zipser Glocken], Bratislava 1972). An ihn haben seine Schüler mit einem Handbuch angeknüpft: Juraj Gembický/Radek Lunga, Pamiatková ochrana zvonov na Slovensku [Der Denkmalschutz der Glocken in der Slowakei], Bratislava 2014. Die erste Katalogisierung sämtlicher mittelalterlicher Glocken wagte erst der Verfasser dieser Studie: Juraj Šedivý, Písmo na stredovekých zvonoch z územia Slovenska [Schrift auf den mittelalterlichen Glocken aus dem Territorium der Slowakei], in: Monument revue 4/2 (2015), S. 26-34 (besonders die Tabelle auf S. 31-34 mit 154 Einzelstücken, mittlerweile ist die Zahl noch höher).

[46] Sigrid Thurm, Deutscher Glockenatlas – Mittelfranken, München 1973, S. 15.

[47] Vgl. Elek Benkő, Erdély középkori harangjai és bronz keresztelőmedencéi [Mittelalterliche Glocken und bronzene Taufbecken aus Siebenbürgen], Cluj (Kolozsvár) 2002; Nadeş/Szásznádas, S. 347 Nr. 318 (1470); Velt/Völc, S. 370 Nr. 377 (1471); Alma Vii/Szászalmás, S. 340 Nr. 296 (Ende 15./Anfang. 16. Jhs.); Ulciug/Völcsök, S. 371 Nr. 379 (Ende 15. Jh.).

[48] Pál Patay, Corpus campanarum antiquarum Hungariae – Magyarország régi harangjai és harangöntői 1711 előtt [Alte Glocken und Glockengießer aus Ungarn vor 1711], Budapest 1989, S. 21.

[49] In gotischer Majuskel: *+ IOHANNES + GLOKENGISSER + VON NEVENDORF + ANNO + DOMINI + MILLESIMO + CCCC + XXVI.* Näher dazu Spiritza, Spišské zvony (wie Anm. 45), S. 77.

[50] In gotischer Minuskel: *Ioha(n)nes baptizav(i)t in aqva nos avtem baptizemvs in nomine domini amen . hilf got maria . berot amen.* Näher dazu Čovan, Historické nápisy zo Šariša (wie Anm. 6), S. 76-77.

[51] In gotischer Majuskel: *· O REX GLORIE · VENI · CVM · PACE · GOT · DER · SEI · MIT · VNS.* Näher dazu Spiritza, Spišské zvony (wie Anm. 45), S. 76. Der Autor datiert allerdings die Glocke ins 14. Jahrhundert, was sehr unwahrscheinlich ist.

[52] In gotischer Minuskel und Majuskel: *· Ave · Maria · grati(a) · plena · dominus · Maria · KOM · UNS.*

im Westslowakischen Museum in Tyrnau/Trnava – aus 2. oder 3. Drittel des 15. Jahrhunderts)[53] und aus Dubovica (15. Jahrhundert)[54] finden.

Ausschließlich deutsche Inschriften kann man auf gegossenen Trägern aus Oberungarn etwas später finden: als die älteste „rein" deutsche Inschrift auf einer Glocke kann der leider nicht im Original erhaltene Text auf einer Glocke aus der St.-Georgs-Kirche in St. Georgen/Svätý Jur (1460) gelten.[55] Bis zur Mitte des 16. Jahrhunderts wurden aber auch weitere, nur in deutscher Sprache angefertigte Inschriften auf Glocken für die Kirchen in Bartfeld/Bardejov (1486) und in Menhardsdorf/Vrbov (1500 oder 1515?) angefertigt (Abb. 10).[56] Auch aus der für die deutsche Schriftkultur des Königreichs Ungarn so wichtigen Region um Pressburg gibt es eine deutsche Glockeninschrift auf einer kleinen Armesünderglocke aus den ersten zwei Jahrzehnten des 16. Jahrhunderts.[57] In der nahen Umgebung ist eine weitere deutsche Glockeninschrift in Horný Bar (15. Jahrhundert bis 1. Hälfte 16. Jahrhunderts) zu finden.[58]

Wenn man bedenkt, dass die älteste Glockeninschrift in tschechischer Sprache auf das Jahr 1455 datiert ist (Glocke aus Prag[59]), dann ist die Gruppe der elf Glocken mit deutschen Inschriften, deren älteste bereits im ersten Drittel des 15. Jahrhunderts beginnt, nicht so verspätet, wie es im Vergleich mit Franken ausschauen würde. Die niedrige Zahl der erhaltenen Glocken (die meisten Verluste entstanden im Zuge von Requirierungen während der Osmanenkriege und des Ersten Weltkriegs) lässt einen wirklichen Vergleich der Regionen nicht zu. Dem erhaltenen Bestand nach scheint es jedoch, dass bei gegossenen Inschriftenträgern mit deutschen Inschriften die Gebiete der Zips und von Scharosch in der zweiten Hälfte des 15. Jahrhunderts das Zentrum gebildet haben könnten, der Raum um Pressburg dagegen eher sekundär war.

Die vermeintliche „Rückständigkeit" der östlichen Gespanschaften widerlegt zudem die Tatsache, dass gerade im Zentrum der Zips, in Leutschau/Levoča, die wahrscheinlich älteste deutschsprachige Inschrift auf dem Territorium der ganzen Slowakei

---

[53] In gotischer Minuskel: + *annis + per + xpe + veni + cum + pace + domi(n)e + miserere + nobis + ravie(rum) + hilf + got maria + b(e)rot.* Näher dazu: František Gahér, Historické nápisy z Bratislavskej stolice do roku 1650, Bratislava (im Druck).

[54] In gotischer Minuskel: *maria · hilf · per cruci(s) · hoc · [s]ignum · fugiat · procul · omne · malignum · amen.*

[55] Rastislav Luz, Stratené epigrafické pamiatky Kostola sv. Juraja vo Svätom Jure, in: Pamiatky a múzeá (im Druck): ** hilf * got * anno * d(omi)ni . m . cccc . lx . her . sigmund . dy. czeit. pharrer . czu . sand. goringen.*

[56] Bartfeld/Bardejov, in gotischer Minuskel: *in · dem · 1·4·86 · iore · ist · gemacht · dis · [w]erck · in · der · ere · gots · und · der · iunckfraven · marie · vnd · sanct · egidy · dvrch · meister · hansen · vagner · vom · nevndorf.* Für die Information zu Bartfeld danke ich meiner Kollegin Martina Glosová (vgl. auch Čovan, Historické nápisy zo Šariša [wie Anm. 7], S. 84 mit abweichender Transkription). Vrbov, in gotischer Minuskel: *· di · glok · ist · gegosen · in · den · namen · onsers · liben · heren · iesu · criste · 1·5·r·s* (vgl. Spiritza, Spišské zvony [wie Anm. 45], S. 81).

[57] Die Glocke wird heute im Stadtmuseum von Pressburg/Bratislava aufbewahrt; die Inschrift in gotischer Minuskel lautet: *yn · dem namen · yhesvs · maria · [s]oll · ich · maister · feyt · mavsser.* Bisher wurde die Glocke falsch in die Mitte des 15. Jahrhunderts datiert, vgl. Anton Fiala, Zvon Umieráčik, in: Gotické umenie z bratislavských zbierok, hg. v. Anton C. Glatz, Bratislava 1999, S. 122-123.

[58] Zuzana Barčáková, Pôvodcovia zvonov a zvony v okrese Dunajská Streda (Diplomarbeit, Trnavská univerzita v Trnave, Philosophische Fakultät, Lehrstuhl für Geschichte 2001), S. 14.

[59] Kybalová, Ludmila/Lunga, Radek/Vácha, Petr, *Pražské zvony* [Prager Glocken], Praha 2005, S. 149.

zu finden ist (siehe Abb. 2). Sie hat didaktischen Charakter. Es handelt sich um kurze Kommentare zu Darstellungen der Sieben Todsünden und der Sieben Werke der Barmherzigkeit an der Nordwand der St.-Jakobs-Pfarrkiche in Leutschau/Levoča, die um 1410 entstanden sein könnten und zur Belehrung der Katecheten oder zum Gottesdienst versammelten Gläubigen gedient haben könnten.[60]

Neben Gedenkinschriften und didaktischen Inschriften kann man seit dem 16. Jahrhundert auch mit Dedikationsinschriften rechnen (z.B. potentielle Widmungsinschriften auf Kirchenfahnen, die in den untersuchten Regionen heute nicht mehr erhalten, aber in Siebenbürgen aus der frühen Neuzeit bekannt sind). Als solche Widmungstexte kann man die Inschriften auf einer Kreuzigungsszene aus der Hl.-Geist-Spitalkirche in Leutschau/Levoča ansehen.[61] Eine ähnliche Funktion kann man bei der Inschrift von Tyrnau/Trnava belegen. Obwohl die Stadtbevölkerung nach dem längeren Aufenthalt der Hussitenbesatzung in der Stadt wahrscheinlich slowakisiert wurde, bewirkten die neuen Verhältnisse nach 1526 (Tyrnau mit Pressburg gehörten zu den Bollwerken der katholischen Habsburger), dass auf dem vornehmsten weltlichen Bauwerk, das die Stadtgemeinde repräsentierte, dem Rathaus, im Jahr 1544 ein Relief mit dem Symbol der Stadt (die *rota Fortunae* mit Christuskopf in der Mitte) angebracht wurde. In vier umgebenden Feldern gibt es Inschriften in lateinischer und deutscher Sprache: *DER · STAT · DIRNNEN · GEHOR · ICH · ZV // + S(IGILVM) CIVIVM DE SVMBOT · VVLGVM · ORTA*[62] *· FORTVNE // A / Ω /✱/ ת / א / ☾*[63] *// + ET DEVS · IN ROTA // 15/44.* Abgesehen von dieser Inschrift, die bereits die Verhältnisse kurz vor der Mitte des 16. Jahrhunderts widerspiegelt, sind deutsche Inschriften im profanen Bereich (an weltlichen Gebäuden) bisher nicht bekannt.

Zum Abschluss des Überblicks über die Anfänge der geschriebenen deutschen Texte in der Slowakei ist festzustellen, dass die Sprache in die Texte des historischen Oberungarns zuerst durch das diplomatische Material Eingang fand (in Pressburg ab dem zweiten Jahrzehnt des 14. Jahrhunderts, anderswo erst ca. 1350). Darauf folgend entstanden wahrscheinlich sehr spärlich Handschriften mit deutschen Texten (letztes Drittel des 14. Jahrhunderts), bis schließlich zu einem höheren Prozentsatz auch deutsche Inschriften angefertigt wurden (vom Anfang des 15. Jahrhunderts an). Das Vorkommen von geschriebenen deutschen und überhaupt von volkssprachlichen Texten im König-

60 Zur Bedeutung der Inschrift siehe Juraj Šedivý, Stredoveká písomná kultúra na Spiši [Mittelalterliche Schriftkultur in der Zipser Region], in: Historia Scepusii 1, hg. v. Martin Homza/Stanisław A. Sroka, Bratislava/Kraków 2012, S. 483-520 (hier S. 512f.). Zur kunstgeschichtlichen Bedeutung der Wandmalerei vgl. Dušan Buran, Studien zur Wandmalerei um 1400 in der Slowakei: die Pfarrkirche St. Jakob in Leutschau und die Pfarrkirche St. Franziskus Seraphicus in Poniky, Weimar 2002, S. 43-69.

61 I. *VMB DER / SVENDE WILLEN MEINES VOLCKES / HAB ICH YN GESCHLAGEN / ESAIE 57*; II. *I(HESVS) N(ASARENVS) R(EX) I(VDEORVM)*; III. *O Almechtiger Genediger gütiger Barmhe(r)cziger holtse/liger un(n)d hercenlieber Vater bisz mir armen Sunder ge/nedig un(n)d barmherzig · Sihe nicht auff mei(ne) Sunde unnd / missethat su(n)der auf die unschult·ftykeit un(nd) gerechtigkeit / IESV Chri(sti) de(in)s geliphte(n) sons unse(r)s erlöse(r)s · Lasz sein pit/ters leiden Roszenfarbes bluth und sterben an mir armen / sunder nicht verloren werden · O guttiger Gott erhör mich / durch denselben Christum unseren HERREN · Amen ·.*

62 Ein Schreibfehler, es sollte *ROTA* heißen.

63 Es sind Symbole für Anfang und Ende: der erste und der letzte Buchstabe des griechischen und des hebräischen Alphabets, sowie Symbole für Sonne und Mond.

reich Ungarn kann man teilweise als Ergebnis von und teilweise als Ursache für die wachsende Zahl von *litterati* in der damaligen Gesellschaft (auch bei ungarländischen Deutschen) ansehen.

Die Verbreitung der deutschsprachigen Texte hing vor allem mit zwei Regionen mit relativ kompakter deutschsprachiger Bevölkerung zusammen (dem Raum um Pressburg und um Zips, teilweise auch mit Scharosch). Dagegen scheint die deutsche Sprache in der dritten, stärker durch Deutschsprachige besiedelten Region der mittelslowakischen Bergbaustädte eine untergeordnete Rolle gespielt zu haben. Dies spricht für auswärtige Impulse bei der Verbreitung der (nach dem Lateinischen) zweiten Schriftsprache der Region (abgesehen von einer kurzen Periode des Kirchenslawischen im 9. Jahrhundert). Wie für den Pressburger Raum die Beziehungen zu Niederösterreich, so konnten für den Zipser Raum die Kontakte zu Kleinpolen und Schlesien bei der Verbreitung der deutschen Sprache eine wichtige Rolle gespielt haben.

Nicht nur die Siedlungsregion, sondern auch der soziale Hintergrund der Auftraggeber spielte eine wichtige Rolle; ob Kodizes, Urkunden oder Inschriften, die deutschen Texte konzentrierten sich im städtischen Bereich. Dagegen wurde der kirchliche, kleinadelige und rurale Teil der Gesellschaft von der deutschen Schreibsprache kaum berührt. Deshalb kann man von der deutschen Sprache (nicht nur im epigraphischen Bereich) behaupten, dass sie auf dem Gebiet der heutigen Slowakei im Mittelalter eigentlich nicht als *lingua litteratoria* angesehen war, sondern dass sie lange eine „innerstädtische Kommunikationssprache" geblieben ist.

Wenn man die Bedeutung der deutschen Sprache in den drei wichtigen Gattungen der Schriftkultur vergleicht, dann muss man feststellen, dass Deutsch im diplomatischen (administrativen) Bereich am wichtigsten war (Kanzleisprache der Städte und einiger Magnatenfamilien, Sprache der wirtschaftlichen Beziehungen zu den Nachbarn in Österreich oder in Kleinpolen). An zweiter Stelle spielte sie eine Rolle bei den Inschriften, die die *memoria* von wichtigen Bürgern, vor allem an ihren Grabmälern oder an gegossenen Inschriftenträgern, bewahren sollten. Als Sprache der literarischen Handschriften (der „Bücher") stand sie bis zum Ende des Mittelalters im Schatten des Lateinischen, zur größeren Ausbreitung verhalfen ihr erst der Buchdruck und der Protestantismus.

Interessant ist auch der Vergleich der deutschsprachigen Schriftkultur zwischen dem Römisch-Deutschen Reich und dem Königreich Ungarn. In den deutschen Gebieten wurden zuerst die für den Privatgebrauch bestimmten Texte (Glossen der karolingischen Zeit, kleine Prosa), später Texte halbprivaten Charakters (Dichtung, Predigten) und zum Schluss die für den öffentlichen Gebrauch bestimmten Texte (Rechtssammlungen, Urkunden, Urbare) verschriftlicht.[64] Im Königreich Ungarn erschienen dagegen zuerst die für die Öffentlichkeit bestimmten Texte (Urkunden, Inschriften), was für Ungarn als ein „Rezeptionsland" sprechen würde (eine bereits funktionierende deutschsprachige Schriftkultur wurde übernommen, es gab keine eigenen Entwicklungsstufen, sondern es handelte sich um einen Kulturimport, vorwiegend aus dem österreichischen Donauraum).

[64] Zum Aufkommen von einzelnen Textgattungen siehe z.B. das Schema in: Werner König/Stephan Elspaß/Robert Möller, dtv-Atlas Deutsche Sprache, 10. Aufl., München 1994, S. 84.

Wenn man schließlich die Rolle des Deutschen mit den anderen Sprachen (abgesehen von Latein) vergleicht, so ist festzustellen, dass die ersten Texte in tschechischer/slowakischer Sprache in der untersuchten Region erst im 15. Jahrhundert aufkamen – zuerst wahrscheinlich in Handschriften (um 1400), später in Urkunden (seit den 1430er Jahren) und zuletzt in Inschriften (eigentlich erst um die Mitte des 15. Jahrhunderts, häufiger aber erst im 17. Jahrhundert). So wie die Verbreitung des Deutschen als Schriftsprache mit Österreich zusammenhängt, so ist auch die Rezeption des Tschechischen/slowakisierten Tschechischen von den Beziehungen zum nahen mährischen Raum abhängig. Mittelalterliche ungarische Inschriften wurden auf dem Gebiet der Slowakei bisher nicht gefunden, sicher auch wegen der Absenz der auswärtigen Spracheinflüsse aufgrund der Isolation der ungarischen Sprache in einem germanischen bzw. slawischen Sprachgebiet.

Trotz des (wenigstens vorausgesetzten) hohen Grades an Multilingualität Oberungarns (heute Slowakei) findet man multilinguale Texte in Volkssprachen nur selten. Als eines der bisher unbemerkten Beispiele kann man eine Trilingua in einem Text auf einer Sakramentsnische in Ratnovce (in der Nähe von Piešťany) erwähnen (Abb. 11).[65] Auf dem Rand der Nische kann man in gotischer Majuskel eine Inschrift in drei Sprachen lesen: *MA/RIA / HIL[F] / POMOZ / IH(ES)U*. Die ersten zwei Wörter sind auf Deutsch, das dritte auf Slowakisch (oder Tschechisch) und das letzte auf Lateinisch (bzw. in latinisierter slowakischer/tschechischer Form) und bedeuten „Maria hilf! Jesu hilf!". Symbolisch bezeichnet die Trilingua eine paradigmatische Wende in der mittelalterlichen epigraphischen Schriftkultur. Nachdem die volkssprachigen Inschriften auf ideologisch weniger wichtigen Inschriftenträgern wie Grabmälern oder Glocken und Taufbecken erschienen sind, kamen sie auch in dem für die Gesellschaft wichtigsten und mit der Eucharistie verbundenen Raum vor. Als „Eroberung" der höchsten Stufe des öffentlichen Raumes kann man dann die ersten volksprachigen (in dem Fall deutschen) Inschriften auf Renaissance-Altartafeln des 16. Jahrhunderts auffassen.[66]

Bildnachweis:

Abb. 1: Juraj Šedivý, Entwurf. Daniel Gurňák, Karte.
Abb. 2, 3, 4, 5, 9, 10, 11: Juraj Šedivý, Bratislava.
Abb. 6, 7, 8: Archiv des Denkmalschutzamts der Slowakischen Republik, Foto: Peter Fratrič.

[65] Die Inschrift wurde von meinem Kollegen Dr. František Gahér entdeckt, dem ich für das Foto und die Möglichkeit, den Text richtig lesen zu können, dankbar bin.

[66] Die älteste deutschsprachige Inschrift auf einem Altar kann man wahrscheinlich in der Hl.-Geist-Kirche in Leutschau/Levoča finden und in das Jahr 1540 datieren. Die Forschungen, aufgrund derer dieser Text entstand, wurden durch die slowakische Agentur für Forschung und Entwicklung im Rahmen des Projekts APVV-0237-11 unterstützt.

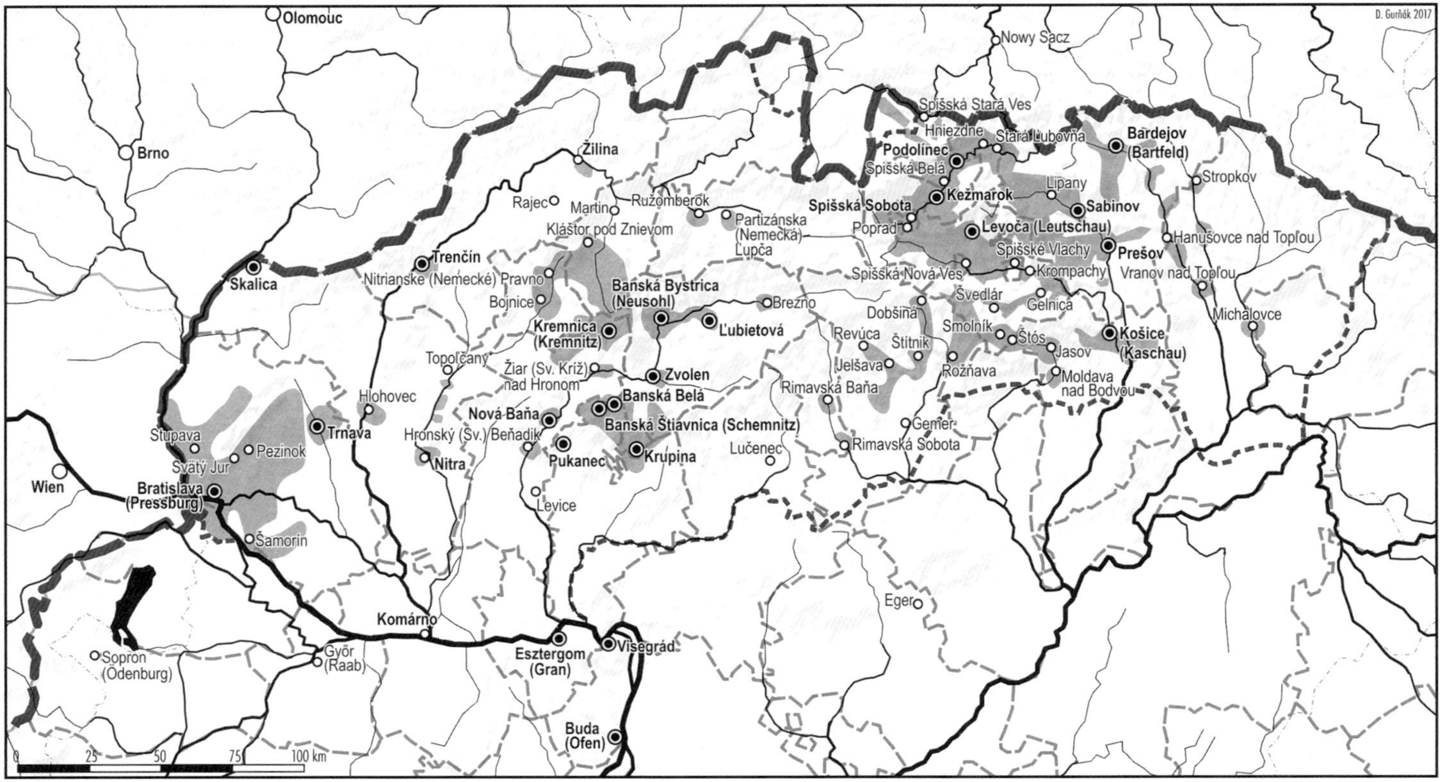

Abb. 1: Karte der Gebiete und Orte mit stärkerer deutschsprachiger Bevölkerung im mittelalterlichen Oberungarn, der heutigen Slowakei

Abb. 2: Eine der ältesten bekannten deutschsprachigen Inschriften der Slowakei in den Wandmalereien der sieben Todsünden und der sieben Werke der Barmherzigkeit (um 1410), Nordwand der St.-Jakob-Kirche in Leutschau/Levoča

Abb. 3: Lateinisch-deutsche Inschrift am Taufbecken, das der Stadtrichter Ulrich Rauchenbarter stiftete (1409), St.-Martin-Kirche in Pressburg/Bratislava

Abb. 4: Inschrift mit dem Herstellernamen des Schlossers Sigmund Fischer (aus Wien) auf der ehemaligen Sanktuarium-Tür (ca. 1490 bis ca. 1510), St.-Martin-Kirche in Pressburg/Bratislava

Abb. 5: Die älteste deutschsprachige Sepulkralinschrift auf einer Kleriker-Grabplatte (1474), Pressburg/Bratislava, Stadtmuseum (wohl aus der St.-Martin-Kirche)

Abb. 6: Grabplatte für Martin Gailsam (1484), St.-Martin-Kirche in Pressburg/Bratislava

Abb. 7: Deutsche Bauinschrift auf einem Stützpfeiler (1515), ehem. Pfarrkirche (heute Alte Burg/Starý zámok) in Schemnitz/Banská Štiavnica

Abb. 8: Totenschild für den Landsknecht Wilhelm von Reichenburg (1583), Vorhalle der St.-Jakob-Kirche in Leutschau/Levoča

Abb. 9: Lateinisch-deutsche Inschrift auf einer Glocke
(2. Drittel 15. Jh.?), St.-Stephan-Kirche in Poprad-Matejovce

Abb. 10: Deutsche Inschrift auf einer Glocke (1500 oder 1515?),
St.-Servatius-Kirche in Menhardsdorf/Vrbov

Abb. 11: Sakramentsnische mit einem dreisprachigen Text
(1. Hälfte 15. Jh.), St.-Margareta-Kirche in Ratnovce (bei Piest'any)

INSCHRIFTEN AUF GOTISCHEN TRACHTENACCESSOIRES IN HANSEATISCHEN STÄDTEN

Form, Text und Funktion der Epigraphik mittelalterlicher Kleidung

Krzysztof Maciej Kowalski

Der Gegenstand des vorliegenden Beitrages sind die Inschriften auf gotischen Trachtenaccessoires in hanseatischen Städten. Der Verfasser wird dieses Thema in seinem in Vorbereitung befindlichen Buch mit dem Titel „Inschriften auf gotischen Trachtenaccessoires in hanseatischen Städten. Eine Studie in mittelalterlicher Epigraphik" detailliert behandeln. Der vorliegende Beitrag reiht sich auch in seine Forschungen über Mikroepigraphik im Bereich der gotischen Plumbologie (d.h. der Inschriften auf mittelalterlichen Warenplomben) und der gotischen Typariologie (also der Inschriften auf mittelalterlichen Typaren) ein, die in den Bänden 2 und 3 der „Studia Epigraficzne" (‚Epigraphische Studien') und in der polnischen und deutschen historischen Fachliteratur veröffentlich wurden.[1]

[1] Bibliographie von Krzysztof Maciej Kowalski in Auswahl: Monografien: Artefakty jako źródła poznania, 2. Aufl., Gdańsk 1996, auf Englisch: Artefacts as Sources of Knowledge, Gdańsk 2013; Dawne inskrypcje pomorskie. Studia epigraficzne, Gdańsk 2001; Inskrypcje na dzwonach gotyckich w Prusach. Studium z epigrafiki kampanologicznej, Gdańsk 2006; Kościół Mariacki w Żukowie. Zabytki sakralnej kultury artystycznej dawnego klasztoru Norbertanek, St. Mary's Church in Żukowo. Sacred art monuments at the Norbertine convent, mit Aufnahmen von Leszek Żurek, Żukowo 2012; Paradisus Mariae. Kultura artystyczna kaszubskiego Raju Marii w Kartuzach, Die künstlerische Kultur des kaschubischen Marienparadieses von Karthaus, mit Aufnahmen von Leszek Żurek, Kartuzy-Rumia 2012; In arte sua quilibet rex. Studia nad dziejami kultury na Pomorzu, Gdańsk 2014. Aufsätze: Die Inschriften der Woiwodschaften Elbląg, Gdańsk, Koszalin und Słupsk von den ältesten Zeiten bis 1800, in: Epigraphik 1988. Fachtagung für mittelalterliche und neuzeitliche Epigraphik, Graz, 10.-14. Mai 1988. Referate und Round-Table-Gespräche, hg. v. W. Koch, Wien 1990, S. 259-270; Die epigraphischen Denkmäler in Klosterkirchen Danzigs des Mittelalters und der Neuzeit, in: Klöster und monastische Kultur in Hansestädten: Beiträge des 4. wissenschaftlichen Kolloquiums Stralsund 12. bis 15. Dezember 2001, red. von C. Kimminus-Schneider/M. Schneider (Stralsunder Beiträge zur Archäologie, Geschichte, Kunst und Volkskunde in Vorpommern 4), Rahden/Westf. 2003, S. 239-252; Gotyckie płyty nagrobne w kościele św. Mikołaja w Gdańsku, in: Dominikanie. Gdańsk-Polska-Europa, hg. v. D. A. Dekański/A. Gołembnik/M. Grubka, Gdańsk-Pelplin 2003, S. 623-636; Koncepcja podręcznika akademickiego „Epigrafika wieków średnich", in: Studia Epigraficzne, t. I (2004), S. 7-19; Gotyckie plomby towarowe jako źródła epigraficzne (w świetle artefaktów przechowywanych

In seinem ebenfalls in Arbeit befindlichen Buch „Adiutor Historicus. Nowe subdyscypliny historii kultury materialnej" (‚Adiutor Historicus. Neue Subdisziplinen in der Geschichte der materiellen Kultur') führt der Verfasser dieses Beitrags neun Disziplinen ein, die sich mit den Artefakten der Bekleidungskultur beschäftigen. Sie wurden folgendermaßen geordnet:

1. Cingulologie – Wissenschaft der Gürtel (cingulum = Gurt, Gürtel)
2. Fibulologie – Wissenschaft der Gewandklammern (fibula = Klammer)
3. Jungerologie – Wissenschaft der Spangen (jungere = zuknöpfen)
4. Kalceologie – Wissenschaft des Schuhwerks und der Schuhaccessoires (calceus, calceatus = Schuhwerk)
5. Ornatologische Katenologie – Wissenschaft über Konfektionsketten und -kettchen (catena = Kette)
6. Orbikulologie – Wissenschaft der Knöpfe (orbiculus = Knopf)
7. Perulologie – Wissenschaft der Taschen, Täschchen und Tornister (pera, perula, pera militaris = Tasche, Täschchen, Tornister)
8. Sandaliologie – Wissenschaft der Trippen (sandalia muliebria = Trippe)
9. Vinkulologie – Wissenschaft der Schnallen (vinculum = Schnalle).

Neben den mit der Bekleidung unmittelbar zusammenhängenden Artefakten sollte man auch hinsichtlich der mittelalterlichen Kultur diejenigen wichtigen Gegenstände der symbolischen und dekorativen Kultur berücksichtigen, die mit der Bekleidung in Verbindung stehen, wie Ringe, Glöckchen oder Pilgerandenken. Mit diesen Objekten befassen sich auch spezielle Subdisziplinen:

1. Annulologie – die Wissenschaft der Ringe (annulus = Ring)
2. Apotropäische (und ornatologische) Mikrokampanologie – die Wissenschaft der Pilgerglöckchen und Bekleidungsglöckchen (campana = Glocke)
3. die Wissenschaft der Pilgerandenken.

Gotische Trachtenaccessoires mit Inschriften werden in mehreren Sammlungen deutscher, polnischer, litauischer, lettischer und estnischer Museen aufbewahrt. Die meisten der ausgewerteten Artefakte entdeckte der Verfasser in den Sammlungen folgender Städte: Lübeck, Hamburg, Berlin, Wismar, Schwerin, Rostock, Stralsund, Greifswald,

w kolekcjach gdańskich), in: Studia Epigraficzne, t. II (2006), S. 199-210; Die gotische und neuzeitliche Ausstattung der Pfarrkirche St. Jakobi in Lauenburg in Pommern im Lichte archivalischer Quellen, in: Pfarrkirchen in den Städten des Hanseraums, hg. v. F. Biermann (Archäologie und Geschichte im Ostseeraum 1), Rahden/Westf. 2006, S. 239-252; Gotyckie pierścienie z inskrypcjami odkryte w Gdańsku i jego okolicach, in: Treści, teksty, przesłania. Biżuteria w Polsce, hg. v. K. Kluczwajd, Toruń 2006, S. 29-36; Średniowieczne dzwoneczki pielgrzymie i dekoracyjne odkryte w miastach Pomorza Nadwiślańskiego, in: Odlewnictwo w Polsce, hg. v. K. Kluczwajd, Toruń 2007, S. 107-114; Die in Danzig entdeckten gotischen Siegeltypare als epigraphische Quellen, in: De litteris, manuscriptis, inscriptionibus... Festschrift zum 65. Geburtstag von Walter Koch, hg. v. T. Kölzer/F.-A. Bornschlegel/C. Friedl/G. Vogeler, Wien 2007, S. 489-503; Lew w ikonografii hagiograficznej i heraldyce gotyckich plakiet i pozostałych pamiątek pielgrzymich, in: Symbolika lwa w heraldyce i sztuce europejskiej, hg. v. T. Maćkowski, Gdańsk 2008, S. 79-86.

Wolgast, Szczecin (Stettin), Stargard, Kołobrzeg (Kolberg), Słupsk (Stolp), Gdańsk (Danzig), Elbląg (Elbing), Wilno (Wilna), Kowno (Kauen), Riga, Tallinn (Reval), Tartu (Dorpat). Dank der Hilfe seiner Kollegen erhielt er zudem interessante Daten aus Schweden, Dänemark und Norwegen sowie aus Belgien und den Niederlanden.

Die Resultate der Forschung im Bereich der ornatologischen Epigraphik sind immer noch sehr gering. Innerhalb der europäischen Fachliteratur sind jedoch die Arbeiten von Ilse Fingerlin[2], Geoff Egan[3], Stephan Krabath und Lothar Lambacher[4], Renate Kohn[5], in der polnischen von Krzysztof Wachowski[6] und Jakub Sawicki[7] hervorzuheben.

In der Datenbank des Verfassers über gotische Trachtenaccessoires befinden sich Informationen über eintausend solcher Artefakte. Die Trachtenaccessoires aus dem Mittelalter, auch die mit Inschriften, sind in unterschiedlichem Zustand überliefert. Man kann jedoch darunter auch prachtvolle Exemplare finden, deren formale Lösung und Textgestaltung überraschen. In dem vorliegenden Beitrag wird der Autor die Resultate seiner Analyse der Form, des Textes und der Funktion von Inschriften auf ausgewählten häufig belegten und seltenen Artefakten vorstellen.

1. Teil
Klassifikationen der Accessoires mit Inschriften

Gotische Trachtenaccessoires, die in Hansestädten gefunden wurden und mit Inschriften versehen sind, kann man in mehrere Kategorien aufteilen. Die erste Kategorie bilden Gürtelelemente, wozu Gürtelschnallen, Riemenzungen (diese Bezeichnung war

2 I. Fingerlin, Gürtel des hohen und späten Mittelalters, Berlin 1971.

3 G. Egan/F. Pritchard, Dress accessories c. 1150-c. 1450 (Medieval Finds from Excavations in London 3), London 2002 (reprinted 2008); J. Dowgill/M. de Neergard/N. Griffiths, Knives and Scabbards (Medieval Finds from Excavations in London 1), London 2000 (reprinted 2008); E. Crowfoot/F. Pritchard/K. Staniland, Textiles and Clothing 1150-1450 (Medieval Finds from Excavations in London 4), New Edition 2001 (reprinted 2006).

4 S. Krabath, Die metallenen Trachtbestandteile und Rohmaterialien aus dem Schatzfund von Fuchsenhof, in: Der Schatzfund von Fuchsenhof, hg. v. B. Prokisch/T. Kühtreiber (Studien zur Kulturgeschichte von Oberösterreich 15), Linz 2004, S. 231-304; S. Krabath/L. Lambacher, Der Pritzwalker Silberfund. Schmuck des späten Mittelalters, Pritzwalk 2006; S. Krabath, Die hoch- und spätmittelalterlichen Buntmetallfunde nördlich der Alpen. Eine archäologisch-kunsthistorische Untersuchung zu ihrer Herstellungstechnik, funktionalen und zeitlichen Bestimmung, Rahden 2007.

5 R. Kohn, Die paläografische Beurteilung und Einordnung der beschrifteten Schmuckstücke aus dem Schatzfund von Fuchsenhof, in: Der Schatzfund von Fuchsenhof (wie Anm. 4), S. 307-322.

6 K. Wachowski, Mon cor plesor. Symbolika przedstawień i napisów na średniowiecznych wyrobach kultury materialnej, in: Cor hominis. Wielkie namiętności w dziejach, źródłach i studiach nad przeszłością (Historia 176), Wrocław 2007, S. 245-271; ders., Symbol – inicjał – monogram – emblemat – order – dewiza? Z badań nad obyczajem rycerskim w XIV-XV wieku, in: Archaeologia Historica Polona 15 (2005), S. 399-414; ders., Blisko i daleko od morza. Kultura materialna miast hanzeatyckich, in: Europa w średniowieczu. Przemiany strukturalne. Podmioty i przedmioty w badaniach historycznych, red. M. Adamczewski, Warszawa 2011, S. 125-159, ders., Emblemata mediaevalia profana. Przykład Polski, Wrocław 2013.

7 J. Sawicki, Średniowieczne świeckie odznaki w Polsce na tle europejskim. Medieval Secular Badges in Poland Against the European Background, Wrocław 1914.

im Mittelalter allgemeingebräuchlich und wird heute noch in der Kostümkunde verwendet) und Beschläge zählen, die zum Beispiel mit Monogrammen aus einzelnen Buchstaben (etwa *a* und *m*) sowie Buchstabenkombinationen (z.B. *YS* für *Yhesus*), seltener mit ganzen Wörtern (z.B. *Maria)* vorkommen können (Abb. 1). Die zweite Kategorie bilden die am Gürtel aufgehängten Accessoires, wie Schlüsselhaken, Messerhaken, Taschenhaken, Messer und Messergriffbeschläge sowie Messerscheiden und Taschen aus Leder mit geprägten oder eingeschnittenen Inschriften sowie Stofftaschen mit aufgenähten Applikationen. Zur dritten Kategorie der Trachtenaccessoires gehören Broschen, Haken und Ösen, Knöpfe und Klammern. Die vierte Kategorie umfasst Schuh- und Trippenaccessoires und Accessoires an Kopfbedeckungen, wie Schnallen oder Lederelemente mit geprägten oder eingeschnittenen Inschriften. Die fünfte Kategorie umfasst Objekte symbolischer Kultur, die im Zusammenhang mit gotischen Trachten stehen. Dazu gehören – auch wegen der Ähnlichkeit des Inhalts ihrer Inschriften – mit Ringen, Glöckchen und Pilgerglöckchen drei Objektgruppen, die häufig Anrufungen und apotropäische Texte tragen, zudem Pilgerzeichen in Form von Plaketten und Anhängern sowie Abzeichen mit symbolischer und dekorativer Funktion.[8]

Mittelalterliche Malereien und Skulpturen haben keine Inschriften auf Trachtenaccessoires der Bevölkerung hanseatischer Städte überliefert. Sie bilden jedoch eine hervorragende Informationsquelle zur Verteilung solcher Accessoires, die mit spezifischen Dekorationen in Form von Inschriften verziert werden konnten, auf der Kleidung.[9] Als Beispiel sei an dieser Stelle eine Gruppe von 18 Figuren mit plastischen Köpfen und gemalten Körpern in der Stralsunder Nikolaikirche erwähnt, die um 1370 als Wächter der Hauptkirche des Stadtrates auf den Pfeilern zwischen dem Mittelschiff und den Seitenschiffen angebracht wurden[10] und farblich differenzierte Männertrachten mit Kopfbedeckungen, Schuhwerk, Trachtenaccessoires und Elementen der Bewaffnung zeigen (Abb. 2).[11]

Zur Verteilung und Komposition der Inschriften auf den Trachtenaccessoires lassen sich folgende Anordnungen feststellen: 1. horizontal angeordnete, ein- oder zweizeilige Inschriften, teilweise mit heraldischen, zoomorphen, floralen und ornamentalen Verzierungen oder Porträts verbunden; 2. vertikal angeordnete Inschriften; 3. diagonale Inschriften; 4. umlaufende Inschriften; 5. halbrund oder halboval umlaufende Inschriften; 6. Inschriften aus Buchstaben, die durch Ligatur verbunden sind; 7. Inschriften bestehend aus einander spiegelverkehrt entgegengesetzten Buchstaben; 8. Inschriften aus

[8] Viele herrliche Exemplare zeigen uns die Autoren der folgenden Publikationen: Archäologie unter dem Straßenpflaster. 15 Jahre der Stadtkernarchäologie in Mecklenburg-Vorpommern, hg. v. H. Jöns/F. Lüth/H. Schäfer (Beiträge zur Ur- und Frühgeschichte Mecklenburg-Vorpommerns 39), Schwerin 2005; Lübecker Kolloquium zur Stadtarchäologie im Hanseraum V: Das Handwerk, hg. v. M. Gläser, Lübeck 2006; A. Radiņš, Arheoloģisks ceļvedis latviešu un Latvijas vēsturē, Riga 2012.

[9] Ein Beispiel eines Ensembles solcher Accessoires gibt das Bild Dietmars von Ast mit Gürtel, Schnallen, Riemenzungen und Taschen im Codex Manesse (Zürich, ca. 1300-1340), Heidelberg, Universitätsbibliothek, Cod. Pal. germ. 848, fol. 64r: http://digi.ub.uni-heidelberg.de/diglit/cpg848/0123/image (17.12.2019).

[10] G. Dehio, Handbuch der Deutschen Kunstdenkmäler: Mecklenburg-Vorpommern, bearb. v. H.-Ch. Feldmann, durchgesehen u. erweitert v. B. Rimpel, 2. Aufl., Berlin/München 2016, S. 635.

[11] S.-M. Weitzel, Die Ausstattung von St. Nikolai in Stralsund. Funktion, Bedeutung und Nutzung einer hansestädtischen Pfarrkirche, Kiel 2011, S. 115f.

der Verschmelzung zweier oder mehrerer Buchstaben durch Ligatur und Verschränkung.

Paläographisch ist anzumerken, dass die Inschriften auf Trachtenaccessoires des Hoch- und Spätmittelalters in gotischer Majuskel oder in frühhumanistischer Kapitalis, besonders häufig aber in Minuskelschriften ausgeführt sind. Die Minuskelinschriften finden sich auf Accessoires aller oben vorgestellten Kategorien, vor allem auf Broschen, Ringen, Pilgerzeichen und Glöckchen. Die Majuskelinschriften aus derselben Zeit befanden sich hauptsächlich auf Gürteln und auf Messergriffen. Unter den Interpunktions- und Trennzeichen überwiegen Kreuze als Anfangszeichen und drei oder vier Punkte als Worttrenner.[12]

Die Länge der Inschriften auf Trachtenaccessoires ist von der Größe der Inschriftenfelder abhängig. Inhaltlich beziehen sich die Texte der Inschriften auf ihre Rolle in der religiösen und säkularen Kultur. Bei den Texten mit religiösem Inhalt handelt es sich vorwiegend um Anrufungen und apotropäische Inschriften, die oft miteinander verbunden sind. Inschriften zu – vorzugsweise erotischen – Abenteuern des täglichen Lebens beschränken sich auf Verzierungen an weltlicher Kleidung und weisen in Gestaltung und Anbringung häufig spielerische Elemente auf.

Die Inschrift, die vom Besitzer der Tracht für sein Ensemble von Trachtenaccessoires ausgewählt wurde, konnte aus dem Anfangsbuchstaben eines Wortes, aus zwei, drei oder vier Buchstaben umfassenden Monogrammen oder aus einzelnen Wörtern bestehen, ebenso aber aus Wortgruppen bis hin zu ganzen Sätzen, z.B. Sinnsprüchen und Devisen aus ausgeschriebenen oder abgekürzten Wörtern. Inschriften aus zwei oder drei Buchstaben standen meist eindeutig für Anrufungen und apotropäische Texte in Form von Namen heiliger Personen oder Gebetsanfängen. Manche Monogramme können heute nicht mehr entschlüsselt werden, obwohl sich im Spätmittelalter in den Legenden der Siegelstempel der Kaufleute und Handwerker ihre vollen Vor- und Familiennamen befanden.

Zu den Inschriften aus dem Anfangsbuchstaben eines Wortes gehören (in alphabetischer Reihenfolge): *a (ave), b (berat/berot), g (gott), h (hilf), i (inri), k (katherina), m (maria), n (nazarenus/nasarenus), o (oratio/ora), s (salve), y (yhesus).* Unter Monogrammen aus zwei Buchstaben sind Verbindungen sowohl in Form von Enklaven als auch als Ligaturen vorherrschend: *ae (ave), am (ave maria), bl (bona lux), bv (beata virgo), ii (in iesu [namen]), op (ora pro [nobis]), mm (mater misericordiae), vv (vanitas vanitatum), ys (yhesus).*

2. Teil
Charakteristik der Inschriften auf gotischen Trachtenaccessoires in Hansestädten

Ein spezifisches Charakteristikum der gotischen Trachtenaccessoires in hanseatischen Städten war ihre Ausstattung mit Inschriften und Ornamenten ausschließlich auf der

[12] Deutsche Inschriften. Terminologie zur Schriftbeschreibung, erarbeitet von den Mitarbeitern der Inschriftenkommissionen der Akademien der Wissenschaften in Berlin, Düsseldorf, Göttingen, Heidelberg, Leipzig, Mainz, München und der Österreichischen Akademie der Wissenschaften in Wien, Wiesbaden 1999.

Schauseite. Die Rück- oder Innenseite dieser Objekte, unsichtbar für den Beobachter, war oftmals technisch sehr nachlässig bearbeitet. Man muss an dieser Stelle sehr deutlich betonen, dass die Inschriften mit ideologischen Botschaften auch eine ausgesprochen dekorative Funktion hatten.

I. Gürtelelemente

Die aus Metall hergestellten Accessoires auf und an Riemen unterteilen sich in drei Kategorien: Schnallen und ihre Beschläge, Riemenzungen sowie Verzierungen auf dem Riemen zwischen der Schnalle und der Zunge. Die Schnallen mitsamt den Beschlägen und die Riemenzungen wurden am Vorderteil der Bekleidung angebracht. Man muss hier betonen, dass ganze Gürtel mit Schnallen und Zungen nur sehr selten erhalten sind, wir also nicht überprüfen können, ob sich ihre Inschriften gegenseitig ergänzt haben. Jedenfalls aber verbanden sie die anrufende und symbolische Bedeutung der Objekte mit einer klaren Nutzfunktion. Die Inschriften an der Tracht (frontal und rückseitig) hatten hauptsächlich eine dekorative Funktion, bei manchen Ensembles ergänzten sie die im Bereich des Gürtels betonten Ideen.

1. Beschläge der Gürtelschnallen: Die Größe der Beschläge der Gürtelschnallen bestimmte auch den Platz für Inschriften auf ihrer Oberfläche.[13] Wegen ihrer Größe wurden Schnallen gelegentlich sogar mit eleganten Fleurons verziert, trugen dann aber keine Inschriften. Am weitesten verbreitet aber waren Schnallen aus Hartzinn in Form der Majuskel-Buchstaben *M*, *D* und *O*. Dabei wurde das *M* als geschlossenes unziales *M* (*Maria*) oder als geschlossenes quadratisches *M* (*Maria*) ausgeführt, das *D* als geschlossenes Kapitalis-*D* (*Deus*), das *O* oval oder sechseckig (*Ora*) (Abb. 3-4). Die Sorge um die Lesbarkeit der Inschriften auf Beschlägen hatte oft die Begrenzung auf einen einzigen Buchstaben zur Folge. Besonders beliebt waren folgende Buchstaben: *a* (für *ave*), *b* (für *berot*), *h* (für *hilf*), *i* (für *iesus*), *m* (für *maria*), *g* (für *gott*), *o* (für *ora*), *y* (für *yhesus*). Neben den beliebten Inschriften aus einem Buchstaben wurden auf Beschlägen auch längere Inschriften platziert. Dazu gehören Inschriften aus mehreren Buchstaben, die für ein oder mehrere Wörter stehen, etwa der Kreuztitulus *INRI* (für *Iesus Nazarenus Rex Iudeorum*). Am weitesten verbreitet war die Inschrift *ave* (Abb. 5). Seit dem Anfang des 16. Jahrhunderts kommen Datumsangaben auf Accessoires vor. Ungewöhnlich ist eine Schnalle mit Beschlag, auf dem in zwei Zeilen untereinander eine Inschrift eingraviert wurde, beginnend mit *maria*, gefolgt von einem bislang nicht entschlüsselten Wort und einem geheimen Zeichen des Besitzers (Abb. 6).

Eine Ergänzung zu den Schnallenbeschlägen bildet eine Gruppe länglicher Elemente, die ein Paar bilden, wobei das eine Element mit einem Haken, das andere mit einer Öse versehen ist. Ein vorzügliches Beispiel aus dieser Gruppe ist ein Element eines solchen Paares aus Hartzinn, auf dessen Oberfläche sich ein schön ausgearbeiteter Buchstabe *S* befindet, umgeben von kunstvoll ausgeführten Fleurons und einem Greifen (Abb. 7).

---

[13] R. Whitehead, Buckles. 1250-1800, Witham (Essex) 2003.

2. Riemenzungen: Die aus Metall gefertigten Riemenzungen erfüllten, ähnlich wie Schnallenbeschläge, vor allem eine praktische Funktion: Sie beschwerten den Riemen, damit er herunterhing, nachdem er mit einem speziellen Knoten gebunden war. Als Haupttypen zu unterscheiden sind erstens Zungen mit rundem Abschluss und mit in der vertikalen Achse symmetrisch komponierten Verzierungen, deren herunterhängender Teil oft durchbrochen gearbeitet ist, zweitens Zungen bestehend aus unterschiedlichen, in der Vertikale symmetrisch gebildeten Formen sowie drittens Zungen mit einem Abschluss in Form eines Rechtecks oder eines sehr in die Länge gezogenen Trapezes, dessen kürzeste Seite nach unten gerichtet ist. Zu erwähnen sind noch solche Riemenzungen, die in Form von viereckigen Applikationen ausgearbeitet und zwecks Verbindung mit Haken und Öse versehen waren. Sie wurden aus Messing hergestellt und mit ein- oder zweizeiligen Inschriften in gotischer Minuskel verziert. Neben der praktischen Funktion bildeten die Riemenzungen zugleich eine Verzierung von großer Bedeutung. Dabei erfüllte in Verbindung mit anthropomorphen, zoomorphen und vegetabilen Ornamenten auch die Inschrift eine schmückende Funktion, noch bevor sie entziffert wurde. Die Inschriften auf den Riemenzungen bestanden – ähnlich wie auf den Schnallenbeschlägen – hauptsächlich aus dem Anfangsbuchstaben eines Wortes, wobei im Wesentlichen die oben aufgelisteten Buchstaben mit ihren Auflösungen verwendet wurden. Ferner gab es Inschriften aus zwei Buchstaben, z.B. *fe,* sowie ganze Wörter (Abb. 8), vor allem *ave maria, berot* (Abb. 9), *hilf, hilf got, ave, maria* und *amor.* Auf einer hervorragend erhaltenen Riemenzunge ist ein Ensemble aus den Minuskelbuchstaben *bv* überliefert, das höchstwahrscheinlich auf die *b(eata) v(irgo)* Maria hindeutet und vielleicht ursprünglich zu *bvm,* also *beata virgo maria*, ergänzt wurde oder werden sollte. Es besteht aber auch die Möglichkeit, die Buchstaben *b* und *v* als den Anfang der Anrufung *beata virgo maria assiste nobis* zu lesen. Bemerkenswert ist auch eine Riemenzunge mit der Inschrift *nyen,* vielleicht in umgekehrter Textreihenfolge als *neyn* (*nein*) zu lesen (Abb. 10).

Unter den längeren Inschriften auf Riemenzungen sind Anrufungen der Drei Heiligen Könige hervorzuheben. Die Namen der Könige, die auch als Weise oder Magier bezeichnet werden, kommen in unterschiedlichen Kategorien gotischer Trachtenaccessoires vor. Die drei Namen der Weisen umfassen je nach Schreibweise insgesamt 20 bis 23 Buchstaben. Es ist also kein kurzer Text, sondern er bildet die wahrscheinlich längste Inschrift auf Trachtenaccessoires überhaupt. Die Inschrift kommt überwiegend auf Riemenzungen und auf Ringschienen vor. Eine Riemenzunge vom Anfang des 15. Jahrhunderts in Danzig ist das einzige dem Verfasser bekannte Artefakt dieser Art. Sie besticht durch eine vorzügliche Komposition und die ausgezeichnete Ausführung der drei Namen *jaspar melcar baldesar* in gotischer Minuskel (Abb. 11).

Unter Hunderten von gotischen Trachtenaccessoires aus Metall sind auch vereinzelte Stücke erhalten geblieben, deren Inschriften einen eindeutig erotischen Inhalt haben. In Danzig befinden sich zwei solche Objekte. Das erste von beiden ist eine kleine Riemenzunge mit der Inschrift *amor an(…).* Es ist nicht ausgeschlossen, dass das zweite Wort auch *amor* war, das nicht fertig ausgeführt wurde (Abb. 12). Das zweite, ganz außergewöhnliche Artefakt mit der Inschrift *amores* wurde im Mai 2016 in Danzig ausgegraben (Abb. 13). Die in gotischer Minuskel ausgeführte Inschrift wurde in die viereckige Rahmung der Riemenzunge eingraviert (25 x 45 mm, 13.58 g). Die Symbolik des Wortes *amores* wurde direkt mit der Figur eines Verführers verbunden, der in einem dunklen Tor erscheint. Die Figur wird mit seitlich geneigtem Kopf und gespreizten Beinen tanzend dargestellt und lädt so zu einem gemeinsamen Liebesabenteuer bzw. leichtsinniger Liebschaft ein. Die aufreizende Körperhaltung ist im Zusammenhang mit der Inschrift und der Anbringung der Riemenzunge am herabhängenden Ende des Gürtels zu sehen, das in Schwung geriet, wenn der Träger sich bewegte. Auf einem dritten Objekt, einer fragmentarisch erhaltenen Riemenzunge, befindet sich eine Minuskelinschrift in französischer Sprache, bestehend aus dem Wort *amours*. Es ist ein unbestrittener Beweis für die Existenz erotischer Inschriften in französischer Sprache in hanseatischen Städten. Da sich nur die drei hier genannten Beispiele mit amourösem Inhalt erhalten haben, können zur allgemeinen Popularität solcher Trachtenaccessoires keine sicheren Schlüsse gezogen werden. Inschriften bestehend aus den Buchstaben *A/a* und *M/m*, die zuweilen als *amor* oder *Minne* gedeutet wurden, sind wahrscheinlicher – wie es schon oben dargelegt wurde – Abkürzungen für die Wörter *ave* und *Maria*.

3. Applikationen auf Gürtelriemen: Auf Gürtelriemen wurden zahlreiche Metallapplikationen aus Messing oder Zinn angebracht, wobei das Material jeweils an die beiden wichtigsten Metallaccessoires des Gürtels – die Schnalle bzw. die Schnallenbeschläge und die Riemenzunge – angepasst wurde. Auf einem kleinen Accessoire wurde die Inschrift *nasarenus* gefunden, die scheinbar sehr beliebt für die Verwendung auf Trachtenaccessoires war. Die Größe dieser Applikationen und die Dichte ihres Auftretens waren sehr unterschiedlich. Die Applikationen waren vor allem als Schmuck gedacht, doch kann man auf den erhaltenen Objekten auch Inschriften in gotischer Minuskel finden (Abb. 14), am häufigsten ein *a* (*ave*) und ein *m* (*maria*), aber auch *n (nasarenus?)* sowie zum Teil oder ganz ausgeschriebene Wörter, z.B. *ma/ary* (Abb. 15), *gott, nasarenus, bar(bara)*. Eine besondere Art von Applikationen in Form eines Buchstabens sind durchbrochen gearbeitete Objekte, bei denen die Kontur aus Metall geformt ist und der freibleibende Innenraum die Form des Buchstabens hat. Der so gestaltete Buchstabe *G* (für *GOT*) kommt in zwei Ausführungen vor, als eingerolltes *G* und als eckiges *G* (Abb. 16).

Neben den Applikationen aus einem Buchstaben spielten solche mit dem Monogramm *YS/ys* (für *YHESUS/yhesus*) eine besondere Rolle. Sie wurden aus Hartzinn oder aus Messing gefertigt, wobei der erste und der letzte Buchstabe des Wortes *Yhesus* durch Verschränkung verbunden wurden. Die in gotischer Minuskel ausgeführte Buchstabenkombination wurde wahrscheinlich meistens auf Ledergürteln angebracht. Die Auflösung des Monogramms zum Namen Jesu in der orthographischen Form *yhesus* legt nicht nur der erste Buchstabe *y* nahe, sondern auch der Minuskelbuchstabe *s* in der Form, in der er als Endbuchstabe in lateinischen und deutschen Inschriften erscheint.

Die Inschrift auf einer Applikation in Form eines Schriftbandes mit den Buchstaben *vv* stellt wahrscheinlich eine Abkürzung der bekannten Bibelsentenz *vanitas vanitatum (et omnia vanitas)* nach Ecclesiastes 1,2 dar. Die Initialen *vv* können auch in deutscher Sprache aufgelöst werden als *Vergänglichkeit des Vergänglichen und alles ist vergänglich.* Zu weiteren, sehr interessanten Exemplaren gehören zwei Applikationen, die eine mit der Inschrift *i(hesus) do(minus)* und die andere mit der Inschrift *a(v)e ed* (?) (Abb. 17).

Eine besondere Art der Gürtelapplikationen waren Glöckchen. Gemeint sind hierbei jedoch nicht Pilgerglöckchen, sondern dekorative Glöckchen mit apotropäischer Funktion wie etwa Schellen. Auf diesen Objekten findet man meistens Zeichen in Form von Monogrammen des Herstellers oder in Form eines Kreuzes.

II. An Gürtel angehängte Accessoires

1. SCHLÜSSELHAKEN, MESSERHAKEN UND TASCHENHAKEN: Diese aus Metall gefertigten Accessoires, die im zentralen Bereich der Bekleidung an exponierter Stelle angebracht waren, konnten sowohl als halbplastische Heiligenfiguren – vorrangig Madonnen – als auch als vollplastische Darstellungen weltlicher Personen, wie etwa Knechte oder Liebespaare, gestaltet sein. Diese figuralen Haken waren jedoch nicht mit Inschriften versehen. Charakteristisch für Schlüssel-, Messer- und Taschenhaken war die Einbeziehung dekorativer Quasi-Inschriften. Diese Quasi-Inschriften hatten ausschließlich eine ornamentale Bedeutung. Als Beispiel kann hier der Schlüsselhaken mit mehreren einzelnen *i*-Buchstaben dienen, die vermutlich keine Bedeutung haben, sondern als Quasi-Inschrift zu verstehen sind. Die Vermutung, dass mit dem wiederholten Buchstaben *i* der Anfangsbuchstabe des Namens *iesus* gemeint sein könnte, reicht wohl zu weit. Als sinntragende Inschriften auf Haken sind aber auch Texte wie *ave · mari(a)* (Abb. 18) und *ihs + maria + helf(t)* belegt.

2. MESSER, MESSERGRIFFBESCHLÄGE UND MESSERSCHEIDEN: Unter diesen Artefakten ist nur eine verhältnismäßig kleine Anzahl von Objekten mit Inschriften erhalten. In Messergriffe wurden manchmal Inschriften eingraviert, die anthropomorphe und zoomorphe Verzierungen ergänzten. Solche Messer, die überwiegend in Flandern und England im 15. und 16. Jahrhundert hergestellt wurden, brachten jüngste Ausgrabungen in verschiedenen pommerschen Städten ans Licht. Die Buchstaben sind unbeholfen eingeritzt, wirken dadurch verfremdet und sind nicht lesbar (ähnlich wie die Buchstaben der oben gezeigten Inschrift auf dem Gürtelschnallenbeschlag mit der zweizeiligen Inschrift *maria* etc.). Neben Inschriften in später gotischer Minuskel finden sich auch Inschriften in Kapitalis. Zwei Beispiele solcher Importe, die in Danzig entdeckt wurden, sind erstens ein Messer mit einer unleserlichen Inschrift auf einem Messingelement am Griff und zweitens ein hervorragend erhaltenes Messer mit der auf beide Seiten des Griffs verteilten Inschrift *TIME DEVM* (Abb. 19-20). Eine Ergänzung zu Zeugnissen aus professioneller Herstellung bildet der Holzgriff eines Danziger Messers, der von seinem Inhaber mit einem Eigentumszeichen (Monogramm *ZZ*) gekennzeichnet wurde.

Auf den Messerscheiden, die an Gürteln aufgehängt wurden, finden sich geprägte und eingeritzte Inschriften. Bekannt sind überwiegend Artefakte mit Inschriften in gotischer Minuskel mit populären Texten, wie der französischen Wendung *mon* ♥ (*mon coeur* – ‚mein Herz').

3. LEDERTASCHEN UND STOFFTASCHEN: Taschen aus Stoff oder Leder wurden mit geprägten, eingeschnittenen oder aufgenähten Inschriften sowie mit Applikationen aus Metall verziert. Als Beispiele sollen hier zwei Taschen aus dem Archäologischen Museum in Dan-

zig angeführt werden. Auf der ersten, schwer beschädigten Tasche wurde in großen Minuskelbuchstaben eine nur noch teilweise lesbare Inschrift ins Leder eingeschnitten *(l[...]el/ hen)*. Auf der zweiten Tasche, die mit Ornamenten aus bunten Fäden bestickt wurde, können wir ein auffälliges Jesusmonogramm (*ihs*) aus grünen Fäden in gotischer Minuskel erkennen (Abb. 21).

III. Accessoires auf Kleidung

1. Applikationen aus Messing: Zu den interessantesten Trachtenaccessoires mit Inschriften in gotischer Minuskel gehören zweifelsohne runde, quadratische, teils auch durchbrochen gearbeitete Messingapplikationen, die auf Stoff genäht oder an Lederelementen der Kleidung vernietet waren. Ihre Attraktivität beruht hauptsächlich auf ihrem relativ großen Format. So haben etwa die runden Applikationen einen Durchmesser von 25 bis 45 Millimetern. Die Gruppe der runden Applikationen ist in den Sammlungen hanseatischer Städte reich vertreten und umfasst vorwiegend Artefakte mit ornamentalem Charakter, während nur wenige Objekte mit Inschriften darunter sind. Die Inschriften auf diesen Applikationen zeugen von hoher Gravierkunst, die darin bestand, aus der Inschrift und dem sie umgebenden floralen Ornament eine kunstvolle Komposition zu schaffen sowie die einzelnen Buchstaben oder ihre Verbindungen perfekt auszuführen (Abb. 22). Manche Inschriften bestehen aus einem Buchstaben (wie z.B. *a* auf einer herzförmigen Applikation für *ave, m* im Schild für *maria, v* für *vanitas*), andere aus Ligaturen von zwei oder drei Buchstaben mit einem gemeinsamen Schaft oder aus kunstvoll miteinander verschränkten Buchstaben, u.a. *mm* für *mater misericordiae, hh* für *hilf hilf* oder *helft helft* und *op* für *ora pro (nobis)* (?).

2. Broschen: Broschen mit Inschriften wurden bislang wohl am besten erforscht. Dazu gehören vor allem Broschen mit Namensinschriften und Gebettexten in lateinischer Sprache, etwa *IHESVS MARIA* oder *ave maria gracia plena d(omi)n(u)s t(ecum)* (Abb. 23). Eine Brosche, die man sowohl als Schmuck tragen als auch als Typar verwenden konnte, trägt die seitenverkehrt ausgeführte Majuskelinschrift *AVE MA[R]IA* (Abb. 24-25). Auch Broschen mit französischen Inschriften wurden in hanseatischen Städten gefunden, z.B. mit dem Text *[...] om . au dieu . nota [...]*.

3. Haken und Ösen: Diese Objekte bildeten ein Paar sich gegenseitig ergänzender Elemente, die das Zuknöpfen des Gewands ermöglichten. Auf Jacken und Hemden wurden sie unter dem Hals auf der Höhe des Brustkorbs angebracht. Abhängig von der Art des Kleidungsstücks und seines Stoffs verwendete man Haken und Ösen von mehreren Zentimetern für die Oberbekleidung und kleine, feine Haken und Ösen aus Metall von ca. einem Zentimeter Höhe für Gewänder aus leichten Stoffen. Die Verzierungen der Haken und Ösen zeigten oft heraldische und ornamentale Elemente und wegen ihrer geringen Oberfläche überwiegend Inschriften aus einem Buchstaben, wie *a (ave)* oder *m (maria)*.

4. Knöpfe: Knöpfe waren Massenware und aus Holz, Knochen, Horn und Metall (Gold, Silber, Metalllegierungen: Hartzinn und Messing) hergestellt. Diese massenweise Herstellung in den hanseatischen Städten spiegelt sich in der großen Menge erhaltener Knöpfe aus Knochen, Horn und Geweih wider. Hingegen ist die Gruppe von Metallknöpfen heute zahlenmäßig stark unterrepräsentiert. Die Oberfläche dieser Artefakte wurde nur selten mit Motiven verziert, so etwa mit Lilien, Sternen oder Rosetten, vereinzelt mit einem Buchstaben, z.B. *h (hilf)*.

5. Anhänger: Diese Kategorie umfasst sämtliche Objekte aus Metall mit Inschriften, die von Männern, Frauen und Kindern an Kettchen und Riemchen um den Hals getragen wurden. Es gab ein breites Spektrum solcher Accessoires, von miniaturhaften goldenen und silbernen Kunstwerken erfahrener Goldschmiede über perfekt entworfene Objekte aus Hartzinn und Messing bis zu einfachen, ungeschickt abgegossenen Gegenständen aus Zinn und Messing. Eine besondere Kategorie bildeten Kreuze aus unterschiedlichen Metallen. Zwei Beispiele seien für diese Gruppe angeführt: ein kunstvolles Schmuckstück aus Messing in Form einer Rosette mit zentral platzierten Majuskelbuchstaben *S* (*Salve*) und ein bescheidener Anhänger aus Zinn mit einer noch nicht aufgelösten Kombination zweier Minuskelbuchstaben, die *ep* oder *pe* gelesen werden können.

IV. Accessoires an Schuhen, Trippen und Kopfbedeckungen

1. Schnallen: Wie bei den Schnallen aus Hartzinn und Messing, die ohne Beschläge an Gürteln befestigt waren, wurden Schnallen auch an Schuhen, Trippen und Kopfbedeckungen angebracht. Meistens erinnerte ihre Form an ein geschlossenes unziales *M*. In vielen Sammlungen befinden sich Lederelemente von Trippen mit einem solchen Buchstaben.

2. Lederelemente mit geprägten und eingeritzten Inschriften: Unter den zahlreichen überlieferten Lederartefakten soll eine Gruppe von Objekten gesondert betrachtet werden, die eingeritzte und geprägte Inschriften auf Schuh- und Trippenelementen enthält. Es sind hauptsächlich dreieckige Elemente mit Inschriften weltlichen Inhalts, vorwiegend die Liebe betreffend, z.B. *[...]he Ghen mach. ohes [...] // amours* (Abb. 26). Neben diesen Objekten finden wir auch Artefakte mit unklarer Funktion, beispielsweise ein eingeschnittenes Rundmedaillon aus Leder, das an ein mittelalterliches Siegel erinnert: Das im Zentrum befindliche Porträt wird von einer Umschrift gerahmt, die den Dargestellten identifiziert: *can(onicus) + mar(tinus) + panzer* (Abb. 27).

V. Gegenstände symbolischer Kultur in Verbindung mit gotischer Tracht

1. Ringe: Die überwiegend aus Messing und Hartzinn bestehenden Ringe waren eine sehr wichtige Ergänzung der Tracht der Einwohner hanseatischer Städte zwischen dem 14. und dem 16. Jahrhundert. Eine noch ungeklärte Zahl von Ringen trug vorwiegend

Inschriften mit Anrufungen. Der Wortlaut dieser Inschriften ist mit den Texten auf den Trachtenaccessoires vergleichbar. Die kürzesten Inschriften umfassten eine aus einem Buchstaben bestehende Abkürzung, die auf der Ringplatte platziert war, z.B. *a* für *ave* oder *g* für *gott*. Nur wenige Ringe mit Inschriften auf der Ringplatte sind erhalten, die meisten Inschriften auf Ringen laufen auf der Ringschiene um, wo ausführlichere Texte mit einem für den Inhaber und Benutzer wichtigen Inhalt Platz fanden. Jedoch hat diese Möglichkeit, die relativ geräumige Außen- und Innenfläche des Reifens zu nutzen, nur selten zu Inschriften aus mehreren Buchstaben geführt. Sehr populäre, einfachste Realisierungen umfassten z.B. nur die vierfache Wiederholung des Buchstaben *m* (der wahrscheinlich für das Wort *maria* stand). Längere Texte an Ringen enthielten den Namen Mariens ohne Interpunktionszeichen, vollständig ausgeschrieben in gotischer Majuskel oder gotischer Minuskel, in einfacher oder doppelter Nennung. Weitere Inschriften auf Ringen verbanden die Namen von Maria und Jesus (ein Beispiel in gotischer Majuskel: *IHESVS MARIA)* mit den Namen der Drei Heiligen Könige Kaspar, Melchior und Baltasar (Abb. 28). Hingewiesen sei auch auf zweizeilig ausgeführte Inschriften, die neben den Namen der Heiligen auch ihre Königswürde erwähnen (Abb. 29: *+ REX IASPAR + REX MELCHIOR + REX BALTASAR*). Es wurden zudem auch Artefakte gefunden, auf denen die drei Heiligennamen in einer Zeile ausgeführt und dabei dreimal durch den quer geschriebenen Buchstaben *y(hesus)* unterbrochen wurden.[14]

2. Pilgerglöckchen: Pilgerglöckchen wurden in dem vorliegenden Beitrag als Gegenstand einer gesonderten Kategorie der Epigraphik angesprochen. Wie in den übrigen europäischen Sammlungen stellen auch die in den hanseatischen Städten entdeckten Zinnglöckchen heute Einzelexemplare dar, die jedoch sehr oft massenweise von einer Matrize gepresst wurden. Die im Mittelalter allgemein verbreiteten Pilgerglöckchen sind, gemessen an den hohen Produktionsmengen, leider nur in kleiner Anzahl erhalten. Die Textanalyse der Inschriften auf diesen Pilgerglöckchen offenbart ihren apotropäischen und Anrufungscharakter. Die in den Hansestädten aufbewahrten Glöckchen stammen aus zahlreichen europäischen Pilgerstätten. Am weitesten verbreitet waren Artefakte aus Canterbury, die vorwiegend die Inschrift *A* (für *AVE*) in Majuskelbuchstaben aufwiesen und selbstverständlich auch den Namen des Dompatrons,

---

14 Die wichtigsten Publikationen über Ringe sind folgende: H. R. D'Allemagne, Les accessoires du costume et du mobilier, T. I-III, Paris 1928; H. Battke, Die Ringsammlung des Berliner Schloßmuseums (zugleich eine Kunst- und Kulturgeschichte des Ringes), Berlin 1938; H. Battke, Geschichte des Ringes. In Beschreibungen und Bildern. Dargestellt durch die Sammlung Battke, Baden-Baden 1953; H. Battke, Ringe aus vier Jahrtausenden, Frankfurt a.M. 1963; S. Bury, An Introduction to Rings, London 1984; A. B. Chadour/R. Joppien, Kataloge des Kunstgewerbemuseums der Stadt Köln, Band X, Schmuck II, Fingerringe, Köln 1985; F. Falk, Ringe aus vier Jahrtausenden. Eine Ausstellung des Schmuckmuseums Pforzheim in Prag, Gablonz und Olmütz, Pforzheim 1969; L. Hansmann/L. Kriss-Rettenbeck, Amulett und Talisman. Erscheinungsform und Geschichte, München 1966; Ch. Oman, British Ring 800-1914, London 1974; D. Scarisbrick, 2500 Years of Rings, London 1998; D. Scarisbrick, Rings. Jewelry of Power, Love and Loyalty, London 2014; A. Ward/J. Cherry/Ch. Gere/B. Cartlidge, Der Ring im Wandel der Zeit, München 1981. Unter polnischen Veröffentlichungen sind immer noch aktuell: M. Gradowski, Dawne złotnictwo, technika i terminologia, Warszawa 1980; M. Knobloch, Polska biżuteria, Wrocław 1980; J. Samek, Dzieje złotnictwa w Polsce, Warszawa 1993.

des heiligen Thomas Becket (*S. THOMAS*) trugen. Es gab jedoch auch Pilgerglöckchen mit ausführlicheren Gebetstexten. Vor einigen Jahren ist dem Verfasser gelungen, zwei sehr interessante Inschriften auf zwei in Gniew (Mewe) gefundenen Pilgerglöckchen zu entziffern: Die erste Inschrift ist mit der Katharinen-Verehrung verbunden und dokumentiert deren Vorkommen im Deutschordensstaat. Das Buchstabenensemble auf dem Silberglöckchen kann man als + *CATHARINA SVAS(ORIA)* (,Katharina die/als Ratgeberin') oder aber als + *CATHARINA S(AN)C(T)A S(VASORIA)* lesen. Bei der zweiten Inschrift auf einem Zinnglöckchen wurden für die Buchstabenfolge + *TAICSHA ΩAN* zwei Lesungen vorgeschlagen, einerseits *TV I(ESV) C(HRISTE) S(ALVATOR) H(OMINVM) A Ω A(MEN)* und andererseits *T(VVM) V(ERBVM) I(ESV) C(HRISTE) S(ALVATOR) H(OMINVM) AΩ A(ME)N.*[15]

3. Pilgerzeichen in Form von Plaketten und Anhängern: Unter den in den hanseatischen Städten aufgefundenen Pilgerzeichen bilden die religiösen Andenken aus Hartzinn, die in rund 100 europäischen Pilgerstätten erworben wurden, die größte Gruppe. Diese Objekte hatten vorwiegend vier Öffnungen, um sie an Kleidung, Kopfbedeckungen oder Taschen annähen zu können. Pilgerzeichen sind allgemein gut erforscht, daher soll an dieser Stelle die Aufmerksamkeit auf einige bestimmte Typen von Pilgerzeichen und einen Typus eines weltlichen Zeichens gelenkt werden. Zu den ersteren gehören die beliebten, durchbrochen gearbeiteten Pilgerzeichen in Form des Minuskelbuchstabens *m* mit einer Krone sowie Anhänger mit dem Buchstaben *Tau*, ferner, auf einem Beil aus dem 14. Jahrhundert, der Majuskelbuchstaben *A* unter einem Kreuz sowie ein Exemplar einer durchbrochen gearbeiteten Pilgerplakette aus der Wallfahrtskapelle St. Maria im Elend (Harz) mit der Inschrift *maria elende*. Ein sehr interessantes Artefakt, das von Pilgerfahrten nach Santiago de Compostela zeugt, wurde in Danzig entdeckt (Abb. 30). Dieser einzigartige Gegenstand ist ein doppelseitiger Anhänger, dessen Vorderseite die Muschel des heiligen Jakob aus Achat nachbildet und auf dessen Rückseite zwei gekreuzte Buchstaben – *bl* oder *lb* – geritzt sind. Die Auflösung des Monogramms versteckt sich wahrscheinlich im Titel des Hymnus *O lux bona trinitas*. Die Inschrift dürfte man dementsprechend als *bona lux* oder *lux bona* lesen. Neben Objekten aus Hartzinn ist auch ein Beispiel aus dem beständigeren Messing erwähnenswert, nämlich ein Reliquienkreuz mit der Inschrift *in* (*iesus nazarenus*).

Als Beispiel für eine Plakette aus dem weltlichen Bereich dient ein Exemplar aus einer Gruppe von Anhängern mit dem Bild eines nicht näher bestimmbaren Vogels und einem Schriftband mit der beliebten Sentenz *amor vincit omnia* (Abb. 31); miteinander verbunden kennzeichnen sie den Besitzer des Objekts als Verführer.[16] Objekte dieser

[15] K. M. Kowalski, Artefacts as Sources of Knowledge, Gdańsk 2013, S. 133-138, Pl. 10 (s. Anm. 1).

[16] M. Mitchiner, Medieval Pilgrim and Secular Badges, London 1986; Heilig en Profaan 1. 1000 Laatmiddeleeuwse Insignes uit de collectie H. J. E. van Beuningen, hg. v. H. J. E. van Beuningen/A. M. Koldeweij (Rotterdam Papers 8), Cothen 1993; Heilig en Profaan 2. 1200 Laatmiddeleeuwse Insignes uit openbre en particuliere collecties, hg. v. H. J. E. van Beuningen/A. M. Koldeweij/D. Kicken (Rotterdam Papers 12), Cothen 2001; Heilig en Profaan 3. 1300 Laatmiddeleeuwse Insignes uit openbare en particuliere collecties, hg. v. H. J. E. van Beuningen/A. M. Koldewij/D. Kocken/H. van Asperen/W. J. Piron/S. E. van Hof/W. Gertsen (Rotterdam Papers 13), Langbroek 2013; J. Ansorge, Mittelalterliche Pilgerzeichen aus der Hansestadt Wismar, in: Bodendenkmalpflege in Mecklenburg-Vorpommern 56 (2008), S. 213-257.

Art aus Hartzinn waren zusammen mit anderen Pilgerzeichen im spätmittelalterlichen Europa sehr weit verbreitet. Auf solchen Vogelplaketten wurden nicht immer Inschriften platziert, manchmal finden wir jedoch bemerkenswerte Schriftbänder. Ein Beispiel hierfür ist ein Vogel auf einem geschwungenen Schriftband mit einer Inschrift in gotischer Minuskel.

4. Abzeichen mit symbolischer und dekorativer Funktion: Unter den zahlreichen Gürtel- und Ketten-Accessoires kann man auch solche finden, deren Inschriften dem heutigen Epigraphiker ein Rätsel aufgeben. Man kann jedoch davon ausgehen, dass der Auftraggeber mit der Inschrift einen bestimmten Sinn verband und diese die Funktion des betreffenden Accessoires präzisierte. Auch auf Zinn-Medaillons, die an Ketten getragen oder mit einer Nadel an der Kleidung befestigt werden konnten, wurden Buchstabengruppen platziert. Zu populären Artefakten dieser Art gehören Anhänger in Form eines symbolischen Buchstabens in runder Umrahmung. Unter den Danziger Funden ist auf das einzigartige viereckige Medaillon hinzuweisen, das aus einem mit einer Ranke verzierten Rahmen besteht, der die Buchstaben *a b c* in gotischer Minuskel umgibt. Die übrige Fläche innerhalb des Rahmens ist ausgeschnitten. Die Bedeutung dieses einmaligen Artefakts aus dem Mittelalter ist unklar. Vielleicht spielt für die richtige Interpretation des Objekts der große Majuskelbuchstabe *A*, der sich auf dem Anhänger unter der Öffnung befindet, eine Rolle.

Zusammenfassung

Die oben vorgestellten Inschriften wurden auf unterschiedlichen Arten gotischer Trachtenaccessoires angebracht. Die erste Kategorie bilden Objekte, die ihre Nutzfunktion mit einer dekorativen und einer anrufenden Funktion verbanden, wie die Accessoires an Gürteln und an Kleidungsstücken. Zur zweiten Kategorie gehören Objekte ohne eigentliche praktische Funktion, die die Kleidung schmückten und mit dekorativ gestalteten Anrufungen versehen waren. Eine dritte Kategorie von Objekten erfüllte eine kommemorative, anrufende oder apotropäische Funktion. Verbunden mit der Präsentation eines speziellen religiösen und gesellschaftlichen Aspekts zeugten sie in der Öffentlichkeit von der Frömmigkeit und den absolvierten Pilgerfahrten ihrer Besitzer. Die Funktion der Inschriften auf Trachtenaccessoires der Bewohner hanseatischer Städte war daher eng mit der Manifestation einer bestimmten Botschaft verknüpft, die einerseits die verschiedenen Aspekte des religiösen Lebens und andererseits auch Aspekte des gesellschaftlichen Alltagslebens hervorheben konnte. Die qualitätsvolle Ausführung der Inschriften steigerte zudem auch den dekorativen Charakter vieler Trachtenaccessoires, besonders dann, wenn man vorzügliche Kompositionen gotischer Schrift mit (mehr oder weniger) kunstvollen geometrischen, floralen oder zoomorphen Ornamentmotiven verband. Herausragende Beispiele epigraphischer Majuskel- und Minuskelschriften, in denen sowohl sehr knappe, nur aus einem oder wenigen Anfangsbuchstaben eines Wortes bestehende Inschriften als auch ausführlichere Texte in Form eines oder mehrerer Wörter ausgeführt wurden, finden wir vorwiegend auf Riemenzungen, Schnallenbeschlägen sowie auf Gürtel- und Trachtenapplikationen. Das Phänomen der großen Anzahl von Inschriften auf gotischen Kleidungsaccessoires beruht vor allem auf der Praxis, in diesen Inschriften nach Art eines Kryptogramms Inhalte zu verbergen, die, der allgemeinen Konvention entsprechend, durch extreme Verkürzung verschlüsselt wurden.

Die Inschriften auf gotischen Trachtenaccessoires aus Hansestädten stellen ausgezeichnete Zeugnisse der Kultur des Spätmittelalters dar, besonders im Bereich der Geschichte der religiösen und der weltlichen Symbolik, der Geschichte gotischer Schriften sowie der Geschichte der künstlerischen und handwerklichen Techniken, die für die Entwicklung und Anfertigung der Accessoires notwendig waren. Aus der Bedeutung der Inschriften, die im vorliegenden Beitrag vorgestellt wurden, erwächst die Notwendigkeit, diesen Artefakten eine komplexe und profunde Behandlung im Rahmen der epigraphischen Forschung zu widmen. Die Forschungsergebnisse werden es ermöglichen, diesen Objekten als wichtigen Quellen für die mittelalterliche Kultur in der Region der Großen Hanse die ihnen zustehende Bedeutung beizumessen.

Bildnachweis

Abb. 1,3-20, 22-31: Privatbesitz (Foto: Krzysztof Maciej Kowalski)

Abb. 2: St.-Nikolai-Kirche Stralsund (Foto: Krzysztof Maciej Kowalski)

Abb. 21: Muzeum Archeologiczne w Gdańsku (Foto: Krzysztof Maciej Kowalski)

Abb. 1: Zusammenstellung verschiedener Gürtelschließen-Elemente

Abb. 2: Pfeilerfigur in Mi-parti-Gewand mit Gürtel, Wandmalerei, um 1370, St. Nikolai in Stralsund

Abb. 3-4: Gürtelschnallen in Form eines Majuskel-Buchstabens

Abb. 5: Gürtelschnalle mit einzelnem Wort

Abb. 6: Gürtelschnalle mit mehreren Wörtern

Abb. 7: Gürtelschließe mit Einzelbuchstabe zwischen Fleuron und Greif

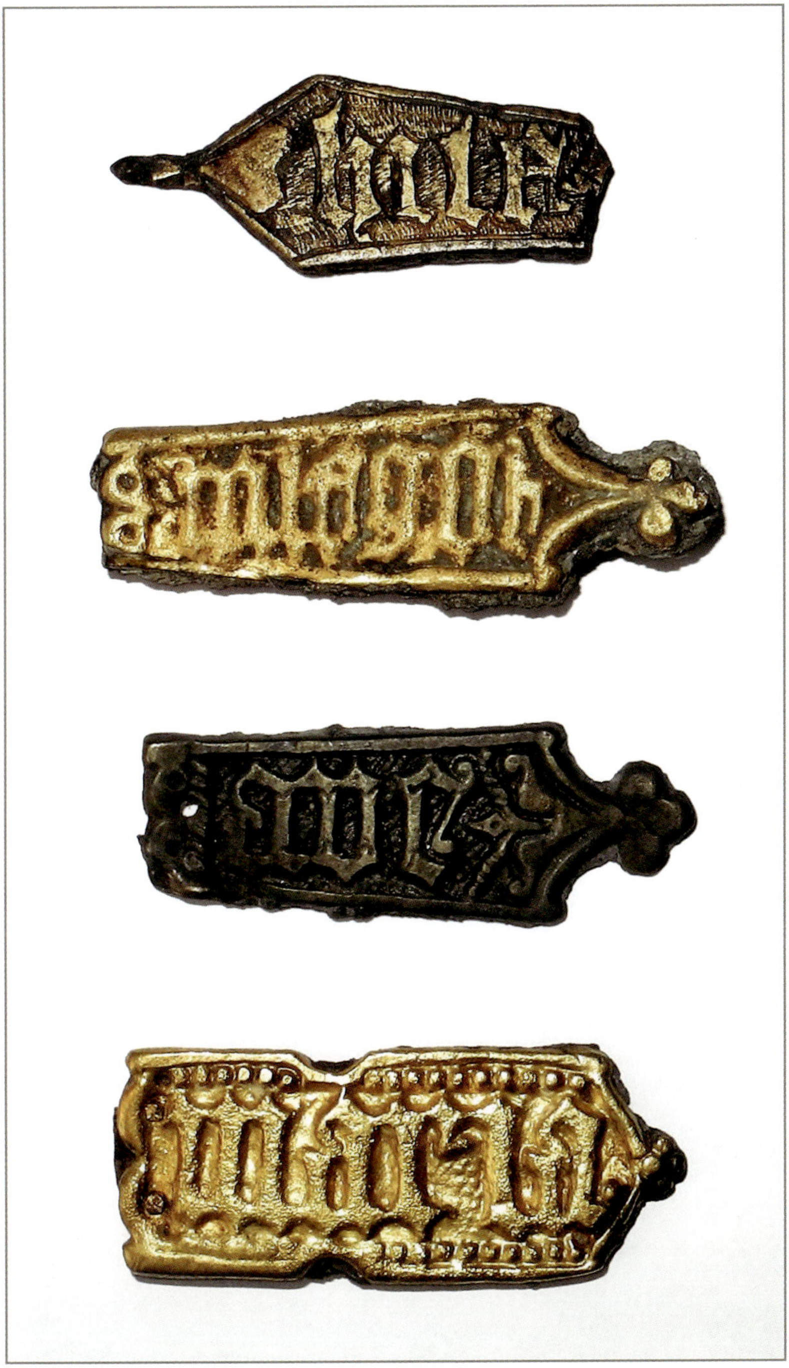

Abb. 8: Diverse Riemenzungen mit Einzelwörtern

Abb. 9: Riemenzunge, rund, mit Einzelwort

Abb. 11: Riemenzunge mit den Namen der Heiligen Drei Könige

Abb. 10: Riemenzunge, länglich, mit Einzelwort

Abb. 12: Riemenzunge mit mehreren Wörtern

Abb. 13: Riemenzunge mit tanzendem Mann und Inschriftenresten

Abb. 14: Accessoire in Buchstabenform
zur Applikation auf Gürtelriemen

Abb. 15: Accessoire zur Applikation
auf Gürtelriemen

Abb. 16: Accessoires in Form einzelner Majuskel-Buchstaben
zur Applikation auf Gürtelriemen

Abb. 17: Accessoire zur Applikation auf Gürtelriemen

Abb. 18: Gürtelanhänger mit dem Beginn des Ave-Maria-Gebetes

Abb. 19-20: Messer mit Mahnung zur Gottesfurcht beidseitig am Griff

Abb. 21: Ledertasche mit gesticktem Jesusmonogramm
(Muzeum Archeologiczne w Gdańsku, MAG/GD/255/39/4/5271a)

Abb. 22: Accessoire mit Ave-Ligatur vor
Blattwerk zur Applikation auf Kleidung

Abb. 23: Runde Brosche
mit dem Ave-Maria-Gebet

Abb. 24-25: Runde Brosche mit dem Beginn des Ave-Maria-Gebetes in seitenverkehrter Ausführung (links) und in gespiegelter Abbildung lesbar (rechts)

Abb. 26: Schuh- oder Trippen-Element aus Leder mit geprägter Inschrift

Abb. 27: Medaillon aus geprägtem Leder mit Bildnis und Namensbeischrift

Abb. 28-29: Fingerringe mit den Namen der Heiligen Drei Könige
in einzeiliger oder zweizeiliger Umschrift

Abb. 30: Pilgeranhänger von
Santiago des Compostela mit Monogramm

Abb. 31: Plakettenanhänger mit Vogel und Sentenz

„BASTARD FEUDALISM" ALS MULTIPLIKATION VON HERRSCHAFTSZEICHEN

Aufsteiger, Condottieri und die neue ephemere Hofrepräsentation in Frankreich und Italien

Simona Slanicka

Die Umgestaltung der Adelsgesellschaft und ihrer Zeichensprache durch den Hundertjährigen Krieg

Percy Ernst Schramm stellt im Schlusswort seiner Kompilation zu den Herrschaftszeichen im Mittelalter fest, dass es im Spätmittelalter zu einer Multiplikation solcher Zeichen kommt.[1] Der bisherige Kanon an Insignien königlicher Herrschaft erweitert sich, es treten neue Symbole wie Medaillen, Porträts etc. an die Seite der alten, und insgesamt werde diese Herrschaftssymbolik sichtbarer. Damit stelle das Spätmittelalter eine ähnliche Zäsur dar wie die Wende zur Moderne im Gefolge der Französischen Revolution, in der sich mit der Entfaltung des modernen, bürokratischen Staatswesens die Herrschaftszeichen ebenfalls vervielfältigen und nunmehr bis ins Alltagsleben hineinreichen in Form etwa von Kokarden, nationalen Insignien auf Banknoten und Briefmarken etc. Schramm bringt diese Veränderung für die Moderne mit einer Zunahme und Verdichtung von Staatlichkeit in Verbindung. Inwieweit kann aber diese Erklärung auch für das Spätmittelalter herangezogen werden, das wir doch ab 1350 als Krisenzeit kennen?[2] Da scheint doch zunächst die bisherige „Staatlichkeit" durch gleich mehrfache Katastrophenerfahrungen wie Pest, Krieg, demographische und wirtschaftliche Einbrüche zertrümmert zu werden. Dennoch stimmt der Befund der Vermehrung von Herrschaftszeichen, der Etablierung von neuen politischen Repräsentationsformen ab 1400 und insgesamt einer Zunahme und Sensibilität für Visualität und visuelle politische Kommunikation, wie der vorliegende Beitrag zu zeigen versuchen wird. Wenn zu dessen Erklärung nicht eine lineare, „modernistische" Zunahme von Staatlichkeit dienen kann, müssen differenziertere Gründe der Gesellschaftsumbildung gesucht werden.

---

1 Percy Ernst Schramm, Herrschaftszeichen und Staatssymbolik. Beiträge zu ihrer Geschichte vom dritten bis zum sechzehnten Jahrhundert, Bd. 3 (Schriften der MGH 13), Stuttgart 1956, S. 1063.

2 Frantisek Graus, Pest-Geissler-Judenmorde. Das 14. Jahrhundert als Krisenzeit (Veröffentlichungen des Max-Planck-Instituts für Geschichte 86), 3. Aufl., Göttingen 1994.

Das Spätmittelalter ist eben nicht nur eine Periode von tiefgreifenden Krisen, wie etwa des drastischen Bevölkerungsrückgangs infolge der Schwarzen Pest, sondern sie ist auch eine Periode umfassender sozialer und geographischer Mobilität. Der Hundertjährige Krieg gestaltet die Adelsstruktur und das Militärwesen Europas grundlegend um. Mit einzigartiger Sturheit und Unbelehrbarkeit zeigt die Blüte der französischen Ritterschaft in der seriellen Abfolge der katastrophalen Niederlagen von Crécy (1346), Poitiers (1356) und Azincourt (1415) während 70 Jahren, dass die hehre Vorstellung von ritterlicher Ehre und Kampfkunst gründlich ausgedient hat und den neuen Schlachtordnungen und Kampftechniken wortwörtlich nicht mehr standhält, sondern ein ums andere Mal in den Morast versinkt und über die eigenen Rösser und Füße ins Verderben stolpert. Doch solche hegemonialen Männlichkeitsvorstellungen halten sich zählebig, und sie kosten Karl den Kühnen noch rund ein Jahrhundert später bei Grandson (1476) seinen Hofschatz, bei Murten (1476) sein wiederum im Schlamm versinkendes Heer und bei Nancy (1477) sein Leben und sein Herzogtum. Nicht umsonst wird Karl als letzter Herzog von Burgund, das für seine Retromode eines völlig übersteigerten, überfeinerten und lebensfernen Rittergedankens für den „Herbst des Mittelalters"[3] steht, deshalb „tollkühn", „téméraire" geheißen. Die Benennung verweist auch auf ein schier schizophrenes, eigentlich wahnhaftes Festhalten an einer heroisch-männlichen, ritterlich-aristokratischen Arroganz, die eine derart verzerrte Wahrnehmung der Gegebenheiten liefert, dass Karl zuletzt in Nancy angesichts der Diskrepanz der im Feld stehenden Truppen und der Witterungsverhältnisse scheitern musste.

Andere Kampftechniken und andere Kämpfer sind angesichts der Europa überziehenden Dauerkriege nun gefragt: Zur Rückeroberung des französischen Territoriums, und insbesondere des gefährdeten Grenzlandes der Bretagne nach dem Frieden von Brétigny 1360, der unter der Drohung des gefangengenommenen französischen Königs Jean le Bon geschlossen werden muss, bewährt sich die Taktik Bertrand du Guesclins, mit einer kleinen Truppe von regional rekrutierten und landeserfahrenen Leuten eine strategische Festung nach der anderen zurückzuerobern. Der Erfolg dieser Guerillataktik bringt du Guesclin, der „schwarzen Dogge von Brocéliande" die Marschallswürde Frankreichs ein.[4] Als ähnlich kampferfahren werden sich etwas später die Truppen des Grafen von Armagnac erweisen, die ebenfalls im südlicher gelegenen Grenzland rund um das englische Bordeaux sich tatsächlich Sporen verdienen und zum effizientesten Teil der französischen Armee aufsteigen.[5] Allerdings zeigt sich bei ihnen bereits die Schwierigkeit, die der Kriegsdienst von nunmehr Berufssoldaten – und nicht mehr bloß Lehensmännern – mit sich bringt: In Friedenszeiten müssen sie sich dort verdingen, wo ihnen Sold gezahlt wird, und käme er auch von der Gegenseite, also von den Engländern, die man zuvor bekämpft hat. Der Söldner als Gendarm, Polizist und Bodyguard muss sich dort verdingen, wo er Arbeit und Aufträge findet. Das gilt auch für die Söldnerführer, die eben nicht nur für Ehre, „Nation" oder Glauben kämpfen, sondern für ihr

3 Johan Huizinga, Herbst des Mittelalters. Studien über Lebens- und Geistesformen des 14. und 15. Jahrhunderts in Frankreich und den Niederlanden, 12. Aufl., Stuttgart 2006, mit einer Einleitung zur gegenwärtigen Forschungslage von Birgit Franke und Barbara Welzel.

4 Georges Minois, Du Guesclin, Paris 1993.

5 Simona Slanicka, Krieg der Zeichen. Die visuelle Politik Johanns ohne Furcht und der armagnakisch-burgundische Bürgerkrieg, Göttingen 2002, S. 242ff.

Auskommen, Landbesitz und eine einträgliche Heirat, weil sie aus niedrigem Adel stammen, nachgeborene Adelssöhne oder gar Adelsbastarde oder gar keine Adligen sind.[6] So straft „El Cid Campeador" die heroische Vorstellung des „Cantar" doch ziemlich Lügen, weil er sich zwischen einer Reconquista zur anderen mitunter auch bei maurischen Fürsten verdingt hat.[7]

In der Tat verwehrt das Ende der Kreuzzüge ab 1270 nun diesem besitzlosen, überzähligen adligen Personal, ein Auskommen in Übersee zu finden, und das Anfachen des Hundertjährigen Krieges durch England zu Beginn des 14. Jahrhunderts – das schon manchen Zeitgenossen als überrissen und größenwahnsinnig erschien – kann durchaus als eine Art Beschäftigungstherapie für das streitlustige Adelspersonal aufgefasst werden, das sich besser jenseits des Ärmelkanals austoben soll als im eigenen Land. Allein die Bezeichnung als „Hundertjähriger" Krieg zeigt, dass wir es hier mit einem tiefgreifenden, mehrere Generationen erfassenden und wirkungsreichen Prozess zu tun haben, dessen Aufwand mit den von beiden Seiten erreichten Zielen in keinem Verhältnis steht. Nach einer kurzen Friedensperiode in der zweiten Hälfte des 15. Jahrhunderts wird sich dieser Dauerkrieg in den sogenannten *guerre italiane*, den italienischen Kriegen in der ersten Hälfte des 16. Jahrhunderts fortsetzen, in dem sich vor allem Frankreich und Spanien in stets erneuten Schlachten zerfleischen und die durchaus auch als dynastische und militärische Verlängerungen des Hundertjährigen Krieges betrachtet werden können: auch hier spielen Söldner, neue Kampftechniken und neue Abzeichen eine wichtige Rolle und auch hier bildet der Dauerkrieg die Matrix eines intensiven Kulturaustauschs, der europäischen Renaissance.

Tatsächlich erlaubt der langanhaltende Krieg, der stets flackert und periodisch zu Weißglut angefacht wird, Menschen unterschiedlichster Herkunft die erstaunlichsten Karrieren. Der berühmte John Hawkwood[8], der später das gesamte italienische Söldnerwesen aufmischen sollte, war ein solcher Handwerkersohn, der sich auf den Schlachtfeldern des Hundertjährigen Kriegs von der Pike auf wirkliche Rittersporen verdiente – er wird nach Poitiers vom König zum Ritter geschlagen – und ab 1360, in Friedenszeiten arbeitslos geworden und bereits 40jährig, sein neues Glück mit der Weißen Kompagnie in Italien suchte und auch fand. Mit seiner Kampferfahrung dominierte er die kleinen italienischen Condottieri und mit seiner Lebensanstellung als Staatscondottiere von Florenz setzte er neue Maßstäbe. Hawkwood erhielt das Bürgerrecht von Florenz, Steuervergünstigungen für sich und seine männlichen Nachfahren, seiner Witwe wurde eine Pension zugesprochen und jeder Tochter eine Aussteuer zugesichert. Sein Tod wurde mit einem öffentlichen Staatsbegräbnis begangen, das von der Luxusgesetzgebung ausgenommen war, und schließlich wurde seine öffentliche Funktion zwanzig Jahre nach seinem Tod mit einem offiziellen Denkmalsfresko im Florentiner Dom festgehalten. Auch Bertrand du Guesclin heiratet spät, mit 50 Jahren, wie viele andere Condottieri auch, denn erst am Lebensabend haben sie genug erobert, um eine

6 Philippe Contamine, La guerre de Cent ans, 9. Aufl., Paris 2010; ders., Guerre, Etat et société. Etudes sur les armées des rois de France, 1337-1449, Paris 1972.

7 Richard Fletcher, El Cid. Leben und Legende des spanischen Nationalhelden. Eine Biographie, Weinheim 1999.

8 William Caferro, John Hawkwood. An English mercenary in fourteenth-century Italy, Baltimore 2006.

Familie gründen zu können. Dies gilt sogar noch für Alfonso von Aragon, der seine Frau zuhause in Spanien lässt, sich aber in Neapel eine Konkubine hält, mit der er mehrere Bastarde zeugt, von denen ihm Ferrante als König nachfolgen wird, fast vierzig Jahre lang. Gleiches gilt auch von Muzio Attendolo Sforza, dessen meiste Kinder, allen voran Francesco Sforza, der Eroberer des Herzogtums Mailand, Bastarde sind. Die Söldner, und vor allem die Condottieri, die durch den Dauerkriegszustand des Spätmittelalters aufsteigen, haben, durch ihren militärischen Beruf bedingt, ein spezifisches und ungewöhnliches Konkubinats-, Fortpflanzungs- und Heiratsverhalten. Es ist naheliegend, dass der Aufstieg von solchen Gestalten, die zusehends einen wichtigen politischen Faktor bilden, auch zu einer Erneuerung von Herrschaftszeichen führen wird: Die neuen Männer brauchen auch neue Zeichen.

Die Auswirkungen des Hundertjährigen Krieges und die Umgestaltung der Adelsgesellschaft und des Kriegswesens erfassen ganz Europa. Dies gilt zunächst für England, das den Krieg beginnt. Hier nehmen die neuen, paraheraldischen Zeichensysteme der Devisen und Orden ihren Ausgang, wie ich im nächsten Abschnitt erläutern werde. Wichtiger aber ist, dass der Söldnerüberschuss gerade in Friedenszeiten auch in benachbarte Länder „überschwappt" und dort ebenfalls zu einer Neustrukturierung der Adelsgesellschaft führt. Dies gilt zunächst insbesondere für die Friedensperiode nach dem Frieden von Brétigny von 1360. Nicht nur John Hawkwood exportiert, wie bereits erwähnt, die englischen Bogenschützen und die im Hundertjährigen Krieg erlernte Kampf- und Präsentationstechnik nach Italien, dasselbe geschieht auch mit dem berühmten Zug der „Grandes compagnies", die Bertrand du Guesclin zunächst zur Belagerung von Avignon und danach nach Spanien führt. Er hat den Auftrag, diese unersättlichen Horden aus Frankreich hinauszuführen, auf dass sie sich nicht vom französischen Land ernähren, und sie dabei durchaus zu dezimieren. Der Aufmarsch vor Avignon ist dabei durchaus eine Brandschatzung: Der Papst kauft sich frei – bei dieser Zahlung ist es schwierig, zwischen Schutzgelderpressung, Geschenk und Sold zu unterscheiden – und erteilt den Söldnertruppen quasi die Erlaubnis, im Namen der Reconquista Spanien zu verheeren. Du Guesclin wird dadurch quasi zu einem Condottiere im Auftrag des Papstes; und später in Spanien wird du Guesclin im Namen des aragonesischen Königs durchaus separate Condotte zur Rückeroberung Sardiniens aufnehmen, die offenbar seiner Verpflichtung dem französischen König gegenüber keinerlei Abbruch tun.

In Cuveliers „Chanson de Bertrand du Guesclin"[9], eine bezeichnende Neuauflage älterer Ritterepen, die sich in Stil und Motiven durchaus karikaturesk und in Retromanier an das Rolandslied und die Texte aus dem ersten Zyklus der Ritterepik anlehnt, wird der sozial und international bunt zusammengewürfelte Haufen der „Grandes compagnies" geschildert: Die Strolche werden als Bastarde, Kriminelle, Diebe bezeichnet, die aus Schottland, Italien, Frankreich, Deutschland, England kommen und die schlimmsten Auswüchse des Krieges zu ihrem Handwerk gemacht haben. Sie vergewaltigen, foltern und rauben mit großem Genuss die eigenen Christenleute aus: Der Text benennt diese Praktiken explizit und durchaus mit bewundernder Ambivalenz, denn wieso sollen diese Handlungen, die zu Kriegszeiten gefragt und erlaubt sind, in

9 Cuvelier, La chanson de Bertrand du Guesclin, hg. v. Jean-Claude Faucon, Toulouse 1990-1991.

Friedenszeiten auf einmal kriminell geworden sein? Nun aber appelliert du Guesclin, der ein solches Vorgehen, wie er sagt, bestens kennt, an die Söldnertruppen, diese Praxis im halbheidnischen Spanien fortzusetzen, wo gewissermaßen noch viel größere und noch nicht abgegraste Jagdgründe locken.

Allein die Praxis, dass Frankreich danach trachten muss, so große Gewalthaufen in Friedenszeiten im Ausland oder in ausländischen oder umkämpften Grenzgebieten loszuwerden und dezimieren zu lassen, zeigt, dass es einen Überschuss an kämpfenden Truppen gibt und an entsprechendem niederadligen oder nichtadligen, kämpfenden Personal, mit dem man nichts anzufangen weiß und das man auch nicht als stehendes Heer bis zum nächsten Bedarfsfall durchfüttern will und kann. Die Bedrohung, die von solchen „Grandes compagnies" ausgeht, zeigt die Verrohung der Gesellschaft durch den langanhaltenden Krieg und die Rückwirkungen der Gewalterfahrungen auf den Alltag dieser Gesellschaft. Rund 80 Jahre später, ab 1444, wird sich das Phänomen an den Grenzen des Elsass und der Eidgenossenschaft wiederholen, als der Dauphin Louis die sogenannten Armagnaken an den Oberrhein führt. Sie ernähren sich mit Mord und Schrecken von der dortigen Landschaft, und die Stadt Basel kann sich nur mit einer hohen Lösegeldsumme von ihnen freikaufen. Bezeichnenderweise wird aber ihr Beispiel durchaus Schule machen und dazu führen, dass von nun an Schweizer Söldner sich in den Truppen Karls VII. verdingen und von nun an dauerhaft in französischen Diensten stehen werden.

Solche Gewalthaufen können allerdings genauso gegen das eigene Land und dessen König eingesetzt werden. Tatsächlich wird der Dauphin Louis kurz darauf mit denselben Truppen die sogenannte „Praguerie" gegen den eigenen Vater anführen, und diese markiert den öffentlichen Bruch des Sohnes mit dem König, der zeitlebens nie gekittet wird: 1456 flüchtet der Thronfolger an den Hof von Burgund, und mit einem prunkenden burgundischen Gefolge in silbernen Livreen, bei dem die burgundischen Bastarde an prominenter Stelle mitgeführt werden, wird er danach erst nach dem Tod des Vaters wieder nach Paris für seinen Krönungsumzug zurückkehren.

Der Dauerkrieg zerrüttet die Monarchien Englands und Frankreichs nachhaltig, und er leitet das Ende des bisherigen Feudalsystems ein. Dieser Zustand ist in England mit dem einprägsamen Begriff „Bastard Feudalism"[10] bezeichnet worden. Damit wird auch der Umstand beschrieben, dass er tatsächlich vom Aufstieg vieler Adelsbastarde geprägt ist[11]: Sie übernehmen im Militär Offiziersstellen und in der Verwaltung von prekären Territorien Lieutenantsstellen, sind also wortwörtlich Stellvertreter der legitimen Familie. Tatsächlich bietet sich das Militär nun anstatt des Klerus als erfolgversprechende Karriere für die Illegitimen an, und so wird der Orléansbastard Dunois, der spätere Begleiter Jeanne d'Arcs, den für ihn vorgesehenen Klerus verlassen, um sich der „Abenteuer" halber in den Militärdienst zu stürzen. Dass dies möglich ist, verdankt sich aber auch insgesamt der erhöhten Mobilität innerhalb der Adelsgesellschaft, die letztlich das Königtum gefährdet und umgestaltet und mit ihm auch das ganze adlig-höfische Zeichensystem revolutioniert.

---

[10] Michael Hicks, Bastard Feudalism, London 1995.

[11] Mikhaël Harsgor, L'essor des bâtards nobles au XVe siècle, in: Revue Historique 253 (1975), S. 319-354.

Keine der Dynastien ist am Ende des Hundertjährigen Krieges noch fest im Sattel, sondern alle machen tiefgreifende Krisen durch[12], allen voran die englische Monarchie, die den Hundertjährigen Krieg überhaupt begonnen hatte, was umgekehrt wiederum den Kriegsverlauf befeuert und erneuert. So führt der sogenannte „Schwarze Prinz“, der Sohn Edwards III., auch deshalb ständig neue Kampagnen in Frankreich durch, weil er so lange auf die Thronbesteigung warten muss. Sein Nachfolger, Richard II., eine Art Kinderkönig, wird kläglich scheitern, ebenso sein sehr junges Pendant in Frankreich, Charles VI., der geisteskrank wird. Beide hatten versucht, ihren Hof zu erneuern, eklatante Friedensgesten und versöhnende Hochzeiten eingeleitet und als Ausdruck ihrer Verbundenheit dieselben Devisen getragen, die sogenannte „cosse de genest“ und den „weißen Hirsch“, die das Wilton Diptychon zieren (Abb. 1).[13] Richard II. wird durch die Lancaster abgesetzt und ermordet, und Charles VI. geistige „Abwesenheit“ befeuert den adligen Bürgerkrieg zwischen Burgund und Orléans. Diese Krise ist nicht nur auf die Kernländer des Hundertjährigen Krieges beschränkt; mit Hilfe Bertrand du Guesclins und seiner Söldnertruppen wird auch der spanische Thronfolger, Pedro der Grausame, abgesetzt und durch seinen illegitimen Halbbruder Enrico de Trastámara eigenhändig ermordet und ersetzt. Auch Wenzel der Faule kann sich nicht halten und wird von den Reichsständen gestürzt.

Der Dauerkrieg führt also auch bald zu einer Art dauerndem Bürgerkriegszustand in den betreffenden Ländern. Das Versagen der Monarchen, sei es, weil sie sich ungeschickterweise gefangen nehmen lassen wie Jean le Bon von Frankreich oder weil sie sich als Kinderkönige nicht durchsetzen können und von ihren mächtigen Onkeln erdrückt werden, führt zum Aufstieg anderer thronnaher und hochadliger Familien, ebenso übrigens wie auch zu Revolten der Bürgerschaft und der Stände, die nicht mehr bereit sind, die Kriegssteuern zu tragen und die konkurrierenden Adelsparteien verdächtigen, diese in die eigenen Taschen zu stecken. Das Königtum muss nunmehr in seiner Zeichensprache und in seinem Aufwand mit den anderen Hochadligen konkurrieren, und in Zeiten monarchischer Schwäche verliert es dabei: Diese Zersplitterung und Multipolarität der Machtspitze ist mit dem Begriff „Bastard Feudalism“ gemeint. All dies wird sich, wie im folgenden Abschnitt gezeigt wird, im Zeichensystem spiegeln, ja es wird sogar mit neuen paraheraldischen Zeichen eingeleitet: Indem Edward III. 1348 den Hosenbandorden stiftet und an seine obersten Hofangehörigen verteilt, macht er sie visuell zu Ebenbürtigen, auch wenn er selber *primus inter pares* bleibt – ein gefährliches höfisches Spiel! Paradoxerweise lernen die Franzosen durch die Kriegsgefangenschaft ihres Königs Jean le Bon, der sich etwas später durch seinen Sohn Philipp von Valois, den späteren ersten Herzog von Burgund, als Geisel in London ersetzen lässt, in direktem Kontakt diese neue höfische Mode der

12 Frantisek Graus, Das Scheitern von Königen: Karl VI., Richard II., Wenzel IV., in: Das spätmittelalterliche Königtum im europäischen Vergleich, hg. v. Reinhard Schneider (Vorträge und Forschungen 32), Sigmaringen 1987, S. 17-39.

13 Zu den Devisen im Wilton Diptychon siehe auch Ulrike Ilg, Das Wiltondiptychon. Stil und Ikonographie, Berlin 1996. Auf dem linken Flügel des Diptychons trägt der kniende Richard II. eine Badge mit der Devise des weißen Hirsches sowie das Halsband des Ginsterordens, ebenso wie die himmlische Engelschar auf dem rechten Flügel. Der Devisentausch bzw. das gemeinschaftliche Devisentragen schließt die irdischen und die himmlischen Akteure in einer Zeichengruppe ein.

Orden, Devisen und Livreen kennen. Kein Wunder, dass Philipp sie danach als zentralen Bestandteil des burgundischen Hoflebens übernehmen und weiterführen wird. Via Geiselnahme, Gefangenschaft und Lösegeldforderungen wird der Krieg so zu einem wichtigen Moment des Kulturaustauschs, und zwar nicht nur für den König, sondern für den gesamten englischen und französischen Hochadel. Johann ohne Furcht, Philipps Sohn, wird seinerseits aufgrund seiner osmanischen Gefangenschaft nach dem katastrophalen Kreuzzug von Nicopolis dieses Zeichensystem noch durch orientalische Schmuckstücke steigern, die nunmehr nicht nur um den Hals oder das Bein, sondern am ganzen Oberkörper getragen werden.[14]

John of Gaunt, das charismatische Oberhaupt der Lancaster, wird gegen Ende des Jahrhunderts mit seiner opulenten Repräsentation in London den König ausstechen und seinen Machtanspruch lange vor dem Königsmord anmelden. Kein Wunder übrigens, dass er schließlich seine langjährige Geliebte Beaufort heiraten und die aus der Liaison entstandenen Bastarde legitimieren wird. Damit legt er den Grundstein für die Rosenkriege, die England im 15. Jahrhundert erschüttern werden und dazu führen, dass nahezu jeder englische Monarch von der Gegenpartei für illegitim erklärt wird, eine Konstellation, die mit der wankenden Herrschaft des Kinderkönigs Henry VI. nur befeuert werden kann – all dies liefert Shakespeare später den Stoff zu seinen Königsdramen.

Die Adligen streiten sich nun genauso wie zankende Bauern und Kaufleute, und womöglich ist tatsächlich auch ein wesentlicher Bestandteil des Zeichensystems, um das es im Folgenden gehen soll, gar nicht adlig-höfischen Ursprungs, sondern entstammt den blutigen Kämpfen der städtischen Bürger um Autonomie: Das sogenannte Mi-Parti, das zweifarbige Kleid, taucht bezeichnenderweise fast gleichzeitig in Frankreich mit der ersten Krise des Hundertjährigen Krieges auf, nämlich im Pariser Aufstand von Etienne Marcel, der durch die Lösegeldzahlung für den in England inhaftierten Jean le Bon ausgelöst wird (Abb. 2). Die Aufständischen tragen als Erkennungszeichen Kappen in den Farben des Pariser Stadtwappens, blau-rot.[15] Sie kidnappen den Dauphin und zwingen ihn, ihr Erkennungszeichen zu tragen, während vor seinen Augen die vermuteten Schuldigen für Korruption und Niederlagen hingerichtet werden. Aus dieser Verwendungsart des Pariser Stadtwappens wird einige Jahrhunderte später, kombiniert mit der königlichen Farbe Weiß, zunächst die Kokarde und die Trikolore der Französischen Revolution, und schließlich die heutige französische Fahne entstehen.

---

14 Vgl. dazu Slanicka, Krieg der Zeichen (wie Anm. 5), S. 127ff.

15 Raymond Cazelles, Etienne Marcel. La révolte de Paris, Paris 2006; Jacques d'Avout, Le meurtre d'Etienne Marcel. 31 juillet 1358, 2. Aufl., Paris 1970; Katharina Simon-Muscheid, Les couvre-chefs au Bas Moyen Age. Marqueurs culturels et insignes politiques, in: Fashion and Clothing in Late Medieval Europe. Mode und Kleidung im Europa des späten Mittelalters, hg. v. Rainer C. Schwinges/Regula Schorta unter Mitwirkung von Klaus Oschema, Basel 2010, S. 45-60. Zu den Parteiabzeichen vor allem italienischer Städte im Hochmittelalter vgl. auch Jacques Heers, Les partis et la vie politique dans l'Occident médiéval, Paris 1981.

Die Geburt einer neuen, paraheraldischen Repräsentationskultur: Badges, Devisen, Livreen, Motti, Farben

Der Ausgangspunkt einer erneuerten visuellen Hofkultur liegt in England. Dort wird 1348 der Hosenbandorden gegründet. Er entsteht aus dem Kontext des Hundertjährigen Krieges und ist als Erneuerung der Ritterkultur gedacht. Dieser Orden dient nun nicht mehr einem Kreuzzugsgelübde, sondern der Etablierung einer neuen, verjüngten höfischen Elite. In seiner Gründung drückt sich der Wunsch nach Erneuerung des Rittergedankens aus, der so typisch für das Spätmittelalter ist, der in seiner Kompliziertheit, ja Manieriertheit aber eben auch auf die geradezu „postmodernen" Qualitäten dieses Revivals verweist, da diese „Retro-Mode" sich zusehends von den wandelnden gesellschaftlichen Realitäten und insbesondere vom konkreten militärischen Alltag entfernt und eben kennzeichnend ist für die seltsam irreale Verspieltheit, die den „Herbst des Mittelalters" ausmacht. Diese muss in England ihren Legitimitätsanspruch sowohl gegenüber dem eigenen englischen Adel wie auch ihre hegemonialen Ansprüche gegenüber Frankreich bekräftigen. Der Hosenbandorden ist eine der frühesten und sichtbarsten Formen in der Vervielfältigung der Herrschaftszeichen, von denen Percy Ernst Schramm spricht und welche die Aristokratien des Spätmittelalters charakterisieren. Er ist dabei bei weitem nicht die einzige Manifestation des Phänomens, und seine Form und sein Gebrauch ist alles andere als fix – man darf sich hier auf keinen Fall anachronistisch durch die späteren rituellen Erscheinungsformen der Ordensverleihung der nachfolgenden Jahrhunderte in die Irre führen lassen.

Bei diesen Ordensgründungen, von denen es im 14. und 15. Jahrhundert geradezu wimmelt[16], handelt es sich vielfach um sehr kurzlebige Erscheinungen, die oft genauso rasch wieder verschwanden, wie sie entstanden waren, und von denen wir manchmal nur wenige Quellenbelege haben. Man denke etwa an den Orden de l'Etoile, also vom Stern, Johanns des Guten von Frankreich – eine Art Imitationskampagne gegenüber dem englischen Hofleben – oder an den ebenso wenig bekannten Orden vom Goldenen Baum Philipps von Burgund[17], einen Vorläufer des Ordens vom Goldenen Vlies. Der Stachelschweinorden Ludwigs von Orléans verschwand mit der Ermordung seines Gründers und wurde erst rund hundert Jahre später von seinem Enkel Ludwig XII. wieder zum Leben erweckt, hatte aber auch dann nur wenige Jahre Bestand, nämlich genau für die Dauer der Regierungszeit dieses Königs aus dem Haus Orléans.

Tatsächlich unterscheiden sich diese Orden praktisch kaum von den Livreen, die seit dem 13. Jahrhundert das Hofleben prägen – auch hier dürfte der englische Hof Vorreiter gewesen sein.[18] Handelte es sich dabei zunächst noch vor allem um Stoff oder Kleidung, die als Lohnbestandteil an die Hofangehörigen verteilt oder eben „geliefert" wurde, so wird diese Stoffausgabe bald zur Uniformierung der Hofgesellschaft benutzt,

16 D'Arcy Jonathan Dacre Boulton, The Knights of the Crown. The Monarchical Orders of Knighthood in Later Medieval Europe, 1325-1520, Bury St. Edmunds 1987.

17 Carol M. Chattaway, The order of the Golden Tree. The gift-giving objectives of Philip the Bold duke of Burgundy, Turnhout 2006.

18 Frédérique Lachaud, Les livrées de textiles et de fourrures à la fin du Moyen Age. L'exemple de la cour du roi Edouard Ier Plantagenêt, in: Le Vêtement. Histoire, archéologie et symbolique vestimentaires au Moyen Age, hg. v. Michel Pastoureau, Paris 1989, S. 169-180.

indem dieselben Farben verteilt werden, die jährlich oder zu bestimmten Hoffesten wechseln können.[19] Üblicherweise werden die Livreen zum 1. Januar oder zum 1. Mai ausgegeben, also für die Neujahrsgeschenke oder als Geschenk für das Winter- und für das Sommerhalbjahr. Die Monatsbilder des Duc de Berry zeigen etwa, dass die Maikleider zur Feier des Frühjahrs in grüner Farbe gehalten waren (Abb. 3). Die Livreen können in mehreren Farben gehalten sein: zweifarbig – das sogenannte Mi-Parti, bei den Strümpfen oder im Obergewand –, sie können aber auch mehrere Farben zeigen: drei (siehe etwa die Bediensteten im Maibild der Très Riches Heures, die die Farben schwarz-weiß-rot zeigen), oder noch mehr Farben. Die Zweifarbigkeit scheint eher für Bedienstete und niedrigere Ränge vorgesehen worden zu sein, und womöglich entsteht sie in unmittelbarem Austausch oder Einfluss auf städtisch-bürgerliche Kleidungsmoden zur Markierung von Parteien bei Stadtfesten oder städtischen Wettbewerben. Ebenso wie aber der städtische Wettbewerb von Stadtvierteln, Familien, Zünften oder Gilden in handfesten, blutigen Parteistreit umschlagen kann, können auch diese farbigen Gewänder zu lebensentscheidenden Kennzeichen von Zugehörigkeit werden, die dann auch komprimiert als farbige Abzeichen getragen werden – als Hüte, Schleifen, Bänder, Kleiderflecke, Plaketten, etc.[20]

Das Aufkommen und die Verbreitung solcher Farbmoden gestaltet natürlich das Hofleben viel bunter und ist ein willkommener Ausdruck von visuellem Luxus auch außerhalb von Festzeiten. Es liegt jedoch auch auf der Hand, dass diese Uniformierung via Kleidung ein potentes Mittel für Konkurrenz unter den Angehörigen eines Hofes ist, da sich in ihr Zugehörigkeit und Hierarchiestufen genau ausdrücken lassen. In dem Maße, wie diese Livreen nicht nur im Königshaus, sondern auch bei vermögenden Hochadligen oder reichen Patriziern übernommen werden, entsteht auch eine Konkurrenz innerhalb der Eliten derselben Gesellschaft. Es ist ein machtvolles Statement, sich in der Öffentlichkeit mit einer mehr oder minder großen Gefolgschaft in denselben Farben zu zeigen! Selbstverständlich wächst dadurch der Druck auf das Königshaus, alle anderen in der Prachtentfaltung zu übertreffen, und zwar nicht nur in der Größe des Gefolges, sondern auch im Rhythmus des Livreenwechsels – die neue Mode bringt also eine stete Konkurrenzbedrohung und einen Zwang zu neuen Ausgaben mit sich. Man kann es sich buchstäblich nicht mehr leisten, seine Leute ständig in denselben Farben herumlaufen zu lassen.

Der Ausdruck „Mode" und die Kritik an ihrem raschen Wechsel als Ausdruck für die Verkommenheit der Zeit bezieht sich insbesondere auch auf dieses Phänomen. Dies gilt umso mehr, als es sich bei dieser neuen höfischen Mode in England und in Frankreich um einen Habitus der jungen adligen Männer, also einer neuen politischen Generation handelt, die tatsächlich auf eine neue Männlichkeit verweist. Es ist ganz

---

19 Michel Pastoureau, L'effervescence emblématique et les origines héraldiques du portrait au XIVe siècle, in: Bulletin de la société nationale des antiquaries de France (1985), S. 108-115.

20 Das Tragen der gelb-schwarzen St. Georgsschleife in Russland und in der Ostukraine als Ausdruck für Sympathien mit der russischsprachigen Minderheit ist ein gutes Beispiel für das Fortleben dieser Uniformierungsform bis heute, deren praktische Gründe auf der Hand liegen: Die Abzeichen sind rasch herzustellen, einfach anzuheften und ebenso rasch wieder entfernbar, sie sind viel billiger als Fahnen, Kleider etc., können aber auch viel einfacher als Tarnung, Täuschung oder eben bloß als visuelle Zugehörigkeitsbekundung, also als eine Art visueller Passierschein, dienen, der eigentlich zu nichts verpflichtet.

bezeichnend, dass der Hosenbandorden als Strumpfband getragen wird: Er ziert die nun deutlich sichtbaren, kräftigen Beine der jungen Adligen, die noch durch die unverschämt engen Beinkleider, die bis zum Gesäß alles zeigen, betont wird. Der Skandal um diese „neuen Moden" im Gefolge der ersten Pestzüge verweisen auf die deutliche Verjüngung der Gesellschaft, die sich eben als männlich-potent darstellt, mit kurzen Wämsern und einer deutlichen Betonung der männlichen Geschlechtspartien. „Mode" ist im 14. Jahrhundert interessanterweise in erster Linie männlich konnotiert; erst später, um 1400, bezieht sich der Ausdruck auch auf die seltsamen weiblichen Frisuren, deren Kunstfertigkeit der neuen Kompliziertheit des höfischen Spiels Rechnung trägt.

Die Livreen betreffen nicht nur die Farben, mit denen sich der Hof uniformiert, sondern ebenso auch die Zeichen, mit denen sie kombiniert werden können. Am englischen Hof werden diese „badges" genannt, am französischen Hof „devise" – letzterer Ausdruck bezieht sich hier also auf ein Abzeichen, während das „mot" das verbale Motto dazu meint.[21] Jedes dieser drei Elemente kann nahezu beliebig variieren, was vielfältige Kombinationen erlaubt, umso mehr, wenn ältere „badges" mit neueren kombiniert oder mit bestimmten Farben reaktualisiert werden. Bezeichnenderweise herrscht bis ca. 1450 ein fliessender Übergang zwischen „badges", „devises" und „ordres", also Orden: die Abzeichen sind also gewissermassen eine Art Vorform der später konsolidierten, neuen Ritterorden.

Aus den Rechnungsbüchern des burgundischen Hofes wissen wir, dass sich die höfischen Livreen nicht nur in der Qualität des Stoffes, sondern auch in der Ausführung unterscheiden. Je nach Hierarchiestufe werden die Devisen auf den Stoffen als Metallplättchen aufgenäht oder kunstvoll mit Silber- und Goldfaden aufgestickt – letzteres ist der Spitze des Hofes vorbehalten. Solche kunstvollen Livreen für den ganzen Hof werden zu Hunderten verteilt: Dadurch präsentiert sich der ganze Hofstaat als einheitlich uniformierte Gruppe, deren Hierarchiestufen für alle gegen innen und aussen deutlich erkennbar sind.

Interessanterweise sind es die jungen, letztlich so schrecklich erfolglosen Könige Englands und Frankreichs, Richard II. und Charles VI., die mit dieser Erweiterung und Einkleidung ihres Hofstaates beginnen. Damit versuchen sie als zweite, jüngere Generation seit Ausbruch des Hundertjährigen Krieges, neue Akzente gegenüber ihren Vorgängern zu setzen und sich von ihren älteren Verwandten, die die Regentschaft innehaben oder den Kronrat dominieren, abzusetzen. Rund ein halbes Jahrhundert nach Kriegsausbruch findet also mit den neuen Devisen und den multiplizierten Herrschaftszeichen eine Art Militarisierung der Hofgesellschaften statt. Mit den Livreen werden am Hof Innovationen und Verwerfungen der sie umgebenden städtischen Gesellschaft sowie der Armee zusammengefasst und gebündelt. Auch wenn es eine Erscheinungsform des „Bastard Feudalism" ist, erweist sich hier eigentlich die Hofgesellschaft – und nicht die Städte! – als maßgebliches Zentrum von sozialer Innovation. Nachdem Frankreich im Gefolge der Geisteskrankheit seines Königs und des daraufhin ausbrechenden Bürgerkriegs im Chaos versinkt, wird der Hof der Herzöge von Bur-

21 Michel Pastoureau, Aux origines de l'emblème: La crise de l'héraldique européenne aux XVe et XVIe siècles, in: ders., L'Hermine et le sinople, Paris 1982, S. 327-334.

gund diese Innovationen aufnehmen und weiterführen, und zwar insbesondere, was eben die neue Zeichensprache angeht, die ja auch bestens dafür geeignet ist, mit der neuen Repräsentationspolitik von Einritten, Banketten und anderen Festlichkeiten kombiniert zu werden. Die Paraheraldik dieser omnipräsenten Zeichen ermöglicht, im Gegensatz zum starr gewordenen System der Wappen, zugleich eine Mobilität und Motilität der visuellen höfischen Identität, und in ihr drückt sich zugleich auch die zunehmende Aufweichung und Verflüssigung sozialer und gesellschaftlicher Strukturen aus. In Festbanketten und Turnieren wird der staunenden Öffentlichkeit vorgeführt, wie sich die Zeichenträger und die neuen Herrschaftszeichen in schier beliebiger Kombination und aussagekräftigem Wechsel komponieren lassen – ein faszinierendes, schillerndes, aber durchaus auch bedrohliches Schauspiel des sozialen und parastaatlichen Wandels.

Es sind nämlich vor allem die Bürgerkriege in England und in Frankreich, die diesen Zeichen nunmehr buchstäblich lebensbedrohliche Qualitäten verleihen und angesichts des ständigen Parteienwechsels etwa in Paris, aber auch in London zur weiteren Multiplikation von Zeichen führen. Maßgeblich sind es natürlich die unmittelbaren Konkurrenten um den Königsthron, die diesen Zeichenkrieg anheizen und befeuern. In Frankreich ist das vor allem Ludwig von Orléans, der Bruder des kranken Königs, seit 1389 verheiratet mit Valentina Visconti, der Tochter Gian Galeazzo Viscontis, Herzogs von Mailand, und Isabella von Valois. Charles VI. fühlt sich von seinem Bruder bedroht – als seine Schizophrenie 1392 öffentlich ausbricht, schlägt er wild um sich und ruft aus, sein Bruder wolle ihn ermorden. Später zirkulieren auch immer wieder Vergiftungsgerüchte am Hof, die auf Valentina als „italienische Giftmischerin" abzielen, in Frankreich eine topische Anklage für ausländische Gattinnen aus dem Süden. All diese Vorwürfe wird Johann von Burgund 1408 in seiner Rechtfertigung für die Ermordung Ludwigs von Orléans, die er im Jahr davor in Auftrag gegeben hat, als Tyrannenmord wiederaufgreifen.

Tatsächlich ist die Zeichensprache Ludwigs von Orléans wohl die brodelndste am französischen Königshof, auch wenn sie wegen der vergleichsweise kurzen Lebensdauer des Prinzen und seines Todes kaum Verbreitung gefunden hat und auch schlecht erforscht ist. Die reich bebilderte „Epitre Othéa" Christine de Pisans, die eine Fülle von imaginierten Devisen zeigt, legt dafür ein beredtes Zeugnis ab. Das Traktat ist Ludwig von Orléans gewidmet, der in der Widmungsminiatur mit seinem auffälligen Stachelschweinorden um den Hals zu sehen ist. Von der „Epitre" zirkulierten zwei unterschiedliche, jedoch gleichermaßen prächtig miniaturierte Versionen am französischen und englischen Hof, die vom engen Kulturaustausch der jungen Adelsgeneration an den beiden Höfen Zeugnis ablegen.

Mit dem Stachelschwein wählt Ludwig von Orléans ein exotisches und sehr sprechendes Tier als Devise. Es könnte sein, dass er sich dabei von seiner Frau hat inspirieren lassen, die vom Hof der Visconti solche exotischen Tiere nicht nur aus Menagerien, sondern auch als Devisen kannte. Ihr Vater hatte Leoparden und Greifen als Abzeichen gewählt, und er war bei weitem nicht der einzige mit einem solchen Hang zu exklusiv-exotisch-verrätselten Tieren in Italien. Bezeichnenderweise waren es auch dort vor allem Aufsteiger, uneheliche Parvenüs und Condottierifürsten, die sich dieser neuen Herrschaftszeichen bedienen sollten. Auch hier liegt ein unmittelbarer Zusammenhang zwischen der neuartigen Uniformierung der Hofgesellschaft mit der Militarisierung der Condottierifürsten und deren Alltag nahe. Die zunehmende Elaboriertheit der italienischen „Emprese" weist bereits den Weg hin zur Emblematik des 16. Jahrhunderts, wobei anlässlich der französischen Invasionen am Ende des 15. Jahrhunderts wiederum ein bezeichnender Kulturaustausch mit den französischen Truppen stattfindet, in dessen Gefolge die Devisenmode in Frankreich kurzfristig wiederbelebt wird.

Bastarde, Emblematik und die italienische Renaissance als Aufsteigerkultur von Condottieri

Die Visconti in Mailand tragen seit der Mitte des 14. Jahrhunderts wesentlich zum Aufschwung des Condottierewesens in Italien bei. Es wird gewissermaßen zur Familientradition, mehrere Condottieri parallel nebeneinander zu beschäftigen und diese gegeneinander auszuspielen, damit die angeheuerten Söldnerführer sich gegenseitig in Schach halten und sich nicht, wie in vielen oberitalienischen Stadtstaaten, zu neuen Signoren ihrer ehemaligen Arbeitgeber aufschwingen. Insbesondere heuern sie die ausländischen Söldnertruppen an, die im Gefolge des Hundertjährigen Krieges nach Italien strömen. Zugleich scheuen sie sich nicht davor, durch Heiraten die Condottieri in ihre Familie einzubinden und sie mit vielen Versprechungen, teils eingelöst, teils nicht, als Klienten warmzuhalten. So verheiratet Bernabò Visconti fünf seiner unehelichen Töchter (er hat insgesamt 15 uneheliche Kinder) mit den Condottieri seiner Familie, darunter ist der berühmte John Hawkwood. Diese Politik geht nur bedingt auf, denn als Gian Galeazzo Visconti 1402 überraschend und rasch stirbt, sehen sich seine beiden Söhne auf Gedeih und Verderb dem Wohlwollen der Condottieri ausgeliefert. Tatsächlich landet im Verlauf dieser Entwicklung ein Großteil des Viscontivermögens in den Taschen ihrer Söldnerführer, so dass der letzte Visconti, Filippo, Maria, die zwanzig Jahre ältere Witwe seines Condottiere Facino Cane, heiraten muss, um sich Zugang zu seinem ehemaligen Vermögen und die Loyalität seiner Söldnertruppen zu verschaffen. Auch das bringt nur einen Aufschub auf Zeit, denn trotz jahrelangen Ausspielens und Hinhaltens seiner beiden wichtigsten Condottieri, Francesco Sforza und Niccolò Piccinino, wird der erstere schließlich doch das Herzogtum Mailand beerben.

Mit der Sforzadynastie usurpiert zum ersten Mal ein Condottiere eine der wichtigsten Adelsherrschaften Italiens, und er wird nicht der einzige im 15. Jahrhundert bleiben. Die Dynastie gründet auf der Hochzeit des unehelich geborenen Francesco Sforza mit der unehelichen Bianca Maria Visconti, dem einzigen Kind des letzten Viscontiherzogs: eine Verbindung von Unehelichen, die alles dafür tun müssen, um ihre Legitimität zu visualisieren und Kontinuität mit dem vorhergehenden Adelshaus herzustellen. Nur zwei Generationen später wird ihre Enkelin Bianca Maria Sforza Maximilian von Habsburg heiraten – ein unglaublicher Aufstieg für eine Dynastie von Unehelichen, Usurpatoren und Illegitimen und ein Fanal für den Aufstieg einer neuen Aristokratiekultur in Italien und Europa! An den Söldnern wird allerdings auch die Sforzadynastie scheitern: Ihre Illegitimität ist einer der Auslöser der italienischen Kriege und der französischen und habsburgischen Invasionen, und diesmal werden es eidgenössische Söldner sein, in deren Hand sich Ludovico Sforza ausliefert, um schließlich, selber als Söldner verkleidet, bei Novara verraten und gefangengenommen zu werden. In den Jahren vor der Schlacht von Marignano 1515 ist Mailand eine Art Protektorat eidgenössischer Söldnerhaufen, und danach wird es für mehrere Jahrhunderte keine Unabhängigkeit mehr von französischen, spanischen und österreichischen Gouverneuren erlangen.

Die Aufsteigerkultur der Visconti drückt sich bereits im Streben nach dem Herzogstitel aus, den die Dynastie 1395 von König Wenzel für eine erhebliche Summe kauft. Obwohl Francesco Sforza als Usurpator und Unehelicher dieser Herzogstitel zeitlebens von Friedrich III. nicht verliehen wird, wird er von der Mailänder Bevölkerung bei seiner Übernahme der Stadt 1451 und von anderen italienischen Herrschern sehr wohl als „duca" akklamiert – das Wort heißt nämlich in Doppelbedeutung „Condottiere", also Heerführer und Herzog! Auch John Hawkwood wird im Denkmalsfresko, das ihn im Florentiner Dom zeigt, deshalb als „dux" tituliert; und aus diesem Kontext übrigens übernimmt der Romagnole Mussolini seine Beziechnung als „duca", die er bekanntlich ebenfalls mit einer Fülle an einschlägigen, emblematischen Herrschaftszeichen zelebrieren wird! Nach dem Herzogstitel werden auch all jene kleinen Dynasten der Romagna und der Marken streben, die als Condottiere dort eine kurzzeitige Blüte der Renaissancekultur und der überbordenden Devisen zelebrieren: Borso d'Este, 1451 zum Herzog von Modena und 1471 zum Herzog von Ferrara ernannt, obwohl zunächst der Kaiser und danach der Papst sich wegen Borsos Unehelichkeit zieren, sowie Federigo da Montefeltro als Herzog von Urbino – der Titel wird ihm erneut verliehen, obwohl bekannt ist, dass er als unehelicher Sprössling höchstwahrscheinlich seinen ehelichen Bruder und das eigentliche legale Oberhaupt Oddantonio hat ermorden lassen.

„Dux", also eigentlich Heerführer, ist damit im Italien des 15. Jahrhunderts das Codewort und der bevorzugte Titel von Söldnerfürsten. Es ist naheliegend, dass diese, als Condottieri und als Uneheliche, einen deutlich erhöhten Legitimationsbedarf haben und eine neue, deutlich gesteigerte öffentliche Repräsentationskultur zelebrieren werden. Dazu bedienen sie sich der neuen Herrschaftszeichen, aber auch der neuen Herrschaftsrituale, die nun nicht mehr König und Kirche vorbehalten sind, sondern eben vom Hochadel kopiert werden. Dazu gehören insbesondere auch prächtige weltliche Prozessionen wie Einzüge, Begräbnisumzüge, Ausritte und Reisen, weil diese mobilen Anlässe es wie kein anderes Hoffest erlauben, die mit Livreen und Devisen uniformierte Hofgesellschaft dem eigenen Hofpersonal, den Untertanen, auswärtigen Besuchern und benachbarten Territorien eindrücklich vorzuführen und in verschiedensten Anordnungen zu gruppieren. In diesen Einzügen läuft die neu formierte und uniformierte Hofgesellschaft wie in einem Film visuell vor den Zuschauern vorbei und erzählt von ihrer Selbstdeutung in lebenden Bildern, welche die Bedeutung von Devisen erläutern und gewissermaßen bereits prototypisch zu Emblemen gerinnen.

Diese Umzüge und Einritte sind recht eigentlich liminal, also grenzüberschreitend: Durch die Devisen, die auf Fahnen Fenster und Türen ebenso wie das Festpersonal zieren, wird nicht nur ein neuer, festlicher Raum geschaffen, sondern mit den Zeichen gehen auch Menschen, Zeit (die Zeichen stellen auch Konstanz im Défilé her) und Raum miteinander neuartige Beziehungen ein. Die Mobilität und Motilität des vorbeiziehenden Hofes ist omnipräsent und unmittelbar erfahrbar – die Uniformierung soll die ganze Gesellschaft und das gesamte Herrschaftsterritorium erfassen. Gerade die neuen Herrschaftszeichen erlauben durch ihre beliebige Multiplizierbarkeit, mit der sie überall angebracht werden und sich fortbewegen können, sozusagen eine Verflüssigung des visuellen und sozialen Raumes, und ihre „stabilisierte" Anbringung auf Architektur funktioniert dadurch für die Zeitgenossen auch als Erinnerungszeichen an ihre ephemere Pracht bei performativen Zelebrationen.

Zugleich lassen sie sich in diesen Umzügen exemplarisch als eigentlichen Übergang vom Spätmittelalter zur Renaissance erfassen, denn die Grenzen zwischen Prozession und quasi römischem Triumphmarsch verwischen sich fließend. Das lässt sich etwa am triumphalen Einritt Alfonsos von Aragon in Neapel 1445 anlässlich seiner endgültigen Eroberung der Stadt beobachten, der in seinem Triumphbogen, wie er heute noch am Eingang der Stadt zu sehen ist, nunmehr in Stein gemeißelt ist.[22] Wie Francesco Sforza in Mailand musste er lange auf dieses Ziel hinarbeiten, nämlich zwanzig Jahre, in einer wechselnden und gefährlichen Günstlingsposition zur letzten Anjoukönigin. Eine Generation zuvor hatte noch Francesco Sforzas Vater Muzio Attendolo aus dem romagnolischen Kaff Cotignola, in dem sich auch Hawkwood zeitweilig niedergelassen hatte, genau in dieser Position in Neapel sein Glück zu machen versucht. Der Aufstieg der Condottieredynastien ist also hart und langwierig erkämpft und wird über mehrere Generationen vorbereitet, wobei die Condottieri dem „alten" Adel, der sie als Arbeitgeber anstellt, buchstäblich den Rang ablaufen. Auch Alfonso von Aragon ist trotz seiner Herkunft aus der aragonesischen Königsfamilie in Süditalien zunächst nichts anderes als ein Condottiere. Gerade am schwankenden Hof der Anjou in Neapel lässt sich dabei gut das wechselnde Rollenspiel zwischen Condottiere-Günstling-Adoptivsohn beobachten, denn alle diese drei Rollen hatte Alfonso bei der Königin inne. Es ist nur naheliegend, dass er auch in genau dieser Funktion von Fillipo Maria Visconti in dessen Testament eingesetzt wird, der ihn sozusagen in letzter Minute vom Gefangenen zum Erben Mailands macht und dadurch in einer Verzweiflungstat einen weiteren Condottiere ins Spiel bringt, um seinen Schwiegersohn Francesco Sforza doch noch am Einzug im Ziel zu hindern!

In der Weiterführung der aragonesischen Dynastie in Neapel zeigt sich ein weiteres Mal, dass es sich hier um einen Condottierefürsten und weniger um einen königlichen Sprössling handelt: Alfonso residiert in Neapel mit seiner Konkubine, die als Königin auftritt, und es ist sein ältester Bastard, Ferrante I., der das Königreich danach fast vierzig Jahre lang regieren wird. Diese Lebenshaltung mit Konkubinen entspricht dem militärischen Lebensstil und wird dort auch toleriert, und es ist folgerichtig, dass dann der älteste Bastardsohn das Eroberte erbt und weiterführt. Genauso hatte es Muzio Attendolo mit seinem ältesten, unehelichen Sohn Francesco gehalten. Die Abstammung Alfonsos aus einer Königsfamilie zeigt sich einzig an dem Detail, dass er verheiratet wird, bevor er als Condottiere nach Neapel zieht; er lässt seine Frau und die kinderlose Ehe aber in Spanien zurück und erachtet es danach nicht mehr für nötig zu heiraten – der eroberte Königstitel genügt ihm. Andere Condottieri aus niederem Stand haben das entgegengesetzte Heiratsmuster: Sie vermählen sich zumeist erst in fortgeschrittenerem Alter, wenn sie sich tatsächlich bereits eine Herrschaft erobert haben. Das gilt sowohl für die späten Heiraten eines Bertrand du Guesclin, eines John Hawkwood, eines Muzio Attendolo Sforza als auch noch Francesco Sforzas, die alle erst mit über vierzig

22 Philine Helas, Lebende Bilder in der italienischen Festkultur des 15. Jahrhunderts, Berlin 1999.

Jahren oder noch älter heiraten. Das ergibt eine entsprechende Nachkommenstruktur mit vielen Bastarden, die diese Aufsteigerdynastien nachhaltig prägen und im nördlichen Europa für viel Naserümpfen über diesen dubiosen neuen italienischen Adel sorgen werden.

Die Visconti erkaufen sich für riesige Summen die Zugehörigkeit zum englischen und zum französischen Königshaus: Da ist die bereits erwähnte Heirat Gian Galeazzo Viscontis mit Isabelle von Valois 1360, dann die Heirat Violanta Viscontis 1368 mit Lionel, Duke of Clarence, dem dritten Sohn Edwards III., für eine Mitgift von 200.000 Goldflorin und schließlich 1389 die Heirat Valentina Viscontis mit Ludwig von Orléans. Durch diese Kontakte, ebenso wie mit ihrer Verbindung mit nordalpinen Söldnerführern wie John Hawkwood, kommen sie in Kontakt mit der expandierenden Hofkultur der multiplen Herrschaftszeichen. Der Austausch verläuft durchaus in beide Richtungen, denn auch viele Lombarden kämpfen als Söldner jenseits der Alpen; und auch der savoyische Hof fungiert als Drehscheibe und Austauschmembran zwischen französischer und italienischer Hofkultur. Die savoyischen Rechnungsbücher zeigen, dass am Hof der Herzöge von Savoyen die Devisen- und Livreenkultur in ähnlichem Ausmaß wie am burgundischen Hof oder im französischen Hochadel Gebrauch findet.[23] So werden die savoyischen Devisenfarben rot-grün-weiß dermaleinst in die der heutigen italienischen Fahne überführt werden. Gerade der savoyische Hof zeigt, dass die neue, visuelle Repräsentationskultur der mobilen Zeichen und farbigen Livreen vor allem von kleineren, aufsteigenden Höfen aufgenommen wird, weil sie ihnen wie kein anderes Instrument erlaubt, ihren Reichtum und ihre Ansprüche auszudrücken. Die Uniformierung erlaubt es, die Hofgesellschaft übersichtlich zu einer einheitlichen Gruppe oder genauer Partei zusammenzuschweißen und damit eindrücklich mit anderen Adelshäusern zu rivalisieren und diese visuell zu übertrumpfen.

Im Gegensatz zu den nordalpinen Höfen, deren Devisen aus der Ritterkultur entnommen sind – wie etwa der weiße Hirsch – tendieren jedoch die italienischen Adelshäuser eher zu exotischeren und arkaneren Abzeichen. So wählen sich die Visconti Leoparden, Greifen und Elefanten, also gewissermaßen afrikanische und fantastische Tiere, die sie womöglich aus den eigenen Menagerien oder aus dem Handel mit Nordafrika kennen. Diese exotischen Devisen spiegeln als Marginalien die Genesisszene im Stundenbuch des Gian Galeazzo und verweisen auf die schöpferische Bildmacht des Fürsten (Abb. 4). Andererseits verführt ihr Wappen, die Schlange, aus deren Mund ein Mensch geboren wird, womöglich zu dieser exotischen Auswahl. So wie anlässlich der Erhebung in den Herzogsstand das Viscontiwappen mit dem Reichsadler gebessert wird, werden die Sforza ihr Wappen mit jenem der Visconti kombinieren.

Dass die Sforza als Condottieri-Usurpatoren und aufgrund ihres doppelt unehelichen Dynastieanfangs neue Wege der Repräsentation und der Legitimation beschreiten müssen, zeigt sich überdeutlich auch in der Pforte der Kartause von Pavia, der Grablege sowohl der Visconti als auch der Sforza: In sinnfälliger Art und Weise werden dort in Halbskulptur die Heirat zwischen Visconti und Sforza und die daraus hervorgehenden Familienmitglieder in einer Art zu Stein gewordener Genealogie festgehalten. Das Eingangstor ist ein gemauertes Abbild für das Aufpfropfen eines neuen Zweiges auf den

[23] Agnès Page, Vêtir le Prince. Tissus et couleurs à la Cour de Savoie (1427-1447), Lausanne 1993.

alten Adel, der buchstäblich das Tor zu einer neuen Zukunft eröffnen soll. Dadurch erhält auch das Renaissancedoppelporträt von sich anschauenden Eheleuten einen spezifischen Tiefsinn: Die Geschichte muss durch die neue Verbindung hindurchgehen, um zu neuen Ufern zu gelangen. Die neue Adelsschicht legitimiert sich mit dem Einsatz neuer Medien und neuer Stilmittel und die Pracht der Neuheit, nämlich die Renaissancekunst, legitimiert rückwirkend auch ihre Auftraggeber.

Der Exotik bedienen sich auch die kleinen Condottierifürsten der Romagna. So ist der Elefant auch das Wahlzeichen von Sigismondo Malatesta, einem weiteren unehelichen Condottiere, der mit diesem ungewöhnlichen Devisentier auch eine Analogie zu Scipio Africanus herzustellen versucht.[24] Es verweist auch auf sein männliches Selbstbild einer nicht mehr ritterlichen, sondern römisch-antiken „fortitudo", mit der sich Sigismondo gegen alle Regeln seiner Zeitgenossen durchsetzen will. Die Condottieri bedürfen einer neuen Männlichkeitskonstruktion für ihr Kriegerbild, da sich ihre Kriegführung und auch ihre Söldnerexistenz bei wechselnden Auftraggebern kaum mehr mit den hehren Werten der Ritterethik vertragen. Auch hierzu werden die Devisen verwendet, parallel zur humanistischen Gelehrsamkeit, mit der Sigismondo seinen Hof zu einem Zentrum für griechische Studien macht. Von diesem Anspruch zeugen die Gebeine griechischer Gelehrter, die er in Sarkophagen außerhalb der von ihm durch Leon Battista Alberti umgebauten Kirche San Francesco anbringen lässt. Im verschlungenen Monogramm *SI*, das die Kirche überall ziert, wollte eine romantische Interpretation die Initialen Sigismondos und Isottas sehen, die beide in der Kirche prächtig bestattet sind; wahrscheinlicher aber ist, dass es sich pleonastisch und redundant um die Initialen für Sigismondo als Bauherrn und dynastisches Oberhaupt handelt. Damit wird die Kirche zu einer Art großer Medaille oder Stein gewordenes Porträt für die Legitimationsansprüche des unehelichen Condottierefürsten.

Genauso pleonastisch gestaltet auch Federigo da Montefeltro, Sigismondos großer Gegenspieler im nahen Urbino, die omnipräsente Devisensprache seines Herzogspalastes, der für sein kleines Städtchen eigentlich überdimensioniert ist. Über jeder Türschwelle und auf den Kaminsimsen prangt pompös das *FE DVX* für Federicus Dux, also Federigo der Herzog oder eben der Condottiere. Es wird mit den verschiedensten Devisen des Herzogs kombiniert, von denen viele nicht mehr aufzuschlüsseln sind, und in deren Umgebung der Adler, Federigos Wappentier, nunmehr als bloß eine Devise unter vielen anderen erscheint. Gerade an diesem Devisen- und Initialgebrauch wird die „Übersemiotisierung"[25] deutlich, welche diese kleinen Dynasten mit den neuen Herrschaftszeichen betreiben. In geradezu manischer Egozentrik weisen die Initialen auf den Mäzen und dessen Geltungsbedürfnis hin. Diese Repräsentation ist eigentlich so übertrieben, dass sie beständig auf die eigene Fragwürdigkeit – das Baugeld stammt aus den Condotte, also vom Söldnerdienst – und den immensen Rechtfertigungsbedarf dieses Mäzenatentums hindeutet.

Die meisten Devisen jedoch verwendet die Bastarddynastie der Romagna schlechthin, nämlich das Haus Este. Dort sind im 15. Jahrhundert gleich drei unehelich gebo-

[24] Anthony F. D'Elia, Pagan Virtue in a Christian World. Sigismondo Malatesta and the Italian Renaissance, Cambridge 2016.

[25] Der Ausdruck stammt aus Bernd Roeck/Andreas Tönnesmann, Die Nase Italiens. Federico da Montefeltro, Herzog von Urbino, Berlin 2005, S. 11.

rene Dynasten an der Macht, und man kann an ihnen die Multiplikation der Herrschaftszeichen parallel zu ihren Herrschaftsansprüchen beobachten. Während Niccolò III. um 1400 noch kaum Devisen einsetzt, zeigt sich sein unehelicher Sohn Leonello bereits mit mehreren Devisen wie dem Luchs und dem Segel, der Vela, die auch sein unehelicher Sohn Francesco wiederaufnimmt.[26] Leonellos Regierungsnachfolge ist bereits ein Ersatz für seinen älteren, ebenfalls unehelichen Bruder Ugo, der wegen Ehebruchs mit seiner Stiefmutter hingerichtet worden war. Dass nach Leonellos frühem Tod nochmals ein unehelicher Sohn Niccolòs, Borso, nachfolgt, verstößt nicht nur gegen das Testament des Vaters, sondern auch gegen den Anspruch von dessen ehelichen Kindern Ercole und Sigismondo, die tatsächlich nach Borsos Tod nachfolgen werden. Borso ist also in wahrstem Sinne ein Stellvertreter für die dynastische Nachfolge; er hat im Gegensatz zu Leonello auch keine humanistische Erziehung genossen, sondern seine Sporen zunächst als Condottiere verdient. Dass er weder verheiratet ist, noch mit Konkubinen Kinder hat, macht ihn zu einer großen Ausnahme in der Dynastie. Ausgerechnet er wird aber die beiden Herzogstitel für die Dynastie erlangen und seine Legitimität mit einer ungeahnten Flut an Herrschaftszeichen unterstreichen. Berühmt ist diesbezüglich die sogenannte „Bibbia di Borso", reich miniaturiert, deren Marginalien Dutzende teils bis heute nicht aufgeschlüsselte Abzeichen zeigen. Seine pompösen Einritte und Reisen zeigen einen Hofstaat, der ganz in einheitliche Livreen gekleidet ist, während er sich selber, stets in Goldbrokat gekleidet, mit „duca, duca"-Rufen und Fahnen feiern lässt. In seinem Begräbnis wird bezeichnenderweise die Repräsentationsformel der zwei herrschaftlichen Körper aufgenommen, indem der gesamte Hofstaat schwarz gekleidet ist, nur aber der Sarg des Herzogs wieder rotgold, wie ein eingefasstes Juwel, darin funkelt.[27] Damit nimmt der Hof das Motiv der von Aby Warburg untersuchten Schifanoia-Fresken von Ferrara wieder auf, die den stets gleich gekleideten Fürsten als Zentrum der Jahreszeiten und des irdischen und himmlischen Universums zeigen. Gerade der Estehof zeigt damit eindrücklich, dass es gerade Herrscher mit besonders großem Legitimationsbedarf sind, die die Sprache der neuen, multiplizierten Herrschaftszeichen einsetzen, auch, um visuell eine abstrahierte, kontinuierliche und überpersönliche Staatsvorstellung darzubieten, die über den jeweiligen Herrscher und dessen problematische (Il-)Legitimität hinausweist.

Mit der Invasion des französischen Heeres kommt es zu einem bemerkenswerten Reimport des französischen Devisensystems. Dabei ist die erste Invasion Karls VIII. 1494 weniger entscheidend, obwohl Paolo Giovio eindrücklich beschreibt, wie die schimmernde Phalanx der französischen Ritter und ihrer vielen Abzeichen eine neue Ära in der Kriegführung Italiens einleitet; in ihrem martialischen Äußeren kündigt sich, wie Giovio aus der historischen Distanz weiß, bereits das kommende halbe Jahrhundert der *guerre italiane* an. Die durch den erfolgreichen Dauerkrieg am Ende des Hundertjährigen Krieges erfahrene französische Armee kämpft, im Gegensatz zu den Condottieri, um den Gegner zu besiegen und notfalls umzubringen. Diesen Anspruch

[26] Ernst Kantorowicz, The Este Portrait by Roger Van der Weyden, in: Journal of the Warburg and Courtauld Institutes 3 (1939-1940), S. 165-180.

[27] Lucas Burkart, Bildnisproduktion und Herrschaftswahrnehmung am herzoglichen Hof von Ferrara, in: Zeitschrift für historische Forschung 25 (1998), S. 55-84.

markiert sie auch mit ihrer Zeichensprache, die sie ihren Verbündeten aufdrängt. Dies ist besonders deutlich an den mehrmaligen Invasionen Ludwigs XII. festzumachen. Als Enkel Ludwigs von Orléans mit Viscontivorfahren markiert er mit seinen roten und goldenen Devisen unmissverständlich seinen Herrschaftsanspruch auf Mailand und Norditalien. Darüber hinaus gefällt er sich mit Herrschaftsdevisen wie dem Bienenstock, der Sonne und dem Stachelschwein, das er als Devisentier seines Großvaters wieder aufnimmt. Diese Devisen und seine Devisenfarben sind in den Miniaturen der Chronik Jean Bourdichons über Ludwigs Italienfeldzüge omnipräsent (Abb. 5).

Bezeichnenderweise wird der Papstbastard Cesare Borgia, der dank der französischen Truppen endlich die kleinen Dynasten der Romagna und der Marken besiegen und deren Territorium damit dem Kirchenstaat dauerhaft einverleiben wird, ebendiese Devisenfarben Ludwigs XII. zu den seinen machen und mit ihnen einen pompösen Einzug in Rom veranstalten. Gerade in Kriegszeiten demonstrieren diese Aus- und Einritte mit einem ganz mit Livreenfarben uniformierten Gefolge vor und nach Kriegszügen deren Charakter als militärische Triumphzüge, mit denen symbolisch städtischer Raum besetzt werden soll. Als solche sind sie auch in Miniaturen und Quellenbeschreibungen festgehalten. Die Reiterskulptur Ludwigs XII. über dem Torbogen des neugebauten Schlosses von Blois über dem zentral angebrachten Stachelschwein ist eine architektonische Reminiszenz an diese performativen Herrschaftsakte. Auch wenn uns heute der Torbogen als primäres Zeugnis erscheint, so sollten wir uns daran erinnern, dass er für die Zeitgenossen eher ein sekundäres Erinnerungszeichen war, das auf die ungleich prächtigeren, theatralisch inszenierten Einrittfeste mit hunderten von uniformierten Teilnehmern verwies. Wohl aber dürfte die Reiterstatue selbst und ihre Anbringung oberhalb des Torbogens ein Reimport aus Italien sein, indem hier der Eingang des Schlosses zu einer Art römisch-französischem Triumphbogen umgestaltet wird.

Die Devisenmode Ludwigs XII. kann als letzte Blüte eines spätmittelalterlichen Phänomens bezeichnet werden. Auch wenn nach ihm Franz I. noch seine Salamanderdevise an den Loireschlössern und in Fontainebleau anbringen lässt, so haben inzwischen doch architektonische Räume den Livreen als Inszenierungsmoment den Rang abgelaufen. Die Devisen werden nunmehr durch zusehends elaborierte und arkane Embleme ersetzt, die wohl das humanistische und höfische, kunstvolle Rätselspiel anregen sollen, aber kaum mehr direkte politische Bedeutung haben. Dauerkriege wie der Hundertjährige Krieg, die italienischen Kriege, Bürgerkriege wie die Rosenkriege in England, Parteienhader und die Konkurrenz der Hochadligen erfordern leichter verständliche Parteikennzeichnungen, die unmittelbare und lebensbedrohliche Wirkungen entfalten. Bezeichnenderweise lässt sich dies wieder in den französischen Religionskriegen beobachten. Die zunehmende Uniformierung der Söldnerheere mit Abzeichen bleibt als Innovationserbe der spätmittelalterlichen höfischen Gesellschaft. Umgekehrt färben die Reiterstatuen der italienischen Condottieri, ihre pompöse Herrschaftsrepräsentation und ihre übersteigerte Männlichkeit auf das Erscheinungsbild der europäischen Aristokratie ab und überformen diese unter Verabschiedung eines überkommenen Ritterideals.

Bildnachweis

Abb. 1: The National Gallery London. The „Wilton Diptych" bought with a special grant and contributions from Samuel Courtauld, Viscount Rothermere, C.T. Stoop and The Art Fund, 1929.

Abb. 2 und 5: Bibliothèque nationale de France, Paris.

Abb. 3: RMN-Grand Palais (domaine de Chantilly)/René-Gabriel Ojéda.

Abb. 4: Biblioteca nazionale centrale di Firenze.

Abb. 1: Wilton Diptychon, um 1395, National Gallery London, NG 4451

Abb. 2: Grandes Chroniques de France, um 1375,
Paris, Bibliothèque nationale de France, Ms. français 2813, fol. 409v

Abb. 3: Très Riches Heures des Duc de Berry, um 1412,
Chantilly, Musée Condé, Ms. 65, fol. 5v

Abb. 4: Stundenbuch des Gian Galeazzo Visconti, um 1400,
Florenz, Biblioteca nazionale centrale, Ms. Banco Rari 397 (L.F. 22), fol. 46v

Abb. 5: Jean Bourdichon, Voyage de Gênes, um 1508,
Paris, Bibliothèque nationale de France, Ms. français 5091, fol. 15v

„ADLER HERTZ IM GOT BEHOET"

Die Düsseldorfer Hochzeit von 1585 und der Einsatz von Inschriften zur öffentlichen Darstellung des landesherrlichen Selbstverständnisses

Ulrike Spengler-Reffgen

Im Jahr 1585 wurde in Düsseldorf am Hof des Herzogs von Jülich-Kleve-Berg anlässlich der Heirat des Jungherzogs Johann Wilhelm I. (Abb. 1) mit Markgräfin Jakobe von Baden (Abb. 2) ein außerordentlich großes Fest gefeiert, über dessen Vorbereitung und Verlauf sehr ausführlich und detailliert die zwei Jahre später erschienene „Beschreibung derer Fürstlicher Güligscher etz. Hochzeit" des Dietrich Graminäus berichtet. Die Beschreibung ist zudem mit 37 Radierungen von Franz Hogenberg ausgestattet, die die Schilderungen illustrieren, aber auch zusätzliche, nicht im Text enthaltene Angaben bieten.[1] Im folgenden Beitrag soll untersucht werden, wie in dieser Beschreibung Inschriften überliefert werden, ob sich dabei Unterschiede in der Überlieferung von Inschriftentypen zeigen und welche Intentionen möglicherweise anhand solcher Unterschiede erkennbar werden. Nicht berücksichtigt werden in diesem kurzen Beitrag zahlreiche weitere, z.T. grundlegende Fragen zum Werk des Graminäus. Dazu zählt z.B. die vielschichtige Frage nach den Bedingungen und Grundvorstellungen, die der Ikonographie des gesamten Festprogramms mit seinen Banketten, Turnieren, in umfangreichen Verkleidungen und Maskierungen durchgeführten Aufzügen und den Feuerwerkspantomimen zugrunde lagen,[2] oder nach den facettenreichen Aspekten, die ein

[1] Dietrich Graminäus, Beschreibung derer Fürstlicher Güligscher etc. Hochzeit so im jahr Christi tausent fünffhundert achtzig fünff am sechszehenden Junij und nechstfolgenden acht tagen zu Düsseldorff mit grossen freuden Fürstlichen Triumph und herrligkeit gehalten worden, Köln 1587 (VD 16 G 2797). Die Beurteilung des für die Illustrationen angewendeten Druckverfahrens als „Radierung", nicht wie bisher als „Kupferstich", erfolgt nach den Angaben bei Ursula Mielke, Remigius and Frans Hogenberg (The New Hollstein Dutch and Flemish Etchings, Engravings and Woodcuts 1450-1700), Oudekerk aan den Ijssel 2009, S. 254-287 Nrn. 125-162, die in die Literatur zu der Festbeschreibung jetzt Eingang gefunden haben bei Guido von Büren, Rangbewusstsein und Repräsentation am Hof Herzog Wilhelms V. von Jülich-Kleve-Berg, in: Herrschaft, Hof und Humanismus. Wilhelm V. von Jülich-Kleve-Berg und seine Zeit, hg. v. Guido von Büren/Ralf-Peter Fuchs/Georg Mölich (Schriftenreihe der Niederrhein-Akademie/Academie Nederrijn 11), Bielefeld 2018, S. 307-369, hier S. 343f. mit Anm. 120 sowie die Bildunterschriften zu den Abb. 18-20 u. 22-25.

[2] Vgl. zur Komplexität dieser Frage z.B. Claudia Schnitzer, Höfische Maskeraden. Funktion und Ausstattung von Verkleidungsdivertissements an deutschen Höfen der Frühen Neuzeit (Frühe Neuzeit 53), Tübingen 1999, S. 145.

Blick auf die Ausstattungsdetails im Schloss eröffnen könnte.[3] Bevor die Inschriften und ihre Träger, eingebettet in einen knappen Ablauf des Festes, ausführlich vorgestellt und beurteilt werden, werden einleitend die politische Situation in den vereinigten Herzogtümern Jülich-Kleve-Berg im letzten Drittel des 16. Jahrhunderts skizziert und knapp die Festbeschreibung des Graminäus und deren Funktion beschrieben.

1. Die Vereinigten Herzogtümer Jülich-Kleve-Berg um das Jahr 1585

Der Zusammenschluss der Territorien Kleve-Mark und Jülich-Berg-Ravensberg war möglich geworden durch die Heirat des klevischen Erben, des späteren Herzogs Johann III., mit der jülich-bergischen Erbtochter Maria im Jahr 1510. Johann hat bereits ein Jahr später die Nachfolge seines Schwiegervaters und 1521 die seines Vaters angetreten.[4] Sein Sohn Wilhelm V. (Abb. 3) folgte ihm 1539. Aus dessen Ehe mit Maria von Österreich, einer Tochter König bzw. später Kaiser Ferdinands I., gingen vier Töchter und zwei Söhne hervor.[5] Der ältere Sohn Karl Friedrich verstarb jedoch im Alter von knapp 20 Jahren 1575 auf seiner Kavalierstour in Rom[6], so dass sich nun die Hoffnungen auf seinen jüngeren, 1562 geborenen Bruder Johann Wilhelm[7] richteten, für den bis dahin eine geistliche Laufbahn vorgesehen war. So war er 1571 als Koadjutor des Bistums Münster angenommen und 1574 zum Nachfolger des inzwischen verstorbenen Bischofs gewählt worden; die Regierung des Stiftes Münster sollte bis zu seiner Mündigkeit durch einen Bevollmächtigten ausgeübt werden. Trotz der veränderten Umstände

---

[3] Vgl. dazu auch Guido von Büren, »... wie sich bei sulchem mechtigen fursten wol gezimt«. Die »Fürstlich Jülichsche etc. Hochzeit« von 1585 und die Festkultur der Renaissance, in: Städte, Höfe und Kulturtransfer. Studien zur Renaissance am Rhein, hg. v. Stefan Hoppe/Alexander Markschies/Norbert Nußbaum, Red. Julian Jachmann (3. Sigurd Greven-Kolloquium zur Renaissanceforschung), Regensburg 2010, S. 285-320, hier S. 311. Der Aufsatz ist ohne die Schlussbemerkung (ebd., S. 311), auf die hier Bezug genommen wird, in aktualisierter Form erneut erschienen als Kapitel IV des Beitrages von dems., Rangbewusstsein (wie Anm. 1), S. 341-365; im Folgenden wird der Beitrag als Büren, Rangbewusstsein, nach der aktualisierten Fassung angegeben.

[4] Vgl. zu dieser Heirat Heike Preuß, Politische Heiraten in Jülich-Kleve-Berg, in: Land im Mittelpunkt der Mächte. Die Herzogtümer Jülich – Kleve – Berg. Ausstellungskatalog, hg. v. Städtischen Museum Haus Koekkoek Kleve und v. Stadtmuseum Düsseldorf, 2. Aufl., Kleve 1984, S. 133-146, hier S. 136f.; dies., Politische Heiraten in den Herzogtümern Jülich, Kleve und Berg vom 13. bis zum 18. Jahrhundert, in: Heiratspolitik, hg. v. Susanne Anna/Heike Preuß (Schriftenreihe Stadtmuseum), Düsseldorf 2015, S. 10-47, hier S. 16f.; Axel Kolodziej, Die Kinderverlobung vom 25. November 1496. Zur dynastischen Vorgeschichte der Vereinigten Herzogtümer Jülich-Kleve-Berg, in: Romerike Berge 58 (2008), Heft 3, S. 2-19, bes. S. 15-17. Zu den Grundlagen für den Zusammenschluss jetzt auch Stefan Gorißen, Spielball der Mächte? Faktoren jülich-bergischer Territorialpolitik im 16. und 17. Jahrhundert, in: Herrschaft, Hof und Humanismus (wie Anm. 1), S. 127-148, S. 128-132 mit weiteren Literaturangaben.

[5] Zu Wilhelm V. vgl. Woldemar Harleß, Wilhelm V., Herzog v. Jülich, in: ADB 43 (1898), S. 106-113; Olaf Richter, Wilhelm V. von Kleve, in: Internetportal Rheinische Geschichte, abgerufen unter: http://www.rheinische-geschichte.lvr.de/Persoenlichkeiten/wilhelm-v.-von-kleve/DE-2086/lido/57c93100eecee4.70442400 (17.12.2019); sowie die Beiträge in: Herrschaft, Hof und Humanismus (wie Anm. 1).

[6] Vgl. Wilhelm Diedenhofen, Die Italienreise des Prinzen Karl Friedrich von Jülich-Kleve-Berg 1574/75, Kleve 2008; Marc Laureys, Gegenreformation und Fürstenerziehung. Stephanus Pighius' Hercules Prodicius, in: Herrschaft, Hof und Humanismus (wie Anm. 1), S. 541-571, bes. S. 541-547.

[7] Zu Johann Wilhelm vgl. Manfred Wolf, Johann Wilhelm, in: NDB 10 (1974), S. 491f.

trat Johann Wilhelm nicht zurück, sondern übernahm 1580 die ihm 1579 vom Papst übertragene Administration des Hochstifts Münster. Er resignierte erst kurz vor seiner Heirat im Mai 1585. Zu diesem Zeitpunkt lebte sein Vater, Herzog Wilhelm V., noch, war jedoch durch einen 1566 erlittenen Schlaganfall, auf den im Laufe der Jahre zehn weitere folgten, sowie Malaria, Gicht, Knochengewebeschwund und eine Stauchung der Wirbelsäule physisch und damit auch in der Regierungsausübung eingeschränkt.[8] Seinen Sohn hielt der Herzog dennoch von den Regierungsgeschäften fern.[9]

Geographisch-verkehrstechnisch lagen die Herzogtümer zentral und in militärischer Hinsicht an einem nahezu neuralgischen Punkt europäischer Konflikte, nämlich im Interessens- und Aufmarschgebiet der Kontrahenten zweier kriegerischer Auseinandersetzungen: des Achtzigjährigen oder auch Spanisch-Niederländischen Krieges um die Unabhängigkeit der Republik der Vereinigten Niederlande und des Kölner bzw. Truchsessischen Krieges (Abb. 4).[10] Zudem strömten in den vereinigten Herzogtümern, deren Landesherr Wilhelm V. in den konfessionellen Auseinandersetzungen einen sogenannten dritten oder reformkatholischen, vermittelnden Weg eingeschlagen hatte, zahlreiche Glaubensflüchtlinge zusammen.[11] Es überrascht demnach nicht, dass die der

[8] Vgl. dazu jetzt Rita Voltmer, Im Namen der Dynastie. Medizin, Astrologie und Magie, Dämonomanie und Exorzismus am jülich-klevischen Hof (1585–1609), in: Herrschaft, Hof und Humanismus (wie Anm. 1), S. 403-438, hier S. 415-418.

[9] Vgl. dazu z.B. Achim Landwehr, Der kranke Herzog. Johann Wilhelm von Jülich-Kleve-Berg und seine „melancholische Schwachheit", in: Fürsten, Macht und Krieg. Der Jülich-Klevische Erbfolgestreit. Ausstellungskatalog, hg. v. Sigrid Kleinbongartz (Schriftenreihe Stadtmuseum), Düsseldorf 2014, S. 32-41, hier S. 34.

[10] Vgl. den Überblick bei Gorißen, Spielball (wie Anm. 4), S. 137-140; zum Spanisch-Niederländischen Krieg Michael Erbe, Belgien, Niederlande, Luxemburg. Geschichte des niederländischen Raumes, Stuttgart 1993, S. 104-136; zum Kölner Krieg Franz Petri, Im Zeitalter der Glaubenskämpfe (1500–1648), in: Rheinische Geschichte in drei Bänden, hg. v. Franz Petri/Georg Droege, Bd. 2: Neuzeit, mit Beiträgen v. Franz Petri/Max Braubach/Karl-Georg Farber/Horst Lademacher, 3. Aufl., Düsseldorf 1980, S. 1-217, S. 83-106; Hansgeorg Molitor, Das Erzbistum Köln im Zeitalter der Glaubenskämpfe 1515-1688 (Geschichte des Erzbistums Köln 3), Köln 2008, S. 403-414; zu den vereinigten Herzogtümern Wilhelm Janssen, Kleve-Mark-Jülich-Berg-Ravensberg 1400-1600, in: Land im Mittelpunkt (wie Anm. 4), S. 16-40, hier S. 33-35; Simon Groenveld, Der Jülich-Klevische Erbfolgekrieg aus Sicht der Niederlande um 1592-1614, in: Der Jülich-Klevische Erbstreit 1609. Seine Voraussetzungen und Folgen, Vortragsband, hg. v. Manfred Grooten/Clemens von Looz-Corswarem/Wilfried Reininghaus, Red. Manuel Hagemann (Publikationen der Gesellschaft für Rheinische Geschichtskunde, Vorträge 36 = Veröffentlichungen der Historischen Kommission für Westfalen. Neue Folge 1 = Veröffentlichungen des Arbeitskreises niederrheinischer Kommunalarchivare), Düsseldorf 2011, S. 27-43, hier S. 27-31, und die Karte „29. Spanisch und staatisch-niederländisch besetzte und umkämpfte Plätze (1585-1672)", in: Irmgard Hantsche, Atlas zur Geschichte des Niederrheins, 5., überarb. Aufl., Bottrop/Essen 2004, S. 74f.

[11] Zur Kirchenpolitik Herzog Wilhelms V. vgl. Susanne Becker, Zwischen Duldung und Dialog. Wilhelm V. von Jülich-Kleve-Berg als Kirchenpolitiker (Schriftenreihe des Vereins für Rheinische Kirchengeschichte 184), Bonn 2014, bes. das Resümee S. 344-351. Becker bezeichnet Wilhelms Haltung auch in der Zeit nach 1566/1567 als „zwar eigensinnige, aber auch sehr autonome Politik" (S. 350). Vgl. außerdem jetzt dies., Theologie am jülich-klevischen Hof nach dem Epochenjahr 1555. Die hohe Bedeutung der *Confessio Augustana,* in: Herrschaft, Hof und Humanismus (wie Anm. 1), S. 251-262; Antje Flüchter, Religionspolitik in Jülich-Kleve-Berg unter Herzog Wilhelm V. Tradition und Weiterentwicklung der *via media,* in: ebd., S. 263-285; Ralf-Peter Fuchs, Bekenntnis und Ambiguität. Überlegungen zur religiösen Positionierung am Hof und in den Territorien Herzog Wilhelms V. seit den 1550er Jahren, in: ebd., S. 287-305.

Heirat vorausgegangenen Verhandlungen kompliziert waren.[12] Über eheliche Verbindungen zwischen den Kindern Wilhelms V. und den am Hof des bayerischen Herzogs in München erzogenen Kindern des 1569 verstorbenen Markgrafen Philibert von Baden waren bereits ab 1574 zwischen Vertretern der bayerischen und der klevischen Seite Verhandlungen geführt worden, doch gescheitert. Intensiviert wurden sie nach der Wahl Ernst von Bayerns zum Kölner Erzbischof. Erst nachdem die Verhandlungen über die Vermählung Johann Wilhelms mit der streng katholisch erzogenen Markgräfin Jakobe von Baden[13] mit dem Papst, am kaiserlichen Hof und mit dem spanischen König geführt waren, wurde Herzog Wilhelm V. einbezogen, der, gesundheitlich angeschlagen, die Befürchtung hegte, nach einer Heirat seines Sohnes entmachtet zu werden. Schließlich willigte auch er ein nach der Zusicherung, dass er zeitlebens regierender Fürst bleiben werde, so dass die Vermählung im September 1584 verabredet und der Termin auf den 20. Januar 1585 festgelegt werden konnte.

Als Ort wurde Düsseldorf vereinbart, das im Laufe des 16. Jahrhunderts zur bevorzugten Residenz des Landesherrn geworden war.[14] Düsseldorf war mit seiner Lage auf der rechten Seite des Rheins verkehrstechnisch günstig und einigermaßen sicher gelegen. Das Schloss war nach einem Brand 1510 teilweise neu gebaut, ausgebaut und modernisiert, das neue Rathaus wenige Jahre zuvor fertiggestellt worden. Mit der Stiftskirche und den zahlreichen Bürgerhäusern und Gasthäusern waren die weiteren erforderlichen Gebäude vorhanden, um die große Gästeschar beherbergen zu können.[15] Mit dem Ausbau der Festungsanlagen hatte man begonnen; die Fertigstellung sollte sich aber bis in das 17.

---

[12] Vgl. zu den Verhandlungen Else Rümmler, Die Fürstlich Jülichsche Hochzeit zu Düsseldorf 1585. Das Fest und seine Vorgeschichte, Düsseldorf 1983, S. 24-27; knapp dazu auch dies., Die Düsseldorfer Hochzeit im Jahre 1585. Die Beschreibung des Festes von Dietrich Graminäus, in: Land im Mittelpunkt (wie Anm. 4), S. 167-180, S. 167; Preuß, Heiraten in den Herzogtümern (wie Anm. 4), S. 22f.

[13] Zu Jakobe vgl. Manfred Wolf, Jakobe, in: NDB 10 (1974), S. 323; Burkhard Roberg, Jakobe von Baden (1558-1597), in: Rheinische Lebensbilder, Bd. 7, hg. v. Bernhard Poll, Köln/Bonn 1977, S. 43-62; Wilhelm Muschka, Opfergang einer Frau. Lebensbild der Herzogin Jakobe von Jülich-Kleve-Berg, geborene Markgräfin von Baden, Baden-Baden 1987; Monika Kurzel-Runtscheiner, Glanzvolles Elend. Die Inventare der Herzogin Jacobe von Jülich-Kleve-Berg (1558-1597) und die Bedeutung von Luxusgütern für die höfische Frau des 16. Jahrhunderts, Wien/Köln/Weimar 1993, S. 7-21; Katharina Richter, Jakobe von Baden, in: Internetportal Rheinische Geschichte, abgerufen unter: http://www.rheinische-geschichte.lvr.de/Persoenlichkeiten/jakobe-von-baden/DE-2086/lido/57c92b8eb26a75.47060780 (06.01.2020).

[14] Clemens von Looz-Corswarem, Wo residierte der Fürst? Überlegungen zu den Aufenthaltsorten der Herzöge von Jülich-Berg bzw. Jülich-Kleve-Berg und ihres Hofes im 15. und 16. Jahrhundert, in: Territorium und Residenz am Niederrhein. Referate der 7. Niederrhein-Tagung des Arbeitskreises niederrheinischer Kommunalarchive für Regionalgeschichte (25.-26. September 1992 in Kleve), hg. v. Klaus Flink/Wilhelm Janssen (Klever Archiv 14), Kleve 1993, S. 189-209, hier bes. S. 205-209; Wilhelm Janssen, Residenzbildung am Niederrhein und das Schloß zu Düsseldorf, in: Düsseldorfer Jahrbuch 71 (2000), S. 13-25, hier S. 24f.

[15] Zum Schloss vgl. Sonja Schürmann, Burg – Schloß – Residenz, in: Annette Fimpeler-Philippen/Sonja Schürmann, Das Schloß in Düsseldorf, Düsseldorf 1999, S. 9-99, hier S. 20-32; Annette Fimpeler-Philippen, Ein Blick auf und hinter die Mauern des Schlosses, in: Fimpeler-Philippen/Schürmann, Schloß (wie oben), S. 101-288, hier S. 178-188; Düsseldorf. Eine Stadt zwischen Tradition und Vision. Burg, Schloß und Galerie, hg. v. Hatto Küffner/Edmund Spohr, Kleve 2005 = ergänzte 2. Aufl. von dens., Burg und Schloß Düsseldorf. Baugeschichte einer Residenz (Jülicher Forschungen 6), Kleve 1999, S. 31-50; zu den Häusern, dem Rathaus und den Gasthäusern vgl. Erich Wisplinghoff, Mittelalter und frühe Neuzeit. Von den ersten schriftlichen Nachrichten bis zum Ende des Jülich-Klevischen Erbstreits (ca. 700-1614), in: Düsseldorf. Geschichte von den Ursprüngen bis ins 20. Jahrhundert, hg. v. Hugo Weidenhaupt, 4 Bde.,

Jahrhundert hinziehen.[16] Die 1577 und 1584 aufgetretene Pest war eingedämmt. Herzog Wilhelm standen also die Möglichkeiten zur Verfügung, eine ebenso prachtvolle Hochzeit feiern zu können, wie es jene anlässlich der Heiraten seiner Töchter Anna 1574 in Neuburg an der Donau und Magdalena in Bergzabern 1579 gewesen waren. Allerdings bereitete die Finanzierung einer solchen Feier Probleme; es wurden erhebliche Summen geliehen und Schulden gemacht.[17] Der Termin musste zweimal letztlich auf den 16. Juni 1585 verschoben werden.[18] Aus dem Hochadel ließen sich die meisten geladenen Gäste durch Gesandte vertreten. Dies war „ein durchaus übliches Vorgehen" und der zur Entschuldigung vorgebrachte Hinweis auf die gefährlichen Umstände durchaus berechtigt, wurde doch im Mai 1585 das in Sichtweite von Düsseldorf gelegene linksrheinische Neuss von Truchsessischen Truppen eingenommen.[19] Letztendlich nahmen etwa 1500 Gäste teil, die in Düsseldorf zu versorgen waren, darunter – als einzige der verheirateten Schwestern des Bräutigams – Herzogin Anna von Pfalz-Neuburg, deren Sohn Wolfgang Wilhelm ebenfalls anwesend war und nach Johann Wilhelms Tod 1609 im folgenden Jülich-Klevischen Erbfolgestreit seine Erbansprüche durchsetzen sollte.

2. Die Hochzeitsfeierlichkeiten und die Beschreibung des Dietrich Graminäus

Die Feierlichkeiten dauerten acht Tage, hinzu kamen der Tag der Anreise der Braut am 15. Juni und der Abreisetag der Gäste am 24. Juni. Über den Verlauf berichten insgesamt drei in Umfang und Gestaltung sehr unterschiedliche Festbeschreibungen[20]:

- ein 18 Blätter umfassendes *Carmen Heroicum* von Albertus Lithocomus,[21]
- eine im Umfang vergleichbare, ebenfalls in Hexametern abgefasste Beschreibung von Bernhard Moller, der den Schwerpunkt allerdings auf die Geschichte der Dynastie des Bräutigams legt,[22]

2. Aufl., Düsseldorf 1990, Bd. 1, S. 161-445, hier S. 183, 195f. u. 230f.; zur Stiftskirche Ulrich Brzosa, Die Geschichte der katholischen Kirche in Düsseldorf. Von den Anfängen bis zur Säkularisation (Bonner Beiträge zur Kirchengeschichte 24), Köln/Weimar/Wien 2001, S. 89-97.

16 Vgl. dazu Edmund Spohr, Die Festung Düsseldorf, in: Land im Mittelpunkt (wie Anm. 4), S. 305-313, hier S. 308-313.

17 Vgl. dazu Rümmler, Fürstlich Jülichsche Hochzeit (wie Anm. 12), S. 30f.; dies., Hochzeit (wie Anm. 12), S. 168; Voltmer, Namen (wie Anm. 8), S. 405; zur Bedeutung insbesondere der Neuburger Hochzeit vgl. unten S. 241.

18 Dazu Rümmler, Fürstlich Jülichsche Hochzeit (wie Anm. 12), S. 31f.; dies., Hochzeit (wie Anm. 12), S. 168.

19 Vgl. dazu Büren, Rangbewusstsein (wie Anm. 1), S. 342; das Zitat ebd., Anm. 117; siehe auch Rümmler, Fürstlich Jülichsche Hochzeit (wie Anm. 12), S. 39f.; dies., Hochzeit (wie Anm. 12), S. 168-170.

20 Vgl. dazu die Zusammenstellung mit weiteren Angaben bei Thomas Rahn, Festbeschreibung. Funktion und Topik einer Textsorte am Beispiel der Beschreibung höfischer Hochzeiten (1568-1794) (Frühe Neuzeit 108), Tübingen 2006, S. 198f. Nrn. 30-32.

21 Albertus Lithocomus, Descriptio Pompae Nvptialis, Exhibitae Dvsseldorpii Mense Ivnio Anni 1585, Dusseldorpij 1585 (VD 16 S 8734; Verzeichnis Düsseldorfer Drucke [1555-1806]. Eine Bibliographie, bearb. v. Manfred Neuber/Marianne Riethmüller/Rudolf Schmitt-Föller [Schriften der Universitäts- und Landesbibliothek Düsseldorf 39], Wiesbaden 2005, S. 16 Nr. 62).

22 Bernhard Moller, Historicvm Pro Illvstrissimi Principis Ac Domini D. Ioannis Gvilhelmi Ivliae, Cliviae Montivmque Dvcis ... Celebratis Nvptiis, Dußeldorpii 1585 (VD 16 M 6021; Verzeichnis Düsseldorfer Drucke [wie Anm. 21], S. 16 Nr. 63).

- die 142 Blätter umfassende Prosa-Beschreibung durch Dietrich Graminäus, in der nicht nur ausführlich der Verlauf der Feierlichkeiten geschildert wird, sondern auch umfangreiche Angaben über die Gäste, die Teilnehmer an den Turnieren, die Kleidung des Brautpaares, die Sitzordnung bei den Mahlzeiten, die Ausstattung verschiedener Räume und viele weitere Details überliefert werden und die zudem mit den bereits erwähnten 37 Radierungen von Franz Hogenberg illustriert ist.[23]

Graminäus[24], um 1530 in Roermond geboren, studierte in Köln Physik, Mathematik und Astronomie und ist ab 1575 auch als Lizenziat beider Rechte nachgewiesen. 1566 bis 1579 blieb er zunächst als Professor für Mathematik an der Kölner Universität. 1580 wurde er dann – und darauf weist er in seiner Beschreibung im Widmungsschreiben an Herzog Wilhelm V. und Johann Wilhelm ausdrücklich hin – in den herzoglichen Dienst genommen, um Jungherzog Johann Wilhelm in Religion, Recht und den Grundlagen einer guten öffentlichen Ordnung zu unterrichten. Nachdem Johann Wilhelm die Münsteraner Administration aufgegeben hatte, verblieb Graminäus als Bergischer Generalanwalt und Landschreiber im herzoglichen Dienst. In dieser Funktion verfasste er die Beschreibung der Hochzeit, ebenso 1588 eine Schrift über die Verleihung der Goldenen Rose durch Papst Sixtus V. an Herzogin Jakobe[25] und 1592 den „Spiegel der Vergenchlichkeitt"[26] über den Tod und die Beisetzung Herzog Wilhelms V. Bis vor einigen Jahren hat er lediglich in der rheinischen Landesgeschichte als Jurist am Hof Wilhelms V. und Verfasser der genannten Schriften Beachtung gefunden. Seine wissenschaftlichen Schriften, die er ab 1567 veröffentlichte und in denen er „eine Praxis der apokalyptischen Prognostik, die das Ziel hatte, den Katholizismus im Glaubenskampf zu stärken"[27], entwickelte, sind erst ab 2010 in größerem Maße Gegenstand mehrerer Untersuchungen geworden.[28]

[23] Siehe dazu die bibliographischen Angaben in Anm. 1.

[24] Zu den folgenden Angaben über Graminäus vgl. Rümmler, Fürstlich Jülichsche Hochzeit (wie Anm. 12), S. 70; Büren, Rangbewusstsein (wie Anm. 1), S. 342-344 Anm. 119; Christoph Reske, Die Buchdrucker des 16. und 17. Jahrhunderts im deutschen Sprachgebiet. Auf der Grundlage des gleichnamigen Werkes von Joseph Benzing, 2., überarb. u. erweiterte Aufl. (Beiträge zum Buch- und Bibliothekswesen 51), Wiesbaden 2015, S. 487.

[25] Dietrich Graminäus, Der guldenen Rosen Geheimnuß, Bedeutung, Auffnemung und Empfengnuß ... Presentieren lassen, Köln 1588 (VD 16 G 2801).

[26] Dietrich Graminäus, Spiegel der Vergenchlichkeitt. Dem Durchleuchtigen hochgebornnen Furste(n) vnd Hern Johan Wilhelmen Herzogen zu Guilich Cleve vnd Bergh Grauen zu der Marck vnd Rauensbergh Herrn zu Rauenstein etc. In vndertheniger gehorsam zugeschrieben Hochloblicher Christmilter gedachtnus Irer F. G. lieben hern Vatters absterben vnd begrebnus zuuerehren vnd dessen enie lobliche memori nachzulassen, [Köln 1592] (VD 16 G 2807).

[27] Ralf-Peter Fuchs, Die „Zukunft" und der „Zufall" – Kontingenz in der prognostischen Apokalyptik des Dietrich Graminaeus (1567-1594), in: Die Ungewissheit des Zukünftigen. Kontingenz in der Geschichte, hg. v. Frank Becker/Benjamin Scheller/Ute Schneider (Kontingenzgeschichten 1), Frankfurt a.M./New York 2016, S. 211-231, hier S. 229.

[28] So z.B. Rienk Vermij, Theodorus Graminaeus. Een wiskundige in dienst van de contrareformatie, in: Studium. Tijdschrift voor Wetenschaps- en Universiteitsgeschiedenis 3 (2010), S. 1-17; Ralf-Peter Fuchs, Das Wüten des bösen Feindes. Glaubensgegner, Hexen und der Antichrist in der Welt des Theodorus Graminaeus, in: Antichrist. Konstruktionen von Feindbildern, hg. v. Wolfram Brandes/Felicitas Schmieder, Berlin 2010, S. 219-234; ders., Zukunft (wie Anm. 27).

Zwar wird an keiner Stelle von einer offiziellen Beauftragung des Graminäus zur Abfassung der Beschreibung berichtet, doch ist aufgrund seiner Position davon auszugehen, dass diese Tätigkeit mit Wilhelm V. und wohl auch Johann Wilhelm vereinbart worden war. Seine umfangreichen und detaillierten Kenntnisse der Abläufe und die seiner Beschreibung beigefügten Listen, Erklärungen, Auslegungen und Nachweise in der Literatur weisen zudem darauf hin, dass er sicher auch an der Konzeption des gesamten Festes und der einzelnen Festelemente maßgeblich beteiligt gewesen ist.[29] Für die Gestaltung derartiger Feierlichkeiten, die keinen öffentlichen Charakter besaßen, sondern nur für die Hochzeitsgäste inszeniert wurden,[30] gab es in der zweiten Hälfte des 16. Jahrhunderts einen aus dem Ablauf vorheriger Feste gebildeten, gewissermaßen standardisierten Kanon, zu dem Fest- und Schauessen, Tänze, Turniere und Feuerwerke zählten.[31] Zu den vorausgegangenen Festen, an denen man sich bei Inszenierung und Ablauf der Düsseldorfer Feierlichkeiten orientierte, zählten sicher die erwähnten Hochzeitsfeierlichkeiten anlässlich der Heiraten zweier Töchter Herzog Wilhelms V.: in besonderem Maße die Heirat Annas von Jülich-Kleve-Berg mit Pfalzgraf Philipp Ludwig im Jahr 1574 in Neuburg an der Donau, aber auch die Vermählung der Magdalena von Jülich-Kleve-Berg mit Johann I. von Pfalz-Zweibrücken im Jahr 1579 in Bergzabern.[32] Wilhelm V. hatte an beiden Feiern teilgenommen. Durchaus möglich erscheint auch, dass weitere Festlichkeiten, von denen man gehört hatte, die Gestaltung der Düsseldorfer Hochzeit beeinflusst haben.[33] Grundsätzlich stellt von Büren eine „enge Anlehnung der Gestaltung des Düsseldorfer Festes an die Normen des von den Habsburgern gepflegten Zeremoniells"[34] fest; als das „direkte Vorbild für die Festbeschreibung durch

[29] Vgl. dazu, dass er für die Dramaturgie der Feuerwerke verantwortlich war, Büren, Rangbewusstsein (wie Anm. 1), S. 363.

[30] Vgl. dazu ebd., S. 353.

[31] Vgl. dazu ebd., S. 353-362 mit weiterführender Literatur.

[32] Vgl. zu diesen Hochzeiten Kurt Schöndorf, Fürstenhochzeit in Neuburg an der Donau im Jahre 1574, in: Neuburger Kollektaneenblatt 157 (2009), S. 155-188; August Brauner, Fürstenhochzeit in Bergzabern Pfalz-Jülich 1579. Eine Studie zur Geschichte der Stadt und des Schlosses Bergzabern sowie der Fürstenhäuser Pfalz-Zweibrücken und Jülich-Cleve-Berg, Bad Bergzabern 1968; Volkmar Wittmütz, Hochzeit in Bergzabern. Herzog Wilhelm IV. von Jülich/Kleve/Berg verheiratet seine Tochter Magdalena mit Herzog Johann I. von Pfalz-Zweibrücken am 4. Oktober 1579, in: Romerike Berge 50 (2000), Heft 4, S. 3-11. Zu den Feierlichkeiten von 1574 liegen sowohl eine gedruckte als auch mehrere handschriftliche Beschreibungen vor; zu der Hochzeit in Bergzabern ist keine Festbeschreibung bekannt. Vgl. dazu Rebecca Anna, Herzog Wilhelm V. von Jülich-Kleve-Berg in den hochzeitlichen Festbeschreibungen von 1573, 1574 und 1585, in: Herrschaft, Hof und Humanismus (wie Anm. 1), S. 383-402, hier S. 384-386. Zu der Orientierung an den Abläufen von 1574 vgl. Rümmler, Hochzeit (wie Anm. 12), S. 168; dies., Fürstliche Hochzeit (wie Anm. 12), S. 27. So hatte man unter anderem mit Erfolg das „Cartell" der Neuburger Hochzeit in der Registratur eines in der Zwischenzeit verstorbenen herzoglichen Sekretärs gesucht, um daraus Anweisungen zu entnehmen (ebd., S. 36; dies., Hochzeit [wie Anm. 12], S. 172). Anna spricht der Feier von 1574 mehrfach die „Vorbildfunktion" (a.a.O., S. 383 u. 386) bzw. „die Funktion eines Leitbildes" (ebd., S. 398) für die Düsseldorfer Hochzeit zu. Keine Bedeutung wird in dieser Funktion der Heirat der Maria Eleonore, der ältesten Tochter Herzog Wilhelms V., mit Herzog Albrecht Friedrich von Preußen im Jahr 1573 beigemessen.

[33] Vgl. dazu Rümmler, Fürstliche Hochzeit (wie Anm. 12), S. 36; dies.; Hochzeit (wie Anm. 12), S. 168; Büren, Rangbewusstsein (wie Anm. 1), S. 354 Anm. 145.

[34] Ebd., S. 361.

Graminäus und Hogenberg" sieht er „möglicherweise"[35] die Beschreibung der 1568 gefeierten Hochzeit Herzog Wilhelms V. von Bayern mit Renata von Lothringen von Johannes Wagner mit Illustrationen von Nikolaus Solis an.[36]

Die Vermählung der Brautleute nahm bei den Feiern in der Regel nur einen geringen zeitlichen Rahmen ein, vielmehr bot sie den Anlass zur höfischen Repräsentation und politischen Propaganda, die in den zahlreichen, bei solchen Festen üblichen Divertissements für die Gäste und der repräsentativen Freigiebigkeit des Gastgebers ihren Ausdruck fanden.[37] In Düsseldorf zählten zu diesen Vergnügungen neben den nach strengem Zeremoniell abgehaltenen Banketten und Tänzen vier Feuerwerkspantomimen auf dem Rhein und eine Reihe von Turnieren. Die Funktion der Festbeschreibung bestand nun – so Thomas Rahn in seiner am Beispiel der Hochzeitsbeschreibungen vorgenommenen Untersuchung über „Funktion und Topik" von Festbeschreibungen – darin, „die ephemeren Medieninszenierungen des höfischen Festes in das dauerhafte Medium eines text- und bildgestützten Papiergedächtnisses zu überführen"[38]. Damit wurden die Bedürfnisse „eines aktuellen Sensationsinteresses im Rahmen der internationalen bzw. interterritorialen Repräsentationskonkurrenz der Höfe" und der Wunsch nach „der persönlichen Erinnerung" der Gäste befriedigt sowie die höfisch-dynastische Memoria gesichert.[39] Zudem lieferte sie den Nachweis, dass die quasi normativen Anforderungen an das Zeremoniell erfüllt oder sogar überboten wurden, und erzielte eine „nachträgliche Sicherung der intendierten Bedeutung des Zeremoniells", die „durch die medienimmanente zeitliche Sequenzierung der Zeichen und durch eine radikale Komplexitätsreduktion des Ereignisses, bei der alle ‚störenden' Reize und zeremonial irrelevanten Zeichen herausgefiltert werden", bewirkt wird.[40]

3. Der Einsatz von Inschriften im Festverlauf

Ob und gegebenenfalls in welcher Weise Graminäus nun in seiner Beschreibung während der Feierlichkeiten sicht- und lesbare Inschriften wiedergibt, soll im Folgenden betrachtet werden.

---

35 Ebd., S. 359.

36 Hans Wagner, Kurtze doch gegründte beschreibung des Durchleuchtigen Hochgebornnen Fürsten vnnd Herren, Herren Wilhalmen, Pfaltzgrauen bey Rhein, Hertzogen inn Obern vnd Nidern Bairen, [et]c. Vnd derselben geliebsten Gemahel ... Frewlein Renata gebornne Hertzogin zu Lottringen vnd Parr, [et]c. gehalten Hochzeitlichen Ehren Fests ... , München 1568 (VD 16 W 114).

37 Vgl. Rahn, Festbeschreibung (wie Anm. 20), S. 62. Zu den zahlreichen unterschiedlichen Formen der Divertissements, die den Gästen bei höfischen Feiern geboten wurden, vgl. Schnitzer, Maskeraden (wie Anm. 2).

38 Rahn, Festbeschreibung (wie Anm. 20), S. 2.

39 Vgl. dazu ebd., S. 93, dort auch die Zitate.

40 Zu den Anforderungen vgl. ebd., S. 6; zur Sicherung der Bedeutung Thomas Rahn, Sinnbild und Sinnlichkeit. Probleme der zeremoniellen Zeichenstrategie und ihre Bewältigung in der Festpublizistik, in: Zeichen und Raum. Ausstattung und höfisches Zeremoniell in den deutschen Schlössern der Frühen Neuzeit, hg. v. Rudolstädter Arbeitskreis zur Residenzkultur, bearb. v. Peter-Michael Hahn/Ulrich Schütte (Rudolstädter Forschungen zur Residenzkultur 3), München 2006, S. 39-48, die Zitate S. 46f.

Die Beschreibung des Graminäus setzt nach knappen Angaben zu den Vorbereitungen und der Begrüßung Pfalzgraf Philipp Ludwigs von Neuburg und seiner Gemahlin Anna durch Herzog Wilhelm mit der feierlichen Einholung der Braut am 15. Juni 1585 ein.[41] Die Vermählung fand am Nachmittag des folgenden Tages in der Kapelle des Düsseldorfer Schlosses statt. Es folgten ein üppiges Bankett im großen Festsaal, anschließend Musik und Tanz und am Ende des Tages die Präsentation einer prächtigen Schautafel, des sogenannten Zuckerbanketts. Der folgende Tag wurde mit der Übergabe der Geschenke und der Präsentation des Heiratsgutes zugebracht, worauf am Nachmittag die Regeln, das sogenannte Cartell, für das erste der anlässlich der Hochzeit ausgerichteten Turniere, das am nächsten Tag, dem 18. Juni, geplant war, verlesen wurden. Nach dem Nachtessen fand die erste der kunstvoll zusammengestellten Feuerwerkspantomimen auf dem Rhein statt.

Im Zentrum des nächsten Tages stand dann das angekündigte Ringrennen. Nach Messe und Frühmahl begab sich die Festgesellschaft zu dem vor den Toren von Düsseldorf eingerichteten Turnierplatz, wo das Turnier für ein Uhr angesetzt war. Nachdem die Braut und ihr Gefolge, die weiteren Zuschauer und die Richter ihre Plätze eingenommen hatten, zogen die vier Marschälle auf, die die Turnierteilnehmer mit ihren Ahnentafeln bei den Richtern anzugeben hatten. Bevor jedoch das eigentliche Ringrennen stattfand, gab es einige unterhaltsame Aufzüge, sogenannte Inventionen, bei denen die Turnierteilnehmer in unterschiedlichen Verkleidungen einritten.[42]

Die Gruppe der Mantenatoren hatte eine „kunstreiche Inuention gehabt vnd einen gar herrlichen Berg zum auffziehen gebrauchen und einführen wollen. Sind derwegen die Trummetten und Herpaucken geblasen und angeschlagen. Und ist der Berg algemach gar langsam bey der Erden, daß man sein vorziehen kaum ermercken mögen, auffgetragen worden“[43], also vermutlich auf großen niedrigen Wagen gefahren worden.

Und erst jetzt, am vierten Tag der Feierlichkeiten, gibt Graminäus Inschriften wieder, obwohl er bereits zuvor reichlich Gelegenheit dazu gehabt hätte, wenn diese ihm für seine Intention wichtig gewesen wären. Denn angesichts der Fülle der zuvor von ihm beschriebenen und/oder auf den Radierungen abgebildeten Ausstattungsgegenstände wie Trinkgeschirre, Hochzeitsgeschenke, Wandteppiche, Möbel, Kleidungs- und Schmuckstücke ist sicher davon auszugehen, dass zahlreiche von ihnen auch Träger von Inschriften waren.[44] Mehrfach wird die Existenz von Inschriften erwähnt, aber der Text nicht wiedergegeben. So war z.B. das Gemach der Jakobe mit Teppichen ausgestattet, deren Darstellungen die menschliche Liebe zum Thema hatten und die „kunstreich mit allerhandt Figuren vnd Poetischen gedicht“[45] geschmückt waren. Andere

[41] Der Ablauf der Feierlichkeiten wird zusammenfassend beschrieben z.B. bei Rümmler, Hochzeit (wie Anm. 12), S. 173-178; Büren, Rangbewusstsein (wie Anm. 1), S. 344-353.

[42] Zu den sogenannten Inventionen bei den Turnieren vgl. Schnitzer, Maskeraden (wie Anm. 2), S. 144-194.

[43] Die Beschreibung ist nicht paginiert; die vorhandene Bogenzählung ist nicht einheitlich und wird immer wieder durch die eingefügten Radierungen unterbrochen. Auf den Nachweis der Zitate wird daher verzichtet. Sie sind in der Schilderung des jeweils angegebenen Tages zu finden.

[44] Als Beispiel sei hier die vierstufige, im Festsaal des Schlosses errichtete Kredenz mit dem umfangreichen Hausschatz genannt, die in der Beschreibung auf Radierung 6 abgebildet ist. Vgl. auch Mielke, Hogenberg (wie Anm. 1), S. 256 Nr. 131 mit Abb. S. 267f.

[45] Die Teppiche werden bei der Beschreibung der Einholung der Braut und ihrer Ankunft in Düsseldorf erwähnt, als sie am Abend des 15. Juni in ihre Gemächer geleitet wurde.

Inschriften sind nicht bei Graminäus, sondern in einem über die Hochzeitsgeschenke angelegten Inventar[46] oder lediglich durch die Abbildung auf einer der Radierungen überliefert.[47] Für dieses Vorgehen dürfte zutreffen, was Rahn allgemein für Festbeschreibungen beschrieben hat: Dem Leser müssen nicht sämtliche Details einzelner Bestandteile und Ausstattungsgegenstände des Festes geboten werden, da er über das dazu „nötige höfische Wissen" verfügt.[48]

Warum aber geht Graminäus bei bestimmten Inschriften anders vor und wählt auch bei der ausführlichen Beschreibung des Berges nicht alle darauf angebrachten Inschriften, sondern nur einen Teil davon aus?

3.1. Der Aufzug zum Ringrennen: Ein Berg als Opernbühne

Zunächst zu diesem Berg[49]: Es handelte sich dabei um eine in Form eines Berges gestaltete Bühne für die Aufführung eines opernhaften Singspiels. Eine Abbildung ist auf einer der Hogenbergschen Radierungen (Abb. 5 u. 6) überliefert.[50] Zusammen mit den Angaben von Graminäus ergibt sich daraus folgendes Bild:

Auf einem der beiden Gipfel saß ein Jüngling, Amphion darstellend, der „also genehm und lieblich singen und die Cyther schlagen können", dass sich Steine aus dem Berg lösten und sich zu der an der Vorderseite errichteten Stadt und der Mauer von Theben symmetrisch zusammenfügten; im Tor der Stadt standen ein Mann und eine Frau, die durch die Geburt eines männlichen Erben glücklich vereint waren. Oberhalb des Tores auf dem Gesims und über den Säulen befanden sich „Latinische Carmina mit gar herrlicher schöner Schrifft", die den dargestellten Figuren zugeordnet waren, deren Wortlaut Graminäus aber nicht überliefert. Auf einem anderen Teil des Berges saß zwischen Bäumen auf einem zweiten Gipfel ein Jüngling mit Lyra als Orpheus, der mit seinem Spiel die zahlreichen wilden Tiere, die den Berg bevölkerten, friedlich stimmte.

---

46 Auf diese Weise auf uns gekommen sind die Inschriften auf den Geschenken des Speyerer Bischofs Eberhard von Dienheim und des Pfalzgrafen Johann I. von Zweibrücken und seiner Gemahlin. Die Beschreibungen, die Texte der Inschriften und die Nachweise jetzt in: Die Inschriften der Stadt Düsseldorf. Nach der Sammlung und den Vorarbeiten von Katharina Richter bearb. v. Ulrike Spengler-Reffgen (Die Deutschen Inschriften 89, Düsseldorfer Reihe 8), Wiesbaden 2016, Nrn. 79 und 80. Der Band wird im Folgenden stets mit dem Kürzel DI 89 (Düsseldorf) angegeben.

47 So eine Bildbeischrift auf einem im Schloss aufgehängten Wandteppich (ebd., Nr. 73), der Beginn eines liturgischen Textes auf einer bei einem der Feuerwerke mitgeführten Fahne (ebd., Nr. 77) und – von besonderer Bedeutung aufgrund der Fülle von Angaben über den jülich-klevisch-bergischen Adel – die Inschriften auf den anlässlich des Turniers angefertigten Ahnentafeln (ebd., Nr. 76).

48 Rahn, Festbeschreibungen (wie Anm. 20), S. 39. Er führt an, dass „ein raffinierter imaginativer Unterdruck" erzeugt werde, um die Fantasie des jeweiligen Lesers zu reizen (ebd.).

49 Vgl. zum Folgenden auch DI 89 (Düsseldorf) (wie Anm. 46), Nr. 74.

50 Graminäus, Beschreibung (wie Anm. 1), Radierung 10. Zu einigen der 1587 der Beschreibung beigefügten Radierungen liegt eine in manchen Details abweichende, vermutlich etwas ältere Fassung vor; die Abzüge geben wohl einen ersten Druckzustand von 1585 wieder. Das Stadtmuseum Düsseldorf besitzt eine Reihe der Radierungen in einer altkolorierten Fassung. Vgl. zu der ersten, nur zehn Blätter umfassenden Serie und dem späteren Zustand der Illustrationen der gedruckten Hochzeitsbeschreibung Mielke, Hogenberg (wie Anm. 1), S. 254-287 Nrn. 125-162; dazu auch Büren, Rangbewusstsein (wie Anm. 1), S. 344 Anm. 120. Die Abbildung des Berges, von der nach Mielke nur ein Druckzustand vorliegt (Mielke, Hogenberg, S. 257, Nr. 135 mit Abb. S. 271), weicht in der altkolorierten Fassung allerdings in einem Detail ab. Über Amphion steht fälschlich der Name des Orpheus, der nach dieser Fassung zweimal auf dem Berg dargestellt gewesen wäre.

Seitlich fast am Fuße des Berges sah man den Hirtengott Pan, der zwei streitende Böcke an den Hörnern hielt. Mauern und Stadt von Theben bildeten somit den Bühnenrahmen, in dessen Hintergrund sich der mit Tieren, Pflanzen und Bäumen belebte Berg erhob. Nach Riemenschneider war diese Inszenierung die erste in Deutschland nachgewiesene Aufführung eines Singspiels über Orpheus und Amphion.[51] Wenn die Proportionen auf der Radierung einigermaßen korrekt wiedergegeben wurden, hat die Bühne eine beachtliche Größe besessen; zumindest Orpheus und Amphion sind durch lebende musizierende Personen dargestellt worden.

Dieser Berg ist auch auf einer weiteren, in zwei voneinander abweichenden Fassungen erhaltenen Radierung zum Turnier zu sehen. In der älteren Fassung befindet er sich im Turnierrund vor der Tribüne (Abb. 7), in der jüngeren und der Beschreibung beigegebenen Fassung an der linken oberen Seite neben der Tribüne.[52] Möglicherweise zeigt die ältere Fassung die Position der Bühne während der Aufführung, die jüngere die Stelle, an der die Bühne abgestellt wurde, um für das Turnier Platz zu schaffen. Über den weiteren Verbleib nach den Hochzeitsfeierlichkeiten findet sich keine Angabe.

Hinten auf diesem Berg war eine Allegorese, eine „erklerung und usslagung" der Gesänge und des Berges in Prosa, angebracht; über dem Ganzen waren sechs Verse „so der Figuren des Bergs auch beygeschnitten /zugeordnet vnd darüber künstlich gestelt", die Graminäus in vollständigem Wortlaut in seine Beschreibung aufgenommen hat[53]:

> *Interpretatio montis ac versuum.*
> *Orpheus et Amphion bonorum principum imagines sunt. Eorum cytharae religio ius et aequum. Caprae cornua inter quae nerui tonsi potestas est innocua, plectrum lingua, nerui leges habentur. Harum concentus harmoniam vel veram concordiam reddit.*
> *Coelestem harmoniam colere et amplecti principem decet nam haec ratio est homini diuinitus infusa. Haec leniet rapidas tigres id est passionum impetus et tumidos leones hoc est rebelles et superbos spiritus mitigabit. Quadrupedum et bipedum choreae sunt ciuium atque ordinum congrua officia et pacati conuictus legibus temperate. Saxa et cautes dura et obstinata rudium hominum pectora signant quae ritae formari ac in ordinem redigi rationis ac legum harmonia possunt. Haec etiam denique foedera et societates connubia et necessitudines sola religiose iunget ac indissolubili vinculo firmabit.*
>
> *Harmoniam coelo venientem amplectere princeps*
> *Leniet haec rapidas tigreis tumidosque leones*
> *Quadrupedum et bipedum choreas agitabit amicas*
> *Saxa trahet rigidas formabit in oppida cauteis*
> *Blandiloqui plectri ductu taedasque iugaleis*
> *Accendet ritu sacro connubia nectens*

[51] Vgl. dazu Heinrich Riemenschneider, Theatergeschichte der Stadt Düsseldorf, hg. v. Kulturamt der Stadt Düsseldorf, 2 Bde., Düsseldorf 1987, Bd. I, S. 33.

[52] Vgl. zu den abweichenden Fassungen Anm. 50. Beide Fassungen bei Mielke, Hogenberg (wie Anm. 1), S. 257 Nr. 134 mit Abb. S. 270.

[53] Wortlaut und Übersetzung nach DI 89 (Düsseldorf) (wie Anm. 46), Nr. 74.

In deutscher Übersetzung: ‚Auslegung des Berges und der Verse: Orpheus und Amphion sind Abbilder guter Regenten, ihre Kitharae sind solche der Gottesverehrung, Recht und Billigkeit. Die Hörner der Ziege, zwischen die die Saiten gespannt sind, sind die rechtschaffene Herrschaft. Das Plektrum steht für die Sprache, die Saiten für die Gesetze. Ihr Zusammenwirken bringt Harmonie und wahre Eintracht hervor.

Es ziemt sich, dass der Herrscher die himmlische Harmonie in Ehren hegt und pflegt, denn diese Vernunft ist dem Menschen von Gott eingegeben worden. Diese wird die wilden Tiger besänftigen, das heißt den Ansturm der Leidenschaften, und die aufbrausenden Löwen, das heißt die aufrührerischen und hochmütigen Geister, wird sie milde stimmen. Die Reigen der Vier- und Zweifüßler sind die entsprechenden Ämter der Bürger und Stände und das friedliche Zusammenleben, das durch Gesetze geregelt ist. Die Steine und Felsen bedeuten die harten und verstockten Herzen der rohen Menschen, die in rechter Weise unterwiesen und durch den Einklang von Vernunft und Gesetzen in die rechte Ordnung zurückgebracht werden können. Diese (d. i. die Harmonie) nämlich wird schließlich Bündnisse und Gemeinschaften, Eheverbindungen und Verwandtschaften allein heilig verbinden und mit einem unauflöslichen Band festigen.

Die Harmonie, die vom Himmel kommt, hege, Herrscher. Diese wird die wilden Tiger und die aufbrausenden Löwen besänftigen. Sie wird die freundschaftlichen Reigen der Vier- und Zweifüßler anspornen. Sie wird die Steine schleifen, die harten Felsen zu Städten formen. Und veranlasst durch das schmeichelnde Plektrum wird sie die Hochzeitsfackeln entzünden und in heiliger Zeremonie die Ehebande knüpfen.‘

Die Idee, vor dem Beginn des Ringrennens bei dem Aufzug der Teilnehmer eine Bühne in Form eines Berges zu nutzen, dürfte dem Ablauf der Neuburger Hochzeit entnommen worden sein. Allerdings diente eine solche Bühne im Jahr 1574 – und wohl auch 1579 in Bergzabern – der Darstellung eines Bergwerks mit Bergmannsszenen; gesungen wurden „liebliche Berglieder“.[54] Eine ausführliche Erklärung und Auslegung des Berges, die mit den Angaben des Graminäus vergleichbar wäre, fehlt in der entsprechenden Quelle.[55] Der Triumphwagen, der 1568 bei der Münchner Hochzeit vor dem Ringrennen in die Turnierbahn gefahren wurde und auf dem u.a. musizierende Musen saßen, erinnert nur entfernt an eine Bühne, über den Inhalt des Dargebotenen berichtet Wagner nicht.[56]

Der Inhalt des Singspiels und die Umsetzung auf der Bühne sind demnach für den Düsseldorfer Anlass neu konzipiert worden. Der Inhalt ist dem aus der griechischen Mythologie über Orpheus und Amphion Bekannten entnommen. Kern des Mythos ist

[54] Vgl. dazu Brauner, Fürstenhochzeit (wie Anm. 32), S. 193, das Zitat ebd. Zur Beschreibung der Feierlichkeiten in Bergzabern, nutzt Brauner, da es keinen Bericht über die dort durchgeführten Spiele gibt (vgl. ebd., S. 190), ausführlich die entsprechende Quelle für die Neuburger Hochzeit.

[55] Herzlich danken möchte ich für diese Angaben Frau Rebecca Anna M.A., die zurzeit die nicht gedruckten Festbeschreibungen untersucht.

[56] Wagner, Beschreibung (wie Anm. 36), fol. 40v.

die übernatürliche Zauberkraft der Musik und des Gesangs. Orpheus und Amphion sind als Zivilisationsstifter dargestellt, ihre Künste und Begabungen schaffen die Grundlagen für Sprache, Gesetzgebung und Kultur.[57] Insbesondere das Motiv des musizierenden Orpheus ist im 16. Jahrhundert verbreitet.[58] Ein älteres, ebenfalls am Düsseldorfer Hof befindliches Beispiel dafür findet sich auf einem Musikinstrument, einem 1568 vermutlich in Antwerpen hergestellten Virginal, in dessen Deckel ein Medaillon mit Orpheus eingearbeitet ist und das mehrere Inschriften trägt, die die Wirkung der Musik zum Thema haben.[59] Während auf dem Instrument die Bedeutung der Musik für die Schaffung von Harmonie sehr allgemein ausgedrückt wird, wird sie hier nun in den Dienst des Herrscherlobes gestellt.

Das Singspiel, seine Umsetzung auf dem künstlichen Berg sowie die ausführlichen Inschriften setzen nicht nur bei den für die Gestaltung Verantwortlichen,[60] mit großer Wahrscheinlichkeit dem ehemaligen Düsseldorfer Drucker und Musik- und Lateinlehrer Johannes Oridryus[61], dem Hofmusiker Martin Peudargent[62] und Graminäus selbst, ein hohes Maß an Bildung voraus, sondern erscheinen nur dann sinnvoll, wenn auch die Zuschauer mit den Inhalten der Mythen und mit der lateinischen Sprache in gewissem Maße vertraut waren. Sie spiegeln somit auch das humanistisch geprägte Leben am Hofe Wilhelms V.[63] und der Hochzeitsgäste wider.

Für den Leser legt Graminäus die gesamte Darstellung anhand der Inschriften sehr ausführlich aus, und zwar nicht als Mahnung, sondern als Huldigung an den Herrscher und seine Tugenden. In der allegorischen Herrscherinszenierung stehen Orpheus und Amphion für den guten Regenten, der in Frömmigkeit und Gottesverehrung mit von Gott gegebener Vernunft aufgrund seiner klugen Regierung die Welt – dargestellt durch

57 Vgl. dazu z.B. Elisabeth Schröter, Orpheus in der Kunst des Mittelalters und der Renaissance. Eine vorläufige Untersuchung, in: Blick auf Orpheus. 2500 Jahre europäischer Rezeptionsgeschichte eines antiken Mythos, hg. v. Christine Mundt-Espin (Mainzer Forschungen zu Drama und Theater 29), Tübingen 2003, S. 109-157, hier S. 110f. u. 134-137, dort auch zur Verbindung des Orpheus- mit dem Amphion-Mythos. Zu dem antiken Orpheus- und Amphionmythos, nach dem Orpheus mit seiner Musik Götter, Menschen, Tiere und Pflanzen betörte und alle friedlich stimmte sowie Amphion kraft seines Gesanges die Felsen dazu brachte, sich zu den Mauern von Theben zusammenzufügen, vgl. auch Godo Lieberg, Poeta Creator. Studien zu einer Figur der antiken Dichtung, Amsterdam 1982, S. 37-39 u. 54f. Zur Darstellung des Orpheus als Sänger, der durch die Musik Eintracht und Frieden schafft, vgl. auch Lexikon der Kunst, begr. v. Gerhard Strauss, hg. v. Harald Olbrich u.a., 2. Aufl., Leipzig 2004, Bd. 5, S. 316f.

58 Vgl. dazu Schröter, Orpheus (wie Anm. 57), S. 134-145.

59 Vgl. ausführlicher zu diesem heute in London im Victoria & Albert Museum befindlichen Instrument DI 89 (Düsseldorf) (wie Anm. 46), Nr. 60.

60 Vgl. dazu Riemenschneider, Theatergeschichte (wie Anm. 51), S. 40f.

61 Zu Oridryus vgl. H[einz] F[inger]/I[nge] Z[acher], Johannes Oridryus, Musiktraktat für das Düsseldorfer Gymnasium, Düsseldorf 1557, in: Land im Mittelpunkt (wie Anm. 4), Nr. K 31, S. 495; Elisabeth M. Kloosterhuis, Erasmusjünger als politische Reformer. Humanismusideal und Herrschaftspraxis am Niederrhein im 16. Jahrhundert (Rheinisches Archiv 148), Köln/Weimar/Wien 2006, S. 409; Reske, Buchdrucker (wie Anm. 24), S. 191 (unter Albert Buyss).

62 Zu Peudargent vgl. Martin Peudargent. Musiker und Komponist am jülich-klevischen Hof. Gesamtausgabe, bearb. u. komm. v. Martin Lubenow (Jülicher Forschungen 7), Jülich 2006; insbes. darin der Beitrag von Guido von Büren, Der Hof Herzog Wilhelms V. von Jülich-Kleve-Berg und die Musik, S. 11-43, hier S. 17-21; jetzt in einer aktualisierten Fassung mit demselben Titel in: Rhein-Maas. Geschichte, Sprache und Kultur 7 (2017), S. 53-81, hier S. 59-64.

63 Vgl. dazu Kloosterhuis, Erasmusjünger (wie Anm. 61), S. 485-532.

die Tiere, Steine und Felsen – in einen nahezu paradiesischen Zustand[64] des Einklangs und der Harmonie, bei Graminäus auch „fried rhu vnd guter wolstandt bey der Gemein" genannt, führt. Zu den wesentlichen Bestandteilen dieses Zustandes zählen die sorgfältig geschlossenen, unauflöslichen Beziehungen zwischen den Menschen, darunter die Ehe. An späterer Stelle gibt er weitere Erläuterungen zu dem Berg, mit denen er die Korrektheit der Darstellung mit zahlreichen Zitaten aus der antiken Literatur belegt.[65]

Für die Zuschauer am Turniertag aber boten lediglich die Inschriften auf dem Berg, die nicht nur während der Aufführung, sondern wohl auch im weiteren Verlauf des Turniers sichtbar waren, eine Erklärung und Auslegung. Mit der Frage, ob die Zuschauer nun tatsächlich die doch umfangreichen Texte gelesen und in der von ihren Verfassern gewünschten Intention verstanden haben, ist jedoch eine bestimmte Problematik solcher zeremoniellen Aufzüge und Darbietungen angesprochen, nämlich ob sich nicht durch die Komplexität der optischen und akustischen Reize Rezeptionshindernisse ergeben konnten, also die Bedeutung des Dargestellten und die damit verbundene Intention nicht deutlich genug wurden oder sogar völlig untergingen. Mit seiner Darstellung in der Festbeschreibung kann Graminäus beim Leser nicht die Qualität und Intensität der sinnlichen Eindrücke der Festteilnehmer evozieren, aber er, der mehr als der Augenzeuge weiß, kann die durch die Reize bewirkten Rezeptionshindernisse aufheben. Rahn formuliert die These: „Das Verfahren der Festbeschreibung ... ist sinnliche Reduktion statt Evozierung. Ihr Ziel ist die nachträgliche Sicherung der semantischen Eindeutigkeit des zeremoniellen Zeichensystems."[66] Auf die Ausführungen des Graminäus zu der Bühne und dem Singspiel angewendet, wird damit verständlich, warum er diesen Inschriften einen solchen Raum in seiner Beschreibung einräumt. Er nutzt in seiner Festbeschreibung die Möglichkeit, bei den Lesern das Verständnis und die Intentionen der Verfasser der Inschriften und des Inhalts des Singspiels eindeutig und verbindlich festzuschreiben und gegebenenfalls bei Festteilnehmern Wahrnehmung und Verständnis der Inschriften und des gesamten Singspiels nachträglich zu korrigieren und zu erweitern. Wenn das Ziel seiner Festbeschreibung die dauerhafte Verstetigung der ephemeren Repräsentation ist, dann sollten diese Inschriften, die das Selbstverständnis des Landesherrn spiegeln, korrekt und in vollem Umfang verstanden werden.

3.2. Der Aufzug zum Ringrennen: Neun Tugendschilde

Nachdem so die dem Herrscher, in unserem Fall Herzog Wilhelm V. und seinem wahrscheinlichen Nachfolger, dem Bräutigam, von Gott gegebene Vernunft als Grundlage der erfolgreichen und zum Wohle der Untertanen erforderlichen Herrschaftsausübung vor Augen geführt worden war, wurden im weiteren Verlauf des Aufzugs zum Ringrennen einzelne herrscherliche Tugenden, die für eine solche Regentschaft erforderlich sind, thematisiert.

[64] Graminäus schreibt über die Musik: „... etwan eine eröffnung des Erdischen Paradeiß geschehen oder ein Engelische freud gehört worden."

[65] Graminäus, Beschreibung (wie Anm. 1), zum 18. Juni; nach der Schilderung des Abendessens und der Verteilung der Dänke (d.h. der Turnierbelohnungen) folgt zunächst eine Erklärung der im Folgenden noch zu behandelnden Schilde, der sich die Erläuterungen zu dem Berg anschließen.

[66] Rahn, Festbeschreibung (wie Anm. 20), S. 41.

Es zogen, in Dreiergruppen geordnet, insgesamt neun ritterbürtige Männer zu Pferde in – bei Graminäus ausführlich geschilderter – aufwändiger „antiquischer" Kleidung und Ausstattung in das Turnierrund ein, die jeweils eine Tugend verkörperten und einen Schild mit der Darstellung dieser Tugend mit sich führten.[67] Dies ist auch auf einer der Radierungen mit der Abbildung des Turnierrunds (Abb. 8) gut zu erkennen.[68] Zum besseren Verständnis wurde den Richtern zugleich mit dem Einzug ein „Carthel" überreicht, auf dem in einem Rebus „hieroglificum" angedeutet wird, was die Schilde und der gesamte Aufzug zum Ausdruck bringen möchten.

Alle neun Schilde sind zudem gesondert auf einer der Hogenbergschen Radierungen abgebildet (Abb. 9), eine weitere zeigt den erwähnten Rebus (Abb. 10).[69] Die Radierung, auf der die neun Schilde einzeln und detailliert dargestellt sind, zeigt verteilt auf drei Reihen mit jeweils drei Feldern ovale Schilde, auf denen, so Graminäus, „alle Fürstliche tugenden hieroglifice abgebildet / so zu gutem wolstand des Regiments vnd der Regierung einem Potentaten oder Regenten ... notwendig" seien. Die Schilde tragen jeweils eine emblematische Darstellung der herrscherlichen Tugend, der eine Bildbeischrift auf dem Schildfuß[70] beigegeben ist; die bildliche Darstellung war jeweils in kleinerer Ausführung auch auf den aufwändig gestalteten Sturmhauben der neun Ritter angebracht. Die Rahmen der Schilde sind als Lorbeerkränze in unterschiedlicher Ausführung gestaltet. Dank der ausführlichen Beschreibungen ist auch die Farbgebung überliefert.[71] Wie zu der Bühne fügt Graminäus in seine Festbeschreibung eine exakte Beschreibung und Auslegung der Schilde ein, in der er mehrfach den Wortlaut der jeweiligen Beischrift, also die Bezeichnung der Tugend, wiederholt.

Inhaltlich anknüpfend an die Inschriften auf dem Berg ritt in der Mitte der ersten Dreiergruppe als Repräsentant der ersten Tugend der frisch vermählte Jungherzog Johann Wilhelm ein.[72] Auch wenn seine Identität nicht erkennbar ist, wurde durch die

[67] Zum Folgenden vgl. die Angaben bei Graminäus, Beschreibung (wie Anm. 1), zum 18. Juni.

[68] Ebd., Radierung 12. Es liegt nur die in der Beschreibung veröffentlichte Fassung vor. Vgl. dazu Mielke, Hogenberg (wie Anm. 1), S. 257 Nr. 137 mit Abb. S. 272.

[69] Die Schilde bei Graminäus, Beschreibung (wie Anm. 1), Radierung 13, der Rebus ebd., Radierung 11. Auch für diese Radierungen ist jeweils nur ein Druckzustand bekannt. Vgl. dazu Mielke, Hogenberg (wie Anm. 1), S. 257 Nr. 136 mit Abb. S. 271 zum Rebus und ebd., S. 258 Nr. 138 mit Abb. S. 272 zu den Schilden.

[70] Auf der Radierung, die den Einzug mit den Schilden auf dem Turnierplatz zeigt (Graminäus, Beschreibung [wie Anm. 1], Radierung 12; Mielke, Hogenberg [wie Anm. 1], S. 257 Nr. 137 mit Abb. S. 272), sind die bildlichen Darstellungen deutlich zu erkennen. Bei einigen Schilden ist auch der Schildfuß zu sehen, der auf dieser Radierung keine Inschriften trägt. Das Fehlen der Inschriften ist wohl in mangelndem Platz bei der Darstellung begründet oder kann einer Ungenauigkeit der Abbildungen geschuldet sein, doch lässt sich dies nicht entscheiden. Die inschriftliche Ausführung der Beischriften ist mithin nicht vollkommen gesichert, doch bieten die Inschriften auf Radierung 13, (s. Anm. 69), auf der die Schilde einzeln abgebildet sind, eine Erklärung für diesen sonst völlig ungenutzten Teil der Schilde. Auch dass die Bezeichnungen der Tugenden auf der Radierung in Kapitalis wiedergegeben werden, lässt es als sehr wahrscheinlich erscheinen, dass die Inschriften in der abgebildeten Form ausgeführt waren. Vgl. zu den Schilden und den Bildbeischriften auch DI 89 (Düsseldorf) (wie Anm. 46), Nr. 75; berücksichtigt wurden im Folgenden die Anmerkungen von Eva Büthe-Scheider, Rezension DI 89, in: Beiträge zur Namenforschung 53 (2018), S. 350-354, hier S. 352.

[71] Die Beschreibung und Auslegung der emblematischen Darstellungen nach Graminäus wird bei der Nennung der einzelnen Tugenden wiedergegeben.

[72] Johann Wilhelm ritt zwischen den beiden fürstlichen Stallmeistern Georg von Romberg und Johann von der Horst ein.

Reihenfolge innerhalb des Aufzugs seine Stellung als Ranghöchster für die Zuschauer eindeutig angezeigt.[73] Dem Jungherzog oblag es, die Tugend *ADLER HERTZ / IM GOT BEHOET*[74] zu präsentieren, also die Tugend des Regenten, der mit „Adeliche hertzhafft vnd mannlich gemůth" und mit Gerechtigkeit und Eifer gegen Ungerechtigkeit und Tyrannei kämpft. Seine Macht und seine Gaben hat er von Gott erhalten, dessen Schutz und Gnade er anbefohlen wird. Damit bekundete er nicht nur sein Verständnis von einer guten Regentschaft, sondern lieferte den Zuschauern die Legitimation seiner Herrschaft und erhob zugleich sichtbar den Anspruch, ein solcher Regent zu sein.

Dieser Grundtugend *ADLER HERTZ* folgten acht weitere Tugenden, die ein Regent besitzen soll. Sie wurden von acht Gefolgsleuten des Jungherzogs dargestellt, so dass der Eindruck entstand, dass Johann Wilhelm ebenso, wie er seine Gefolgsleute um sich vereinte, auch selbst diese Tugenden mit sich brachte. Im Einzelnen wurden als solche Tugenden präsentiert:

- *WEISEN RAEDT:*[75] Die Weisheit und Vernunft, die es ermöglicht, Gegenwärtiges und Vergangenes so zu bewerten, dass für die Zukunft mögliche Gefahren und Notlagen abgewendet werden können, und die so zu allgemeinem Nutzen führt.

---

73 Vgl. zur „Visualisierung der Rangordnung im Aufzug" Schnitzer, Maskeraden (wie Anm. 2), S. 158-183, das Zitat S. 158. Zum Aufzug in einer Dreiergruppe ebd., S. 161: „Erscheinen drei Personen zu Pferd in einem Glied, kommt der mittleren Position die ranghöchste Stellung zu."

74 Dargestellt ist ein schwarzer Adler mit goldfarbenem Schnabel, in den Klauen eine aschfarbige Natter oder Schlange mit schwarzen Sprenkeln haltend. Er trägt ein großes silbernes Herz an einem goldenen Halsband. Etwas unterhalb rechts neben dem Adler ist Christus (im folgenden Text bei Graminäus dann stets „Gott") dargestellt, der in der rechten Hand eine Weltkugel mit dem Kreuz darauf hält; die Linke ruht auf einem Hut. Neben seinem Haupt und über seiner Linken stehen Buchstaben, die in Verbindung mit der bildlichen Darstellung einen Rebus bilden, dessen Auflösung dem Wortlaut der Beischrift entspricht. Den Rahmen bildet ein Kranz aus Lorbeer- und Eichenblättern und -früchten in den der Natur entsprechenden Farben; die sechs Binden des Kranzes zieren sechs unterschiedliche Löwenköpfe.
Der Adler steht nach Graminäus für das „Adeliche hertzhafft vnd mannlich gemůth" des Regenten, das silberne Herz an dem Halsband für seine Gerechtigkeit und seinen Eifer in seinem Amt, das er von Gott bekommen hat, um sich aus reinem Herzen der Ungerechtigkeit, der Tyrannei und dem „vbermuth" der Ungerechten, dargestellt durch die Natter, zu widersetzen. Weil der Regent seine Macht, Gewalt und Gaben aber von Gott hat und das „hertz des Königs in der hand Gottes" liegt, wird in der Beischrift das Adlerherz der Gnade und dem Schutz Gottes anbefohlen. Die Gestaltung des Kranzes (z.B. sechs unterschiedliche Löwenköpfe für die sechs Arbeitstage der Woche) verweist darauf, dass konsequentes und tapferes Regieren Mühe und Arbeit erfordert, und zeigt an, dass „keiner mit vnzergencklichen Lawrenkräntz gekrönet wird / Er müsse dann vorhin mit dapfferkeit Männlich kempffen vnd streitten."
Die bei der Bearbeitung in DI 89 (Düsseldorf) (wie Anm. 46), Nr. 75 vorgeschlagene Übersetzung „Adlerherz, ihn Gott behüt" möchte ich an dieser Stelle, den Anmerkungen von Büthe-Scheider, Rezension (wie Anm. 70), S. 352 folgend, „mit Umstellung" zu „Adlerherz – Gott behüte (es) ihm" (ebd.) korrigieren.

75 Abgebildet sind der doppelköpfige, greise Janus in Grau mit sechs Lorbeerblättern an einer Marmorsäule und darunter ein Schiff, das ohne Segel und Mast in wildem Wasser mit Riemen gezogen und von einem Steuermann mit Ruder gelenkt wird. Der Kranz besteht aus Olivenblättern und -früchten und ist sehr bleich und hell in Grün ausgeführt.
Die beiden Köpfe des Janus stehen für Weisheit und Vernunft, die jeder Regent benötigt, um mit dem Blick auf Gegenwärtiges und Vergangenes zu erkennen, was sich in der Zukunft zutragen wird, damit man Not und Gefahren vorbeugen kann. Die Marmorsäule steht für den festen Grund, auf dem solche Weisheit gründet, die Blätter und Früchte des Kranzes für das Verdienst und die Frucht der Weisheit: den allgemeinen Nutzen. Durch das Schiff werden die Angst und Sorge vor Augen geführt, mit denen die

- *TRAWEN BLVD:*[76] Die innige, einer aufrichtigen Gesinnung entspringende und beständige gegenseitige Beziehung zwischen dem Regenten und seinen Untertanen, die zu gegenseitigem Beistand zu allen Zeiten bis hin zum Einsatz von Leib und Leben bereit sind.
- *WACHAFTICH / HAVBT:*[77] Die zu allen Tageszeiten erforderliche Wachsamkeit und Vorsicht.
- *SWAREN GANCK:*[78] Das bedachtsame und vernünftige Wahrnehmen und Abwägen, die rechtzeitige gute Beratung in gefährlichen oder schwierigen Situationen und die tatkräftige Umsetzung solchermaßen gefasster Beschlüsse.
- *LIEFDEN BRAND:*[79] Die Liebe des Regenten zu seinen Untertanen, die bis zur Selbstaufopferung führen kann.

Regenten beladen sind, die ihre Aufgabe auch dann, wenn sie „gering lust und freudt" daran haben, erfüllen müssen. Die Beschwernisse und Vielfalt der Sorgen einer Regentschaft bezeichnet der bleichfarbene Kranz.

76 Dargestellt sind zwei Hände, „auff gute trew vn(d) glauben" so miteinander verschlungen, dass aus dieser Verbindung Blut in eine darunter befindliche silberne Schale fließt, die am oberen Rand mit goldenen Löwenköpfen verziert ist. Der Kranz besteht aus grünen Blättern von Efeu oder Winden.
Die Hände symbolisieren die Treue und die innige, auf Vertrauen gründende Beziehung zwischen dem Regenten, der seinen Untertanen verwandt und nahe ist, und diesen selbst, die ihm in Untertänigkeit und Gehorsam verpflichtet und verbunden sind. Eine solche Verbindung bedeutet gegenseitigen Beistand nicht nur in Zeiten von Wohlstand und Frieden, sondern die Bereitschaft, in Zeiten von Not und Gefahr Besitz, Leib und Leben einzusetzen. Diese Verbindung soll nicht aus Schmeicheleien, bloßen Worten und vermeintlichen Zusagen bestehen, sondern einer aufrichtigen Gesinnung entspringen und aus entsprechenden Taten bestehen, so wie die Schale, die das Blut auffängt, rein ist. Sie soll mit Tapferkeit und Beständigkeit einhergehen, für die die Löwenköpfe stehen. Der Kranz zeigt die Treue und Beständigkeit des Bündnisses auch in Zeiten des Unglücks an.

77 Gezeigt wurde ein Brustbild der personifizierten Sonne, das Haupt mit zwölf flammenden Strahlen und krausem, goldenem Haar und geöffneten, wachsamen und sehr großen Augen. Ihr purpurnes Gewand wird von einem Knopf oder einer Spange in Gestalt des zunehmenden Mondes zusammengehalten, über ihrem Haupt befindet sich ein krähender Hahn. Der obere Teil des Kranzes besteht aus sechs unterschiedlichen, sich der Sonne zuwendenden Blumen in Gelb, der untere Teil aus vier bei Graminäus „Sonnenwirbel" genannten Blumen, gleichfalls der Sonne zugewandt, aber golden illuminiert, die Stängel und Blätter nach der Natur.
Der Schild *WACHAFTICH / HAVBT* weist auf die Tugenden der Wachsamkeit und Vorsicht hin, die nicht nur am Tage, sondern auch in der Nacht (Mond am Gewand) auszuüben sind. Allerdings kommt dem Tag mit einem Anteil von 16 Stunden ein größerer Anteil an Wachsamkeit zu als der Nacht (vgl. die Art und Anzahl der Blumen im Kranz).

78 Dargestellt ist ein starker Mann, der eine Last auf seinen Schultern trägt und eine an sein rechtes Bein gebundene Last auf einem beschwerlichen Weg hinter sich her zieht. Gestützt auf einen Stock nähert er sich einem Anstieg. Der Kranz besteht aus Eichenblättern und -früchten in natürlichen Farben.
Mit *SWAREN GANCK*, der Tugend der Bedachtsamkeit und der guten Beratung, wird daran erinnert, dass Regenten in gefährlichen oder schwierigen Situationen nicht übereilt vorgehen, sondern diese mit Vernunft und Umsicht abwägen und auf diese Weise gefasste Beschlüsse ernsthaft und tatkräftig umsetzen sollen. Erforderlich ist diese Bedachtsamkeit, damit nicht im Nachhinein voreilig gefasste Beschlüsse bereut werden müssen. Dazu passt auch die Gestaltung des Kranzes.

79 Gezeigt wurde ein von Pfeilen durchbohrtes brennendes Herz auf einem Altar aus Marmor, der mit Zeichen für das Opfer (Kranz, Schüssel, Kanne) versehen war. Der Kranz besteht aus Lorbeerblättern und -früchten; ein Ring und die dazugehörigen Ketten sind golden, ebenso die zum Opfer gehörigen Gefäße.
Der Schild *LIEFDEN BRAND* steht für die Liebe des Regenten zu seinen Untertanen, deren Wohlergehen ihm so sehr am Herzen liegt, dass er im Falle der Not aus brennender Liebe und Zuneigung auch bereit

- *TZVNGE(N) DVANCK:*[80] Die Verschwiegenheit.
- *HOVFFENDE LOFF:*[81] Durch tugendhaftes Handeln wird sich vermehrender und nicht in Vergessenheit geratender Ruhm erworben.
- *HERTZEN GANS:*[82] Die Herzensfreude, denn der Lohn für jene, die aus ganzem und frohem Herzen nach diesen Tugenden zum Allgemeinwohl handeln, wird groß sein.

Es wird an keiner Stelle erwähnt, wer die Auswahl und Zusammenstellung dieser Tugenden vorgenommen hat. Aufgrund der umfangreichen Erläuterungen ebenso wie seiner Beteiligung an der Ausbildung Herzog Johann Wilhelms ist aber wohl Graminäus selbst als verantwortlich oder zumindest mitverantwortlich anzunehmen. Es stellen sich dazu folgende Fragen: Wurde dabei auf eine direkte Vorlage für die Zusammenstellung, Bezeichnung und/oder bildliche Darstellung der Tugenden zurückgegriffen? Oder lag zumindest eine Zusammenstellung der neun Tugenden vor, so dass zu diesen nach geeigneten bildlichen Darstellungen gesucht werden konnte? Oder wurden aus umfangreichen Tugendkatalogen die für die Intention passenden Tugenden ausgewählt? Graminäus hilft nicht weiter. Quellen für diese Darstellungen der Tugenden werden auch in seinen umfangreichen Erläuterungen nicht angegeben, während sich ein gänzlich anderes Vorgehen in den umfangreichen Auslegungen zu der Bühne und dem darauf Dargestellten findet, in die er als Zeugnis für den Wahrheitsgehalt des dort Vorgeführten zahlreiche Verweise und längere Zitate aus einer Fülle von klassischer Li-

ist, sich selbst für diese zu opfern. Diese Tugend ist entsprechend von einem Lorbeerkranz mit goldenem Ring und anhängenden Kettengliedern gerahmt.

80 Abgebildet ist Harpokrates (griechische Bezeichnung für den kindlich-jugendlichen Horus; vgl. Lexikon der Kunst [wie Anm. 57], Bd. 3, S. 137) als Bild der Heimlichkeit und Verschwiegenheit oder aber ein geflügelter Cupido. Die Figur ist mit dem Schweigegestus dargestellt; sie trägt Bogen, Pfeile und Köcher, Flügel und ein himmelblaues Kleid sowie einen zunehmenden Mond auf der Stirn und ein „Dracunculo oder Aaronis Blümlin" auf dem Kopf. Diese Blumen und Blätter enthält auch der Kranz.
Mit *TZVNGE(N) DVANCK* wird, vor allem angedeutet durch den Schweigegestus, auf die notwendige Tugend der Verschwiegenheit hingewiesen, denn wenn wichtige Dinge nicht geheim gehalten werden, so kann das für den Regenten zu Nachteil und Schaden führen.

81 Es zeigt einen stattlichen und gut gerüsteten Ritter mit Helm, Harnisch, Panzer und Seitenwehr sowie Schuhwerk nach römischer Art, der Laub und Lorbeerblätter aufhäuft; rechts schwebt von oben herab eine geflügelte Viktoria in blauem Gewand und reicht ihm für seine Mannhaftigkeit und herrlichen Taten vom Himmel herab Lorbeerkranz und Palmzweig. Der rahmende Kranz besteht aus allerlei Blumen und Früchten, die mit einem goldenen Band gebunden sind.
Der Schild *HOVFFENDE LOFF* zeigt, dass wahrer Ruhm und wahres Lob durch vorhergehendes tugendhaftes Handeln erlangt werden und sich beständig vermehren; sie geraten nach dem Tode nicht in Vergessenheit, sondern werden von den Nachkommen aufrechterhalten.
Zu *LOFF* statt *LOEF* wie in DI 89 (Düsseldorf) (wie Anm. 46), Nr. 75 vgl. Büthe-Scheider, Rezension (wie Anm. 74), S. 352. Für die sprachwissenschaftliche Auswertung der Bezeichnungen ist allerdings zu beachten, dass hier eine kopiale und nicht originale Überlieferung vorliegt.

82 Dargestellt sind zwei sich überlappende große Herzen, davor in kleinerem Maßstab eine Gans, darüber eine goldene, mit Edelsteinen und einem Karfunkel besetzte Krone. Der Kranz besteht aus Palmzweigen und -blättern und Datteln.
Der neunte Schild *HERTZEN GANS* schließlich bezeugt, dass die Belohnung für jene, die tatkräftig und frohen Mutes nach diesen Tugenden zum Nutzen der Allgemeinheit handeln, nach Graminäus „groß und ansehenlich" sein wird, wie es die aufwändig geschmückte Krone anzeigt.

teratur anführt.[83] Lediglich zu den Schilden *WEISEN RAEDT* und *SWAREN GANCK* fügt er in seine Auslegungen als Beleg für die Bedeutung dieser Tugenden ein jeweils sehr kurzes Terenz- und ein Ovid-Zitat ein.[84]

Eine direkte Vorlage für diese Form der Präsentation von Tugenden konnte bislang nicht gefunden werden. In den Beschreibungen der Feierlichkeiten, die anlässlich der Neuburger Hochzeit 1574 abgehalten und vermutlich auch nach diesem Vorbild 1579 in Bergzabern so durchgeführt wurden, findet sich kein Hinweis auf einen vergleichbaren Aufzug.[85] Ebenso sucht man vergeblich in Wagners Beschreibung der Münchner Hochzeit von 1568, die Büren als mögliches Vorbild der Beschreibung durch Graminäus nennt.[86] Die anlässlich des Münchner Fußturniers im Verlauf eines der Aufzüge erwähnten Schilde können nicht das Vorbild für die Düsseldorfer Schilde gewesen sein, denn Wagner beschreibt auf diesen knapp als „Impressa" bezeichnete Darstellungen des Cupido und überliefert als Inschrift *AB AETERNO.*[87] Eine detaillierte Beschreibung und Auslegung der Turnieraufzüge bzw. einzelner Elemente daraus, wie sie Graminäus für die Bühne und die Schilde bietet, fehlt bei Wagner.

Auch für eine Zusammenstellung exakt dieser Tugenden wurde bislang keine Vorlage gefunden. Schöpfen konnte Graminäus jedoch aus dem seit dem späten Mittelalter „weitgehend gesammelten und kodifizierten"[88] Katalog an Tugenden, die einen guten Regenten auszeichneten. Zudem sind ihm – zumal aufgrund seiner früheren Funktion in der Ausbildung des Jungherzogs – sicher die Herzog Wilhelm V. gewidmeten Fürstenspiegel von Gerhard Geldenhauer (1538, Druck 1541)[89], Johann Sturm (1551)[90] und besonders Konrad Heresbach (1570), dem Erzieher Herzog Wilhelms V., bekannt gewesen. Heresbachs Werk „De educandis erudiendisque principum liberis"[91] enthält auch einen Katalog von Tugenden des erwachsenen Fürsten. Außerdem wurde auch Herzog Johann Wilhelm I. ein Fürstenspiegel gewidmet. Der Verfasser der „Her-

83 Ebenso verfährt Graminäus bei der Auslegung der Feuerwerkspantomimen.

84 P. Terenti Afri Comoediae, recognoverunt brevique adnotatione critica instruxerunt Robert Kauer/Wallace M. Lindsay, Oxford 1963, Adelphoe, III,3,32-34 (386-388) zu *WEISEN RAEDT*; Publius Ovidius Naso, Epistulae Heroidum, hg. v. Heinrich Dörrie, Berlin u.a. 2012, Nachdruck der Ausgabe Berlin/New York 1971, II,85sq. zu *SWAREN GANCK.*

85 Vgl. dazu die Angaben bei Brauner, Fürstenhochzeit (wie Anm. 32), S. 190-198. Für eine Bestätigung dieses Befundes danke ich auch Frau Rebecca Anna M.A., die im Rahmen eines Dissertationsvorhabens die nicht gedruckten Festbeschreibungen untersucht.

86 Siehe dazu oben S. 241f.

87 Wagner, Beschreibung (wie Anm. 36), fol. 46r.

88 Bruno Singer, Die Fürstenspiegel in Deutschland im Zeitalter des Humanismus und der Reformation. Bibliographische Grundlagen und ausgewählte Interpretationen: Jakob Wimpfeling, Wolfgang Seidel, Johann Sturm, Urban Rieger (Humanistische Bibliothek. Reihe 1: Abhandlungen 34), München 1981, S. 31; vgl. dort auch ebd., Anm. 121 die Angaben zu entsprechenden Quellen.

89 Die bibliographischen Angaben und ein Überblick des Inhaltes ebd., S. 89f. Nr. 22.

90 Die bibliographischen Angaben ebd., S. 98-100 Nr. 30; zum Inhalt und zur Bewertung ebd., S. 271-286.

91 Die bibliographischen Angaben und ein Überblick des Inhaltes ebd., S. 118-121 Nr. 39; vgl. auch die Angaben zur Person und eine Textauswahl in: Fürstenspiegel der frühen Neuzeit, hg. v. Hans-Otto Mühleisen/Theo Stammen/Michael Philipp (Bibliothek des Deutschen Staatsdenkens 6), Frankfurt a.M./Leipzig 1997, S. 166-218, sowie den Beitrag von Martin Szameitat, Humanismus und Fürstenerziehung. Konrad Heresbachs *Über die Erziehung und Bildung der Fürstenkinder,* in: Herrschaft, Hof und Humanismus (wie Anm. 1), S. 531-540.

cules Prodicius"[92] betitelten, aber erst 1587 erschienenen Schrift war Stephan Winand Pighius[93], der als dessen Erzieher den Jungherzog Karl Friedrich, Johann Wilhelms Bruder, auf seine Kavalierstour vorbereitete und begleitete. Mit Heresbach und Sturm sind zugleich zwei herausragende Humanisten vertreten, die in Diensten des jülich-klevischen Herzogs standen oder über enge Beziehungen zum Hof verfügten.[94] In keiner dieser Schriften begegnen jedoch die bei dem Turnier präsentierten Tugenden in engem Zusammenhang.

Für die Auswahl der einzelnen Bildmotive konnte um 1585 aus einer Fülle von Quellen geschöpft werden, nämlich aus dem zeitgenössischen Reservoir hieroglyphisch-emblematischer Sinnbilder und dem tradierten ikonographischen Formengut ebenso wie aus literarisch überlieferten Weisheitssprüchen und mündlich tradierten Sprichwörtern. Große Teile dieses Materials waren in lateinischen Hieroglyphen- und Emblemsammlungen der Renaissance zusammengestellt worden.[95] Eine Suche nach direkten Vorlagen für die Darstellungen auf den Schilden, unter anderem auch im Handbuch zur Sinnbildkunst des 16. und 17. Jahrhunderts von Arthur Henkel und Albrecht Schöne[96], ergibt jedoch für keines der neun Sinnbilder ein positives Ergebnis. Lediglich eine Reihe einzelner Bestandteile und Motive der Darstellungen lassen sich nachweisen, die teilweise abgewandelt und/oder zu neuen Sinnbildern zusammengesetzt werden.[97] Zudem entsprechen die auf den Schilden gezeigten Darstellungen nicht dem Idealtyp eines Emblems, das aus folgenden drei Teilen besteht: der Pictura, dem Bild, darüber die kurz gefasste Überschrift, die Inscriptio, und unter der Pictura die Subscriptio, in den meisten Fällen ein Epigramm, gelegentlich auch ein Prosatext.[98] Während zur Beantwortung der anfangs gestellten Frage die Einzelnachweise an dieser Stelle nicht von Belang sind, ist jedoch entscheidend festzuhalten, dass die Zusammenstellung für den Aufzug am ersten Turniertag nicht auf einer konkreten Vorlage, sei es der Ablauf eines vorherigen Festes oder eine vorhandene Text- und/oder Bildvorlage,

---

92 Die bibliographischen Angaben und ein Überblick des Inhaltes bei Singer, Fürstenspiegel (wie Anm. 88), S. 130f. Nr. 47.

93 Zu Pighius vgl. die Kurzbiographie bei Kloosterhuis, Erasmusjünger (wie Anm. 61), S. 648f., sowie jetzt den Beitrag von Laureys, Gegenreformation (wie Anm. 6).

94 Zum „humanistische[n] Zirkel am kleve-jülichschen Hof" vgl. Kloosterhuis, Erasmusjünger (wie Anm. 61), S. 485–532, vgl. auch die Kurzbiographien ebd., S. 600–602 (Heresbach) u. S. 672f. (Sturm).

95 Zu nennen sind z.B. weit verbreitete Werke wie die „Hypnerotomachia Poliphili" des Francesco Colonna (Venedig 1499) und die „Emblemata" des Andrea Alciati (Leiden 1550) sowie lateinisch-deutsche Drucke wie die „Emblemata et aliquot nummi antiqui operis" des Johannes Sambucus (Antwerpen 1564) oder das „Emblematum Tyrocinia sive Picta poesis Latinogermanica" von Mathias Holtzwart (Straßburg 1581). Auch deutschsprachige Emblematikbücher wie die „Bildschrift oder entworffne Wharzeichen" des Johannes Herold in seinem Werk „Heydenweldt und ihrer Götter anfängcklicher ursprung" (Basel 1554) sind hier zu berücksichtigen. Vgl. zu einem „allgemein bekannten höfisch humanistischen Bilderhaushalt" Schnitzer, Maskeraden (wie Anm. 2), S. 313; zu den Emblembüchern bes. ebd., S. 318f.

96 Emblemata. Handbuch zur Sinnbildkunst des XVI. und XVII. Jahrhunderts, hg. v. Arthur Henkel/Albrecht Schöne, Taschenausgabe, Stuttgart/Weimar 1996. Die Münchener Emblemdatenbank https://embleme.digitale-sammlungen.de/dig-cpl.html (17.12.2019) enthält vornehmlich Emblembücher des 17. und 18. Jahrhunderts.

97 Vgl. dazu die Nachweise zu den einzelnen Sinnbildern in DI 89 (Düsseldorf) (wie Anm. 46), Nr. 75.

98 Vgl. dazu z.B. Henkel/Schöne, Emblemata (wie Anm. 96), S. XII.

beruht, sondern aus Anlass der Hochzeit Johann Wilhelms und Jakobes im Auftrag des Düsseldorfer Hofes individuell gestaltet wurde.[99]

Bestimmend für die Auswahl der darzustellenden Tugenden war möglicherweise die Absicht, das bereits erwähnte Bilderrätsel zu erstellen, in dem die zentralen Bildmotive der Schilde in der für einen Rebus charakteristischen Weise als lautliche Bildzeichen fungieren. Denkbar ist jedoch auch, dass zunächst eine Zusammenstellung von Tugenden erfolgte und sich daraus die Möglichkeit ergab, einen Rebus zu entwerfen. Allerdings scheinen die Reihenfolge der dargestellten Tugenden und ihre jeweilige als Inschrift ausgeführte Bezeichnung durch den Rebus vorgegeben worden zu sein, denn die Radierung zu diesem Rebus enthält dessen Auflösung in deutschen Reimversen, in denen einige der Bezeichnungen Reimpaare bilden:

„Adler hertz Im Gott behuit
Mit weißen Radh end trawen bludt
Wachafftich haubt end swaren ganck
Liefden brandt end zungen dwanck
Jetz houffende loff mit hertzen gans
Fellen Ire lanssen zum Eren crans"

Im Gegensatz zu den Inschriften auf der Bühne, auf der bereits am Turniertag selbst eine erste Auslegung des Dargestellten zu lesen war, sind die Beischriften auf den Schilden sehr knappe Bezeichnungen der emblematisch dargestellten Tugenden. Für ausführlichere Texte war schlicht kein Raum vorhanden. Umso bedeutsamer ist daher, zumal vor dem Hintergrund der bereits erwähnten, ohnehin anzunehmenden Wahrnehmungshindernisse und der Eigenschaft von Emblemen, Bedeutung auf sehr begrenztem Raum zu komprimieren, die in der Festbeschreibung gebotene Beschreibung und Auslegung. Sehr viel evidenter als bei der Bühne zeigt sich, dass im Rahmen des Festes und der Turniere durch die Inschriften lediglich ein erstes, grundsätzliches Verständnis des optisch Wahrgenommenen sichergestellt werden sollte, das nachträglich erweitert und festgeschrieben werden konnte.

In der Festdramaturgie folgt nach dem Einzug der weiteren, ebenfalls verkleideten Turnierteilnehmer das eigentliche Ringrennen, inszeniert als Wettstreit zwischen gutem und schlechtem Regiment. Der Tag endete mit dem Abendessen, dem Überreichen der Dänke und einer weiteren Feuerwerkspantomime auf dem Rhein. Während am 19. Juni wegen des schlechten Wetters der geplante Jagdausflug ausfiel und am Nachmittag im Hof des Schlosses eine Fechtschule abgehalten wurde, fand am 20. Juni das Quintan-Rennen statt. Nach einem weiteren ruhigen Tag mit dem Besuch des fürstlichen Gartens folgten am 22. und 23. Juni das Balien-Rennen bzw. das Fußturnier. Die Abende waren mit entsprechenden Mahlzeiten, dem Verleihen der bei den Turnieren errungenen Dänke, Feuerwerken und anderen der Unterhaltung dienenden Programmpunkten ausgefüllt. Die Abreise der Gäste erfolgte dann am 24. Juni.[100] Inschriften, die wie jene

99 Sie bleiben im Übrigen auf die Wiedergabe bei Graminäus beschränkt und wurden in keines der späteren Emblembücher aufgenommen.

100 Zu detaillierteren Beschreibungen des Ablaufs siehe die in Anm. 41 angegebene Literatur.

vor dem Ringrennen im Dienste der Herrscherinszenierung eingesetzt wurden, begegnen in der Festbeschreibung im Verlauf dieser Tage nicht mehr.

4. Abschließende Betrachtung

Festzuhalten ist, dass die Darstellung des guten Regiments und der Herrschertugenden im Rahmen des ersten großen Turniers, ebenso wie zahlreiche weitere, allerdings nicht mit Inschriften ausgestattete Bestandteile der Hochzeitsfeierlichkeiten, dazu diente, das Selbstverständnis des Herrschers und seine Stellung besonders kunstvoll öffentlich darzustellen.

Zu berücksichtigen ist bei einer Beurteilung der in diesem Zusammenhang eingesetzten Inschriften, dass sie sich von den in den Bänden der Reihe „Die Deutschen Inschriften" bearbeiteten Inschriften deutlich unterscheiden:

In ihrer materiellen Ausführung waren sie nicht auf eine dauerhafte Präsenz im öffentlichen Raum, vermutlich nicht einmal auf Dauerhaftigkeit selbst[101], angelegt. Sie dienten im Zeremoniell der Hochzeitsfeierlichkeiten an zentraler Stelle, nämlich beim Aufzug zum ersten der Turniere, der eindrucksvollen Inszenierung dessen, was Graminäus und all jene, die für das Konzept und die Ausgestaltung des Festprogramms verantwortlich waren, als eine gute und gerechte Herrschaftsausübung verstanden wissen wollten. Zugleich wurde mit diesem Ideal einer guten Herrschaft auch das Selbstverständnis der Landesherren selbst – hier der Herzöge von Jülich-Kleve-Berg, also Herzog Wilhelms V. und des Jungherzogs Johann Wilhelm – und der Rang und Anspruch ihres Hauses innerhalb des reichsständigen Adels sowie gegenüber dem Niederadel vor Augen geführt und somit dem Herrscherlob gedient. Dies wurde in einem ersten Schritt während der Turnieraufzüge sichtbar gemacht und dann in einem zweiten Schritt durch die Festbeschreibung gesichert. Im Rahmen dieser Herrscherinszenierung waren die hier behandelten Inschriften eines von mehreren Instrumenten zur Visualisierung und anschließenden Sicherung: konzipiert wohl zugleich für die Präsentation im Rahmen der Feierlichkeiten und als Anknüpfungspunkt und Textgrundlage zur ausführlichen Darlegung des am Turniertag vorgeführten Selbstverständnisses. Aufgrund dieser Doppelfunktion waren sie von so grundlegender Relevanz, dass von den zahlreichen am Hofe vorhandenen Inschriften nur sie im Text der Festbeschreibung überliefert[102] sowie ausführlich erklärt wurden und so für die Nachwelt erhalten blieben. Ihre „Dauerhaftigkeit" verdanken sie nicht ihrer Verbindung zum Träger, einem materiellen Wert und/oder der steten Präsenz im öffentlichen Raum, sondern der Einbindung in ein festgelegtes Konzept für das Festprogramm, das wohl von Beginn an vorsah, sie nicht nur im Rahmen der Turnierausstattung als kurzfristiges Medium zu nutzen, sondern in der

---

[101] Über eine längerfristige Aufbewahrung der Bühne und der Schilde liegen keine Angaben vor. Allerdings hat Schnitzer auch auf die Möglichkeit der mehrfachen Verwendung von Dekorationen hingewiesen und nennt als ein Beispiel dazu Inventionsschilde aus Blech, die noch heute in der Dresdner Rüstkammer aufbewahrt werden. Vgl. dazu Schnitzer, Maskeraden (wie Anm. 2), S. 155 und S. 157 mit Anm. 166.

[102] Die Devisen der Brautleute werden in ihrem Wortlaut zwar auch in den Text aufgenommen, aber nicht ausgelegt. Vgl. dazu DI 89 (Düsseldorf) (wie Anm. 46), Nr. 78.

Festbeschreibung ihre komprimierten Aussagen zu entfalten und damit eine quasi vom Düsseldorfer Hof autorisierte Deutung zu liefern.

Nach einem ersten Eindruck, lediglich basierend auf Vergleichen mit den Feierlichkeiten anlässlich der Hochzeiten der beiden Schwestern Johann Wilhelms und mit dem Text von Wagner zur Münchner Hochzeit, hat Graminäus mit diesen ausführlichen Auslegungen ein eigenständiges Element in seine Festbeschreibung aufgenommen, das zugleich eine unmittelbare Auswirkung und ein Beleg ist für sein „Bemühen um eine durchgehende Inszenierung, die schließlich ein Gesamtbild und eine Gesamtaussage ergeben sollte"[103]. Denn der gesamte Aufzug vor dem Ringrennen ist, so stellt es Graminäus in einer Vorbemerkung zu der Auslegung der Schilde ausdrücklich voran, „nit etwan fortuito ohne bedacht oder vngefehr zugangen (wie in eil es gemeinlich zugeschehen pflege, da ein jeder seinem wolgefallen nach sich rüstet vnd hervor thut) sonder mit reiffen rhat vnd guten bedacht angestelt worden".

Ausführliche Auslegungen fügt er auch zu einem anderen Bestandteil des Festes ein, den Feuerwerkspantomimen, die nach Büren eine „dezidiert römisch-katholische und gegenreformatorische Festinszenierung"[104] waren. Ob die Ausführungen über eine gute Herrschaft und die Tugenden eines Regenten auch in diesem Zusammenhang von Bedeutung sind, kann jedoch hier nicht mehr erörtert werden.

Werfen wir, gerade vor dem Hintergrund der in Anspruch genommenen Tugenden, noch einen Blick in die Zukunft der 1585 geschlossenen Ehe:

Johann Wilhelm ist seit 1588/89 als psychisch krank anzusehen; es „hat Gott nach seinem unerforschlichen willen gefallen / denselben nicht allein mit blöder gesundtheit heimzusuchen / sonderen auch das gantze Land / in dem er ihme keine Erben beschehret / zur Straff zu ziehen".[105] Der Herzog litt vermutlich an Verfolgungswahn, Schizophrenie und schweren Depressionen. Als sein Vater 1592 verstarb, war er nicht in der Lage, die Herrschaft über die vereinigten Herzogtümer persönlich über einen längeren Zeitraum wahrzunehmen. Vielleicht ein wenig „übertrieben zynisch", aber nicht unberechtigt hat Landwehr als „seine politisch wirkmächtigste Handlung" sein Ableben im Jahre 1609 bezeichnet,[106] in dessen Folge der Jülich-Klevische Erbfolgestreit ausbrach. Denn sowohl seine Ehe mit Jakobe als auch eine zweite Ehe blieben kinderlos. Jakobe, die versucht hat, an den Regierungsgeschäften beteiligt zu werden, sah sich der Gegnerschaft der herzoglichen Räte und ihrer am Hofe lebenden Schwägerin Sybille ausgesetzt. Sie wurde 1595 festgesetzt und starb 1597. Mit hoher Wahrscheinlichkeit wurde sie ermordet.[107] Ihre Grabstätte in der Düsseldorfer Kreuzherrenkirche blieb ohne jede Kennzeichnung.

---

103 Büren, Rangbewusstsein (wie Anm. 1), S. 355.

104 Ebd., S. 365.

105 Zitat aus dem sogenannten Stammregister des Hauses Jülich-Kleve-Berg, hier zitiert nach Landwehr, Herzog (wie Anm. 9), S. 33f. Vgl. zu seiner Erkrankung und den an ihm durchgeführten Maßnahmen auch Voltmer, Namen (wie Anm. 8), S. 418-429.

106 Beide Zitate Landwehr, Herzog (wie Anm. 9), S. 33.

107 Vgl. z.B. Kurzel-Runtscheiner, Elend (wie Anm. 13), S. 17-21; ausführlicher Muschka, Opfergang (wie Anm. 13), S. 357-371.

Bildnachweis

Abb. 1-3, 5, 7: Stadtmuseum Landeshauptstadt Düsseldorf (Foto Stefan Arendt, LVR – Zentrum für Medien und Bildung Düsseldorf).

Abb. 4: Reproduktion aus: Irmgard Hantsche, Atlas zur Geschichte des Niederrheins, 5., überarb. Aufl., Bottrop/Essen 2004, S. 75 Karte 29.

Abb. 6, 8-10: Stadtmuseum Landeshauptstadt Düsseldorf.

Abb. 1: Miniaturbildnis,
Herzog Johann Wilhelm I.
von Jülich-Kleve-Berg, vor 1597,
Stadtmuseum Düsseldorf, Inv.-Nr. B 177

Abb. 2: Miniaturbildnis, Herzogin Jakobe
von Jülich-Kleve-Berg, vor 1597,
Stadtmuseum Düsseldorf, Inv.-Nr. B 178

Abb. 3: Miniaturbildnis, Herzog Wilhelm V.
von Jülich-Kleve-Berg, vor 1597,
Stadtmuseum Düsseldorf, Inv.-Nr. B 17

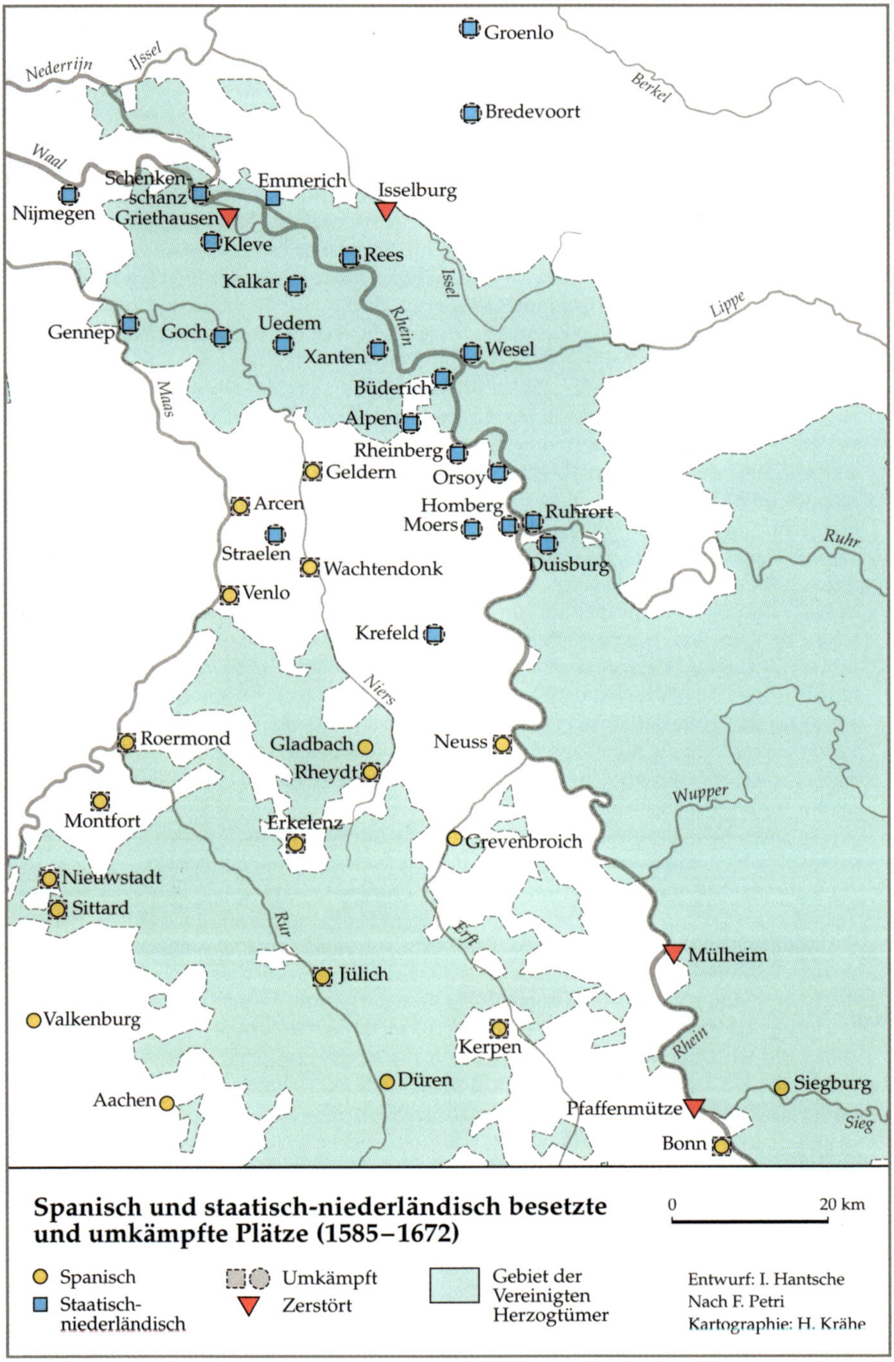

Abb. 4: „Karte 29: Spanisch und staatisch-niederländisch besetzte und umkämpfte Plätze (1585–1672)“ am Niederrhein, in: Hantsche, Atlas (wie Anm. 10), S. 75

Abb. 5: Franz Hogenberg, Opernbühne beim Ringrennen, Radierung, altkoloriert, 1587, Stadtmuseum Landeshauptstadt Düsseldorf, Inv.-Nr. D V-11.1

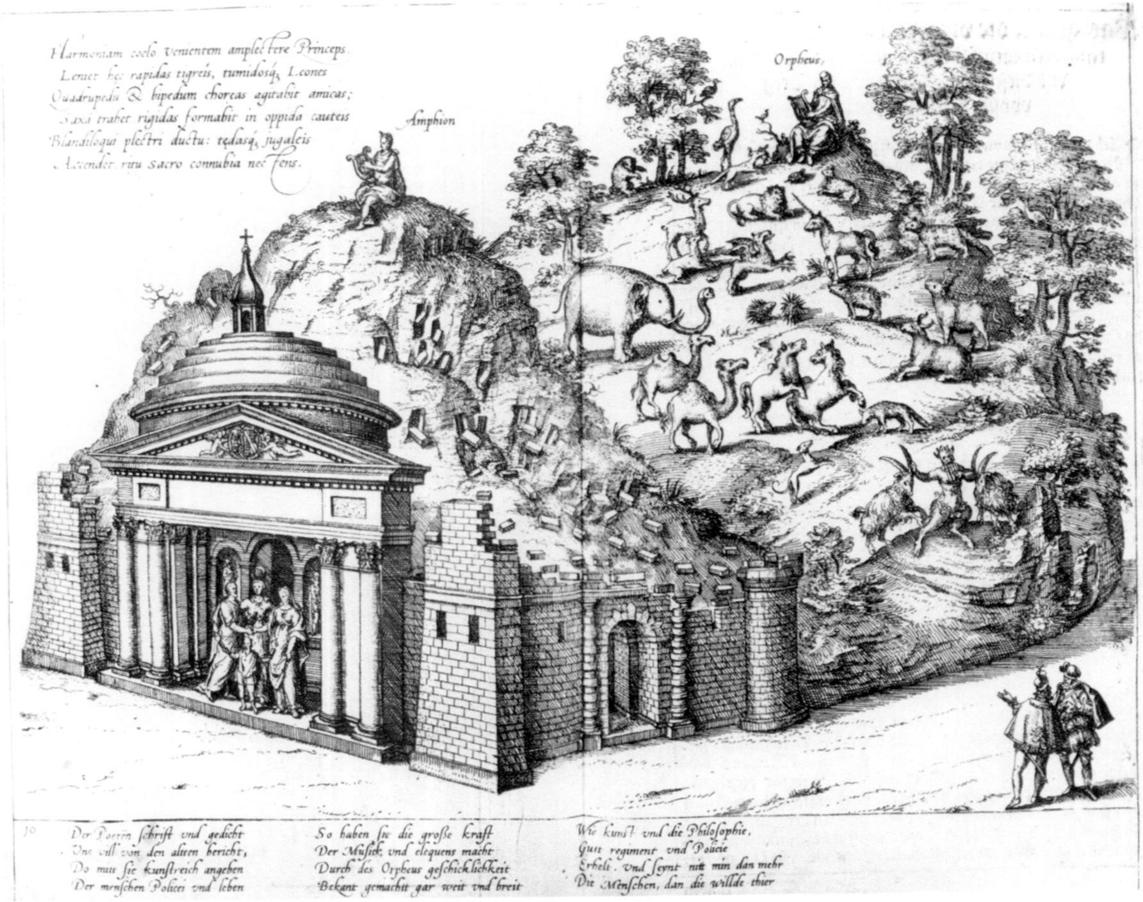

Abb. 6: Franz Hogenberg, Opernbühne beim Ringrennen, Radierung, in: Graminäus, Beschreibung, 1587, Stadtmuseum Landeshauptstadt Düsseldorf, Inv.-Nr. D V-11

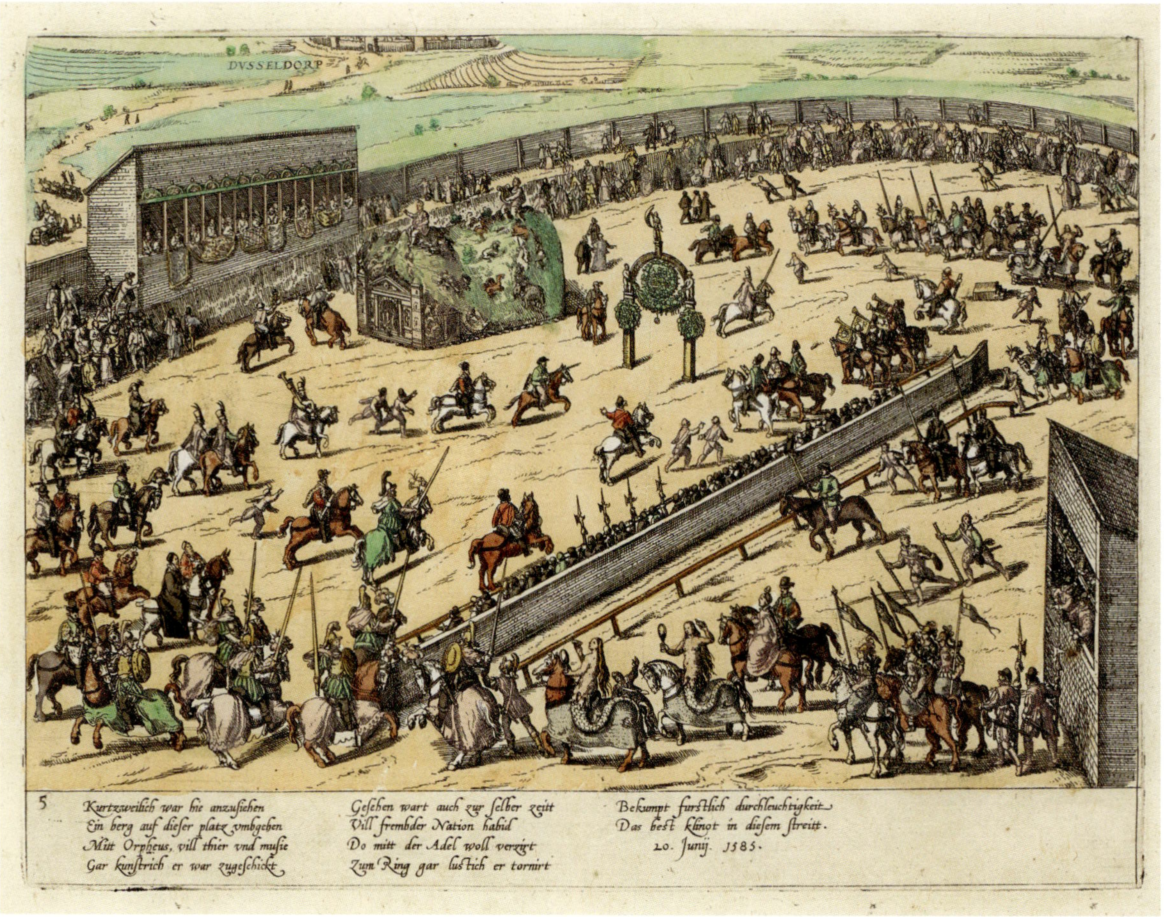

Abb. 7: Franz Hogenberg, Turnierbahn für das Ringrennen, Radierung, altkoloriert, 1585, Stadtmuseum Landeshauptstadt Düsseldorf, Inv.-Nr. D V-10.1

Abb. 8: Franz Hogenberg, Aufzug zum Ringrennen mit „Tugendschilden“, Radierung, in: Graminäus, Beschreibung, 1587, Stadtmuseum Landeshauptstadt Düsseldorf, Inv.-Nr. D V-13

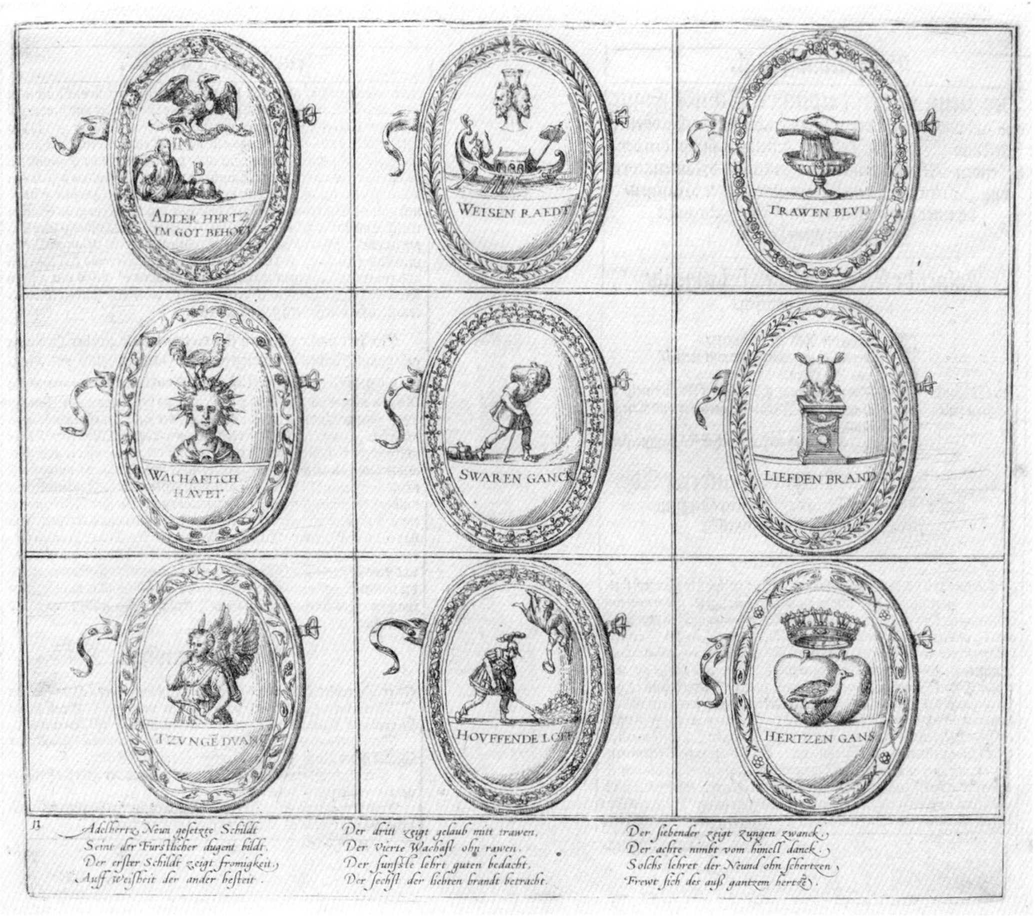

Abb. 9: Franz Hogenberg, Neun Schilde mit Tugenddarstellungen, Radierung, in: Graminäus, Beschreibung, 1587, Stadtmuseum Landeshauptstadt Düsseldorf, Inv.-Nr. D V-14

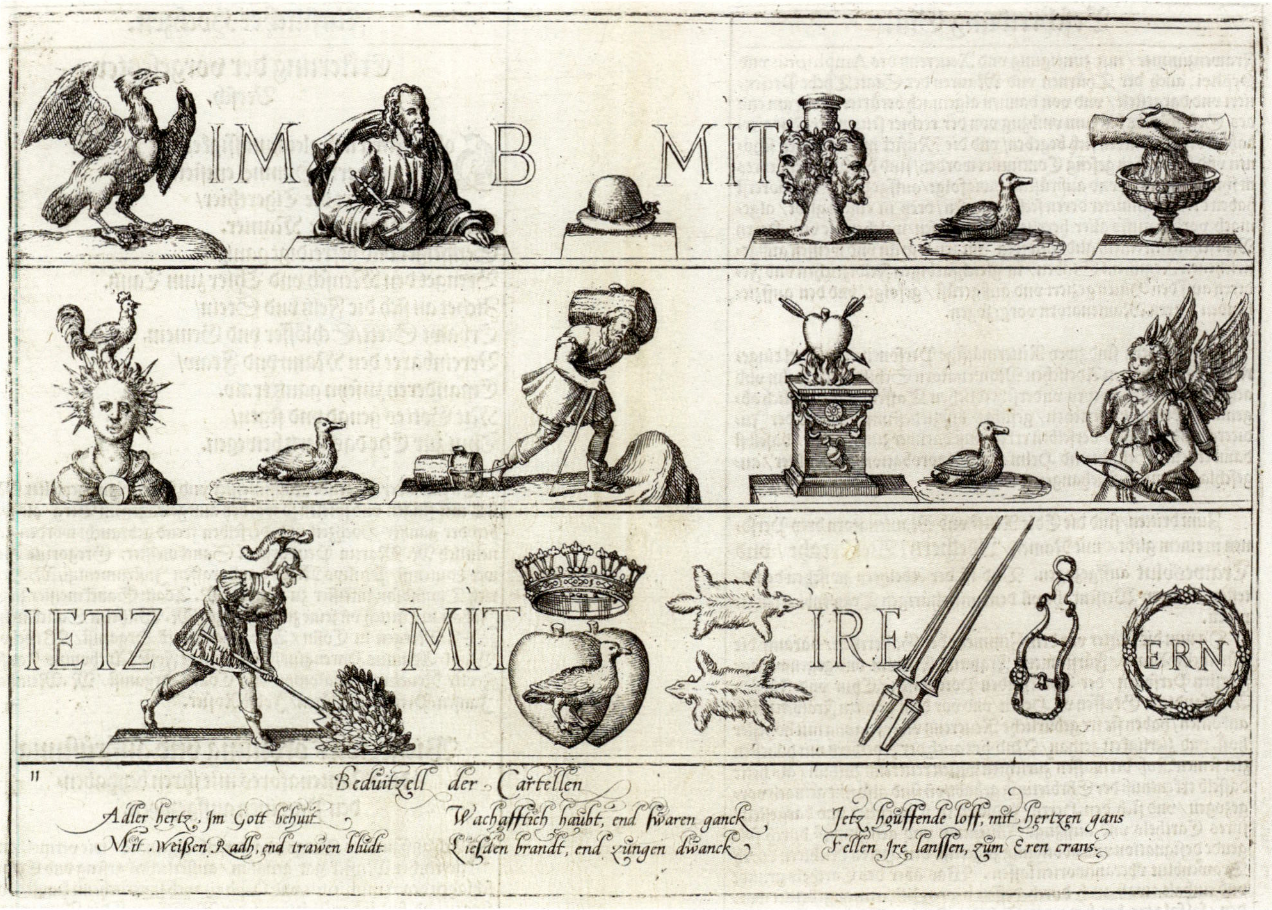

Abb. 10: Franz Hogenberg, Rebus, Radierung, in: Graminäus, Beschreibung, 1587, Stadtmuseum Landeshauptstadt Düsseldorf, Inv.-Nr. D V-12

DAS WORT GOTTES

Städtische Inschriften als Wissenspraxis im Zeitalter von Reformation und Konfessionalisierung

Teresa Schröder-Stapper

Wer die Braunschweiger St. Magnikirche besucht, kann an der Ostseite des südlichen Seitenschiffes die Sandstein-Grabplatte des Pastors Heinrich Lampe bewundern (Abb. 1). Neben einer Halbfigur des Verstorbenen befinden sich auf der Platte zwei Inschriften, von denen die erste Sterbedatum, Name, Alter und Amtsstellung des Pastors nennt, die zweite sein Wirken als einem Vorstreiter der Reformation würdigt:[1]

> *ANNO · 83 · DEN · 13 · (NOVEM)BRIS STARB DER / WIRDIGER VND WOLGELARTER HER HINRICVS LAMP ERSTER EVANGELISCHER PAST[OR / VND SE]NIOR DISER GEMEIN [SEIN]ES / AMPTS IM · 58 · SEINES ALTERS ABER IM · 84 · IAR DER SELEN GOT GNEDIG SEI*
>
> *IN QVIBVS ORTVS ERAM TENEBRAS / HINC PRIMVS ABEGI /*
> *SVCCENSA VERBI LAMPADE / CHRISTE TVI /*
> *HANC VBI VICTRICEM VIDI / POST FVNERA FRATRVM /*
> *VLTIMVS IPSE SENEX / CHRISTE TIBI MORIOR*

Die Inschriften erinnern somit nicht allein an Leben, Wirken und Sterben von Pastor Heinrich Lampe, sondern zugleich an eine bedeutsame Phase in der Braunschweiger Stadtgeschichte, nämlich die Verbreitung der lutherischen Lehre bis hin zur Einführung der Reformation durch den Gesamtrat der Stadt im Jahr 1528. Die zweite Inschrift spart dabei nicht an einer gewissen reformatorischen Polemik, indem sie Lampe dafür rühmt,

---

1 DI 56, Stadt Braunschweig II, Nr. 587 (Sabine Wehking), in: www.inschriften.net, urn:nbn:de:0238-di056g009k0058703 (17.12.2019). Die lateinische Inschrift dort wie folgt übersetzt: „Die Dunkelheit, in der ich geboren wurde, habe ich von hier als erster vertrieben mit der entzündeten Fackel deines Wortes, Christus. Nachdem ich diese als Siegerin gesehen habe, sterbe ich, nach dem Tod der Brüder der Letzte, als Greis in dir, Christus."

„die Dunkelheit des Katholizismus aus Braunschweig vertrieben zu haben",[2] und würzt diese mit einem geschickten lateinisch-deutschen Wortspiel, das den Familiennamen Lampe mit der Fackel der Reformation in Verbindung bringt.[3] Zugleich hebt der Inschriftentext die Bedeutung des Wortes sowie Christus und damit zwei Kernaussagen der lutherischen Lehre hervor, die sich in den zwei der vier *sola*-Prinzipien dogmatisch verfestigten. Demnach handelt es sich hier nicht allein um eine Form des Gedenkens an den Pastor, sondern mehr noch der Erinnerung an die Einführung der lutherischen Lehre sowie des Bekenntnisses der Gemeinde zu Luther, die hier dauerhaft und für die Besucher der Kirche sichtbar im Medium Inschrift artikuliert werden.

Betrachtet man die zeitgenössischen Überreste frühneuzeitlicher Städte, so fällt auf, dass zahlreiche Texte das Stadtbild prägten. Neben ephemerer Schriftlichkeit gehört hierzu eine mitunter große Anzahl an Inschriften auf unterschiedlichen mobilen und immobilen Trägern innerhalb der Stadt. Unter Inschriften verstehe ich in Anlehnung an die Definition von Rudolf M. Kloos „Beschriftungen verschiedener Materialien [...], die von Kräften und mit Methoden hergestellt sind, die nicht dem Schreibschul- und Kanzleibetrieb angehören".[4] Allerdings beschränke ich mich aufgrund des gewählten raumanalytischen Ansatzes auf Inschriften auf immobilen Trägern.

Ich konzeptualisiere diese Inschriften als eine Wissenspraxis. In ihnen wurden materialisierte Aussagen angeeigneter Wissensbestände artikuliert und in den Raum eingeschrieben. Daher nehme ich sowohl die Funktionen solcher Inschriften innerhalb der Stadt als auch die Geschichtlichkeit der darin materialisierten Aussagen in den Blick. Dabei möchte ich verdeutlichen, wie spezifische an Objekte gebundene Wissensbestände Wirklichkeit konstituieren und Bedeutung wirkmächtig generieren. Im Folgenden werde ich auf dieser Grundlage die Wahrnehmung kirchlicher Konzepte sowie deren verschiedene Raumformationen analysieren.

Die Reformation und das Konfessionelle Zeitalter führten sowohl auf katholischer als auch auf evangelischer Seite zur einer Diskussion verschiedener neuer Konzepte von Kirche. Im Anschluss an diese Ausgangsbeobachtung frage ich nach den Konsequenzen, die sich daraus für die praktische Gestaltung des Kirchenraumes ergaben. Inwiefern fanden diskursive Konzepte Eingang in neue Text- und Bildprogramme sowie eine neue Raumordnung? Neben dem physischen Raum der verschiedenen Kirchen werden auch Inschriftenprogramme aus dem Stadtraum an öffentlichen und privaten Gebäuden hinzugezogen, um die Verbreitung religiöser Konzeptionen jenseits der Kirchenmauern in den Blick zu nehmen. Auf diese Weise kann zugleich das Ineinandergreifen von physischem, sozialem und Repräsentationsraum untersucht werden.[5]

---

[2] DI 56, Stadt Braunschweig II, Einleitung, 2. Die Inschriften der Stadt Braunschweig von 1529 bis 1671 – Zeugnisse der Personengeschichte (Sabine Wehking), in: inschriften.net, urn:nbn:de:0238-di056g009e007 (17.12.2019) [Druckseite XVI].

[3] DI 56, Stadt Braunschweig II, Nr. 587 (Sabine Wehking), in: www.inschriften.net, urn:nbn:de:0238-di056g009k0058703 (17.12.2019).

[4] Rudolf M. Kloos, Einführung in die Epigraphik des Mittelalters und der Frühen Neuzeit, Darmstadt 1980, S. 2.

[5] Vgl. Henri Lefebvre, Die Produktion des Raums, in: Raumtheorie. Grundlagentexte aus Philosophie und Kulturwissenschaften, hg. v. Jörg Dünne/Stephan Günzel, Frankfurt a.M. 2012, S. 330-342 (Original: La production de l'espace, 4. Aufl., Paris 2000).

Grundlage sind frühneuzeitliche Inschriftensamples aus den Städten Braunschweig und Hildesheim.

Das besondere Interesse an Inschriften vor dem Hintergrund der Fragestellung hängt mit den Besonderheiten des Mediums zusammen. Inschriften zeichnen sich in Abgrenzung zu ephemerer Schriftlichkeit durch ihre größere Dauerhaftigkeit, ihre „eigene Art der Öffentlichkeit" und ihre ornamentale Funktion aus.[6] In Inschriften wird angeeignetes Wissen dauerhaft(er) öffentlich sichtbar gemacht („publicité universelle et durable").[7] Durch den dauerhaften und öffentlichen Charakter von Inschriften werden wiederholte Handlungen der Auseinandersetzung provoziert: Sie werden ausgelöscht, überschrieben, erneuert, verändert, umgedeutet, kopiert oder kommentiert. Auf diese Weise wird Wissen nicht allein vermittelt und bewahrt, sondern zugleich generiert und transformiert. Zugleich erweist sich jedoch der öffentliche Charakter von Inschriften mit Blick auf nicht für jeden sichtbare Inschriften an hohen Giebeln, Hintergebäuden, Fundamentsteinen oder Glocken nicht als notwendiges Kriterium.[8] Die Berücksichtigung solcher Inschriften eröffnet hingegen interessante Einblicke in das Spannungsverhältnis von Sichtbarkeit bzw. Unsichtbarkeit und Wirkmächtigkeit sowie die ganz eigene ‚magische' Logik von Inschriften.

Darüber hinaus gilt es, die Materialität der Inschriften und ihrer Träger ernst zu nehmen und die qualitativen Unterschiede in der Gestaltung von beispielsweise in Stein gemeißelten oder in Holz geschnitzten Inschriften zu berücksichtigen.[9] In diesem Zusammenhang dürfen die Frage nach der sinnstiftenden Bedeutung von Materialität und das Wechselspiel zwischen Ding, menschlichem Akteur und Handlungen nicht unbeachtet bleiben.[10] Die Grundannahme der Materialitätsforschung besagt, dass Dinge soziale Wirklichkeit prägen, Handlungen nicht nur beeinflussen, sondern hervorbringen.[11] Materielle Kultur wird nicht auf einen rein äußerlichen Aspekt reduziert, sondern als konstituierend für alltägliche kulturelle Bedeutung und soziale Ordnung charakterisiert.[12] Dies gilt es zum einen für die Materialität der Inschrift selbst zu berücksichtigen: Das Ding, also die Inschrift, wird zum Akteur, oder im Sinne Foucaults: der Text

[6] Vgl. Sabine Wehking/Christine Wulf, Leitfaden für die Arbeit mit historischen Inschriften (Schriften zur Heimatpflege 10), Melle 1997, S. 10f.

[7] Robert Favreau, Les inscriptions médiévales, Turnhout 1979, S. 16; ders., Fonctions des inscriptions au Moyen Age, in: Études d'épigraphie médiévale. Recueil d'articles de Robert Favreau rassemblés à l'occasion de son départ à la retraite, Limoges 1995, S. 155-205, hier S. 155.

[8] Vgl. Wehking/Wulf, Leitfaden (wie Anm. 6), S. 10f.

[9] Vgl. Alain Corbin, Die Sprache der Glocken, Frankfurt a.M. 1994; Materiale Textkulturen. Konzepte – Materialien – Praktiken, hg. v. Michael R. Ott/Rebecca Sauer/Thomas Meier (Materiale Textkulturen 1), Berlin/Boston/München 2015.

[10] Vgl. Karl H. Hörning, Experten des Alltags. Die Wiederentdeckung des praktischen Wissens, Weilerswist 2001; Bruno Latour, Wir sind nie modern gewesen. Versuch einer symmetrischen Anthropologie, Berlin 1995; ders., Das Parlament der Dinge. Eine Politische Ökologie, Frankfurt a.M. 2001.

[11] Vgl. Hans Peter Hahn, Materielle Kultur. Eine Einführung, Berlin 2005, S. 9; Andreas Reckwitz, Auf dem Weg zu einer kultursoziologischen Analytik zwischen Praxeologie und Poststrukturalismus, in: Kultursoziologie. Paradigmen – Methoden – Fragestellungen, hg. v. Monika Wohlrab-Sahr, Wiesbaden 2010, S. 179-205, hier S. 193.

[12] Vgl. Judy Attfield, Wild Things. The Material Culture of Everyday Life, Oxford 2000; Stefan Beck, Die Bedeutung der Materialität der Alltagsdinge, in: Symbole: Zur Bedeutung der Zeichen in der Kultur, hg. v. R. W. Brednich, Münster 1997, S. 175-185.

spricht, indem er da ist.[13] Dies betrifft zum anderen aber auch den Träger der Inschrift. Denn „häufig bestimmt erst dieser die eigentliche Aussage der Inschrift".[14] Hier gehen Bedeutungsgenerierung durch Sprache (Text) und durch Objekte miteinander einher. Text und Objekt können sich dabei in ihrer Bedeutungszuschreibung gegenseitig verstärken oder behindern, Eindeutigkeit oder Mehrdeutigkeiten produzieren.

Raum und spatial turn

Fragt man nach der Sinnhaftigkeit städtischer Inschriften, gerät deren Verortung im Raum in den Blick. Den nachfolgenden Überlegungen liegt ein sozial-konstruktivistischer, relationaler Raumbegriff zugrunde, wonach sich sowohl der physische als auch der soziale Raum in „(sozial konstruierten) Wahrnehmungen und Handlungsvollzügen" konstituierte.[15] Anders als ein Ort, der als eine leblose, unbewegliche Hülle definiert werden kann, ist der Raum vielmehr „ein Ort, mit dem man etwas macht".[16] In städtischen Inschriften wird Wissen über den Raum konstituiert, indem das Wissen wortwörtlich in den Raum eingeschrieben wird. Vor diesem Hintergrund konzeptualisiere ich die Anbringung von Inschriften als eine Raumpraktik. Der Text übernimmt eine performative Funktion bei der Besetzung und Aneignung des Raumes, den die Inschriften strukturieren. Hierbei ist zwischen dem physischen Raum eines Gebäudes, eines Stadtteils oder der gesamten Stadt und dem sozialen Raum der Familie, einer ständischen Gruppe, einer Konfessions- bzw. Religionsgemeinschaft oder der Stadt als Sozial- und Herrschaftsordnung zu unterscheiden. Städtische Inschriften bieten im physischen Raum der Stadt Orientierung und erfüllen eine Wegweiserfunktion. Dabei spielt der konkrete Ort der Inschrift eine nicht zu vernachlässigende Rolle und trägt wesentlich zur Gestaltung des Raumes bei. Martina Löw hat für diesen Vorgang den Begriff des ‚Spacing' eingeführt, um den Prozess der Raumkonstitution durch Platzierung zur analysieren.[17] Damit ist zugleich immer auch eine ‚Syntheseleistung' verbunden, „das heißt, über Wahrnehmungs-, Vorstellungs- oder Erinnerungsprozesse werden Güter und Menschen zu Räumen zusammengefasst".[18] Der physische Raum wird so durch die Akteure angeeignet und sozial aufgeladen. Erst in der materiellen Aneignung des physischen Raumes wird auch der soziale Raum, verstanden als ein „Ensemble von Subräumen"[19] sichtbar oder vielmehr lesbar. Er wird im Medium Inschrift in den phy-

[13] Vgl. Michel Foucault, Archäologie des Wissens, 16. Aufl., Frankfurt a.M. 2013.

[14] Wehking/Wulf, Leitfaden (wie Anm. 6), S. 9.

[15] Christian Hochmuth/Susanne Rau, Stadt – Macht – Raum. Eine Einführung, in: Machträume der frühneuzeitlichen Stadt, hg. v. Christian Hochmuth/Susanne Rau (Konflikte und Kultur – Historische Perspektiven 13), Konstanz 2006, S. 13-40, hier S. 17; Susanne Rau, Räume. Konzepte, Wahrnehmungen, Nutzungen (Historische Einführungen 14), Frankfurt a.M./New York 2013; dies., Räume der Stadt. Eine Geschichte Lyons 1300-1800, Frankfurt a.M./New York 2014.

[16] Michel de Certeau, Die Kunst des Handelns, Berlin 1988, S. 218.

[17] Martina Löw, Raumsoziologie, Frankfurt a.M. 2012, S. 158-161.

[18] Ebd., S. 159.

[19] Pierre Bourdieu, Physischer, sozialer und angeeigneter physischer Raum, in: Stadt-Räume, hg. v. Martin Wentz (Die Zukunft des Städtischen. Frankfurter Beiträge 2), Frankfurt a.M./New York 1991, S. 25-34, hier S. 28.

sischen Raum eingeschrieben, geht aber nicht eins zu eins in diesem auf. Die Inschriften ordnen und kategorisieren die Stadt als sozialen Raum, indem sie Aussagen über die sozial-politische Ordnung in der Stadt treffen, sie dem Betrachter permanent vor Augen führen und damit performativ herstellen. Dies fängt beim Haushalt als kleinster sozialer Einheit innerhalb des Sozialgefüges Stadt an, reicht über die Identitätsstiftung von religiösen, ständischen oder anders gearteten städtischen Gruppen und endet bei der Konstituierung der Stadt als sinnhafter Einheit.

Einem solchen Konstruktionsprozess von Räumen, wie ich ihn im Anschluss untersuchen möchte, liegen nicht selten Grenzziehungsmechanismen und damit die räumliche Figur der Grenze zugrunde. Ich verstehe Grenze in diesem Zusammenhang phänomenologisch und nutze den Begriff in Anschluss an Susanne Rau als Analyseinstrumentarium. Rau fasst die Grenze unter die Oberkategorie der „Raumfiguren" und unterscheidet zwischen physischen, symbolischen und imaginierten Grenzen. „Grenzen stellen eine wichtige Raumfigur dar, insofern sie zur Unterscheidung von Gruppen dienen, die sich damit ihre eigenen Räume zuweisen."[20]

Städtische Reformation

Der englische Historiker Arthur Geoffrey Dickens hat die Reformation als urbanes Ereignis identifiziert und im Zuge dessen die Bedeutung der Städte während der Einführung der Reformation betont.[21] In ähnlicher Weise hat auch Bernd Moeller die Vorreiterrolle der Reichsstädte im Alten Reich zu Beginn der Reformation herausgestellt.[22] Aber auch in anderen Städten, wo Bürgermeister und Stadträte Selbstverwaltungsrechte für sich beanspruchen konnten, wurde die Reformation früh umgesetzt. Zu diesen Städten gehörte auch Braunschweig.[23] Der Rechtsstatus von Braunschweig war seit dem Spätmittelalter stark umstritten. Bürgermeister und Stadträte der fünf Stadtteile sowie der Gesamtstadt beanspruchten ebenso wie der Herzog von Braunschweig-Lüneburg das Stadtregiment.[24] Daher kam es im Verlauf des Spätmittelalters zu zahlrei-

---

20 Rau, Räume (wie Anm. 15), S. 150f.

21 „[...] the German Reformation was an urban event at once literary, technological and oratorical." Arthur Geoffrey Dickens, The German Nation and Martin Luther, London 1974, S. 182.

22 Vgl. Bernd Moeller, Reichsstadt und Reformation. Neue Ausgabe, mit einer Einl. hg. v. Thomas Kaufmann, Tübingen 2011.

23 Einen aktuellen Überblick über die Forschung zu Braunschweig im Zeitalter der Reformation bietet Henning Steinführer, Die Geschichte der Stadt Braunschweig im Zeitalter der Reformation. Anmerkungen zu Stand und Perspektiven der Forschung, in: Jahrbuch der Gesellschaft für niedersächsische Kirchengeschichte 112 (2014), S. 7-26.

24 Zur ständischen Stellung Braunschweigs vgl. Hans Achilles, Die Beziehungen der Stadt Braunschweig zum Reich im ausgehenden Mittelalter und zu Beginn der Neuzeit (Leipziger Historische Abhandlungen 35), Leipzig 1913; Walter Hinz, Braunschweigs Kampf um die Stadtfreiheit 1492-1671, Bremen/Wolfenbüttel 1977; Richard Moderhack, Abriß der Braunschweiger Stadtgeschichte, in: Brunswieck 1031 – Braunschweig 1981. Folgeband zur Festschrift, hg. v. Gerd Spies, Braunschweig 1981, S. 1-57; Wolf-Dieter Mohrmann, Braunschweig. Die Stadt, der Fürst und das Reich im 16. Jh., in: Brunswieck 1031 – Braunschweig 1981, S. 61-71; Bernd Schneidmüller, Reichsnähe – Königsferne: Goslar, Braunschweig und das Reich im späten Mittelalter, in: Niedersächsisches Jahrbuch 64 (1992), S. 1-52; Maria Elisabeth

chen Konflikten zwischen den Stadtverantwortlichen und dem Herzog.[25] Das schwierige und konfliktanfällige Verhältnis gewann während der Reformation weiter an Brisanz, als Bürgermeister und Stadträte 1528 entschieden, die in der Bürgerschaft zirkulierenden reformatorischen Ideen aufzugreifen, die Reformation in Braunschweig einzuführen und Johannes Bugenhagen mit der Ausarbeitung einer lutherischen Kirchenordnung zu beauftragen.[26] Wenig später trat die Stadt dem lutherischen Schutzbündnis der Schmalkaldischen Liga bei.[27] Daraufhin wurde der vormals politische Konflikt zwischen Stadt und Herzog konfessionell aufgeladen, spitzte sich weiter zu und gipfelte in der wiederholten kriegerischen Belagerung Braunschweigs bis 1553.[28]

Relativ spät, nämlich erst mehr als zehn Jahre nach der Einführung der Reformation in Braunschweig, beauftragten Bürgermeister und Stadträte der Stadt Hildesheim ebenfalls Johannes Bugenhagen mit der Ausfertigung einer lutherischen Kirchenordnung.[29] Zwar regte sich auch hier bereits seit den 1520er Jahren ein starkes Interesse an der lutherischen Lehre, es ist aber vor allem auf die „Glaubenstreue" des Hildesheimer Bürgermeisters Hans Wildefuer zurückzuführen, dass der Rat streng auf die Abwehr lutherischer Glaubensinhalte pochte.[30] Erst nach seinem Tod konnte der Rat dem Druck von Seiten der Bürgerschaft sowie von Seiten der umliegenden Städte und des Schmalkaldischen Bundes nicht länger standhalten.[31] Während das Franziskaner- und das Dominikanerkloster in der Folge aufgehoben wurden, blieben der Dom mit dem Bischof an seiner Spitze, das Michaelis-, das Godehardi- und das Magdalenenkloster sowie die „sieben Stifter" bestehen. Etwa ein Drittel der Hildesheimer Bevölkerung gehörte weiterhin der katholischen Konfession an. Damit handelte es sich fortan um eine bikonfessionelle Stadt mit katholischem Landesherrn.[32]

Grüter, „Getruwer Her, Getruwer Knecht". Zur Politik der Stadt Braunschweig im Spannungsfeld von Kaiser, Reich und Landesfürst in der Mitte des 16. Jahrhunderts, in: Herrschaft und Verfassungsstrukturen im Nordwesten des Reiches. Beiträge zum Zeitalter Karls V. Franz Petri zum Gedächtnis (1903-1993), hg. v. Bernhard Sicken, Köln/Weimar/Wien 1994, S. 241-252.

25 Vgl. Hinz, Braunschweigs Kampf um die Stadtfreiheit (wie Anm. 24).

26 Vgl. Klaus Jürgens, Um Gottes Ehre und unser aller Seelen Seligkeit – Die Reformation in der Stadt Braunschweig von den Anfängen bis zur Annahme der Kirchenordnung 1528, in: Die Geschichte der Reformation in der Stadt Braunschweig. Beiträge von Klaus Jürgens und Wolfgang A. Jünke (Quellen und Beiträge zur Geschichte der Evangelisch-lutherischen Landeskirche in Braunschweig 13), Wolfenbüttel 2003, S. 7-82, hier S. 44-61.

27 Vgl. Georg Schmidt, Die Freien Reichsstädte im Schmalkaldischen Bund, in: Martin Luther. Probleme seiner Zeit, hg. v. Volker Press/Dieter Stievermann (Spätmittelalter und frühe Neuzeit 16), Stuttgart 1986, S. 177-218.

28 Vgl. Grüter, Zur Politik der Stadt Braunschweig im Spannungsfeld von Kaiser, Reich und Landesfürst (wie Anm. 24), S. 241-252; Mohrmann, Braunschweig (wie Anm. 24), S. 61-71.

29 Vgl. zur Reformation in Hildesheim Jochen Bepler, Die Reformation in Hildesheim, in: *Ego Sum Hildensemensis.* Bischof, Domkapitel und Dom in Hildesheim. 815 bis 1810, hg. v. Ulrich Knapp (Kataloge des Dom-Museums Hildesheim 3), Petersberg 2000, S. 189-195; Thomas Klingenbiel, Die Hildesheimer Reformation des Jahres 1542 und die Stadtgeschichte: eine Ortbestimmung, in: Hildesheimer Jahrbuch 63 (1992), S. 59-84; Herbert Reyer, Kleine Geschichte der Stadt Hildesheim, Hildesheim 2002, S. 59-62.

30 Vgl. Bepler, Reformation (wie Anm. 29), S. 193.

31 Vgl. ebd.

32 Vgl. Renate Dürr, Politische Kultur in der Frühen Neuzeit. Kirchenräume in Hildesheimer Stadt- und Landgemeinden. 1550-1750 (Quellen und Forschungen zur Reformationsgeschichte 77), Gütersloh 2006, S. 42.

Ähnlich wie im Falle Braunschweigs handelt es sich bei Hildesheim zwar auch nicht um eine Reichsstadt, aber Bürgermeister und Stadträte beanspruchten gleichsam die Selbstverwaltung im Widerspruch zu ihrem Stadtherrn, dem katholischen Bischof von Hildesheim.[33] Ausdruck dieses Selbstverständnisses ist die Aussage des Stadtsyndikus Johann Georg Pertsch aus der ersten Hälfte des 18. Jahrhunderts: Hildesheim besitze „fast so große Freyheiten und Gerechtigkeiten, als eine unstrittige Reichs=Stadt".[34] Zudem war die Stellung des Stadtherrn zu Beginn des 16. Jahrhunderts durch die Niederlage in der Hildesheimer Stiftsfehde und den damit einhergehenden territorialen Verlusten geschwächt. Zwar litt auch die Stadt als Bündnispartner des Bischofs in dieser Auseinandersetzung in der Folge an ökonomischen Einbußen und politischer Isolation. Dem bereits genannten Hildesheimer Bürgermeister Hans Wildefuer gelang es aber durch seine kaisertreue und altgläubige Politik die Stadt wieder aufzurichten.[35]

Die geschriebene Kirche

Die Reformation kann als ein räumliches Ereignis beschrieben werden. Zunächst einmal wurde die Einführung der Reformation in der Inneneinrichtung der Kirchen sichtbar – bis heute. Zentrales Attribut evangelischer Kirchen ist die Kanzel als Ort der Predigt. Im Gegensatz dazu gilt der Lettner als klassisches Kennzeichen katholischer Kirchen und wurde häufig während der Reformation zerstört. Ähnliches geschah mit Bildern, die Jesus Christus oder Gott-Vater abbildeten. Obgleich es nicht in jeder Stadt zu einem Bildersturm während der Einführung der Reformation kam – in Braunschweig zum Beispiel war dies nicht der Fall. Der Lettner symbolisierte die Grenze zwischen Klerus und Laien und betonte die Höherwertigkeit des Klerus. Luther brach mit dieser Differenzierung zwischen Klerus und Laien und erklärte die Gleichwertigkeit aller Gläubigen. Bereits zuvor hatte der Lettner seit dem Spätmittelalter immer mehr an Bedeutung eingebüßt und wurde im Zuge der Liturgiereform des Tridentinischen Konzils auch aus katholischen Kirchen häufig entfernt.[36]

Genau zu der Zeit, als Bürgermeister und Stadträte von Hildesheim die Einführung der Reformation bestimmten, stiftete der Kanoniker Arnold Freitag einen neuen Lettner für den Hildesheimer Dom und verewigte sich und seine Stiftung in einer Stifterinschrift – daneben finden sich noch zahlreiche weitere Inschriften am Lettner.[37] Diese Inschrift

---

[33] Vgl. Thomas Klingenbiel, Stadtgemeinde und Domimmunität in Hildesheim vom 15. bis 16. Jahrhundert, in: Küche, Keller, Kemenate. Alltagsleben auf dem Domhof um 1600. Ergebnisse der Grabungen an der Bernwardsmauer, hg. v. Karl B. Kruse, Hildesheim 1990, S. 20-37.

[34] Johann Georg Pertsch, Recht des Kirchen=Bannes […], 2. verm. Aufl., Wolfenbüttel 1738, Widmung.

[35] Vgl. Reyer, Kleine Geschichte (wie Anm. 29), S. 53-59.

[36] Vgl. Elisabeth Scholz, Die gegenreformatorische Ausstattung des Hildesheimer Doms: Lettner, Hochaltar und Wrisberg-Epitaph, in: *Ego sum Hildensemensis* (wie Anm. 29), S. 197-212, hier S. 197. Zum Hildesheimer Lettner vgl. Karin Heise, Der Lettner des Hildesheimer Domes. Bd. 2.1 Text (Der Hildesheimer Dom. Studien und Quellen 1), Hildesheim/Zürich/NewYork 1998.

[37] *Arnoldus veteri Freidagus stemmate natus,*
Sumptibus hoc proprijs nobile struxit opus,
Ante necem, intactae colui quo uirginis aedem,

identifizierte nicht allein Freitag als Stifter, sondern spiegelte gleichsam sein Bekenntnis zur katholischen Kirche wider. Der Inschriftentext preist Jungfräulichkeit und Werksgerechtigkeit, zwei zentrale Aspekte katholischen Glaubens, die durch das gesamte Inschriften- und Bildprogramm gestützt werden.[38] Inschriften und Bilder stehen dabei in der Tradition der theologischen Debatten zu Sündenfall und Werksgerechtigkeit des ausgehenden 15. und beginnenden 16. Jahrhunderts.[39] Die Materialität des Lettners unterstreicht darüber hinaus die Höherwertigkeit des Klerus, dem der Kanoniker Freitag selbst angehörte. Er trennte Bischof und Kapitel von den Laien im Kirchenraum und betonte den qualitativen Unterschied zwischen Klerus und Laien innerhalb der kirchlichen Hierarchie. Die Errichtung des Lettners fällt in die Hochphase der konfessionellen Spannungen zwischen altgläubigem Stift und evangelischer Stadt.[40] Zu diesem Zeitpunkt war der Zugang zum Dom bereits versperrt und es fand dort kein Gottesdienst mehr statt.[41] Der Stifter des Lettners wehrte sich gegen diese Maßnahmen und brachte mit seiner Stiftung zugleich die Hoffnung zum Ausdruck, dass bald wieder katholische Messen im Dom gefeiert würden.[42]

Analog zum katholischen Kanoniker Freitag nutzten die evangelischen Stadtverantwortlichen das Medium Inschrift, um ihr lutherisches Bekenntnis im Kirchenraum der seit dem Spätmittelalter zum Kristallisationspunkt des städtischen Selbstverständnisses und Autonomiestrebens avancierten St.-Andreas-Kirche einzuschreiben. Sie erinnerten in einer Inschrift am Portal der Ratsprieche, also dem exklusiven und repräsentativ aus-

Haec, ait, affectus sint monumenta mei,
Diuitias reliquas dat paupertatis ad usus,
Vt flectant iram Christe benigne tuam,
Mille uoluptates alij sectentur, opesq(ue)
Ad poenam uertant impia turba suam ·
Hic coeleste opibus numen placauit, egenis
In coelo precium, qui benefecit, habet ·

DI 58, Stadt Hildesheim, Nr. 353 (Christine Wulf), in: www.inschriften.net, urn:nbn:de:0238-di058g010k0035303 (17.12.2019). Dort wie folgt übersetzt: „Arnold Freitag, aus altem Geschlecht geboren, hat dieses glanzvolle Werk auf eigene Kosten errichtet. Dies, sprach er, sei das Denkmal meiner Zuneigung, mit der ich vor meinem Tod die Kirche der unbefleckten Jungfrau verehrt habe. Seine übrigen Reichtümer stiftete er für die Armenpflege, damit sie deinen Zorn, gnädiger Christus, abwenden. Mögen andere auch nach tausend Vergnügungen streben und als gottloser Haufen ihren Besitz zur eigenen Strafe verwenden: Dieser hat mit seinem Reichtum Gott versöhnt. Wer den Armen Gutes getan hat, erhält im Himmel seinen Lohn."

38 Vgl. Heise, Der Lettner des Hildesheimer Domes (wie Anm. 36), S. 106-114.

39 Vgl. ebd.

40 Vgl. Scholz, Die gegenreformatorische Ausstattung des Hildesheimer Doms (wie Anm. 36), S. 197.

41 Vgl. Adolf Bertram, Geschichte des Bisthums Hildesheim, Bd. 2, Hildesheim 1916, S. 123.

42 Vgl. Arndt Reitemeier, Die Reformation und ihre Folgen in Niedersachsen. Inschriften und die Frage nach der Einführung und Konsolidierung des lutherischen Glaubens in den welfischen Territorien des 16. Jahrhunderts, in: Inschriften als Zeugnisse kulturellen Gedächtnisses. 40 Jahre Deutsche Inschriften in Göttingen. Beiträge zum Jubiläumskolloquium vom 22. Oktober 2010 in Göttingen, hg. v. Nikolaus Henkel, Wiesbaden 2012, S. 115-132, hier S. 120. Reitemeier unterläuft hier eine Verwechselung; die von ihm zitierte Inschrift stammt vom Epitaph des Kanonikers Freitag. Zugleich unterstreicht diese seine ablehnende Haltung gegenüber der lutherischen Lehre, wie sie auch in der Stifterinschrift des Lettners deutlich zu Tage tritt.

gestatteten Platz von Bürgermeistern und Räten während des Gottesdienstes, an die Einführung der Reformation (Abb. 2):[43]

> *Anno · d(omi)ni · 1542 · senatus populusq(ue) hilde(n)seme(n)sis Sÿncerum Christi evangelium amplexi sunt*

Die Inschrift stiftet nicht nur die Erinnerung an dieses Ereignis, sondern identifiziert zugleich den Stadtrat als dessen Initiator. Darüber hinaus ist die Inschrift mit dem neuen Stadtwappen Hildesheims ausgeschmückt. In dieser Form dient die Inschrift sowohl als repräsentatives Bekenntnis als auch als Ausdruck des stadtbürgerlichen Selbstbewusstseins und Rechtsanspruchs auf das Stadtregiment. Dabei schwingt die noch immer aktuelle Vorstellung der *civitas christiana* und der Verantwortlichkeit von Bürgermeister und Rat im Hinblick auf die Wahrung der Einheit von Bürger- und Kirchengemeinde mit, nun aber unter den Vorzeichen des neuen, wahren christlichen Glaubens.

An gleicher Stelle lässt der Altstädter Rat nur wenige Jahre später ein Taufbecken errichten,[44] dessen Inschriften- und Bildprogramm als „prononciertes" Bekenntnis zur lutherischen Lehre gewertet werden kann.[45] Die sechs Reliefdarstellungen stellen mehr oder weniger deutlich mit dem Thema der Taufe verbundene Szenen des Alten und Neuen Testamentes dar. Die beigefügten Inschriften verweisen lediglich auf die einschlägigen Bibelkapitel, ohne den Text zu zitieren. Vielmehr wird der Betrachter durch das Text-Bild-Programm aufgefordert, durch individuelles oder in der Katechese angeleitetes Bibelstudium die Beziehung zwischen Text und Bild zu entschlüsseln. An diesem Beispiel tritt der Aufforderungscharakter der Inschriften und Reliefs deutlich hervor und greift damit zugleich ein Kernelement der evangelischen Lehre auf, nämlich das *sola-scriptura*-Prinzip und die damit verbundene Bibellektüre der Gläubigen. Aber damit noch nicht genug, denn auch das Thema Taufe, welches in Text- und Bildprogrammen und mehr noch in der Materialität des Taufbeckens selbst omnipräsent ist, greift einen zentralen Punkt lutherischer Theologie auf. Die Taufe behält ebenso wie das Abendmahl den Sakramentscharakter und wird mit dem *sola-gratia*-Prinzip verknüpft und als Gnadenmittel aufgewertet. Ulrike Mathies zufolge spiegelt das Bildprogramm des Taufbeckens die Tauflehre von Martin Luther und Johannes Bugenhagen umfassend wider.[46] Das reformatorische Gesamtprogramm bringt schließlich eine der vier ausgeführten Inschriften am Fuß des Taufbeckens auf den Punkt. Sie ist als Dankgebet für die Wiedereinführung der „rein[en] warhafttig[en] Gotes Leer" formuliert (Abb. 3):

---

[43] DI 58, Stadt Hildesheim, Nr. 339 (Christine Wulf), in: www.inschriften.net, urn:nbn:de:0238-di058g010k0033900 (17.12.2019). Dort wie folgt übersetzt: „Im Jahr 1542 haben Rat und Bevölkerung von Hildesheim das reine Evangelium Christi freudig angenommen."

[44] DI 58, Stadt Hildesheim, Nr. 358 (Christine Wulf), in: www.inschriften.net, urn:nbn:de:0238-di058g010k0035808 (17.12.2019).

[45] Vgl. ebd.

[46] Ulrike Mathies, Protestantische Taufbecken Niedersachsens von der Reformation bis zur Mitte des 17. Jahrhunderts (Adiaphora. Schriften zur Kunst und Kultur im Protestantismus), Regensburg 1998, S. 44f.

ALLEIN GOT IN / DER HOCH SI EHR · //
DER UNS HAT / WIDER GEBEN · //
DY REIN WARHAFT/TIG GOTES LEER · //
DURCH DY WIR / EWIG LEBEN

Das Text- und Inschriftenprogramm des Taufbeckens in St. Andreas korrespondiert bzw. stellt eine Erwiderung auf eine mittelalterliche Bronze-Taufe im Dom dar. „Dort sind zwar einzelnen Darstellungen als Figurenrede auch wörtliche Bibelzitate beigegeben, die eigentliche Deutung des Bildprogrammes übernehmen aber die auf der Grundlage der patristischen Exegese formulierten Versinschriften."[47]

In den 1540er Jahren, als in Hildesheim die Reformation eingeführt wurde, hat sich die lutherische Theologie schon weitgehend gefestigt und auf Kernthemen wie die *sola*-Prinzipien und die Betonung der Taufe fokussiert. Sie können in diesem Zusammenhang als eindeutiges Bekenntnis zur lutherischen Lehre gelten. Dennoch erschließt sich das Aussageprogramm des Text-Bild-Programmes nicht automatisch, sondern erfordert die intensive Auseinandersetzung des Betrachters. Zudem fußt das prononcierte Bekenntnis zum Luthertum nicht gleichermaßen auf allen Elementen des Ensembles, sondern vor allem auf dem emphatisch formulierten Dankgebet. Die Betonung der Säuglingstaufe in den Reliefdarstellungen mit inschriftlichem Verweis auf die dazugehörigen Bibelstellen sind von ihrer ästhetischen Qualität und Aussageabsicht aber auch für Anhänger der katholischen Kirche – also über die konfessionellen Grenzen hinweg – anknüpfungsfähig.[48] So findet sich in der katholischen Heilig-Kreuz-Kirche seit 1592 ein fast identisches Taufbecken, das dem der St.-Andreas-Kirche nachempfunden wurde. Anstatt des Dankgebetes ist dieses Exemplar allerdings mit einer traditionellen Stifterinschrift versehen, die die Stiftung durch den Senior-Kanoniker des ansässigen Kollegiatstiftes hervorhebt:[49]

REVERENDVS ERVDITIONE AC PIETATE INSIGNIS VIR D(OMINVS) MAVRITIVS A SODE SENIOR CANONICVS COLLEGIATAE S(ANCTAE) CRVCIS ET PRAEPOSITVS / MONIALIVM CAENOBII DIVAE MARIAE MAGDAL(ENAE) HILDENS(IS) HOC BAPTISTERIVM AD HONOREM DEI ET ECCL(ES)IAE S(ANCTAE) CRVCIS AD SALVTEM FIDELIVM FIERI FECIT ·

[47] Vgl. DI 58, Stadt Hildesheim, Nr. 358 (Christine Wulf), in: www.inschriften.net, urn:nbn:de:0238-di058g010k0035808 (17.12.2019). Eine ähnliche Gegenüberstellung nimmt auch Mathies, Protestantische Taufbecken (wie Anm. 46), S. 43f., vor. Zur mittelalterlichen Bronze-Taufe im Dom vgl. Sabine Wolfbauer, Das Taufbecken im Hildesheimer Dom, in: *Ego sum Hildensemensis* (wie Anm. 29), S. 164-178.

[48] Vgl. DI 58, Stadt Hildesheim, Nr. 358 (Christine Wulf), in: www.inschriften.net, urn:nbn:de:0238-di058g010k0035808 (17.12.2019); DI 58, Stadt Hildesheim, Nr. 500 (Christine Wulf), in: www.inschriften.net, urn:nbn:de:0238-di058g010k0050002 (17.12.2019).

[49] DI 58, Stadt Hildesheim, Nr. 500 (Christine Wulf), in: www.inschriften.net, urn:nbn:de:0238-di058g010k0050002 (17.12.2019). Dort wie folgt übersetzt: „Der hochwürdige und durch Bildung und Frömmigkeit ausgezeichnete Mann Herr Moritz von Sode, Senior-Kanoniker des Kollegiatstifts Heilig Kreuz und Propst des Hildesheimer Nonnenklosters der heiligen Maria Magdalena, hat diese Taufe zur Ehre Gottes und der Heilig-Kreuz-Kirche zum Heil der Gläubigen anfertigen lassen."

Während die Inschriften der vorbildhaften Andreas-Taufe mit ihren bekenntnishaften Zügen nicht übernommen wurden, ist die Ikonographie der Heilig-Kreuz-Taufe ein komplettes Abbild mitsamt der aus katholischer Perspektive eher ungewöhnlichen Details: das Fehlen Marias im Pfingstbild und die Darstellung des Predigers ohne Priestergewand im Bild der Kindertaufe (Abb. 4).[50]

Das Beispiel der verschiedenen Taufbecken macht deutlich, dass sowohl die Zusammenschau aller Elemente des Inschriftenensembles (hierzu gehört nicht zuletzt auch ihre Lokalisierung) als auch der Kontext ihrer Anbringung berücksichtigt werden müssen, um die verschiedenen Bedeutungsebenen zu entschlüsseln.

Bürgermeister und Stadträte ebenso wie Mitglieder des Klerus nutzen augenscheinlich das Medium Inschrift, um ihr Glaubensbekenntnis im Kirchenraum zu zeigen, indem sie es wortwörtlich in den Kirchenraum dauerhaft und sichtbar einschrieben. Insbesondere die Anhänger der neuen Lehre nehmen auf diese Weise den vormals altgläubigen Kirchenraum in Besitz und grenzen sich gegen die Katholiken ab. Sie transportieren zugleich Inhalte, die sich im reformatorischen Diskurs zu dogmatischen Kernthemen herauskristallisierten. Mit den evangelischen Stadtverantwortlichen und dem katholischen Klerus meldeten sich hier zudem zwei Akteursgruppen zu Wort, die von Amts wegen die Deutungshoheit über den ‚wahren' Glauben für sich beanspruchten. Und sie taten dies noch dazu an einem zentralen Ort der Glaubensvermittlung und -ausübung.

Die Kirche in der Stadt

Verlässt man hingegen die verschiedenen Hildesheimer Kirchenräume, fällt auf, dass eindeutige konfessionelle Bekenntnisse in Inschriften im städtischen Raum fast vollständig fehlen.[51] Lediglich zwei Steintafeln, vormals an der Außenmauer des Almtors angebracht, nehmen Bezug auf die Konflikte zwischen Katholiken und Protestanten in Hildesheim während des Schmalkaldischen Krieges. Ebenso wie Braunschweig war auch Hildesheim seit 1543 Mitglied der Schmalkaldischen Liga.[52] Die erste Inschrift erinnert an das Jahr 1546, in dem das Tor gebaut wurde, als die Zeit, während der der Papst den Bekennern des Evangeliums den Krieg gebracht hat:[53]

> *ANNO. DOMINI. M. D. XLV[I · / P]APA I(N)[FE]RE(N)TE BEL(LVM) [I]N P(RO)FITENTES EVA(N)G[E(LIVM)]*

---

[50] Vgl. DI 58, Stadt Hildesheim, Nr. 500 (Christine Wulf), in: www.inschriften.net, urn:nbn:de:0238-di058g010k0050002 (17.12.2019).

[51] Vgl. DI 58, Stadt Hildesheim, Einleitung, 2. Historisch-chronologischer Überblick (Christine Wulf), in: inschriften.net, urn:nbn:de:0238-di058g010e006 (17.12.2019).

[52] Vgl. Schmidt, Die Freien Reichsstädte (wie Anm. 27).

[53] DI 58, Stadt Hildesheim, Nr. 352 (B) (Christine Wulf), in: www.inschriften.net, urn:nbn:de:0238-di058g010k0035206 (17.12.2019). Dort wie folgt übersetzt: „Im Jahr des Herrn 1546, als der Papst den Bekennern des Evangeliums den Krieg brachte."

Die zweite Inschrift verweist deutlich subtiler auf das reformatorische Bekenntnis. Die Inschrift zitiert zwei Gedichte Philipp Melanchthons, die zum einen das *sola-scriptura*-Prinzip und zum anderen die Verneinung der vermittelnden intermedialen Funktion von Heiligen und Patronen betonen:[54]

> *EX PSAL. CXXVII. ET CXIX. /*
> *QVOD STRVIS ET COELO / CERTAS EDVCERE MOLEM /*
> *FRVSTRA ERIT HOC CON/DAT NI DEVS AVTOR OPVS. /*
> *NVLLA TVI NOBIS VENIENT / OBLIVIA VERBI /*
> *CETERA PRETEREVNT SED / TVA DICTA MANENT. /*
> *NON DOMVS IPSA SIBI NON / VRBS CREAT IPSA PATRONOS /*
> *FOELICES CIVES DATQVE / FACITQVE DEVS.*

Beide Inschriften befanden sich ursprünglich an den Befestigungsanlagen der Stadt Hildesheim,[55] die im Zuge des Schmalkaldischen Krieges gebaut wurden (Abb. 5-6).[56] Als Mitglied des Schmalkaldischen Bundes positioniert sich die Stadt klar auf dessen Seite mit konfessioneller Polemik wie in der ersten Inschrift und identifiziert sich mit lutherischen Lehrsätzen wie in der zweiten Inschrift. Hier an den Stadtmauern, wo sich Stadtbewohner und vorrückende Soldaten begegnen, machen die Stadtverantwortlichen deutlich, in welches Lager sie gehören. Zugleich dienen die Befestigungsanlagen der Verteidigung der lutherischen Stadt gegenüber den konfessionellen Gegnern, wofür man sich Gottes Beistand erbittet.

Während es sich hierbei erneut um ein von Bürgermeister und Rat in Auftrag gegebenes Inschriftenensemble handelt, das weniger das individuelle Bekenntnis einzelner Bürger als vielmehr die kollektive Identität der lutherischen Bürgergemeinde widerspiegelt und in Zeiten konfessioneller Auseinandersetzungen und militärischer Besetzungen inszeniert, zeichnen sich die zahlreichen Hildesheimer Hausinschriften durch das Fehlen reformatorischer Kampfsprüche und Devisen, wie sie aus anderen nieder-

---

[54] DI 58, Stadt Hildesheim, Nr. 352 (C) (Christine Wulf), in: www.inschriften.net, urn:nbn:de:0238-di058g010k0035206 (17.12.2019). Dort wie folgt übersetzt: „Aus den Psalmen 127 und 119. Was immer du baust und wenn du bestrebt bist, einen gewaltigen Bau bis zum Himmel emporzuführen, es wird vergeblich sein, wenn nicht Gott als Urheber das Werk gründet. Dein Wort werden wir nicht vergessen, das übrige vergeht, aber deine Worte bleiben. Weder das Haus noch die Stadt schafft für sich die Schutzpatrone, vielmehr gibt und macht allein Gott glückliche Bürger."

[55] Tafel 1 mit der ersten Inschrift (B) an der Außenmauer des Walltorgewölbes, stadtauswärts links. Auf der Tafel befand sich zudem das neue Wappen der Stadt Hildesheim. Tafel 2 mit der zweiten Inschrift (C) ebenfalls ursprünglich an der Außenmauer des Walltorgewölbes. Vgl. zur Lokalisierung Johann Michael Kratz, Über die St. Ägidien-Kapelle, die Vresen (Friesen), den Ratsbauhof, die Juden, die Jakobi-Kirche, die Georgi-Kirche, u. Stift (!), das Katharinen-Hospital, Sülte, Almsthor und Mühle, Arneken-Hospital, die Kreuzkirche, Tilo Brandis, den Platz, die Cyriakus-Kapelle, das Kreuz Heinrichs des Löwen, den goldenen Engel, in: Handschrift C 28 der Dombibliothek Hildesheim, Kapitel VI Almstor und Mühle, S. 2.

[56] Die Kunstdenkmale der Stadt Hildesheim. Bürgerliche Bauten (Kunstdenkmälerinventare Niedersachsens 26), bearb. v. Adolf Zeller, Neudruck Osnabrück 1979, S. 19. Zur Entstehung und Geschichte der Hildesheimer Befestigungsanlagen vgl. Mauern, Türme, Tore. Ein Jahrtausend Hildesheimer Stadtbefestigung, hg. v. Hartwig Kemmerer (Veröffentlichungen der Hildesheimer Volksschule zur Stadtgeschichte Hildesheims, Heft 11), Hildesheim 2006.

sächsischen Städten überliefert sind, aus.[57] In dieser Inschriftengattung begegnen lediglich Klagen über die allgemeinen zeitlichen Umstände:[58]

Hedden wij alle ennen gelouen
Godt vn(n) gemen(n) nut vor ogen
Enne elen vn(n) recht gewicht
Guden frede vn recht gericht
Enn munte vn(n) gudt geldt
So sthunde idt wol in aller weldt

Eine Klage, die über Städtegrenzen hinweg in der Region verbreitet war und auch in Braunschweig begegnet.[59] Darüber hinaus finden sich zahlreiche Inschriften, die vom bürgerlichen Späthumanismus geprägt sind.[60] Statt konfessionellem Bekenntnis betonen die Hildesheimer Hausinschriften demnach vielmehr das Bildungsbewusstsein der städtischen Elite.

Ganz anders gestalteten sich die Verhältnisse im benachbarten Braunschweig. Nach der Einführung der Reformation nahmen deren Akteure den Stadtraum in Besitz. Dies geschah nicht allein in Form von Klosterauflösungen, der Umwidmung ihrer Gebäude oder deren Abriss,[61] sondern ebenso in der Einführung neuer Text- und Bildprogramme – auch wenn ein Bildersturm größeren Ausmaßes ausblieb.[62] Vor 1528 schmückte die figürliche Darstellung des Heiligen Auctor, der Stadtpatron Braunschweigs, verschiedene Häuser.[63] Nach der offiziellen Einführung der Reformation wurden solche Figuren vielfach durch Wappen und Hausmarken, aber auch Figuren mit säkularem Hin-

57 Vgl. Reitemeier, Die Reformation und ihre Folgen (wie Anm. 42), S. 122; DI 58, Stadt Hildesheim, Einleitung, 2. Historisch–chronologischer Überblick (Christine Wulf), in: inschriften.net, urn:nbn:de:0238-di058g010e006 (17.12.2019).

58 DI 58, Stadt Hildesheim, Nr. 351† (Christine Wulf), in: www.inschriften.net, urn:nbn:de:0238-di058g010k0035109 (17.12.2019). Hier (von DI 58 leicht abweichend) wie folgt übersetzt: „Hätten wir alle einen Glauben, Gott und den gemeinen Nutzen vor Augen. Eine einheitliche Elle und richtige Gewichte, guten Frieden, und gerechte Gerichte, eine Münze und gutes Geld, dann stünde es wohl in aller Welt."

59 Vgl. DI 56, Stadt Braunschweig II, Nr. 463† (Sabine Wehking), in: www.inschriften.net, urn:nbn:de:0238-di056g009k0046301 (17.12.2019).

60 Vgl. DI 58, Stadt Hildesheim, Einleitung, 2. Historisch-chronologischer Überblick (Christine Wulf), in: inschriften.net, urn:nbn:de:0238-di058g010e006 (17.12.2019); DI 58, Stadt Hildesheim, Einleitung, 5. Inschriften und Inschriftenträger (Christine Wulf), in: inschriften.net, urn:nbn:de:0238-di058g010e006 (17.12.2019).

61 Vgl. Steinführer, Die Stadt Braunschweig im Zeitalter der Reformation (wie Anm. 23), S. 18.

62 Vgl. Wolfgang A. Jünke, Bugenhagens Einwirken auf die Festigung der Reformation in Braunschweig (1528-32), in: Die Geschichte der Reformation in der Stadt Braunschweig (wie Anm. 26), S. 83-109, hier S. 86-90.

63 DI 35, Stadt Braunschweig I, Nr. 168† (Andrea Boockmann), in: www.inschriften.net, urn:nbn:de:0238-di035g005k0016802 (17.12.2019); DI 35, Stadt Braunschweig I, Nr. 350† (Andrea Boockmann), in: www.inschriften.net, urn:nbn:de:0238-di035g005k0035000 (17.12.2019). Der Heilige Auctor wird seit dem Hochmittelalter als Stadtpatron Braunschweigs verehrt. Vgl. Uwe Israel, Die Stadt und ihr Patron. Konstituierung und Stabilisierung sozialer und politischer Ordnung im europäischen Mittelalter am Beispiel Braunschweigs, in: Zeitschrift für Kirchengeschichte 122 (2011), S. 173-200.

tergrund bis hin zu Selbstdarstellungen der Hausbesitzer ersetzt.[64] Ähnliches lässt sich für die Datumsangabe konstatieren. Hier trat das Kalenderdatum an die Stelle des Heiligentages. Die mitunter stark vereinheitlichte Anrufung von Heiligen oder Maria wurde durch Bibelzitate mit deutlicher Akzentuierung auf die Grundprinzipien der lutherischen Lehre, insbesondere die *sola*-Prinzipien und eine stärkere Fokussierung auf Christus und Gottvater, abgelöst.[65] Das heißt nicht, dass die älteren Inschriften und Figuren entfernt wurden. Sie blieben vielmehr häufig neben den neuen Text-Bild-Programmen bestehen und bieten so aus heutiger Perspektive einen Eindruck von den sich überlagernden Zeitschichten innerhalb vormoderner Städte.

Ein Beispiel vom Äußeren Michaelistor verweist darüber hinaus auf die Bedeutung von Tradition in der Inschriftenpraxis. Besagte Inschrift unterstellt den Schutz der Stadt und ihrer Stadtbürger gegen feindliche Übergriffe nicht allein Christus, sondern bemüht zudem in vorreformatorischer Tradition den Erzengel Michael, der auch als Namensgeber für das Tor fungiert:[66]

Ense tuo nostram Michael qui verus es urbem
Hostiles contra protege Christe manus
Tu cives placidis omnes defende sub alis
Anxia nil hominum te sine cura potest.

Obwohl die Verehrung von Heiligen durch die Reformatoren abgelehnt wurde, behielten einige Heilige ihre Bedeutung und es wurden bestimmte Gedenktage beibehalten. Hierzu gehören eben der Erzengel Michael und der Michaelistag.[67] Luther betont in seiner Predigt zum Michaelistag des Jahres 1530 zwar eindeutig, dass „wir die Engel nicht [anbeten], denn sie sind Geschöpfe". Zugleich dankt er Gott aber, „dass er solche Fürsten über uns als Geister gesetzt hat." Abschließend greift er das Bild des Erzengels Michael als Bezwinger des Satans im Auftrage Gottes auf: „Er sol die ehr haben, das er ein mechtiger, weise und frumer Gott sey. Das geschieht dann, wenn uns Gott durch seine Liebe Engeln hülfft, das wir den Teufel schlagen."[68] Die Vita des

64 Ein Beispiel hierfür stellte die figürliche Darstellung am Haus Stobenstraße 17 dar. Die Hausinschrift B wurde von zwei männlichen Figuren gerahmt, von denen die eine eine Armbrust, die andere eine Kugel hielt. Es ist nicht auszuschließen, dass die linke Figur den Namen des Bauherrn Ludeke Schutte bildlich umsetzte. DI 56, Stadt Braunschweig II, Nr. 415† (Sabine Wehking), in: www.inschriften.net, urn:nbn:de:0238-di056g009k0041502 (17.12.2019).

65 Bereits Dietrich Mack hat Mitte des 20. Jahrhunderts in seinem ersten Überblick über die Braunschweiger Inschriften die Bedeutung des Reformationsjahres 1528 für deren sprachliche und thematische Gestaltung herausgearbeitet. Vgl. Dietrich Mack, Mittelalterliche Inschriften der Stadt Braunschweig als historische Quelle, in: Abhandlungen der Braunschweigischen Wissenschaftlichen Gesellschaft 4 (1952), S. 196-227, hier besonders S. 199.

66 DI 56, Stadt Braunschweig II, Nr. 440† (Sabine Wehking), in: www.inschriften.net, urn:nbn:de:0238-di056g009k0044003 (17.12.2019). Dort wie folgt übersetzt: „Der du ein wahrhaftiger Michael bist, schütze mit deinem Schwert unsere Stadt gegen feindliche Übergriffe, Christus, bewahre du alle Bürger unter deinen sanften Flügeln. Die ängstliche Sorge der Menschen vermag nichts ohne dich."

67 Vgl. Annemarie Brückner, Art. Michaelsverehrung, in: Theologische Realenzyklopädie, Bd. 22, hg. v. Horst Robert Balz u.a., Berlin/New York 1992, S. 717-724.

68 Martin Luther, Sermon von den Engeln, 29. September 1530, in: D. Martin Luthers Werke. Kritische Gesamtausgabe, Bd. 32, Weimar 1906, S. 111-121.

Erzengels Michael als Bezwinger des Teufels eignet sich zur subtilen Diffamierung der Gegner Braunschweigs in den konfessionell aufgeladenen Auseinandersetzungen der 1540er Jahre, zu deren Beginn die Inschrift am Durchgang des äußeren Tores angebracht wurde. Denn nicht selten wurden eben der Papst und seine Anhänger mit dem Teufel gleichgesetzt. Vor diesem Hintergrund scheint die Anrufung des Erzengels nach Einführung der Reformation in Braunschweig weniger erklärungsbedürftig. Der Michaelistag war zudem von ganz praktischer Bedeutung für die vormodernen Akteure, denn dieser galt als Stichtag für bestimmte Abgaben,[69] war also fest in der temporalen Ordnung verankert.

Weniger subtil gestalten sich hingegen andere stark polemische Inschriften wie die an der Außenseite des äußeren Steintores im Südosten der Stadt:[70]

> *SAEPE DEVS VICTORIAM PROBOR[VM GREGI] ORANTIVM MAGIS [QVAM] ALIORVM MA[NVI] PER ARMA CONCEDIT PVGNANTIVM*

Die beiden Torinschriften am Michaelis- und am Steintor ziehen gleichsam eine Grenze zwischen der Stadt und ihrer bedrohlichen Außenwelt. Eine solche Grenzziehung bewegt sich häufig entlang binärer Codes wie hier entlang der Dichotomien rechtgläubig–ungläubig und Feind–Freund. Zugleich wird damit das Bild einer wehrhaften, autonomen, rechtgläubigen Bürgergemeinde entworfen und die Einheit von Stadt und Bürgergemeinde betont. In diesem Zusammenhang darf die Materialität der Inschriftenträger nicht vernachlässigt werden. Denn Mauern und Tore verstärken noch einmal die Aussage der Inschriftentexte und verankern diese sichtbar und verständlich – also auch für diejenigen, die kein Latein oder nicht einmal lesen können – im städtischen Raum. Hier gehen Bedeutungsgenerierung durch Sprache (Text) und durch Objekte miteinander einher.

Dass neben Traditionen auch bestimmte Konjunkturen in der Inschriftenpraxis vorherrschend waren, lässt sich am nachfolgenden Beispiel deutlich machen. Besonders häufig begegnet in den 1530er Jahren der Bibelvers „Verbum Domini manet in aeternum"[71] in unterschiedlichen Variationen beispielsweise in niederdeutscher Übersetzung „goddes wort blift in ewigkeit"[72] oder als Abbreviatur „V.D.M.I.A."[73]. Der Rückgriff auf biblisches Material, um die weitläufige Praktik, ein Haus und seine Be-

[69] Vgl. Markus A. Denzel, Art. Zins, in: Enzyklopädie der Neuzeit, hg. v. Friedrich Jaeger, Leiden 2014, http://dx.doi.org/10.1163/2352-0248_edn_a4895000 (17.12.2019).

[70] DI 56, Stadt Braunschweig II, Nr. 438† (Sabine Wehking), in: www.inschriften.net, urn:nbn:de:0238-di056g009k0043800 (17.12.2019). Dort wie folgt übersetzt und ergänzt: „Oft gewährt Gott den Sieg [der Schar] der rechtschaffenen Betenden eher als [der Schar] der anderen mit Waffen Kämpfenden."

[71] 1. Brief des Apostels Petrus 1,25. In deutscher Übersetzung: „Das Wort des Herrn bleibt in Ewigkeit."

[72] DI 56, Stadt Braunschweig II, Nr. 428† (B) (Sabine Wehking), in: www.inschriften.net, urn:nbn:de:0238-di056g009k0042803 (17.12.2019); DI 56, Stadt Braunschweig II, Nr. 442† (A) (Sabine Wehking), in: www.inschriften.net, urn:nbn:de:0238-di056g009k0044209 (17.12.2019); DI 56, Stadt Braunschweig II, Nr. 444† (A) (Sabine Wehking), in: www.inschriften.net, urn:nbn:de:0238-di056g009k0044405 (17.12.2019).

[73] DI 56, Stadt Braunschweig II, Nr. 412† (Sabine Wehking), in: www.inschriften.net, urn:nbn:de:0238-di056g009k0041208 (17.12.2019).

wohner dem göttlichen Schutz anzubefehlen, zu umschreiben und damit zugleich durch die permanente Wiederholung der Bitte performativ herzustellen, stellt keine Seltenheit, sondern vielmehr den Normalfall dar. Der hier zitierte Bibelvers bringt aber darüber hinaus seine eigene Rezeptionsgeschichte mit. Seit 1522 wurde er vom sächsischen Kurfürsten Friedrich dem Weisen als Leitspruch verwandt. In der Folgezeit avancierte er zum Wahlspruch der evangelischen Seite und wurde vor allem durch die Mitglieder des Schmalkaldischen Bundes weit verbreitet.[74] Demnach nutzten die Braunschweiger Bürger das Medium Inschrift, um sich mit der Schmalkaldischen Liga zu identifizieren.

Der Rückgriff auf dieses Bibelzitat erzeugte jedoch nicht automatisch Eindeutigkeit darüber, welche konfessionelle Gesinnung sein Auftraggeber vertrat. Denn dasselbe Zitat findet sich auch in Hildesheim – dort aber in einem anderen Kontext. Der Bibelspruch ziert ebenso das Haus des katholischen Dechanten an der Heilig-Kreuz-Kirche Johannes Oldecop. Dieser beklagt zugleich in Anlehnung an die bereits seit dem 12. Jahrhundert tradierte Zeitklage die Zustände in der Kirche:[75]

> *Anno d(omi)ni 1549*
> *Virtus. Ecclesia. Clerus. Demon Simonia.*
> *Cessat. turbatur. errat. regnat. dominatur*

Seine Lebenszeit erlebt er als *tempus persecutionis* – ‚Zeit der Verfolgung' für die katholische Kirche.[76] Der Kanoniker ist zwar während seines Studiums in Wittenberg auch in näheren Kontakt zu Luther getreten, bekannte sich aber Zeit seines Lebens nicht zur evangelischen Lehre, sondern schlug vielmehr eine geistliche Laufbahn in der katholischen Kirche ein.[77] Die Übernahme des Bibelverses „Verbum domini manet in aeternum" in das Inschriftenensemble bietet daher Spielraum für weitreichende, aber kaum zu verifizierende Spekulationen, die von einer Sympathieerklärung mit den Reformern bis hin zur bewussten Einnahme einer Gegenposition reichen.[78]

---

[74] Vgl. Frederic John Stopp, Verbum Domini Manet In Aeternum – The Dissemination of a Reformation Slogan, in: Essays in German Language, Culture and Society, hg. v. S. S. Prawer/R. H. Hinton/L. Forster, London 1969, S. 123-135.

[75] DI 58, Stadt Hildesheim, Nr. 222† (Christine Wulf), in: www.inschriften.net, urn:nbn:de:0238-di058g010k0022203 (17.12.2019). Die zweite Inschrift hier wie folgt übersetzt: „Im Jahr des Herrn 1549. Die Tugend schwindet, die Kirche ist erschüttert, der Klerus irrt, der Teufel regiert, die Simonie herrscht."

[76] DI 58, Stadt Hildesheim, Nr. 222† (F) (Christine Wulf), in: www.inschriften.net, urn:nbn:de:0238-di058g010k0022203 (17.12.2019). *In manibus d(omi)ni sortes mee // S(an)cte Crucis Eccl(es)ie. t(em)p(or)e persecutionis Decan(us) Jo(hannes) Oldecop has edes f(ieri) f(ecit) A(nno) 1549*; hier wie folgt übersetzt: „In den Händen des Herrn [liegt] mein Los. Der Dechant an der Heilig-Kreuz-Kirche Johannes Oldecop hat in der Zeit der Verfolgung dieses Gebäude errichten lassen im Jahr 1549."

[77] Vgl. ebd.; Gerhard Diehl, Exempla für eine sich wandelnde Welt. Studien zur norddeutschen Geschichtsschreibung im 15. und 16. Jahrhundert (Veröffentlichungen des Instituts für Historische Landesforschung der Universität Göttingen 38), Bielefeld 2000, S. 183-188.

[78] Vgl. ebd.

Zusammenfassung

Die Reformation war ein Ereignis im Raum, aber zugleich auch geprägt durch den Kampf um Raum. Die verschiedenen Glaubensinhalte sind verbunden mit spezifischen Raumprogrammen wie der Kanzel in evangelischen und dem Lettner in katholischen Kirchen. Darüber hinaus schmückten die Anhänger der verschiedenen Konfessionen den Innenraum ihrer Kirchen mit spezifischen Text- und Bildprogrammen. Lutherische Gläubige nutzten das Medium Inschrift, um an die Einführung der Reformation zu erinnern und damit gleichzeitig die vormals katholische Kirche in Besitz zu nehmen. Ebenso schrieben auch Katholiken ihr Glaubensbekenntnis in den Kirchenraum ein. Erst durch die Aneignung des physischen Raumes wird auch der konfessionelle Raum sichtbar und erfahrbar.

Verbunden mit der Raumaneignung ist die Artikulation zumeist bereits institutionalisierter Glaubensinhalte, die sich sowohl im Text als auch in der Materialität niederschlagen. Sie dienen nicht zuletzt der dogmatischen Abgrenzung zwischen den Konfessionen und religiösen Randgruppen wie beispielsweise im Hinblick auf die Säuglingstaufe. Dabei verlief die Grenze nicht zwangsläufig zwischen Alt- und Neugläubigen. Städtische Inschriften fungierten somit nicht nur als Ausweis des Bekenntnisses, sondern ebenso als Multiplikatoren von Glaubensinhalten und beförderten deren Bearbeitung und Institutionalisierung.

Aber nicht allein die Kircheninnenräume dienten als Projektionsfläche für das konfessionelle Bekenntnis, sondern auch der profane Stadtraum bot verschiedene Möglichkeiten. Einzelne Stadtbürger nutzten die Fronten ihrer Häuser, um ihr religiöses Bekenntnis zu präsentieren. In dieser Hinsicht fungierten Häuser als „Kristallisationspunkte einer eigenständigen Selbstverortung" und Identifikation ihrer Besitzer und Bewohner.[79] Bürgermeister und Stadträte verfuhren in ähnlicher Weise im Hinblick auf öffentliche Gebäude und Monumente. So repräsentierten sich Bürgermeister, Stadträte und Stadtbürger der mehrheitlich evangelischen Städte Braunschweig und Hildesheim als Anhänger der lutherischen Lehre und zeichneten das Bild einer loyalen und natürlich einheitlichen lutherischen Gemeinschaft im Sinne der „civitas christiana". Dabei wurde der fragmentierte Charakter vormoderner Städte gänzlich negiert und die katholischen Bevölkerungsanteile, in Hildesheim immerhin ein Drittel, verleugnet.[80] In die-

79 Elizabeth Harding, Einführung: Materialität und Wohnkultur, in: Das Haus in der Geschichte Europas. Ein Handbuch, hg. v. Joachim Eibach/Inken Schmidt-Voges, Berlin 2015, S. 169-174, hier S. 171.

80 Zum fragmentierten Charakter vormoderner Städte vgl. Franz-Josef Arlinghaus, The Myth of Urban Unity: Religion and Social Performance in Late Medieval Braunschweig, in: Cities, Texts, and Social Networks, 400-1500. Experiences and Perceptions of Medieval Urban Space, hg. v. Caroline Goodson/Anne E. Lester/Carol Symes, Farnham/Burlington 2010, S. 215-232 (Überarb. Übers.: Einheit der Stadt? Religion und Performanz im spätmittelalterlichen Braunschweig, in: Die Pfarre in der Stadt. Siedlungskern – Bürgerkirche – Urbanes Zentrum, hg. v. Werner Freitag [Städteforschungen. Veröffentlichungen des Instituts für vergleichende Städtegeschichte in Münster, Reihe A: Darstellungen 82], Köln/Weimar/Wien 2011, S. 77-96). Vgl. auch die Beiträge des Sammelbandes Sondergemeinden und Sonderbezirke in der Stadt der Vormoderne, hg. v. Peter Johanek (Städteforschungen. Veröffentlichungen des Instituts für vergleichende Städtegeschichte in Münster, Reihe A: Darstellungen 59), Köln/Weimar/Wien 2004.

sem Akt des ‚self-fashioning'[81] bzw. ‚city-fashioning' war für Differenzierung kein Raum. Damit ziehen die Inschriften zugleich eine Grenze zwischen sich und den Altgläubigen sowie, wie im Falle der Braunschweiger Torinschriften, zwischen der Stadt und ihrer bedrohlichen Außenwelt. Eine solche Grenzziehung bewegt sich häufig entlang binärer Codes, wie im Braunschweiger Fall entlang der Dichotomien rechtgläubig–ungläubig und Feind–Freund.

Doch nicht immer waren formelhafte Sprichwörter und Devisen eindeutig, vielmehr ließen sie Raum für Spekulationen und Interpretationen, wie am Bibelvers „Verbum domini manet in aeternum" aufgezeigt wurde, oder erfuhren im Laufe der Zeit eine Bedeutungsverschiebung. Mitunter erlaubte der Rekurs auf andere Wissensfelder, wie anhand der späthumanistisch geprägten Hildesheimer Hausinschriften gesehen, eine Aussparung konfliktträchtiger Gegenstände. Damit einher ging zugleich eine anders akzentuierte Selbstinszenierung. Zudem waren Inschriftentexte im Hinblick auf ihre ornamentale oder ästhetische Funktion durchaus auch zeitgebundenen Moden unterworfen. Erst eine breite empirische Basis über solche als epochal klassifizierten Einschnitte wie die Reformation eröffnet somit den Blick auf Brüche und Kontinuitäten in der Bedeutungsgenerierung.

Bildnachweis

Abb. 1, 4: Akademie der Wissenschaften Göttingen, Inschriftenkommission (Foto: Sabine Wehking).

Abb. 2, 3: Akademie der Wissenschaften Göttingen, Inschriftenkommission (Foto: Henning Jürgens).

Abb. 5: Akademie der Wissenschaften Göttingen, Inschriftenkommission (Foto: Christine Wulf).

Abb. 6: Gerd Müller, Hildesheim.

[81] Dieser Terminus geht auf den amerikanischen Literaturwissenschaftler Stephen Jay Greenblatt und seine Arbeiten zu Shakespeare zurück und umschreibt den Konstruktionsprozess der eigenen Identität und sozialen Person anhand von sozial akzeptierten Merkmalen. Stephen Jay Greenblatt, Renaissance Self-Fashioning. From More to Shakespeare, Chicago 1980.

Abb. 1: Grabplatte für Pastor Heinrich Lampe, 1583,
Braunschweig, St.-Magni-Kirche

Abb. 2: Portalinschrift am Aufgang zur Ratsempore, 1542,
Hildesheim, St.-Andreas-Kirche

Abb. 3: Versinschrift an einer Taufe, 1547,
Hildesheim, St.-Andreas-Kirche

Abb. 4: Darstellung der Kindertaufe an einer Taufe, 1592,
Hildesheim, Heilig-Kreuz-Kirche

Abb. 5-6: Wappenstein und Inschrifttafel vom ehemaligen Almstor in Hildesheim, 1546, heute Rathaus und Roemer-Museum